商标法
原理与案例

刘维 陶钧 范静波◎著

TRADEMARK LAW
PRINCIPLES AND CASES

中国法制出版社
CHINA LEGAL PUBLISHING HOUSE

序言 *PREFACE*

我国是商标大国。随着我国对商标法的不断实践与探索，与商标有关的各类新问题层出不穷。这些新问题在引起社会广泛关注的同时，也为丰富和完善商标法律制度提供了契机，为商标法律制度的研究提供了鲜活的素材。在处理一些疑难复杂的商标法律纠纷过程中，法官裁判说理越来越透彻，当然还有诸多提升空间。我国商标法律理论研究迅速发展，但对很多问题尚未达成共识，甚至还没有形成一定的讨论具体问题的范式，未能为司法裁判和立法完善提供足够丰富的营养，有时候难以为市场主体提供可预测的行为指引。

商标法教材是商标法律理论研究成果中最为重要的类型之一。一部高质量的教材通常是一个学科走向成熟的标志，它汇集了这个学科最具共识的研究成果，能够为多数法学院所接受，能够滋养一代代的入门者，能够为定分止争和完善制度提供权威的参考。我国不少商标法学者都在努力贡献高质量的商标法教材，本书就是一个很好的尝试。第一，体系性。本书涵盖了商标法的整个制度体系，几乎覆盖了我国《商标法》中所有重要的条文。本书通过案例的形式加以阐释其中的争点问题，这对帮助初学者真正理解我国商标法律制度和掌握商标法律体系很有裨益。第二，前沿性。本书在展现商标法律体系的过程中，将理论和实务上争议的一些前沿问题融入到了相关制度的理解中，因此兼具体系性和前沿性。本书紧跟我国商标法律司法实践，呈现了最具代表性和前沿性的商标法律案件和理论争议，对商标法律执业者也具有积极的参考意义。第三，国际视野。我国商标法律制度多借鉴于国际上的规定，这些年则基于本土产生的诸多特色问题予以完善，商标法律制度背后的问题和解决思路多具有国际比较的意义。本书在阐释有关商标法律制度的过程中，提供和解读了不少欧美国家的对应制度和经典案件，对理解和掌握相关制度的含义及发展、剖析一些疑难复杂案件的解决思路具有启发意义。

本书三位作者多年从事知识产权法律理论研究或案件裁判，在商标法律领域具有较为丰富的积累和经验，在撰写本书过程中各有侧重又相互补充，使本书兼具理论性和实务性，焕发本土和国际的气息，追求体系性的同时又不乏趣味性。古希腊先哲苏格拉底说过，“教育不是灌输，而是点燃火焰”，教育和教科书的一个重要功能可能是提出问题供学生思考或读者研究。我相信三位作者在本书中采取的提问式撰写方式能够实现这个目的。当然，商标法律制度在不断发展，期待三位作者能持续性地将最新问题、理论、制度、政策和案件的研究和实践思考呈现在本书中，使本书成为一部经典的商标法教科书。

是为序。

孔祥俊

2020 年 4 月 2 日

目录 *Contents*

第五章 侵害商标权的行为

第八章　其他商业标志保护

第九章　商标侵权的法律责任类型

第一章
商标及商标的功能

第一节　商标概述

一、商标的概念

问题：商标怎么与企业名称等其他商业标记区分？它究竟有哪些特质？为什么一个品牌的右上方打上了®标记，与一个品牌的右上方打上™标记，有什么区别？

《世界知识产权组织公约》第2条第8款规定，与商品商标、服务商标、商号及其他商业标记有关的权利应纳入知识产权范畴。可见，商业标记是商标的上位概念。商业标记是一种在商业活动中具有识别性或区别性的难以起到区分服务来源的作用标识，国际保护工业产权协会在1992年东京大会上称其为“识别性标记”，“识别性”是商业标记的特质，也即，受法律保护的商业标记都必须具有“识别性”的特征。

不同种类的商业标记具有不同的区分功能。按照我国《反不正当竞争法》第6条的分类，企业名称、字号是对不同经营主体的区分，一个企业名称在特定管辖区域内指向特定的经营主体，字号或商号则是这个企业名称中最具有识别力的部分。域名主体部分、网站名称等则是网络环境中区分不同经营活动的标记。姓名、虚拟角色形象在特定条件下也可以成为商业标记。我国《商标法》[①]第8条规定，任何能够将自然人、法人或者其他组织的商品与他人的商品区别开的标志，包括文字、图形、字母、数字、三维标志、颜色组合和声音等，以及上述要素的组合，均可以作为商标申请注册。本条前半句规定了商标的本质特征，即对商品或服务来源的区分。

二、商标的种类

根据不同的划分标准，可以将商标划分为不同的种类。下面介绍三对重要的商标分类。

（一）商品商标和服务商标

根据商标贴附或使用的载体及区分对象的不同，可以将商标区分为商品商标和服务商标。商品商标贴附或使用在商品上，用以将商品生产者或经营者的商品同他人的商品区别开来。服务商标使用在服务上，用于将服务提供者的服务同他人的服务区别开来。比如，建设、出售、出租、管理的不动产本身名称，与服务商标所代表的不动产建设、出售、出租、管理服务的内涵不同。[②]随着服务产业在国内经济和国际贸易的比重上升，服务商标的重要性愈发突出。

（二）集体商标和证明商标

集体商标，是指以团体、协会或者其他组织名义注册，供该组织成员在商事活动中使用，以表明使用者在该组织中的成员资格的标志。证明商标，是指由对某种商品或者服务具有监督能力的组织所控制，而由该组织以外的单位或者个人使用其商品或者服务，用以证明该商品或者服务的原产地、原料、制造方法、质量或者其他特定品质的标志。集体商标或证明商标持有人

---

① 除相关裁判适用的法律外，如无特别指出，本书中的《商标法》均指2019年《商标法》。

② 广东省高级人民法院（2005）粤高法民三终字第113号民事判决书。

通常都会制定使用其商标的具体条件、方法等规则。集体商标和证明商标的注册人均为组织且注册人和使用人分离，但是集体商标的注册人和使用人之间存在集体和成员之间的关系，而证明商标的注册人一定对商品或服务本身有控制能力。比如由中国绿色食品发展中心申请注册的“绿色食品”商标，就是证明商标；由佛山市南海区五金行业协会申请的“南海金沙五金”商标，就是集体商标。

（三）注册商标和未注册商标

按照商标是否已经注册，可以分为注册商标和未注册商标。《商标法》第9条第2款规定，商标注册人有权标明“注册商标”或者注册标记。经营者在品牌右上方打上®标记，就是行使这项权利的体现。《商标法》主要是规范商标注册申请、使用、保护等的法律。我国还保护未注册商标，《商标法》有一些条文涉及未注册商标的保护，比如《商标法》第32条后段（不得以不正当手段抢先注册他人已经使用并有一定影响的商标）、第59条第3款（商标注册人申请商标注册前，他人已经在同一种商品或者类似商品上先于商标注册人使用与注册商标相同或者近似并有一定影响的商标的，注册商标专用权人无权禁止该使用人在原使用范围内继续使用该商标，但可以要求其附加适当区别标识）。至于在一个品牌右上方打上™标记，主要表明经营者使用此标记的目的是作为商标使用，而不是作为名称、原料、说明用语、广告用语等其他用途。这对于证明《商标法》第48条的商标使用以及商标知名度等都具有重要的意义。

第二节 商标构成要素

问题：腾讯QQ提示音“嘀嘀嘀嘀嘀嘀”可否注册为商标？迪奥尔公司的圆锥形香水瓶可否注册为商标？为什么《商标法》第8条限定颜色组合才能注册为商标，单一颜色可否注册为商标？气味(scent)、味道（flavor）在我国可否申请为商标？这些非传统商标获得注册之后，如何判定他人的使用构成商标侵权行为？

一、商标构成要素的确定

传统商标多由文字或图形，或字母，或数字，抑或它们的组合构成，这就是商标的构成要素。实践中还有一些非传统商标，由三维标志、声音、颜色、位置等构成。这里主要介绍非传统商标的可注册性和显著性审查。对商标构成要素的判断，是审查商标注册的前提基础，影响可注册性的结论。比如就“使用在鞋底位置的红色”，究竟是三维标志还是单一颜色，如果是单一颜色，《商标法》是否排除其可注册性？一审法院认为，克里斯提·鲁布托使用虚线系表达高跟鞋商品的外形，本商标标志应当属于三维标志，表示了高跟鞋商品本身的外形，并在局部部位填涂红色。二审法院认为申请商标系限定使用位置的单一颜色商标，虽然该案申请商标的标志构成要素不属于《商标法》第 8 条中明确列举的内容，但其并未被商标法明确排除在可以作为商标注册的标志之外，应当重新就申请商标是否具备显著特征作出认定。① 这表明我国法院对《商标法》第 8 条的商标构成要素持开放性的理解立场，不因为本条对构成要素的封闭性列举而排除可注册性。

对商标构成要素的判断，还会影响商标显著性的审查结论。比如，在迪奥尔公司申请注册的圆锥形香水瓶的显著性审查中，构成要素究竟是图形商标还是立体商标，存在一些不同认识。商标局和商评委认为申请商标是一个由瓶子构成的图形，不具有显著性；再审法院认为，申请商标请求在中国获得注册的商标类型为“三维立体商标”，应当考虑申请商标进入中国市场的时间，在案证据能够证明的实际使用与宣传推广的情况，以及申请商标因此而产生识别商品来源功能的可能性。② 可见，图形商标和立体商标的不同认定，对该商标显著性的判断存在完全不同的影响。

---

① 北京市高级人民法院（2018）京行终 2631 号行政判决书。

② 最高人民法院（2018）最高法行再 26 号行政判决书。

二、声音商标的审查和保护

（一）概念

根据《声音商标形式和实质审查标准（试行）》的规定，声音商标，是指由足以区别商品或服务来源的声音本身构成的商标。声音商标可以由音乐性质的声音构成，例如一段乐曲；可以由非音乐性质的声音构成，例如自然界的声音、人或动物的声音；也可以由音乐性质与非音乐性质兼有的声音构成。我国商标局核准注册的第一例声音商标是“中国国际广播电台节目开始曲”。之后商标局又核准了多例声音商标，如苏菲广告、小霸王广告、雅虎广告、诺基亚广告等。

（二）审查

声音商标的申请注册，首先，需要明确具体的对象。《商标法实施条例》第 13 条第 5 款规定，以声音标志申请商标注册的，应当在申请书中予以声明，提交符合要求的声音样本，对申请注册的声音商标进行描述，说明商标的使用方式。对声音商标进行描述，应当以五线谱或者简谱对申请用作商标的声音加以描述并附加文字说明；无法以五线谱或者简谱描述的，应当以文字加以描述；商标描述与声音样本应当一致。

其次，需要接受商标注册的绝对条件和相对条件的审查。比如在判断声音商标的显著性时，一首完整或冗长的歌曲或乐曲往往不具有显著性，过于简单、普通的音调或旋律也缺乏显著性。QQ 提示音“嘀嘀嘀嘀嘀嘀”的申请注册，是一个很好的例子。商标评审委员会认为，申请商标为“嘀嘀嘀嘀嘀嘀”声音，该声音较为简单，缺乏独创性，指定使用在电视播放、信息传送等服务项目上缺乏商标应有的显著特征，难以起到区分服务来源的作用。[①]

---

① 商标评审委员会商评字〔2016〕第 0000035304 号《关于第 14502527 号“嘀嘀嘀嘀嘀嘀”（声音商标）商标驳回复审决定书》。

法院认为，对于声音商标是否具有显著性的判断，除应遵循对传统商标是否具有显著性的基本判断原理、标准与规则外……还应结合声音商标声音的时长及其构成要素的复杂性等因素，综合考察其整体在听觉感知上是否具有可起到识别作用的特定节奏、旋律、音效，从而对其可否起到区分商品或服务来源的作用作出判断。本案申请商标虽然仅由同一声音元素“嘀”音构成且整体持续时间较短，但申请商标包含六声“嘀”音，且每个“嘀”音音调较高、各“嘀”音之间的间隔时间短且呈连续状态，申请商标整体在听觉感知上形成比较明快、连续、短促的效果，具有特定的节奏、音效，且并非生活中所常见……申请商标已经由腾讯公司进行长期、大量的使用……申请商标所依附的QQ软件作为即时通信软件持续使用的时间长、范围广泛、市场占比份额较大、使用群体所涉及的领域众多。随着QQ软件、“QQ”商标知名度的提升，申请商标作为QQ软件默认的新消息传来时的提示音已经与QQ软件之间形成了可相互指代的关系，申请商标的声音亦已经在即时通信领域建立了较高的知名度，其识别性进一步增强，申请商标与QQ软件、腾讯公司之间已经建立了稳定的对应关系，申请商标在指定使用的“信息传送”服务项目上起到了商标应有的标识服务来源的功能。[①]

（三）声音作为一种标识的反不正当竞争保护

这里以美国发生的一个案件来说明声音作为一种标识的反不正当竞争保护。

本案中[②]，被告雇人尽可能像地模仿原告演唱的一首歌曲，并使用在其汽车的电视广告中，被告对歌曲的使用行为已经获得歌曲版权人授权，他既没有使用原告姓名，也没有使用其肖像，但这首广告歌曲达到了“以假乱真”的效果，多个证人出庭作证“以为是原告在演唱”。本案的争议焦点是对原告声音的保护。地区法院认为没有理由禁止模仿原告的声音。上诉法院认

① 北京知识产权法院(2016)京73行初3203号行政判决书。

② See Midler v. Ford Motor Co., 849 F.2d 460, 462–464 (1988).

为，言论自由对媒体利用肖像或声音来说是最主要的价值。如果媒体使用某人身份的目的是“传递信息或文化”(informative or cultural)，则这种使用无责(immune)；如果并没有传递这种功能，而只是利用某人的身份，则不可免责。[①] 而且，版权法能够抵触（ preempt ）该领域的多数行为。国会司法委员会在 17 U.S.A.114(b) 中指出，“单纯模仿一段录制的表演，即便表演者有意从一开始尽可能像地模仿他人表演，也不构成版权侵权”。本院就是从第一修正案及与版权法的区分角度来解决这个问题。本案中，原告的理由是这首歌已经具有第二含义。本院在另一案件中指出，被告为了使用歌曲已经向版权人支付了费用，如果因使用这首歌还需要向原告支付费用，则与版权法冲突。[②] 本案中，原告请求保护的是“声音”，这不是版权法的保护对象，因为它没有“固定”在有形载体上。第一巡回法院还曾经在一个模仿具有显著性的声音、音调及鸭子卡通造型的案件中指出，被告的行为满足（ saturate ）了原告的观众、掠夺了其市场，因而构成不正当竞争。[③] 本案与该案尽管很像，但不构成不正当竞争。因为被告对这种类型声音及造型进行一分钟的商业利用，不可能满足原告的观众，也不可能替代原告的市场。原告从来没有进入电视行业广告，被告与原告之间没有竞争关系。

此外，根据《加州民法典》第 3344 条，被告在本案中也没有利用原告的声音，他只是专门雇人来模仿他的声音。但是这并不妨碍原告在普通法上寻求救济……声音比 Motschenbacher 案中[④] 的汽车装备(accouterments)更具显著性特征。声音就如脸庞一样具有显著性和个性。人的声音是展现身份的最为明显的方式之一。我们在电话中只要听到几个单词就知道是哪个朋友。在哲学上，只要听到声音，此人就如站在面前。唱歌的时候也同样如此，尤其对一个著名的歌手而言。对他声音的模仿，就是盗用他的身份。我们没必要认

① Peter L. Fletcher & Edward L. Rubin, Privacy, Publicity, and the Portrayal of Real People by the Media, 88 Yale L.J. 1577, 1596 (1979).

② Sinatra v. Goodyear Tire & Rubber Co., 435 F. 2d 711, 717–718 (9th Cir. 1970).

③ Lahr v. Adell Chemical Co., 300 F.2d 256, 259 (1st Cir. 1962).

④ *Motschenbacher v. R.J. Reynolds Tobacco Co.*, 498 F.2d 821 (9th Cir.1974).

为，基于广告商品目的对任何一种声音的模仿都具有可诉性。我们只是认为，当一个专业的、知名的歌手的显著性声音被有意地模仿以销售商品时，销售者利用了不属于他的价值并构成加州的侵权行为。原告已经足以说明，被告为销售产品利用原告身份特征的行为获利了。

三、气味商标的审查

除声音商标之外，气味、味道商标也是非传统商标。美国商标注册审查实践中涉及一些气味商标[①]、味道商标[②]的案件。在这些案件中，首先需要判断是否属于商标法的商标要素，然后再考虑这些非传统商标是否克服了功能性障碍，最后考虑这些非传统商标是否获得了第二含义。由于美国《兰哈姆法》接受气味、味道作为商标要素，商标审查及上诉委员会（Trademark Trial and Appeal Board）重点考虑功能性问题。这里以味道商标的审查为例。

本案中涉及在药品上注册“橘子口感”（orange flavor）的商标。本委员会首先考察功能性。联邦巡回上诉法院使用 Morton–Norwich[③] 因素来分析功能性问题，本委员会从之。这个分析框架中的第二个因素——申请人在广告资料中宣传过“橘子口感”的实用优势，这对本案的分析尤其重要。尽管申请人意图在商业中使用该标记，但是在案证据包括申请人官方网站中阐述其药丸橘子口味实用优势的一段摘录。申请人的官网指出，病人不服药是治疗抑郁症的主要障碍。“超过一半的受访医师说与常规抗抑郁药相比，更大的给药自由度和令人愉悦的口感是重要的优势。”申请人在其官网不下四次指出，其抗抑郁药丸具有“令人愉悦（橘子）的口感”，“目前令人愉悦的橘子口感”是“相对传统抗抑郁药的重要优势”。申请人的药丸就是为了解决病人口感而设计，因而这种药物具有吸引人的口感是实际需要的。申请人网站传达的印象是，申请人的橘子味使其药物具有优越性，而不是有效性，使患

① In re Clarke，17 USPQ2d 1238 (TTAB 1990).

② In re N.V. Organon，79 U.S.P.Q.2d 1639 (TTAB 2006).

③ 见本书第二章第一节第三部分。

者服用该药从而使该药物有效。显然，除非患者服用，否则无论其潜在疗效如何，药物都是无用的。确实，更大的患者依从性可以导致更快的康复。由于申请人药物的橘子口味会导致患者依从性，因此橙色味道会间接提高药物的功效。

至于第三个要素，联邦巡回上诉法院指出“替代设计”的存在并不必然意味着申请人的外观不具有功能性。存在替代口味的事实不足为奇，或者就其本身而言，在法律上不足以确定申请人的橘子口味就没有功能性。问题不在于是否存在可以实现相同基本功能的替代口味，而是这些口味是否“同样有效”…… 申请人称其“令人愉悦的橘子口味”为“相对于传统抗抑郁药的重要优势”。虽然可能有其他口味可用于抗抑郁药，但申请人实质上是在宣传其橙色口味比其他口味更好。此外，证据表明，橘子口味一直被用在制药行业。尽管我们不能确切地说橘子口味是最受欢迎的风味，但它肯定会出现在最受欢迎的风味的简短清单（short list）上。因此，并不存在真正的替代品，或者至少不存在多种可接受的替代品。

根据 Morton–Norwich 因素的分析，尤其是申请人对其橙色风味的功能性质的吹捧，以及缺乏可接受的替代品的证据，都支持在这种情况下认定实用功能。另外两个因素是中立的事实不影响该结论的成立。并没有要求必须成立所有四个因素才能认定具有实用功能。

第三节　商标功能

问题：商标功能是一个法律概念吗？怎么界定商标功能的外延？是否所有的商标功能都可以作为商标侵权判断的标准？

商标的功能是指商标在商品生产、交换或提供服务的过程中所具有的价值。商标保护规则的构造就是围绕商标功能来设计的，保护商标的核心是确保商标功能不受侵害。因此，判断商标侵权行为是否成立可以根据是否妨碍商标功能的正常发挥为条件，在传统商标法上形成了以损害识别功能为基础的混淆保护机制和以损害广告功能、信誉承载功能为基础的淡化保护机制。

一、来源识别功能

问题：为什么要保护商标？为什么商标授权确权、商标许可、商标转让、商标侵权等制度中都需要考虑“消费者等相关公众”的认知？比如《商标法》第 42 条第 3 款规定，对容易导致混淆或者有其他不良影响的转让，商标局不予核准（许可合同），书面通知申请人并说明理由。

（一）概念

商标的基本功能是区别不同商品或服务的来源，标明商品或服务的出处，这就是商标来源识别功能。在商标法发展的早期，商标被认为仅仅向顾客表示产品或者服务的物理来源。现代商标法上，商标指示着单一的、匿名的、稳定的来源。只要在商品或服务上载有相同商标，则意味着这些商品或服务具有统一的来源。

判断商标来源识别功能是否受到损害，以相关公众是否有受到混淆误认之虞作为标准，一旦某商标的使用使得相关公众对商品来源出处产生混淆可能，则来源识别功能受到侵害。我国《商标法》第 57 条第 1 项、第 2 项规定，未经商标注册人的许可，在同一种商品上使用与其注册商标相同的商标的；未经商标注册人的许可，在同一种商品上使用与其注册商标近似的商标，或者在类似商品上使用与其注册商标相同或者近似的商标，容易导致混淆的，均构成商标侵权行为。这项规定以来源识别功能为基础。

（二）种类

根据混淆内涵的不同，可以分为直接混淆和间接混淆；依据产生混淆的时间点不同，可以分为售前混淆、售中混淆及售后混淆；依照混淆的方向不同，可以分为正向混淆和反向混淆；以是否实际产生混淆，可以分为实际混淆和可能混淆。

1. 直接混淆和间接混淆

直接混淆是指狭义的来源混淆，相关公众误以为不同商家生产或提供的商品具有相同的来源出处。间接混淆是指联属混淆或关联关系的混淆。就关联商品，消费者不太可能会误以为这些商品具有同一生产来源，但可能误以为原告批准、许可或同意被告使用其商标，以致误认为原被告之间具有赞助、许可或隶属等关联关系，这种关联混淆是现代混淆理论中的重要组成部分。例如，摩托车与摩托车润滑油不属同一市场，传统混淆理论一般认为，消费者不太可能会认为这两种商品具有同一来源，但消费者却仍然可能会对这两种商品的生产者的关系产生混淆。《反不正当竞争法》第 6 条规定，经营者不得实施下列混淆行为，引人误认为是他人商品或者与他人存在特定联系……本条明确将联属混淆纳入混淆的范围。

2. 售前混淆、售中混淆和售后混淆

售前混淆，是指消费者最初对商品或服务的来源产生了混淆，但在实际作出购买决定时没有发生混淆。比如寺库公司使用“大悦城”商标进行推广，在百度网搜索栏内输入“大悦城”，点击“百度一下”进行搜索，搜索结果第一项显示的链接标题为“寺库北京朝阳大悦城 100% 正品保证，全场低折抢购！”。这种行为系发生在用户进入寺库公司网站之前（亦即发生在寺库公司实际提供服务之前），而用户点击被诉内容后进入的寺库网站中并未使用“大悦城”，故虽然被诉行为会使部分相关公众误认为寺库商城为北京朝阳大悦城自行开设或与寺库共同开设的购物网站，从而具有混淆可能性，但该情形属于售前混淆。[①]

售中混淆，即消费者在购买商品或接受服务时对商品或服务的来源发生了混淆误认。

售后混淆，是指实际购买的消费者没有对商品的来源产生混淆，但在使用商品的过程中使其他人产生混淆。售后混淆通常发生在奢侈品行业，由于

① 北京知识产权法院（2015）京知民终字第 1828 号民事判决书。

价差悬殊，购买者在购买时不会产生混淆，买回去后使其他消费者产生混淆。比如有法院认为，虽然被控侵权商品上标明了其他商标，而且售价远低于原告正品的销售价格，购买者在实际购买时可能不会对来源产生混淆，但购买者在实际使用时可能会导致其他潜在消费者对商品来源的混淆，造成售后混淆。①

3. 正向混淆和反向混淆

正向混淆，即消费者误以为在后商标使用人的商品来自在先注册商标权人。反向混淆是指，相关公众误认为在先注册的商标权人的商品来源于在后商标使用人，此时，原告通常是知名度比较低的商标权人，被告是知名度较高的在后使用人。如广东高院在新百伦案中指出，被告新百伦公司在实体专卖店、网上专卖店、官方网站、新浪微博、宣传手册及视频广告等处商标性使用“新百伦”标识，这非法阻止了注册商标权人周某伦在核定使用的商品上使用自己注册商标的权利，致使周某伦在其制造、销售的鞋类产品上使用其“百伦”“新百伦”注册商标时，相关公众会产生关于周某伦使用的商标是假冒新百伦公司的商标，周某伦攀附了新百伦公司的商誉，侵害了新百伦公司的商标权等错误认识。②

4. 实际混淆和可能混淆

实际混淆不能替代可能混淆而成为商标侵权的判断标准。但实际混淆的证据可用于证明相关公众存在混淆可能，在一些案件中，原告往往提交消费者调查问卷、消费者的投诉情况等实际混淆的证据，用于证明混淆可能性要件。

二、质量保证功能

问题：在北京、上海、深圳、杭州等全国各地购买“农夫山泉”牌的矿泉水，所购买的矿泉水的质量不统一吗？在上海的平行进口商店购买一包日本进口纸尿裤，这个纸尿裤的质量与日本国内原产的、日本权利人授权在国内销售的商品质量一致吗？地理标志证明商标是否具有质量保证功能？

① 深圳市福田区人民法院（2015）深福法知民初字第240号民事判决书。

② 广东省高级人民法院（2015）粤高法民三终字第444号民事判决书。

（一）概念

近代以来，商品生产者或服务提供者从事跨界经营的现象越来越多，商品的生产和服务的提供成为一个全球性的经营活动。在商品或服务上载有相同商标，不仅意味着这些商品或服务具有相同的来源出处，而且代表着一致的、稳定的质量，这就产生了质量保证功能。同样品牌的商品或服务，消费者不用担心在上海、北京、东京、巴黎、纽约等不同地点购买会存在质量差异。为了确保商标质量保证功能得到维系，《商标法》第 42 条第 1 款、第 43 条第 1 款等条文明确要求商标受让人、被许可人保证使用注册商标的商品质量。

质量保证功能并不向消费者保证载有相同商标的商品或服务具有高水准的质量，也并不约束商标权人只能固守原有商品的原料配方或服务提供方式，而只是保证具有统一的、稳定的并符合消费者期待的质量。加多宝公司请求王老吉公司停止使用“怕上火就喝王老吉”广告语，认为广大消费者会误以为被告刚刚生产的且配方根本不同的此红罐“王老吉”就是过去原告生产经营的彼红罐“王老吉”。法院指出，反不正当竞争法禁止的是因使用标识所造成的商品来源的混淆或误认，即商品提供者的混淆或误认，以及商品提供者关系的混淆或误认，而不是两种不同配方的产品特性的混淆或误认。即使会导致相关消费者误认为新产品是沿用原来配方，这种混淆也并非商标法和反不正当竞争法意义上的混淆。标识具有质量保证功能，标识权人也负有保证商品质量的义务，但这并不意味着标识权人生产的产品只能固守一种配方。标识的质量保证功能，是指标识在消费者心目中代表了特定商品或服务的质量，并保证它们能达到他所期望的水平。标识具有质量保证功能，并不意味着标识就是质量的保证书，更不意味着商品只能按照原有的工艺、流程、配方等来生产，标识权人完全可以改进产品，亦有权根据现实生活的需要，生产多种不同配方和口味的产品，当然也有权放弃原来配方而生产新的产品。[①]

---

① 重庆市第一中级人民法院（2012）渝一中法民初字第 00777 号民事判决书。本案二审维持，见重庆市高级人民法院（2014）渝高法民终字第 00068 号民事判决书。

在手机翻新案件中，法院常基于质量保证功能作出判决。比如被告人出售翻新机，但却明确告知购买人该手机为全新机的行为，法院往往基于质量保证功能进行分析。“对于注册商标而言，商标法首先保护的是商标的识别区分功能，即禁止他人未经许可对注册商标进行混淆性使用，而商标的质量保证功能和广告宣传功能是从商标的识别区分功能中派生出来的。消费者之所以要‘认牌购物’，即通过商标来购买商品（或接受服务），其基本的交易心理在于，在通常情况下，标注同一商标的商品（或服务）来自同一企业或者是经过该企业商标授权许可的其他企业，标注同一商标的商品（或服务）的质量应该基本一致或基本稳定，依靠商品（或服务）上的商标可以购买到自己信得过的商品（或服务）。与新手机相比，翻新手机在部件、形态和品质功能等方面已经发生了重大变化，如此一来，被告人将翻新手机作为全新手机销售的行为已经使商标的质量保证功能遭到破坏，导致消费者对翻新手机与全新手机的来源产生混淆。”[①]

（二）关于被许可人使用有关标识权益归属的争议

美国《兰哈姆法》第5条规定，关联公司对注册商标的使用所产生的利益应当归于商标注册人或申请人，只要不以欺骗公众的方式使用该商标，则该等使用不会影响注册商标的有效性。再根据《兰哈姆法》第45条规定，许可关系属于上述“关联关系”的范畴。因此，被许可人使用注册商标所产生的利益应当归于许可人，因为被许可人是商标法意义上的“关联公司”，被许可人商品或服务的性质和质量均由许可人控制。[②]可见商标许可关系的这一重要规则是由质量保证条款所决定的。如果没有这层质量控制关系，则不存在“关联关系”，也不存在使用注册商标的利益归属于许可人的规则。问题在于，商标许可结束后，被许可人在许可期间创设并与商标一同使用的商业外观，究竟如何归属？

---

① 深圳市罗湖区人民法院（2014）深罗法知刑初字第27号刑事判决书。本案二审维持，可见深圳市中级人民法院（2015）深中法知刑终字第22号民事判决书

② Turner v. HMH Pub. Co., 380 F.2d 224，227 (5th Cir. 1967).

在王老吉与加多宝之间的争议纠纷中，广东高院认为该商业外观不具有独立性。如果将商标标识作为包装装潢的一个组成部分，即商标与包装装潢已经融为一体，此时不应将商标与包装装潢的其他组成部分割裂开来，应将包括该商标标识在内的包装装潢作为一个整体而受到法律的保护。从本案所涉包装装潢可以看出，其最吸引相关公众注意之处在于红色主调和竖排的、黄色字体“王老吉”三个字，“王老吉”三个字已经与王老吉红罐凉茶包装装潢的其他组成部分紧密地结合在一起，已经成为该包装装潢的一个重要组成部分，即商标与包装装潢已经融为一体，不可分离。各构成要素作为一个整体在市场上发挥了识别商品来源的作用。①

最高法院在上述案件中指出该商业外观具有独立性，但其权益归属于许可人和被许可人共有。本案纠纷发生的特殊之处在于，许可使用期间形成的特有包装装潢，既与被许可商标的使用存在密切联系，又因其具备反不正当竞争法下独立权益的属性，而产生了外溢于商标权的商誉特征。加多宝公司在设计、使用及宣传推广涉案包装装潢的过程中，始终将作为广药集团注册商标的“王老吉”文字在包装装潢中进行突出使用，客观上使包装装潢同时指向了加多宝公司与广药集团。消费者亦不会刻意区分法律意义上的商标权与知名商品特有包装装潢权益，而会自然地将红罐王老吉凉茶与广药集团、加多宝公司同时建立联系。实际上，涉案包装装潢中确实也同时蕴含了广药集团“王老吉”品牌的影响力，以及加多宝公司通过十余年的生产经营和宣传推广而形成、发展而来的商品知名度和包装装潢的显著识别效果。②

美国法院在一个案件中认为商业外观具有独立性，归属于被许可人，被许可人的继续使用不构成侵权。该案中，原告认为被告的产品侵犯其（联邦注册）商标权和（普通法）商业外观权，请求法院发布禁令禁止被告销售。原告 PCA 拥有“Magna Doodle”注册商标，1992 年与 Tyco 达成该商标的许可协议。1997 年，被告 Fisher–Price 与 Tyco 合并，成为该许可协议的概括承受

① 广东省高级人民法院（2013）粤高法民三初字第 1 号民事判决书。

② 最高人民法院（2015）民三终字第 2 号民事判决书。

人。原被告之间因为许可协议价格条款的争议，在 2003 年 12 月 31 日终止许可关系。根据该许可协议，被告从 2004 年 1 月 1 日开始的半年内销售库存的商标商品。被告同时开发和推广了一种称为“Doodle Pro”的替代商品。这种新商品及包装与被告销售的最后一款“Magna Doodle”几乎相同，但这个包装是被告设计的。美国法院的裁判要旨有三点：被许可人无可争议地享有该商业外观；许可协议并未将该商业外观转让给许可人；“Doodle Pro”标识并未侵犯“Magna Doodle”的商标权。法官认为被许可人设计并使用了该商业外观，并使该外观产生了指示商品来源的功能；该外观与注册商标一起使用的事实，就该外观是否指示许可人作为产品来源而言，说明不了任何问题。①

以上三种意见，你赞同哪一种？

三、广告功能

问题：逛街时看到“怕上火喝王老吉”的广告语时，你会想到哪家企业？要设计一个广告语时，通常会考虑哪些因素？要非常简洁还是复杂？要包含商标或品牌在内吗，还是仅仅告知品的特点？

（一）概念

只有当消费者能自由接触商品或服务信息时，竞争市场才能有效运作。消费者接触这些商品或服务信息的主要方式就是广告。广告能成为协助消费者理性挑选商品的一种便捷和低成本的信息。② 商家的广告信息中往往含有商标信息，有时候一些广告特点鲜明、朗朗上口、简洁明了，加上持续地推广宣传，这个广告语本身可能会产生识别性而成为一个商标。该类型商标便能成为传递商家信息的一种载体，具有向公众传达信息并影响消费者选择商品或服务行为的广告功能，商家可利用其功能打开销路。

① Pilot Corp. of America v. Fisher-Price, Inc., 501 F.Supp.2d 292, 298.

② Restatement (Third) of Unfair Competition § 1 Comment d.

比如“怕上火喝王老吉”的广告语，是由“王老吉”商标和“降火”的商品特点组成，借着“王老吉”商标对外传递了“降火”的商品特点，对这款凉茶商品起到了广告作用；反过来，这条广告语本身也推广了“王老吉”商标，两者相互成就。广告语本身因为成功的推广宣传而具有显著性，能够成为一个未注册商标。重庆第一中级人民法院对此认为：广告语是市场主体为推销其商品或服务而使用的词语或语句，是经营者传递企业和商品（或服务）形象信息、提高企业和商品（或服务）知名度、刺激受众购买欲望的重要手段。广告语的确立和使用，凝聚着创作者和广告主的劳动和投入。一条成功的广告语，可以让广告受众印象深刻并与特定企业或产品形成稳定的联系，从而成为具有识别性和显著性的标识，能够为使用者带来经济利益……涉案广告语是对“王老吉”品牌的宣传，受众从该广告语的宣传中记住的是“王老吉”品牌及该品牌项下的产品。①

（二）驰名商标的广告功能

任何商标都能成为商品信息与消费者之间的沟通媒介，知名度一般的商标对商品信息的广告效果可能一般，驰名商标的广告效果则比较显著。因此，商标的广告功能最能体现在驰名商标上。商标法的立法者区分普通注册商标和驰名商标，为两者提供不同的保护强度和范围，设定不同的侵权行为的构成。对普通注册商标专用权的侵犯行为，一定是为了在来源识别意义上混淆出处致使消费者产生混淆误认；对驰名商标的侵犯行为，通常是为了淡化、丑化驰名商标或搭驰名商标的便车，这种使用就是在广告意义上的使用。

比如，北京知识产权法院在“老干妈”案中阐述了广告性使用的原理。被告在涉案产品上印有“老干妈味”字样，涉案产品上也标注了被告永红公司的自有商标。被告的行为虽然不属于识别性商标使用行为，但是，本案涉案商标为驰名商标，由于驰名商标本身的良好声誉，除了具备普通商标的识别功能，还具有广告功能，因此，其禁用权的边界大于专用权，还具有禁止他人淡化式

① 重庆市第一中级人民法院（2012）渝一中法民初字第00777号民事判决书。

使用该商标的行为意义。被告永红公司将涉案驰名商标作为自己牛肉棒产品的系列名称，用涉案驰名商标来描述自己的产品，会使消费者误以为涉案产品与商标权人老干妈公司具有某种联系，被告永红公司将“老干妈味”作为一种口味，有可能导致涉案驰名商标的显著性减弱，弱化涉案驰名商标与原告老干妈公司的唯一对应关系，甚至会导致其名称通用化。因此，被告永红公司标注“老干妈味”字样的行为构成对涉案商标的广告性商标使用。①

四、信誉承载功能

问题：平行进口的商品在国内销售时，商家通常不会改变商品本身及附载的商标，但可能会改变包装的方式，或者加贴中文便签。然而，当中文标签的商品信息指向国内的代理商而不是国外的权利人，或者当进口商品与国内授权销售的商品在某项指标上不一致时，权利人的利益是否会受到损害？地理标志证明商标是否具有信誉承载功能？

（一）概念

企业通过使用商标，诚实经营，在消费者群体中建立良好形象，这是积累商誉过程，商誉得到建立和提升之后，反过来能够增加商标的价值，商标是商誉的重要载体。无论商标是在发挥来源识别功能，还是质量保证功能，或者广告功能，都是积累商誉的过程，商标具有信誉承载功能。美国《兰哈姆法》将保护商人的投资作为商标保护的立法目的之一，立法报告指出：任何商标法律的目的都是双重的，其一，保护公众，公众通过认牌购物，能够获得其真正想要的商品；其二，如果商标所有人已经付出精力、时间和金钱向公众推出商品，那么它的投资不能被盗用。②我国《商标法》第 1 条也将“维护商标信誉”作为立法目的之一。

① 北京知识产权法院（2015）京知民初字第 1944 号民事判决书。本案二审维持，北京市高级人民法院（2017）京民终 28 号民事判决书。

② J. Thomas McCarthy, McCarthy on Trademarks and Unfair Competition, Fourth Edition, § 2: 33.

（二）保护范围的争议[①]

就像商标的广告功能一样，任何一个商标都具有信誉承载功能，因为一个商标经过实际使用之后，或多或少都会积累商誉。驰名商标的信誉承载功能最为显著，各国商标法通常以驰名商标反淡化的方式予以其制度化保护。我国《商标法》第13条就明确规定，就不相同或者不相类似商品申请注册的商标是复制、模仿或者翻译他人已经在中国注册的驰名商标，误导公众，致使该驰名商标注册人的利益可能受到损害的，不予注册并禁止使用。

我国有些法院在个案中也为普通注册商标的信誉承载功能提供保护，但存在一定争议，主要担心其边界的不确定性会阻碍商品或服务的流通。比如在“不二家”案中，被告将原告的糖果分装到不同包装盒，杭州余杭法院认为这是损害商标信誉承载功能的行为，构成侵权行为。法院指出，商标的功能是商标赖以存在的基础，对于商标的侵权足以达到损害其功能的程度的，不论是否具有市场混淆的后果，均可以直接认定构成商标侵权行为。虽然被告分装、销售的三种规格的涉案产品中的糖果本身系来源于不二家公司，且其使用的三种规格的外包装上也附着了与涉案商标相同或相似的标识，从相关公众的角度来看，并未产生商品来源混淆的直接后果，但是商品的外包装除了发挥保护与承载商品的基本功能外，还发挥着美化商品、宣传商品、提升商品价值等重要功能，而被告未经不二家公司许可擅自将不二家公司的商品分装到不同包装盒，且这些包装盒与不二家公司对包装盒的要求有明显差异，因此，被告的分装行为会降低相关公众对涉案商标所指向的商品信誉，从而损害涉案商标的信誉承载功能，属于“给他人的注册商标专用权造成其他损害的行为”，构成商标侵权。[②]

同样是杭州法院，同样针对平行进口的商品，针对被告不改动商标、商品和包装的行为，杭州中院认为不同市场的商品销售行为不会损害商标的信誉承载功能。你赞同哪种判决意见？

---

① 还可结合第六章第六节“权利用尽抗辩”进行理解。

② 杭州市余杭区人民法院（2015）杭余知初字第416号民事判决书。

法院认为，首先，被告未对平行进口的大王婴儿纸尿裤重新包装亦未对商标标识进行改变，商品、商标标识与大王制纸会社在日本国内销售的婴儿纸尿裤具有同一性，因此其行为并未损害商标标识来源的功能。

其次，产品存在差异是生产者根据市场的需求，所采取的细分市场的营销手段，而产品的品质则指的是商品本身所应该具有的质量。不同市场细分情形下的产品对应的是不同的消费习惯与消费层次的消费者，因而其商标所承载的信誉分别体现于不同的消费群体中。相关公众对商标信誉的评价，存在于各个等级、不同销售市场的产品上，不能认为产品分散于不同的销售市场就会损害其商标信誉。虽然被告在所销售产品的中文标签中标识了大王制纸会社在中国国内的进口商、总代理商大王用品公司的网址而非大王制纸会社的网址，但并非对商品、商标的改动，并不损害涉案商标品质保证功能及商标所承载的信誉。回渗率仅为婴儿纸尿裤的一个指标并非全部，即便在日本国内销售的大王婴儿纸尿裤与中国国内销售的大王婴儿纸尿裤上有所差别，在被告保证了商品的原产性，并未对商品进行任何人为的改动的情形下，商品的质量始终处于大王制纸会社所设置的管控条件下，商标品质保证功能并未受到影响，商标所承载的信誉亦未受到损害。①

① 杭州市中级人民法院（2016）浙01民终2178号民事判决书。

第二章 商标注册条件

《商标法》第 8 条规定，任何能够将自然人、法人或者其他组织的商品与他人的商品区别开的标志，包括文字、图形、字母、数字、三维标志、颜色组合和声音等，以及上述要素的组合，均可以作为商标申请注册。孔祥俊教授认为，“能够区别开来”可以解读为包括事实上的能够和法律上的能够，“事实上的能够”是指客观上的区别，“法律上的能够”是指“不误导社会公众、不危害公共秩序和公共道德”以及“不侵犯在先权利”。[①] 有些学者将上述条件概括为“显著性”“合法性”和“在先性”。[②] 商标注册的这些条件通常还可从绝对条件和相对条件的角度进行区分，不侵犯他人在先权益的条件，通常被称为相对事由，其他条件被称为绝对事由。[③]

① 孔祥俊:《论商标可注册性要件的逻辑关系》，载《知识产权》2016 年第 9 期，第 3–4 页。

② 黄晖:《商标法》，法律出版社 2016 年版。

③ 冯术杰:《商标法原理与应用》，中国人民大学出版社 2017 年版，第 41 页。

第一节　商标注册的绝对事由

一、公序良俗

（一）《商标法》第 10 条

问题：“中国劲酒”可否作为商标使用？“中南海”可否申请注册为商标？“白富美”可否申请注册为商标并作为商标使用？“叫了个鸡”“叫个鸭子”可否申请注册为商标？《商标法》第 10 条规定“不得作为商标使用”和第 11 条规定“不得作为商标注册”，两者之间有何区别？

1.《商标法》第 10 条的结构

《商标法》第 10 条规定了“不得作为商标使用的标志及使用地名作商标的管理”，有观点将之概括为“公序良俗条款”，[①] 也有观点将之概括为“合法性”条件。[②] 因“合法性”的内涵外延均较广，第 32 条侵犯在先权利、第 44 条商标注册程序合法、第 7 条遵守诚实信用原则、第 4 条不以使用为目的等都是“合法性”的范畴，因此称第 10 条为“公序良俗条款”，更为适合。

根据《商标法》第 10 条规定，下列标志不得作为商标使用：（一）同中华人民共和国的国家名称、国旗、国徽、国歌、军旗、军徽、军歌、勋章等相同或者近似的，以及同中央国家机关的名称、标志、所在地特定地点的名称或者标志性建筑物的名称、图形相同的；（二）同外国的国家名称、国旗、国徽、军旗等相同或者近似的，但经该国政府同意的除外；（三）同政府间国际组织的名称、旗帜、徽记等相同或者近似的，但经该组织同意或者不易误导公众的除外；（四）与表明实施控制、予以保证的官方标志、检验印记相同或者近似的，但经授权的除外；（五）同“红十字”“红新月”的名称、标志相同或者近似的；（六）带有民族歧视性的；（七）带有欺骗性，容易使

① 冯术杰：《商标法原理与应用》，中国人民大学出版社 2017 年版，第 75 页。

② 黄晖：《商标法》，法律出版社 2016 年版，第 43 页。

公众对商品的质量等特点或者产地产生误认的；（八）有害于社会主义道德风尚或者有其他不良影响的。（第 2 款）县级以上行政区划的地名或者公众知晓的外国地名，不得作为商标。但是，地名具有其他含义或者作为集体商标、证明商标组成部分的除外；已经注册的使用地名的商标继续有效。

可以看出，第 10 条在结构上分为两款，第 1 款的规制对象是官方标志、民族歧视性标志、欺骗性标志、不良影响标志四种类型，其中前两种标志更偏事实层面的比对，后两种标志则蕴含价值判断，我们重点讲后两种标志的审查判断。第 2 款的规制对象是地名商标，给出了地名商标的审查原则。

2. 欺骗性标志

根据《最高人民法院关于审理商标授权确权行政案件若干问题的规定》第 4 条规定，商标标志或者其构成要素带有欺骗性，是指容易使公众对商品的质量等特点或者产地产生误认。如申请商标为“零缺陷”，使用在油漆、燃料等商品上，法院认为，按照相关公众的一般认知水平和认知能力，申请商标整体使用在指定商品上，容易使相关公众据此认为相关商品完美无缺、毫无缺陷，从而对商品的质量产生错误认识。①

究竟是否具有“欺骗性”，应当站在相关公众的立场进行判断。《最高人民法院关于审理商标授权确权行政案件若干问题的意见》第 2 条规定，有些标志或者其构成要素虽有夸大成分，但根据日常生活经验或者相关公众的通常认识等并不足以引人误解。对于这种情形，人民法院不宜将其认定为夸大宣传并带有欺骗性的标志。如被异议商标的主要识别部分为文字“奇宝”，使用在丝织美术品、纺织品壁挂、手绣、丝绒绢画等商品上，法院认为根据日常生活经验或相关公众的通常认识，被异议商标不会对商品质量、品质、特点等产生引人误解的认识。②

3. 不良影响标志

“不良影响”条款具有高度抽象性，围绕这一条款这几年产生了一些比较

① 北京市高级人民法院（2016）京行终 2655 号行政判决书。

② 北京市高级人民法院（2015）高行（知）终字第 4469 号行政判决书。

有争议的案件。《关于审理商标授权确权行政案件若干问题的规定》第5条规定，“不良影响”是指，商标标志或者其构成要素可能对我国社会公共利益和公共秩序产生消极、负面影响。将政治、经济、文化、宗教、民族等领域公众人物姓名等申请注册为商标，属于“其他不良影响”。最高人民法院尝试对“不良影响”条款进行解释，但无法做出穷尽。一个总体原则是要确保竞争中性，尊重商业判断和商业投资，就像裁判者在版权法领域尽量不要对作品的艺术性进行判断一样，裁判者也尽量不要干涉商业判断。

比如申请商标为“白富美”，指定使用的商品是：香皂、洗面奶、洗衣粉、洗衣液、口红、美容面膜、香水等。一审法院认为，“白富美”在现实社会中指向的是年轻、貌美、具有大量财富的女子，在一定程度上宣扬了不必通过艰苦奋斗、服务社会而获取大量财产的价值追求，该价值追求违背了我国人民共同生活及其行为的准则、规范及在一定时期内社会上流行的良好风气和习惯。因此。“白富美”属于有害于社会主义道德风尚的标识。二审法院持相反意见。“白富美”作为描述相貌姣好且具有大量财富的女性的词汇，其本身是中性的，并无任何贬损含义，不存在有害于社会主义道德风尚或者有其他不良影响的情形。原审判决是对中国当代社会伦理道德的一个错误认识，是将裁判者自己所坚守的道德标准强加给了全体中国人。原审判决的这一认定也是对基本经济规律的漠视。

在“叫个鸭子”案中，法院认为商标标志有悖于一定时期社会公认的行为准则、价值观念、道德标准，属于该规定所指有害于社会主义道德风尚情形。判断商标标志是否构成上述情形，应综合考虑其文字组合、构词方式、应用语境、使用商品、接触人群等特点。“鸭子”通常指一种家禽，但在一定语境中也有“提供色情服务的男性”之第二含义。社会公众接触到“鸭子”一词时是将其作为通常含义认知，还是作为第二种含义认知，与其前后语境和作为商标使用的具体情境密切相关。“叫个鸭子”使用“叫”为谓语动词，使用“个”为量词，与餐饮行业中订餐时常用的谓语和量词明显不同，“叫个”+“鸭子”的特殊构词方式形成的语境容易使人将“鸭子”与前述第二种含义相联系，对“叫个鸭子”整体产生“购买男性色情服务”的低俗联想。

此外，“叫个鸭子”品牌在营销过程中使用的广告宣传用语、营销战术等具有“引人遐想”的暗示性，申请人还同时申请注册了满足你对鸭子的一切幻想、招只鸡来商标，强化了这种低俗联想。虽然诉争商标整体组合中尚有鸭子的具象图形，但是相比而言，文字的认读、呼叫和传播功能更强，更易产生社会影响，鸭子图形并不能冲淡或者抵消“叫个鸭子”文字所产生的低俗暗示。本案申请商标指定使用在“饭店”等服务上，其在公共领域中的实际接触者和影响力范围存在广泛性和不确定性。①

“Going Down”商标由达群公司于 2017 年 3 月 20 日申请，指定使用在第 10 类“阴道冲洗器；可生物降解的骨固定植入物；假牙；牙科设备和仪器；避孕套；非化学避孕用具；性爱娃娃；人造外科移植物；电动牙科设备；医疗器械和仪器”等商品上。北京知识产权法院进一步表示，“Going Down”为常用词汇，具有“下降、下沉”的含义；英文“Going Down”本身并无不良含义，相关公众一般也不会将“Going Down”认读为“够淫荡”。据此，北京知识产权法院认定该商标使用在指定商品上没有不良影响，判决撤销原商标评审委员会作出的相关驳回复审决定，并由原商标评审委员会重新作出决定。北京高院指出，虽然该字母组合（指“Going Down”）直译具有“下降、下沉”的含义，但是结合其指定使用的商品在具体情境下存在不文明含义。为了引导我国公众树立积极向上的主流文化和价值观，制止以擦边球方式迎合“三俗”行为，发挥司法对主流文化意识传承和价值观引导的职责作用，被诉决定关于诉争商标本身存在含义消极、格调不高的情形的认定并无不当，本院予以确认……商标除了指示商品来源、承载企业商誉之外，还负载着一定的价值传扬和文化传播功能，“Going Down”商标“指定使用在‘阴道冲洗器、避孕套、非化学避孕用具、性爱娃娃’等商品上，其在公共领域中的实际接触者和影响力范围存在广泛性和不确定性，商标所体现的文化格调和价值内涵能够通过其使用被广泛传播。申请人通过商标标志的低俗暗示打擦边球，制造营销噱头，吸引公众关注的行为本身也容易对公共秩序、营商文化、社会道德风

① 最高人民法院（2018）最高法行再 188 号行政判决书。

尚产生不良影响”。[①]

商标申请注册是表达商业言论的一种自由，政府的审查要以竞争中性为原则，尽量尊重市场的客观实际，切忌对商标本身的含义做过分引申和联想，避免使本条的适用范围无限扩大，损害商业言论自由，干预商业判断、控制授权和司法机构借兜底条款滥用权利。当然需要指出的是，一些案件的审查往往不仅仅只是对单独的“文字”所蕴含的价值观或含义进行判断，当事人使用该文字的商品或服务、上下文语境、市场含义及当事人在该语境中所刻意追求的效果等因素也会对该“文字”含义的解释产生影响。美国最高法院有两个案件提出了一致的立场。美国法典 15 U.S.C. §1052(a) 中规定有多种禁止注册商标的类型，例如申请商标不能贬损 (disparage) 他人或是不得含有不道德或诽谤性 (immoral or scandalous) 内容等。其中，前者规定已经在 2017 年的 The Slants 一案中被美国最高法院认定违宪而被取消；后者规定则于 2019 年 6 月 24 日被最高法院在 In re Brunetti 案认定违宪而取消。The Slants 案中的涉案商标是注册在乐队上的“The Slants”，审查员认为该商标具有贬低亚裔的含义。美国联邦最高法院认定《兰哈姆法》关于商标申请的贬损禁令，因违反第一修正案的言论自由而构成无效。商标是私人言论，不是政府言论；第一修正案禁止政府以支持某种观点的方式调整言论；审查员不可基于商标所表达的某种观点而拒绝其注册，他不必审查一个商标所传递的观点是否符合政府的政策。如果商标注册地禁止规定是基于观点的禁令，则违宪；贬损禁令是基于观点的禁令。[②] 在 In re Brunetti 案，商标注册人 Erik Brunetti 拥有服装品牌“FUCT”并且将其申请注册商标，USPTO 根据“不道德或诽谤性禁令”驳回该商标注册。联邦最高法院多数意见认为，政府不应该因某言论传递出的某种观点或意见而歧视这种言论，不应该只允许含有对他人持肯定观点的商标注册、而驳回那些持否定或批评观点的商标注册，如果只允许赞颂社会正气的标志注册为商标，而不允许贬低或冒犯道德感受的标志注册，这是对于观点的歧视，

① 北京高院（2019）京行终字第 1512 号行政判决书。

② Matal v. Tam，137 S.Ct. 1744，1757，1758(2017)。

违反了美国宪法第一修正案，政府并无任何实质性的利益在本案争议的注册程序中去监控那些冒犯性言论。[①]

4. 地名商标

为了防止地名被某一商品或服务提供者通过商标权独占，从而妨碍相关地区的同行业竞争者使用该地名，[②] 原则上，县级以上行政区划的地名或者公众知晓的外国地名，不得作为商标使用。由于相关公众看到一个地名时，通常不会将其理解为商品或服务的来源出处，因此即便地名商标被核准注册，权利人也不能禁止他人在地名意义上使用该商标。因此，只有当地名具有其他含义，或者作为集体商标、证明商标时，才能被核准；当然，已经注册的使用地名的商标继续有效。所以，地名商标的申请审查，核心在于判断是否具有"其他含义"，以及"地名含义"与"其他含义"的高下之分。最高法院指出，其他含义，是指该地名具有明显有别于地名的、明确的、易于公众所接受的含义，从而足以使该地名起到商标所应具有的标识性作用。[③]

法院在"神农架"一案中认为：所谓"其他含义"，应当理解为包括以下两种情形。一种情形是该地名名称本身就有除地名之外的其他为相关公众普遍知悉的固有含义，如"朝阳""灯塔""武夷山""都江堰"。这里"朝阳"和"灯塔"的其他含义与地理位置完全无关，而"武夷山""都江堰"则是根据著名山脉和水利工程命名的地名，其"其他含义"与地理位置有一定关联。对于地名的其他含义与地理位置完全无关的名称，因其不具备描述商品产地特性的功能，故一般可以考虑作为商标注册。但对于地名的其他含义与地理位置仍有关联的名称，因其可能使相关公众认为系对商品产地特性的描述，故并非一定可以作为商标注册，而要结合指定使用的商品具体分析。另一种情形是通过使用获得"其他含义"。即地名名称经过实际使用具有较高知名度，已被相关公众广为知晓，相关公众在认知该地名商标时，能首先意识到其指

① Andrei IANCU, Under Secretary of Commerce for Intellectual Property and Director, Patent and Trademark Office, Petitioner v. Erik BRUNETTI, 139 S. Ct. 2294, 2300 (2019)..

② 冯术杰:《商标法原理与应用》，中国人民大学出版社 2017 年版，第 114 页。

③ 最高人民法院（2003）高行终字第 65 号行政判决书。

代了特定商品的来源而非地名，或者至少能在意识到其指代地名的同时，也指代了特定商品的来源……虽然诉争商标标识“神农架”除作为湖北省下辖的县级以上行政区划的地名以外，还是原始森林的名称，即具有“其他含义”。但作为原始森林名称的“神农架”依然具备表征特定地理位置的功能，并且诉争商标指定使用的矿泉水等商品的特性与地理位置因素关系密切，故若将诉争商标注册使用在上述商品上，容易使得相关公众认为相关商品来源于特定地理区域，甚至具备某种特定品质和功能，故无法发挥商标应当具有的区分不同商品来源的作用。[①]

（二）《商标法》第 44 条

《商标法》第 44 条第 1 款规定，已经注册的商标，违反本法第 4 条、第 10 条、第 11 条、第 12 条、第 19 条规定的，或者是以欺骗手段或者其他不正当手段取得注册的，由商标局宣告该注册商标无效；其他单位或者个人可以请求商标评审委员会宣告该注册商标无效。《最高人民法院关于审理商标授权确权行政案件若干问题的规定》第 24 条规定，以欺骗手段以外的其他方式扰乱商标注册秩序、损害公共利益、不正当占用公共资源或者谋取不正当利益的，人民法院可以认定其属于《商标法》第 44 条第 1 款规定的“其他不正当手段”。

本条是在程序上对商标申请提出要求，是当事人在无效阶段可以援引的绝对事由，但也常用于规制商标申请阶段的恶意抢注情形，核心精神是引导当事人在商标申请、无效程序中贯彻诚实信用原则，维护良好的商标注册、管理秩序，营造良好的商标市场环境。《商标法》第 44 条因与诚实信用原则相通，可与《商标法》第 7 条一起成为商标注册、撤销、无效及相应诉讼的法律依据。依照该条款的文义，该规定适用于已注册商标的无效程序，而不适用于商标申请审查及核准程序。但是，对于在商标申请审查及核准程序中发现的以欺骗手段或者其他不正当手段申请商标注册的行为，若不予制止，等到商标注册程序完成后再启动无效程序予以规制，显然不利于

① 北京知识产权法院（2015）京知行初字第 2515 号行政判决书。

及时制止前述不正当注册行为。因此，前述立法精神应当贯穿于商标申请审查、核准及无效程序的始终。商标局、商标评审委员会及人民法院在商标申请审查、核准及相应诉讼程序中，若发现商标注册申请人是以欺骗手段或者其他不正当手段申请注册商标的，可以参照前述规定，不予核准注册。比如我国有法院指出，美国俱乐部在明知中国美国商会在先使用“AmCham”这一标志的前提下，仍然在多类别商品或者服务上，大量申请注册“AmCham”商标，其行为难谓正当，有违商标法诚实信用的基本原则，扰乱了正常的商标注册管理秩序，有损于公平竞争的市场秩序。依据2014年《商标法》第44条第1款关于禁止以欺骗手段或者其他不正当手段取得商标注册的规定，美国俱乐部申请注册诉争商标的行为应当予以禁止，诉争商标的申请注册不应予以核准。①

此前在《商标法》第4条尚未修改及第7条还未被直接援引的背景中，第44条成为治理大量恶意注册商标等情形的条款。如商评委经审理认为，灵隐寺是浙江省杭州市一座历史悠久的佛教寺院，在佛教界享有较高知名度，普通公众一般易将“灵隐”视为该寺庙的简称。“灵隐”一词含义独特，具有较强的独创性，被申请人将“灵隐”二字作为商标进行注册和商业使用，容易使普通消费者误认为争议商标标示服务与申请人之间存有某种特定联系，有损灵隐寺的对外形象、声誉，伤害宗教感情。且除争议商标外，被申请人还在第6、16、25、30、35、42类等多个类别的商品或服务上申请注册了苏堤春晓、南屏晚钟、雷峰夕照、断桥残雪、六巡江南、月上柳梢头、人约黄昏后、姚启圣等上千件商标，多涉及景点名称、古诗古词等，考虑到灵隐寺的知名度以及被申请人对其申请注册大量商标的情况并无合理解释，据此，可以认定被申请人的注册行为违反了诚实信用原则，不仅会导致相关消费者对商品或服务来源产生误认，更扰乱了正常的商标注册管理秩序，并有损于公平竞争的市场秩序，被申请人申请注册争议商标的行为已构成修改前《商标法》第41条第1款规定的情形。争议商标依法应予以无效宣告。②

---

① 北京知识产权法院（2016）京73行初5713号行政判决书。

② 北京市高级人民法院（2011）高行终字第525号行政判决书。

（三）《商标法》第 7 条

根据《商标法》第 7 条第 1 款规定，申请注册和使用商标，应当遵循诚实信用原则。诚实信用原则作为民法“帝王条款”，可以用于指导和规范商标申请行为，也可以在商标侵权案件中，用于规制大量恶意抢注商标的行为。司法实践中有些判决基于诚实信用原则，根据权利不得滥用原理对恶意抢注商标的商标专用权人的商标侵权请求不予支持。比如最高法院关于指南针公司、中唯公司是否滥用其商标权的说理，就是以第 7 条为基础展开的。《商标法》第 7 条规定，申请注册和使用商标，应当遵循诚实信用原则。任何违背法律目的和精神，以损害他人正当权益为目的，恶意取得并行使权利、扰乱市场正当竞争秩序的行为均属于权利滥用，其相关主张不应得到法律的保护和支持。①

在商标授权确权行政案件中，有观点认为商标行政部门不可直接适用《商标法》第 7 条，以限制行政权力的行使。比如有判决指出，2014 年《商标法》第 7 条第 1 款规定，申请注册和使用商标，应当遵循诚实信用原则。诚实信用原则是民商事活动的基本原则，商标法通过对相关条款的修改完善，对这一原则予以细化，故该款是对申请注册和使用商标的总体要求，商标法的各项具体制度设计都应当以此为基础，体现并维护诚实信用原则。但是，依照 2014 年商标法的规定，此款不是提出商标异议、请求宣告注册商标无效或者撤销注册商标的具体依据，因此实践中只能作为适用各项具体制度处理商标事宜的指导性原则。另外，2014 年《商标法》第 44 条第 1 款、第 45 条第 1 款已穷尽列举了商标宣告无效可援引的全部法律条款，但上述条款并不包含 2014 年《商标法》第 7 条第 1 款。因此，2014 年《商标法》第 7 条第 1 款并非具体的无效宣告理由，对于原告关于诉争商标违反该款规定的主张，本院不予支持。②但是，北京法院的上述立场似乎有所转变，北京市高级人民法院于 2019 年 4 月 24 日颁发《商标授权确权行政案件审理指南》，其中第 7.2

① 最高人民法院 (2018) 最高法民再 396 号民事裁定书。

② 北京知识产权法院（2016）京 73 行初 3811 号行政判决书。

条是关于诚实信用原则的适用，该条款规定，商标行政案件中，诉争商标的申请注册不应违背《商标法》第7条第1款的规定。

（四）《商标法》第4条

2019年修改的《商标法》第4条规定，自然人、法人或者其他组织在生产经营活动中，对其商品或者服务需要取得商标专用权的，应当向商标局申请商标注册。不以使用为目的的恶意商标注册申请，应当予以驳回。从《商标法》第33条和第44条的规定看，"不以使用为目的的恶意"成为商标注册、异议（第33条）和无效（第44条）的绝对事由。根据国家市场监督管理总局《规范商标申请注册行为若干规定》第5条，对申请注册的商标，商标注册部门发现属于违反《商标法》第4条规定的不以使用为目的的恶意商标注册申请，应当依法驳回，不予公告。

显然，从规范上看，我国《商标法》第4条并非单纯禁止"不以使用为目的"的商标注册，而是要求"不以使用为目的"的"恶意"注册，换言之可能有些"不以使用为目的"的注册也是能够被接纳的，比如防御商标的注册。因此，本条的重点在于判断"恶意"。北京市高级人民法院结合司法实践的经验，在《商标授权确权行政案件审理指南》第7.1条规定，商标申请人明显缺乏真实使用意图，且具有下列情形之一的，可以认定违反《商标法》第4条的规定，（1）申请注册与不同主体具有一定知名度或者较强显著特征的商标相同或者近似的商标，且情节严重的；（2）申请注册与同一主体具有一定知名度或者较强显著特征的商标相同或者近似的商标，且情节严重的；（3）申请注册与他人除商标外的其他商业标识相同或者近似的商标，且情节严重的；（4）申请注册与具有一定知名度的地名、景点名称、建筑物名称等相同或者近似的商标，且情节严重的；（5）大量申请注册商标，且缺乏正当理由的。前述商标申请人主张具有真实使用意图，但未提交证据证明的，不予支持。

对于"不以使用为目的"与"为了阻碍他人注册使用"之间的差别，理论和实践中似乎有必要澄清，不能混为一谈，否则会导致本条的打击面过大。

前者更偏中性，后者更偏消极。在 Sky plc，Sky International AG，Sky UK Limited v Skykick UK Limited，Skykick Inc 案，[①] 英国高等法院 (High Court of Justice) 在 2018 年提请欧盟法院初裁的第三个问题是：不以在特定商品或服务上使用为目的申请注册商标的行为，是否构成恶意？欧盟法院认为："只有当存在客观、相关和一致的迹象表明商标申请人在申请之时，或者意图以某种不符合诚实惯例的方式削弱第三方利益，或者在不针对第三人情形下以不为发挥商标功能的方式意图获取排他权。""不能仅仅因为申请人在申请之时就申请的商品或服务没有经济活动就推定其具有恶意。""如果缺乏发挥商标功能的使用意图仅仅只是针对注册申请中的部分产品或服务，则无效认定也只能针对这些产品或服务。"德国和我国此前的司法实践对后者的否定态度相对明确。在德国《反不正当竞争法》第 4 条上存在一种"恶意阻碍竞争者的行为"，阻碍是指以违背业绩竞争的方式开展竞争，即不以自己的商品或服务的优质、优价或经营活动的业绩展开竞争，而是通过阻碍对手展示业绩的方式吸引消费者、获取竞争优势。而且，阻碍必须是一种严重的干扰，必须造成竞争者生计上的困难或损害，不至于"过于轻微"，也即必须具有显著或实质性的损害后果。[②] 我国在《最高人民法院关于审理涉及计算机网络域名民事纠纷案件适用法律若干问题的解释》（以下简称《域名不正当竞争司法解释》）第 5 条第 1 款中也规定了"注册域名后自己并不使用也未准备使用，而有意阻止权利人注册该域名的"情形，侧重点是"有意阻止他人"。[③]

（五）《商标法》第 19 条

《商标法》第 19 条第 4 款规定，商标代理机构除对其代理服务申请商标注册外，不得申请注册其他商标。《商标法实施条例》第 83 条规定，"商标法所称商标代理，是指接受委托人的委托，以委托人的名义办理商标注册申请、

---

① Case C-371/18.

② 刘维：《论软件干扰行为的竞争法规制》，载《法商研究》2018 年第 4 期，第 190 页。

③ 还可参见第八章第三节。

商标评审或者其他商标事宜”。在该条款的基础上，《商标代理管理办法》第6条第1款对商标代理行为作出了进一步规定，“商标代理组织可以接受委托人委托，指定商标代理人办理下列代理业务：（一）代理商标注册申请、变更、续展、转让、异议、撤销、评审、侵权投诉等有关事项；（二）提供商标法律咨询，担任商标法律顾问；（三）代理其他有关商标事务”。

究竟如何理解《商标法》第19条第4款规定的含义，司法实践中产生过不同理解。在“上专”案中①，上专所申请注册第15244246号“上专”商标，指定使用的服务为第41类“培训、实际培训（示范）、辅导（培训）、安排和组织培训班、安排和组织学术讨论会、安排和组织会议、安排和组织专家讨论会、安排和组织专题研讨会、知识产权法律培训、安排和组织知识产权法律专题研讨会”，商标局发出《商标注册申请不予受理通知书》。原告认为《商标法》第19条第4款立法的本意在于禁止代理机构利用专业知识抢注或囤积商标，谋取非法利益，而非限制代理机构注册“自己使用”的商标的权利。代理机构提供的服务完全有可能超出第45类法律服务的范围，故如将该款规定扩大解释为商标代理机构不能在第45类法律服务以外注册自己使用的商标，则不符合《商标法》的立法本意。如果不允许商标代理机构对自己使用的商标进行必要的注册，将至少会对代理机构造成两方面的损害：一是商标代理机构的商标被他人注册，致使代理机构无法使用自己的商标开展业务；二是商标代理机构无法在相关领域制止他人盗用其商标从事非法经营活动。

法院认为，该条款中对于申请注册的商标系商标代理机构自用还是以牟利为目的进行注册未作区分。因此，无论商标代理机构是基于何种目的进行的注册申请，只要是在代理服务之外的商品或服务上进行的注册申请，均属于该条款禁止的情形。当然，2014年《商标法》之所以引入该条款，主要考虑因素确实在于禁止商标代理机构恶意注册商标进行牟利的行为。全国人

① 北京知识产权法院（2015）京知行初字第98号行政判决书。本案二审维持，见北京市高级人民法院（2016）京行终2987号行政判决书。

民代表大会法律委员会于 2013 年 6 月 26 日所作的《关于〈中华人民共和国商标法修正案（草案）〉修改情况的汇报》有如下记载，“三、一些地方、部门、企业提出，实践中一些商标代理组织违反诚实信用原则，利用其业务上的优势帮助委托人进行恶意商标注册，甚至自己恶意抢注他人的商标牟利，建议进一步对商标代理活动予以规范。法律委员会经研究，建议增加以下规定：……三是明确商标代理组织不得自行申请注册商标牟利”。

“立法机关在立法过程中的相应考虑可以作为理解适用法律的参考，但是根据法律解释的基本原则，对法律条文的解释应当首先进行文义解释。文义解释是法律解释的起点和终点，其他解释都需以文义解释为基础。如果文义解释的结论是唯一且毫无疑义的，且不会造成体系冲突，则原则上应采纳文义解释的结论。在《商标法》第 19 条第 4 款的文义可以明确得出前述结论的情况下，对该条款的理解无法仅因立法过程中的前述考虑因素而将其仅限定为商标代理机构恶意注册商标进行牟利的情形。”

“不可否认，依据上述文义解释得出的结论，会使商标代理机构自用的商标无法获得注册，从而对其造成一定影响。但尚不至于达到原告所称既无法使用自己的商标开展业务，亦无法禁止他人盗用其商标的程度。我国现有法律并非仅对注册商标提供保护，未注册商标同样可以得到一定程度的保护。如果商标代理机构使用商标的时间早于他人注册商标的申请日，则其可以依据《商标法》第 59 条第 3 款获得在原有范围内的先用保护，该规定在一定程度上解决了商标代理机构在先商标的自用问题。如果商标代理机构所使用的商标具有一定知名度，则其既可以依据《反不正当竞争法》第 6 条第 2 项的规定禁止他人对该商标的恶意使用行为，亦可以依据《商标法》第 15 条、第 32 条等条款的规定禁止他人对该商标的恶意注册行为，上述规定亦在一定程度上为商标代理机构解决了禁止他人盗用其商标的问题。”“此外，本院要强调的是，司法机关的职责在于适用法律，而非制定法律，在法律条文规定明确且清晰的情况下，司法机关必须严格遵照执行。至于相关法律规定是否妥当，应否修改，则属于立法机关的权限范围，并非司法机关的职责。”

二、显著性

问题：“怕上火喝”与“怕上火喝王老吉”是否有区别？前者可否申请注册为商标？“苹果”可否注册为商标？“微信”的显著性如何？

（一）概念和种类

显著性是商标申请注册的绝对事由。《商标法》第 9 条第 1 款的前半段规定：申请注册的商标，应当有显著特征，便于识别。显著性又被称为“区别性”或“识别性”，是指用于特定商品或服务的标志具有的，能够将这种商品或服务的提供者与其他同种或类似商品或服务的提供者加以区分的特性。[①] 商标的显著性，可分为固有显著性和获得显著性两种类型。《商标法》第 11 条规定，下列标志不得作为商标注册：（一）仅有本商品的通用名称、图形、型号的；（二）仅直接表示商品的质量、主要原料、功能、用途、重量、数量及其他特点的；（三）其他缺乏显著特征的。前款所列标志经过使用取得显著特征，并便于识别的，可以作为商标注册。本条第 1 款是在固有显著性意义上分类，第 2 款是对获得显著性的规定，也是认定描述性标志的法律依据。

在固有显著性的标志中，可以按照显著性有无或强弱的不同，分为通用性词汇、描述性标志、暗示性标志、任意性标志、臆造性标志等五种标志。一般而言，标志本身与相关商品或服务关联程度越低，则相关公众将其作为商标进行认知的可能性越大，反之亦然。通用性词汇、描述性标志、暗示性标志、任意性标志、臆造性标志与商品或服务之间的关联度递减，显著性递增。这五种标志之间的界限比较模糊和复杂，因为某标志在彼商品上属于这种类型，到此商品上则是另一种类型，也因为该标志会随着实际使用的时间而变化到另外的类型，还因为该标志对彼群体是这个含义，到此群体可能是另外的含义，还因为一个商品的标志可能被用于不同用途。[②]

---

① 参见王迁：《知识产权法教程》，中国人民大学出版社 2007 年版，第 430 页。

② Abercrombie & Fitch Co. v. Hunting World，Inc.，537 F.2d 4，9.

（二）通用性词汇

《商标法》第 11 条第 1 款第 1 项的情形，是有关通用名称的规定。通用名称是一类商品或服务的名称，用于指代一种商品或服务，是商品或服务本身的同义词（如"苹果"之于苹果），或者描述特定商品或服务的更为广泛的种类（如"水果"之于苹果），它传达了商品或服务的"基本性质"，或者特定商品或服务的类别。[①] 单纯描述意义上的标志，可以通过实际使用获得显著性而获得注册，但是一个通用名称却无论如何也不可能通过实际使用转化为具有显著性的商标。美国法院在一个案件中指出，无论使用者在通用词汇上投入多少金钱和努力用于促进其商品的销售，也无论其对吸引公众关注多么成功，均不能剥夺该商品的竞争性生产者将该名称称呼该物品的权利。[②]

关于通用名称的认定，具体还可参见本书通用名称抗辩部分。

（三）描述性标志

描述性标志则对商品或服务的质量、原料、功能、用途、重量、数量等特点进行了直接描述，是《商标法》第 11 条第 1 款第 2 项规定的情形。《最高人民法院关于审理商标授权确权行政案件若干问题的规定》第 11 条规定，商标标志只是或者主要是描述、说明所使用商品的质量、主要原料、功能、用途、重量、数量、产地等的，人民法院应当认定其属于《商标法》第 11 条第 1 款第 2 项规定的情形。由于相关公众对描述性标志的第一印象是商品特点的描述，它只有在获得第二含义并且"第二含义"成为"主要意义"的情况下，才具有显著性，才能获准注册。第二含义成为"主要意义"，是指第二含义超过本来含义，相关公众一看到就想到第二含义，而不再是本来含义。判断描述性标志的显著性的核心是区分其"本来含义"和"第二含义"。首先要对其定性，即其在属性上是描述性标志；其次要根据实际使用的证据判断是否具有"第二含义"及其是否超过了"本来含义"。

---

① Mary LaFrance, Understanding Trademark Law, LexisNexis 2009, p.57–58.

② Abercrombie & Fitch Co. v. Hunting World, Inc., 537 F.2d 4, at 9.

“怕上火喝”是否可以申请注册为商标？商评委认为，申请商标由文字“怕上火喝”构成，指定使用在“饮料制剂”等商品上，直接表示商品的功能、用途等特点，作为商标缺乏显著性，难以起到商标所具备的标识商品来源的作用。王老吉公司提交的证据多为“王老吉”相关宣传使用证据，前述商标的知名度不能当然及于申请商标，成为申请商标获得初步审定的当然依据。王老吉提交的证据不足以证明本案申请商标作为商标经过使用已具有可注册性。北京知识产权法院认为，“怕上火喝王老吉”作为完整广告进行宣传，而并未将“怕上火喝”与“王老吉”拆分使用，并且上述证据显示王老吉公司对“怕上火喝王老吉”的使用方式会使消费者将其作为广告语识别，而通常不会作为商标进行识别。①

（四）暗示性标志

暗示性标志没有直接描述产品特征，而是以某种方式加以暗示，消费者只有根据这种暗示发挥想象力，才能将这种标志与指代的特定商品或服务来源联系在一起。如将电子平板电脑叫作 IPad。根据《最高人民法院关于审理商标授权确权行政案件若干问题的规定》第 11 条，商标标志或者其构成要素暗示商品的特点，但不影响其识别商品来源功能的，不属于《商标法》第 11 条第 1 款第 2 项所规定的情形（描述性标志）。

描述性标志与暗示性标志之间的界限有些模糊，实践中很难区分。理论上进行区分的关键是，相关公众是否需要经过一定的联想才能想到标志与商品或服务之间的关系，如果相关公众借由标志本身可以直接认识到商品或服务的特点，那么这个标志就是描述性标志；如果不能做到直接认识到，而需要经过一定联想才能认识到商品或服务的特点，则这个标志是暗示性标志。孔祥俊教授认为，暗示性商标与描述性商标的具体区别可能涉及多种情形，但基本差别有二：一是商标构成要素对于商品特征的描述是否达到直接、具

① 北京知识产权法院 (2015) 京知行初字第 4522 号行政判决书；北京高院 (2016) 京行终 3025 号行政判决书。

体和明确的程度，如果达到这种程度，该标志就会被当成对于商品的描述性表达，而不再被当作商标和不能识别商品来源；二是是否妨碍同业竞争者的正常使用，即如果将其当作商标，是否妨碍同业竞争者对其商品的正常描述。暗示性商标与描述性商标均涉及对于商品特性的描述，只是程度上有差异，也即由“量变”可引起“质变”。[①]

就“微信”商标的显著性，二审法院认为中文“微信”二字指定使用在“信息传送、电话业务、电话通信、移动电话通信、电子邮件、传真发送、电信信息、提供全球计算机网络用户接入服务（服务商）、为电话购物提供电讯渠道、语音邮件服务”上。“微”具有“小”“少”等含义，与“信”字组合使用在上述服务项目上，易使相关公众将其理解为是比电子邮件、手机短信等常见通信方式更为短小、便捷的信息沟通方式，是对上述服务功能、用途或其他特点的直接描述，而不易被相关公众作为区分服务来源的商标加以识别和对待，因此，被异议商标在上述服务项目上缺乏显著特征。[②] 但这种认定并非没有争议，有观点就指出，“微信”的含义显然表明其可能与通信等有关，但仅此而已，并未提供有关指定使用商品特定的更加具体充分的信息，且因为不涉及同业竞争者通常使用的表达词汇，不妨碍他人对于竞争产品的正常描述，因而具有最低限度的显著性，将其认定为直接描述性商标似乎理由不充分。[③]

（五）任意性和臆造性标志

任意性标志属于现有词汇，但与所指代的商品或服务之间没有任何关系，如将电脑取名为苹果。臆造性标志由经营者为指代商品或服务来源而臆造，不属于现有词汇。比如有一种胶卷的商标叫作柯达，“柯达”并非词典中的现有词汇。任意性标志和臆造性标志的固有显著性均较强，实践中的判断相对简单。

比如将“骆驼 CAMEL 及图”商标使用在第 25 类皮鞋、衬衫、服装、夹

---

① 孔祥俊：《论商标可注册性要件的逻辑关系》，载《知识产权》2016 年第 9 期，第 9 页。

② 北京市高级人民法院 (2015) 高行知终字第 1538 号行政判决书。

③ 孔祥俊：《论商标可注册性要件的逻辑关系》，载《知识产权》2016 年第 9 期，第 9 页。

克（服装）等商品上，就是一种任意性的商标。有法院认为，骆驼系自然界存在的动物，以该动物形象作为商标使用其显著性较臆造性商标弱。商标标志可以是申请注册人臆造的标志，亦可为社会生活中已然存在的任意性标志，或者其他标志，而不同属性的标志其自身固有显著性存在一定差异，其中尤以臆造性标志的固有显著性最强，而任意性标志相对来说固有显著性次之。商标的显著性除固有显著性之外，亦可通过商业的使用、宣传而获得显著性。因此就显著性自身而言，应当区分固有显著性和使用获得的显著性（亦可称为“第二含义”），在二者共同作用的情况下确定特定标志的显著性高低，也就是显著性并非一成不变的，具有动态性。①

臆造性词汇是显著性最强的词汇，具有固有显著性。我国法院在实践中常将其作为分析工具，用于说明涉案商标的显著性以及被告使用该商标时的主观状态。如考虑到“PLASTIDIP”属于臆造性词汇，林官贵在与普莱斯提迪普公司的涂料、黏合剂商品类似的“油漆、颜料”等商品申请注册完全相同的诉争商标难谓巧合，相反则证明林官贵对普莱斯提迪普公司的“PLASTIDIP”商标应当有所了解。因此，林官贵在“油漆、颜料”等商品上申请注册与普莱斯提迪普公司“PLASTIDIP”商标一致的诉争商标，违反了《商标法》第32条关于“不得以不正当手段抢先注册他人已经使用并有一定影响的商标”的规定。②

三、非功能性

问题：芬达瓶可否申请注册为商标？雀巢调味瓶可否申请注册为商标？商标法为什么要设定商标注册的非功能性条件，与版权法、专利法的关系是什么？

（一）概念和种类

商品外形或包装因具有特定的技术或者功能而不能受到商标法的保护。

① 北京市高级人民法院（2016）京行终1792号行政判决书。

② 北京知识产权法院（2016）京73行初1896号行政判决书。

申请注册的商标，不能具有功能性，这是针对立体商标或三维标志而言。《商标法》第 12 条规定，以三维标志申请注册商标的，仅由商品自身的性质产生的形状、为获得技术效果而需有的商品形状或者使商品具有实质性价值的形状，不得注册。立法者之所以要设定非功能性要件，主要是为了排除对产品的功能或其功能性特征的永久垄断保护，否则就通过商标法的永久保护机制实现了对技术方案或功能特征的保护，从而与专利法相冲突。因此，立体商标的非功能性要求可以保持专利法和商标法之间的平衡，确保经营者之间的自由竞争。

（二）三维标志的申请审查

1. 功能性审查

三维标志的功能性，是审查其可否核准注册的第一步。只有在排除三维标志的功能性之后，才需要进一步审查其是否具有显著性；反之，如果三维标志具有功能性，则无论如何都不可能成为商标。在判断三维标志是否具有功能性时，可着重从以下方面判断。

第一，美学功能性或事实功能性（de facto function）。如果购买者在决定购买哪种商品时，主要考虑的是该商品的外观，则表明商品外观具有功能性。北京一中院在雀巢调味瓶案中指出：如果购买者在决定购买哪种食用调味品时，主要考虑的是该商品的包装，则可以认定争议商标这一方形瓶设计具有美学功能性。但结合相关公众的一般认知可以看出，对于食用调味品这一类商品，购买者所关注的通常是其商品本身的质量、生产厂商等要素，至于其采用的包装本身虽然可能在一定程度上影响购买者的购买行为，但显然并非决定性因素。也就是说，整体而言此类商品的购买者通常不会仅仅基于喜爱该类商品的包装而购买该商品。鉴于此，争议商标并不具有美学功能性。[①]

---

① 北京市第一中级人民法院（2012）一中知行初字第 269 号行政判决书。二审维持，可见北京市高级人们法院（2012）高行终字第 1750 号民事判决书。

第二，法律功能性 (de jure function)。如果产品外观对竞争不可或缺，则表明这种外观具有法律功能性，构成“仅由商品自身的性质产生的形状”或者“为获得技术效果而需有的商品形状”。在美国法上，法院通常使用“Morton-Norwich”要素来检测产品外观是否具有法律功能性：（1）有一个实用新型专利披露了该外观的实用优势；（2）外观的设计者的广告资料中宣传了该设计的实用优势；（3）竞争者具有实现该功能的替代设计；（4）证据表明该外观是生产该产品的相对简单或低廉的方法。① 如果一种产品外观只是展示出一定功能或实用性，但相对于其他可能的外观而言不具有明显优势，那么这种外观只是具有事实功能性，仍然可以注册为商标。② 因此，瓶子的形状具有事实功能性，因为它使得瓶子能够盛放液体，但是它不具有法律功能性，因为生产者选择的特定形状并非为了提高瓶子盛放液体的能力，而是为了其他目的；如果该特定形状具有来源指示作用，则可以注册为商标。③

2. 三维标志的固有显著性判断

三维标志的固有显著性程度取决于其使用方式，可以用作商品本身的形状，可以用作商品的包装，也可以用作商品或服务的装饰。只有作为商品或服务的装饰使用时，相关公众不会认为三维标志与商品或服务的特点相关，才具有固有显著性。其他两种使用方式的三维标志，均不具有固有显著性，相关公众看到该三维标志时，通常会将其认知为“商品的包装”或“商品本身的形状”，而并不会将其作为商标认知，不具有固有显著性。有法院指出，即便该标志本身是使用人所独创或臆造，但只要其被用作商品包装或商品形状，相关公众至多会认为该商品包装或商品形状较为“新颖”而已，却仍不会因此而将其作为商标认知，因此，其仍不具有固有显著性。④

3. 三维标志的获得显著性判断

另外两种类型的三维标志需要结合实际使用的证据来判断其是否具有

---

① Valu Engineering. Inc. v. Rexnord Corp., 278 F.3d 1268, 1274 (Fed. Cir. 2002).

② Valu Engineering. Inc. v. Rexnord Corp., 278 F.3d 1268, 1274 (Fed. Cir. 2002).

③ Valu Engineering. Inc. v. Rexnord Corp., 278 F.3d 1268, 1274 (Fed. Cir. 2002).

④ 北京知识产权法院（2017）京73行初6908号行政判决书。

“第二含义”。《最高人民法院关于审理商标授权确权行政案件若干问题的规定》第 9 条第 3 款规定，第 1 款所称标志经过长期或者广泛使用，相关公众能够通过该标志识别商品来源的，可以认定该标志具有显著特征。该条第 2 款规定，该形状系申请人所独创或者最早使用并不能当然导致其具有作为商标的显著特征。这是为了严格把握三维标志的新颖性与显著性之间的关系。由于三维标志可以作为《商标法》的保护客体，也可能构成受《专利法》保护的外观设计，而商标保护可以无限续展，外观设计保护的期限只有十年，因此，如果对三维标志的功能性判断过于宽松，将会变相鼓励申请人选择申请商标而不是外观设计专利。在芬达瓶一案中，北京市高级人民法院认为，以商品容器外形作为三维标志申请注册立体商标的，要求该容器外形应当具有区分商品或者服务来源的显著特征，而且显著特征的有无并不是因为容器本身设计的独特，而是因为这种设计能够起到区分商品的不同来源的作用。如果商品的容器本身虽能够与其他同种商品的容器相区别，但是不能从其本身识别该商品的提供者，则只有在该容器经使用能够让相关公众识别其来源后才具有显著特征。可口可乐公司关于其申请注册商标的三维标志具有独特创意、没有其他企业或个人在其之前使用过与之相近似的容器外形的上诉理由，仅能说明该三维标志本身可能会受到著作权法或专利法的保护，但不能作为其申请商标具有显著特征的理由。因为显著特征要求的并不是对不同商品的区分功能而是对商品的不同提供者的区分功能。①

第二节　商标注册的相对事由

问题：腾讯公司准备将其在通信工具上使用的“QQ”商标，申请注册在汽车产品上。奇瑞公司此前在汽车产品上已经注册并使用了“QQ”商标，奇瑞公司可否依此阻止腾讯公司的商标申请？

---

① 北京市高级人民法院（2011）高行终字第 348 号行政判决书。

商标注册申请的相对事由，是指商标注册申请不得侵犯其他利害关系人的权利。《商标法》规定了多个商标注册申请的相对事由，结合民法和其他知识产权法的权利体系来看，相对事由条款组成了一个相对完整的体系。

一、在先申请条款

（一）现行法的规定

《商标法》第 30 条规定，申请注册的商标，凡不符合本法有关规定或者同他人在同一种商品或者类似商品上已经注册的或者初步审定的商标相同或者近似的，由商标局驳回申请，不予公告。根据该条规定，在先商标权或在先申请且已经初步审定的商标，构成对在后商标申请的阻却事由。

本条规定要求在先注册商标或在先申请且已经初步审定的商标，必须与在后申请的商标构成相同或近似，指定使用的商品必须构成同种或类似商品，这样才能落入在先商标权或在先商标申请的控制范围。根据《北京市高级人民法院关于当前知识产权审判中需要注意的若干法律问题》第二部分第一点的规定，在同一部法律中对于同样问题的规定应当做统一解释是法律的应有之义，因此在商标授权确权行政诉讼中，当引证商标与诉争商标为近似商标，或者两商标指定使用商品类似时，还应考虑是否容易导致混淆，才能最终确定诉争商标的可注册性。

（二）在后申请商标的商誉延续判断

经营者不能依据《商标法》第 31 条禁止他人在跨类的商品或服务上申请相同或近似商标。实践中，一些公司围绕核心商品或服务，在一些边缘商品或服务上进行商标布局，于是出现了防御商标、联合商标的情况。防御商标，是指商标所有人在注册商标核定使用的商品（服务）或类似商品（服务）以外的其他不同类别的商品或服务上注册的若干相同商标，为防止他人在这些类别的商品或服务上注册使用相同的商标。原商标为主商标，其余为防御商标。联合商标，是指同一商标所有人在同一种或类似商品上注册的若干近似商标。在先注册的或者主要使用的商标为主商标，其余的则为联合商标。比如“娃哈哈”“娃娃哈”“哈娃娃”等商标注册在相同商品或服务上，构成了主商标和联合商标的关系。

需要注意的是，防御商标或联合商标的申请不应违反《商标法》第32条规定，主商标的商誉不会当然顺延至防御商标或联合商标上。判断商誉是否延续的核心在于，防御商标的申请注册是否将主商标的商誉侵入其他经营者已经开拓的市场。有法院认为诉争商标为汉字组合“泸州老窖永盛烧坊金坊印”，完整包含了引证商标“金印坊”，如果允许原告将“在先知名商标”的商誉自然延续至“与他人在先商标相同或近似的商标”，则会导致原告的商誉侵入引证商标权利人业已开拓出的市场，造成引证商标显著性下降的后果。①

假设奇瑞公司已经在汽车产品上注册并使用了“QQ”商标，现在腾讯公司在汽车上申请“QQ”商标，法院认为，腾讯公司自成立以来，其所创立的QQ及企鹅图形系列品牌在通信服务领域已经建立起一定的知名度，但该商誉并不能延及汽车类商品，亦不能成为争议商标获准注册的当然理由。即便是防御性商标的注册，也应符合《商标法》的相关规定，尤其是对于他人在先享有的合法权利应当进行避让。②

二、特殊关系人条款

问题：法国一家著名葡萄酒庄的中国区代理人，以自己的名义将该葡萄酒的法国品牌和中国品牌在中国进行抢注，法国葡萄酒庄如何维权？

《商标法》第15条是禁止恶意抢先注册他人商标的规定。我国商标法以注册为原则，主要保护注册商标，但也有一些条款是保护未注册商标的，本条就是对未注册商标持有人的保护。

---

① 北京知识产权法院（2016）京73行初5085号行政判决书。

② 北京市第一中级人民法院（2013）一中知行初字第1518号行政判决书。二审维持，可见北京市高级人民法院（2014）高行终字第1696号行政判决书。

（一）《商标法》第 15 条第 1 款

《商标法》第 15 条第 1 款规定，未经授权，代理人或者代表人以自己的名义将被代理人或者被代表人的商标进行注册，被代理人或者被代表人提出异议的，不予注册并禁止使用。本条款是为了防止在具有代理关系或代表关系的当事人之间违背诚实信用原则，抢先注册被代理人或被代表人的商标。条文在文义上对商品或服务类别没有做出限定。实践中争议较多的问题在于，如何解释认定“代理人或代表人”，也即它的范围究竟怎么界定？比如，公司的普通劳动者是否属于“代表人”？将代理关系的磋商阶段（之后没有形成代理关系）所知悉的商标进行抢注，是否适用本款？代理人或者代表人通过其近亲属将被代理人或被代表人的商标进行抢注，是否适用本款？

代理人不仅包括民法意义上的代理人，还包括商事法意义上的经销商；代表人不仅包括代表本企业办理商标注册或其他商标事宜的人，还指具有从属于被代表人的特定身份、执行职务而可以知悉被代表人商标的个人，包括法定代表人、董事、监事、经理、合伙事务执行人等，但不能泛指任何员工。[①] 根据《最高人民法院关于审理商标授权确权行政案件若干问题的规定》第 15 条规定，商标代理人、代表人或者经销、代理等销售代理关系意义上的代理人、代表人未经授权，以自己的名义将与被代理人或者被代表人的商标相同或者近似的商标在相同或者类似商品上申请注册的；在为建立代理或者代表关系的磋商阶段，代理人或者代表人将被代理人或者被代表人的商标申请注册的；商标申请人与代理人或者代表人之间存在亲属关系等特定身份关系的，可以推定其商标注册行为系与该代理人或者代表人恶意串通，人民法院适用《商标法》第 15 条第 1 款的规定进行审理。

（二）《商标法》第 15 条第 2 款

《商标法》第 15 条第 2 款规定，就同一种商品或者类似商品申请注册的

---

① 最高人民法院（2007）行提字第 2 号行政判决书。

商标与他人在先使用的未注册商标相同或者近似，申请人与该他人具有前款规定以外的合同、业务往来关系或者其他关系而明知该他人商标存在，该他人提出异议的，不予注册。

本款与第1款都是用于阻止特殊关系人之间的商标抢注，都是对未注册商标的保护，但由于两者涉及的诚信违反行为的恶劣程度不同，在适用范围和条件等方面都存在差别。

首先，适用主体不同。第1款严格限定在“代理关系或代表关系，以及与代理人或者代表人之间存在亲属关系等特定身份关系”的主体上。本款则限定在因某种原因“明知他人商标存在”的主体上，主体范围更宽。《最高人民法院关于审理商标授权确权行政案件若干问题的规定》第16条规定，以下情形可以认定为“其他关系”：（一）商标申请人与在先使用人之间具有亲属关系；（二）商标申请人与在先使用人之间具有劳动关系；（三）商标申请人与在先使用人营业地址邻近；（四）商标申请人与在先使用人曾就达成代理、代表关系进行过磋商，但未形成代理、代表关系；（五）商标申请人与在先使用人曾就达成合同、业务往来关系进行过磋商，但未达成合同、业务往来关系。

其次，“在先使用”的要求不同。本款明确要求被抢注商标已经“在先使用”，但前款却不做要求。第32条后段也是对未注册商标的保护，规定“不得以不正当手段抢先注册他人已经使用并有一定影响的商标”，要求“已经使用并有一定影响”，而本款对未注册商标的知名度没有限制。需要说明的是，本款的阻却范围限定在相同或类似商品或服务上。第1款尽管在字面上没有限定商品或服务的类别，但是《最高人民法院关于审理商标授权确权行政案件若干问题的规定》第15条做了限缩解释，限定了商品或服务类别。

最后，在适用结果上，第1款授予被代理人或被代表人对抢注商标的异议、无效和禁止使用权，第2款仅授予了异议和无效权。换言之，被代理人或被代表人有权要求代理人或代表人禁止使用被抢注的商标。

三、在先权利条款

问题："乔丹"的中文姓名，美国乔丹可否主张姓名权的保护？飞人乔丹投篮的剪影，其可否主张肖像权的保护？美国乔丹可否阻止他人注册"乔丹"中文姓名及乔丹投篮的剪影？"姓名""肖像"等人格特征，是否要求具有"识别性"才能受到姓名权或肖像权的保护？《反不正当竞争法》第6条对人格特征的保护条件与《民法总则》对人格权的保护条件有何区别？

《商标法》第32条前段规定，申请商标注册不得损害他人现有的在先权利。这里的"在先权利"，可以是著作权等其他知识产权，也可以是姓名权、肖像权等传统民法上的绝对权，还可以是其他合法权益。《最高人民法院关于审理商标授权确权行政案件若干问题的规定》第18条规定，《商标法》第32条规定的在先权利，包括当事人在诉争商标申请日之前享有的民事权利或者其他应予保护的合法权益。因此，本条的适用范围非常广泛，成为孵化一些新型权益的重要条款。

（一）基本判断思路

适用本条的一个基本逻辑是判断侵犯在先权利的构成要件。比如《最高人民法院关于审理商标授权确权行政案件若干问题的规定》第19条第1款规定了按照著作权侵权行为的构成来审查判断对在先著作权的侵犯：当事人主张诉争商标损害其在先著作权的，人民法院应当依照著作权法等相关规定，对所主张的客体是否构成作品、当事人是否为著作权人或者其他有权主张著作权的利害关系人以及诉争商标是否构成对著作权的侵害等进行审查。

同样的道理，《北京市高级人民法院商标授权确权行政案件审理指南》第16.15条规定了侵害肖像权的审查标准：当事人主张诉争商标的申请注册损害其在先肖像权的，应当举证证明诉争商标标志具有足以使相关公众识别其所对应的特定自然人的个性特征，从而使该标志与该自然人之间形成了稳定的对应关系，相关公众容易认为标有诉争商标的商品与该自然人存在许可等特定联系。人形剪影未包含可识别的特定自然人个性特征，当事人据此主张损害其在先肖像权的，不予支持。

最高法院在美国公民乔丹与乔丹公司之间的商标争议行政纠纷案中指出，迈克尔·杰弗里·乔丹对自己的运动形象照片拥有肖像权，其在本案中主张的肖像权可以构成《商标法》第 32 条规定的“在先权利”。但是乔丹公司的人形商标 logo 并未损害迈克尔·杰弗里·乔丹的肖像权。首先，肖像权所保护的肖像是对自然人体貌特征的视觉反映，社会公众通过肖像识别、指代其所对应的自然人并能够据此将该自然人与他人相区分。“肖像”应当具有可识别性，其中应当包含足以使社会公众识别其所对应的权利主体，而涉案标识并未达到此程度。其次，面部特征是自然人肖像中最为主要的特征，迈克尔·杰弗里·乔丹主张肖像权保护的标识并不具有足以识别的面部特征，也未提供充分的证据证明该标识包含了其他足以反映其所对应迈克尔·杰弗里·乔丹的自然人的个人特征。最后，关于涉案商标标识“人形 logo”，虽然该标识与迈克尔·杰弗里·乔丹运动形象照片中的身体轮廓的镜像基本一致，但该标识仅仅是黑色人形剪影，除身体轮廓外，其中并未包含任何与迈克尔·杰弗里·乔丹有关的个人特征。并且，迈克尔·杰弗里·乔丹就该标识所对应的动作本身并不享有其他合法权利，其他自然人也可以做出相同或者类似的动作，该标识并不具有可识别性，不能明确指代迈克尔·杰弗里·乔丹。①

（二）姓名权与姓名的商品化权益

姓名中的人格特征和财产价值的保护，是比较复杂的一个问题。姓名包括户籍登记中使用的姓名，也包括别名、笔名、艺名、雅号、绰号等，只要是能够与特定的自然人建立起对应关系的主体识别符号就可以视为该自然人的姓名。② 在当代商业社会，姓名或名称常蕴含财产利益，出现了人格权的商

① 最高人民法院（2015）知行字第 332 号行政裁定书。

② 《北京市高级人民法院商标授权确权行政案件审理指南》第 16.13 条。

品化。如果严格按照人格权的保护思路,《最高人民法院关于贯彻执行〈中华人民共和国民法通则〉若干问题的意见(试行)》(下称简称《民通意见》)第141条规定,盗用、假冒他人姓名、名称造成损害的,应当认定为侵犯姓名权、名称权的行为。“德国通说认为,擅用他人的姓名来称呼商品或机构,以此使这个姓名与这些商品或机构发生联系,属于冒用他人姓名的行为。”[①]可见,保护姓名权的重点是避免人格上的混同。姓名权作为一种人格权,人人都可主张,而无需以知名人士为前提。但若无知名度,权利人如何证明他人的使用会造成人格的混同?且被告对姓名的使用往往不再是在人格意义上的使用,而是在商业标记意义上对其财产价值的利用,这究竟是否构成对姓名权的侵犯,不无疑问。

对姓名中财产利益的保护,应当基于《反不正当竞争法》第6条,即必须经过使用具有“一定影响”的商业标记才能受到保护。《最高人民法院关于审理商标授权确权行政案件若干问题的规定》第20条规定,当事人主张诉争商标损害其姓名权,如果相关公众认为该商标标志指代了该自然人,容易认为标记有该商标的商品系经过该自然人许可或者与该自然人存在特定联系的,人民法院应当认定该商标损害了该自然人的姓名权。当事人以其笔名、艺名、译名等特定名称主张姓名权,该特定名称具有一定的知名度,与该自然人建立了稳定的对应关系,相关公众以其指代该自然人的,人民法院予以支持。本条规定将“姓名中的财产利益”“装入”《商标法》第32条前段中的“在先权利”,似有不妥。

孔祥俊先生认为,乔丹案再审判决虽以保护姓名权为名,但事实上并不是基于姓名权本身,而是基于诸多市场因素,尤其是在商标保护思路与姓名权保护思路之间,存在明显的交织和混乱。[②]侵害姓名权的本意是发生自然人身份的误认和“人格混同”,而将姓名用作商标时指示的是商品来源,此即

① 迪特尔梅迪库斯:《德国民法总论》,邵建东译,法律出版社2000年版,第798–799页。

② 孔祥俊:《论姓名权与姓名的商品化权益——兼评乔丹商标案和司法解释对姓名保护的应然定位》,载《法学》2018年第3期。

发生指示对象的转换和变化，在使用的功能和目的上发生了实质变化。这种转换性使用已超出“人格混同”意义上的人格权保护范围，不会导致自然人之间的人格“混淆”，因而难以构成“盗用”和“假冒”，不为姓名权保护所禁止，认定侵害姓名权与人格权保护的本意相悖。如果使用的是知名人物的姓名，所利用的是知名人物“名气”的商业价值即市场号召力，该保护已超出姓名权本身的范围，只能基于另外的理由进行保护，这就是将其归入商品化权益保护的缘由，也说明商品化权益乃是在姓名权之外的延伸保护。非知名的姓名不存在商品化权益，在商标上转换性使用不构成侵害姓名权。[①]姓名权作为人格权的保护定位显然是不适合将其纳入《商标法》第32条在先权利保护范围的，因为此处的在先权利出现于商标法场景，通常要考虑市场要素，这也是乔丹案再审判决自然而然寻求商业性保护条件的原因。姓名的商品化权益不再是人人可得而享的基本权利，是否享有取决于知名度等市场要素，有着比姓名权保护更多的保护要素和更高的保护门槛，是一种十足的财产权益。[②]麦卡锡教授在区分商标权与公开权时也很好的区分了姓名中的人格利益和财产利益：“当主张‘姓名’的商标权时，商标所有人的排他权是指作为‘第二含义’的已经建立起来的相关公众认知。个人姓名中的‘主要含义’就是指向这个人，这不是商标法关心的。商标侵权是侵犯个人姓名中的‘第二含义’，侵犯公开权则指侵犯个人姓名中的‘主要含义’。个人姓名，作为特定个人的标识，是公开权关注的对象。个人姓名作为商业实体中商誉的象征，则是商标权关注的对象。”[③]这种区分在判断使用自己姓名是否构成描述性使用或商标侵权时，也具有启发意义。

---

① 孔祥俊：《论姓名权与姓名的商品化权益——兼评乔丹商标案和司法解释对姓名保护的应然定位》，载《法学》2018年第3期。

② 孔祥俊：《论姓名权与姓名的商品化权益——兼评乔丹商标案和司法解释对姓名保护的应然定位》，载《法学》2018年第3期。

③ J. Thomas McCarthy, McCarthy on Trademarks and Unfair Competition, Fourth Edition updated March 2013, § 28:12.

（三）商品化权益的保护路径

我国司法实践的主流做法是把人格特征的财产利益纳入《反不正当竞争法》第 6 条第 3 项。法院在"泥人张"案指出，"泥人张"具有多种含义和用途，承载多种民事权益……"泥人张"这一称谓在使用过程中，已经从对特定人群的称谓发展到对该特定人群所传承的特定泥塑技艺和创作、生产的作品的一种特定称谓，在将其用作商品名称时则属于反不正当竞争法意义上的知名商品（包括服务）的特有名称。[①]法院在"功夫熊猫"案指出，"功夫熊猫"既是梦工场公司出品的电影《功夫熊猫》的片名，也是该电影中主要人物的名称，可以作为知名电影特有的名称受到保护。该知名度的取得是梦工场公司创造性劳动的结晶，其所带来的商业价值和商业机会也是梦工场公司投入大量劳动和资本所获得。[②]

除此之外，我国有些判决直接承认商品化权益并发展出了商品化权益的保护要件，使得《商标法》第 32 条前段成为孵化新型权益的"兜底条款"。如法院在"甲壳虫"案指出，文学艺术作品、作品名称、角色名称、某种标识性的名称、姓名等确实会使上述作品或名称的拥有者通过上述作品、姓名等取得声誉、信誉、知名度等，拥有者通过将上述的声誉、信誉、知名度等与商品或服务的结合进行商业性的使用而实现经济利益，因此，上述作品或名称通过商业化使用，能够给拥有者带来相应的利益，可以作为"在先权利"获得保护。"商品化权"无明确规定，称为"商品化权益"并无不可。被异议商标指定使用的商品"钱包、书包、背包"等属于日常消费品，如知名乐队等一般会在上述商品上标注其名称，作为纪念品等进行销售，因此，本案苹果公司所主张的"商品化权益"可以延及上述商品。[③]

更有法院直接称商品化利益为"商品化权"。如在"功夫熊猫"案，当电影名称或电影人物形象及其名称因具有一定知名度而不再单纯局限于电影作

① 最高人民法院（2010）民提字第 113 号民事判决书。

② 北京市高级人民法院（2016）京行终 2307 号行政判决书。

③ 北京市高级人民法院（2015）高行（知）终字第 752 号行政判决书。

品本身，与特定商品或服务的商业主体或商业行为相结合，电影相关公众将其对于电影作品的认知与情感投射于电影名称或电影人物名称之上，并对与其结合的商品或服务产生移情作用，使权利人据此获得电影发行以外的商业价值与交易机会时，则该电影名称或电影人物形象及其名称可构成适用 2001 年《商标法》第 31 条“在先权利”予以保护的在先“商品化权”。[①]

四、未注册商标的抢注条款

问题：我国《商标法》是否对未注册商标提供保护？保护的条件是什么？社会公众、新闻媒体对一个商标的俗称，比如“索爱”“伟哥”，可否成为商家的商标？

（一）《商标法》第 32 条后段的立法目的

《商标法》虽然采取注册制，但也保护凝结了商誉的未注册商标。为了规制未注册商标的抢注，防止将他人实际使用形成的商誉据为己有，《商标法》第 32 条后段规定，申请商标注册不得以不正当手段抢先注册他人已经使用并有一定影响的商标。从第 32 条前后段之间的关系看，“在先使用并有一定影响的商标”仍然属于在先权利的一种，本可被前段直接涵盖，将其独立是出于立法技术的考虑，为了明确在先未注册商标的构成要件。倘若不作特别规定，就无法以这种方式对其保护要件和范围作出界定。[②]

（二）保护条件

未注册商标受保护的条件不得超过注册商标，应当结合第 32 条后段的文义和商标保护的体系进行解释，比如，如果在先使用人主张商标申请人在与其不相类似的商品上申请注册其在先使用并有一定影响的商标，违反《商标

① 北京市高级人民法院（2015）高行（知）终字第 1968 号行政判决书。

② 孔祥俊：《商标与反不正当竞争法——原理与判例》，法律出版社 2009 年版，第 107 页。

法》第 32 条规定的，人民法院不予支持。[①] 因此，第 32 条后段的适用应同时具备下列条件：（1）未注册商标在诉争商标申请日之前已经使用并有一定影响；（2）诉争商标与在先使用的未注册商标构成相同或近似商标；（3）诉争商标指定使用的商品与在先使用的未注册商标所使用的商品构成相同或者类似商品；（4）诉争商标申请人明知或者应知他人在先使用商标。商标申请人能够举证证明其没有利用在先使用商标商誉的恶意的，不构成前款所指情形。[②]

上述四个要件中的第二个条件和第三个条件，可以参照商标侵权判断中的商标近似和商品类似判断规则。

关于第四个构成要件，即“明知或应知的认定”，实践中通常具有如下情形：（1）诉争商标申请人与在先商标使用人曾就商标许可、商标转让等进行联络；（2）经相关机关认定，诉争商标申请人存在侵害商标权行为；（3）诉争商标申请人与在先商标使用人属于同行业；（4）在先商标显著性较强的，诉争商标与其高度近似。[③]

第一个构成要件中的“有一定影响”的判断，要根据在先未注册商标的持续使用时间、区域、销售量或者广告宣传等证据进行综合判断。[④] 此外还可与“已经使用”“明知或应知”联系起来做体系上的理解。“已经使用”是原因，即未注册商标“通过使用”产生了“一定影响”；“明知或应知”是效果，即不应僵化认定“一定影响”，只要使得诉争商标申请人明知或者应知该商标存在的，则可以认定构成“有一定影响”。

关于第一个构成要件中的“使用”，应当按照《商标法》第 48 条的规定进行解释，即该未注册商标的使用是在识别商品来源意义上的使用。《北京市高级人民法院商标授权确权行政案件审理指南》第 16.24 条规定，一般在相关公众已将该“未注册商标”与当事人产生联系的情况下，只要该行为不违背当事人主观意愿的，可以认定构成“已经使用”的情形。这表明“使用意图”

① 《最高人民法院关于审理商标授权确权行政案件若干问题的规定》第 23 条第 3 款。

② 《北京市高级人民法院商标授权确权行政案件审理指南》第 16.22 条。

③ 《北京市高级人民法院商标授权确权行政案件审理指南》第 16.23 条。

④ 《北京市高级人民法院商标授权确权行政案件审理指南》第 16.25 条。

对当事人商标权益的保护也具有重要影响，对于没有“使用意图”甚至明确作出拒绝作为商标使用的标识，不必保护该标识上的利益。

在“索爱”案中，多家网站上出现的对不同型号“索爱手机”以及其他“索爱”电子产品的报道、评论，且这些产品的生产者均指向“索尼爱立信公司”或“索尼爱立信（中国）公司”，索尼爱立信（中国）公司主张其已经使用了该商标。一审法院认为，消费者作为直接受众，他们对商标的认知、呼叫将对相关商品的声誉以至于生产厂商的商业信誉产生极大影响，而相关媒体对于商品的宣传、报道以及评价无疑也会起到促进作用。而且，消费者的认可和媒体的宣传、报道的关系是相辅相成、相互影响的。就本案而言，“索爱”已被广大消费者和媒体认可并使用，具有了区分不同商品来源、标志产品质量的作用，这些实际使用效果、影响自然及于索尼爱立信公司和索尼爱立信（中国）公司，其实质即等同于它们的使用。因此，尽管索尼爱立信（中国）公司认可其没有将“索爱”作为其未注册商标进行宣传，但消费者的认可和媒体的宣传共同作用，已经达到了索尼爱立信（中国）公司自己使用“索爱”商标的实际效果，故“索爱”实质上已经成为该公司在中国使用的商标。[①]

二审法院认为，“时至 2007 年 10 月左右，索尼爱立信（中国）公司并不认同‘索爱’是其公司简称或是其手机或电子产品的简称”，“索尼爱立信（中国）公司未将‘索爱’作为商标进行商业性的使用”。[②] 再审法院认为，无论是作为未注册商标的简称，还是作为企业名称或知名商品特有名称的简称，其受法律保护的前提是，对该标识主张权利的人必须有实际使用该标识的行为，且该标识已能够识别其商品来源。在本案争议商标申请日前，没有证据证明索尼爱立信公司将争议商标用作其产品来源的标识，亦未有证据证明其有将该争议商标用来标识其产品来源的意图。相反，根据原审法院及本院查明的事实，直至 2007 年 10 月、12 月，在争议商标已经被核准注册三年之后，索尼爱立信集团副总裁兼中国区主管卢健生仍多次声明“索爱”并不能代表

① 北京市第一中级人民法院（2008）一中行初字第 196 号行政判决书。

② 北京市高级人民法院（2008）高行终字第 717 号行政判决书。

"索尼爱立信"，认为"索尼爱立信"被非正式简称为"索爱"不可以接受。鉴于此，在争议商标申请日前，索尼爱立信公司并无将争议商标作为其商业标识的意图和行为，相关媒体对其手机产品的相关报道不能为其创设受法律保护的民事权益，因此索尼爱立信公司关于争议商标的注册损害其在先权利的再审理由不能成立。①

五、地理标志条款

问题：地理标志是什么？地理标志和地名商标有什么区别？《商标法》对地理标志的保护有何特殊之处？

（一）地理商标的概念

《商标法》第16条规定，商标中有商品的地理标志，而该商品并非来源于该标志所标示的地区，误导公众的，不予注册并禁止使用；但是，已经善意取得注册的继续有效。前款所称地理标志，是指标示某商品来源于某地区，该商品的特定质量、信誉或者其他特征，主要由该地区的自然因素或者人文因素所决定的标志。比如"贵州茅台""杭州龙井"就是典型的地理标志。

地理标志商标虽然也是地名商标的一种类型，但是两者存在诸多区别。

第一，《商标法》相关条款的法理基础不同。《商标法》第10条第2款在原则上禁止地名商标的注册，是为了防止商标申请人独占行政区划的公共资源，而《商标法》第16条是为了确保地理标志的质量保证和信誉承载功能。

第二，《商标法》相关条款的法律性质不同。《商标法》第10条第2款是一个绝对事由条款，地名所在区域的任何经营者都可阻却该地名商标的注册申请，《商标法》第16条是相对事由条款，只有地理标志持有人（通常为行业协会）才有权请求阻却他人的商标申请。

① 最高人民法院（2010）知行字第48号驳回通知书。

第三，正当使用的内涵不同。地名是公有资源，地名商标专用权人无权阻止他人在地理意义上使用该地名，来源于该地域的商品或服务提供者有权标明其商品或服务的来源地。《商标法》第 59 条第 1 款规定，注册商标含有的地名，注册商标专用权人无权禁止他人正当使用。就地理标志而言，即便在地理意义上使用了地名，如果商品或服务本身不满足地理标志证明商标或集体商标的使用管理规则，则构成对地理标志证明商标或集体商标的质量保证功能和信誉承载功能的侵害。

（二）地理标志的保护

地理标志的持有人，可以阻止他人将该地理标志作为商标注册或使用。《最高人民法院关于审理商标授权确权行政案件若干问题的规定》第 17 条规定，地理标志利害关系人依据《商标法》第 16 条主张他人商标不应予以注册或者应予无效，如果诉争商标指定使用的商品与地理标志产品并非相同商品，而地理标志利害关系人能够证明诉争商标使用在该产品上仍然容易导致相关公众误认为该产品来源于该地区并因此具有特定的质量、信誉或者其他特征的，人民法院予以支持。

从上述规定看，我国法律对地理标志的保护水平高于其他普通商标，可以跨越商品或服务类别阻止相同商标的注册。地理标志的保护不是对商品来源识别功能的保护，而是在原产地来源意义上的保护，实质是对名优特产的信誉承载功能的保护。因此，无论是否会导致消费者产生混淆误认，或者即便在商品或服务上注明了真正的来源，只要不是来源于地理标志的原产地，都应被禁止。比如《集体商标、证明商标的注册和管理办法》第 12 条规定，使用他人作为集体商标、证明商标注册的葡萄酒、烈性酒地理标志标示并非来源于该地理标志所标示地区的葡萄酒、烈性酒，即使同时标出了商品的真正来源地，或者使用的是翻译文字，或者伴有诸如某某“种”、某某“型”、某某“式”、某某“类”等表述的，适用《商标法》第 16 条的规定。

地理标志还可申请注册为集体商标或证明商标。一方面，如果已经将地理标志作为集体商标或证明商标注册，则该集体商标或证明商标专用权人可以依照《商标法》第 13 条、第 30 条等主张权利。无论基于地理标志，还是基于地理标志集体商标或地理标志证明商标向他人主张权利，都应该是地理标志的持有人、集体商标或证明商标专用权人，所以地理标志条款是商标注册的相对事由条款。另一方面，一旦申请注册为集体商标或证明商标，其侵权判定规则就更为明晰。地理标志本身有明确的质量保证功能，其在申请注册集体商标或证明商标时需要提交的商标使用规则中具有明确的品质、加工流程等要求，很容易判断他人使用行为是否侵犯地理标志集体商标或证明商标权，可以克服普通注册商标品质保证功能模糊的不足。

关于地理标志条款在商标授权程序中的功能，请参考第八章第一节。

第三章 商标权的取得和消灭

第一节　商标权取得的基本原则

一、使用取得商标权的原则

世界各国以及各地区关于商标专用权的取得通常采取两种模式，一种为普通法国家如美国为代表所采取的在先使用取得商标权的制度，另一种为大陆法国家如中国为代表所采取的在先申请注册取得商标权的制度。

在美国，商标保护独立为成文法。《兰哈姆法》的立法历程表明，它只是一部对普通法规则进行成文化的注册法，而非创造新权利的成文法。[①] 按照美国《兰哈姆法》第1051条第a款、第b款的规定，关于商标注册申请分为“已使用商标的申请”和“有真诚的意图使用商标的申请”。[②] 若为“已使用商标的申请”，则申请人应当在申请书中写明第一次使用申请商标的日期，以及有关商品和商标图样，并且宣誓所述事实均是准确、真实的。若为“有真诚的意图使用商标的申请”，则申请人应在申请书中写明有真诚的意图使用商标的

① 谢尔登·W. 哈尔彭、克雷格·艾伦·纳德、肯尼思·L. 波特：《美国知识产权法原理》，宋慧献译，商务印书馆2013年版，第307页。

② 中国人民大学知识产权教学与研究中心、中国人民大学知识产权学院《十二国商标法》翻译组译：《十二国商标法》，清华大学出版社2013年版，第481页。

有关商品，并提供该商标的图样，并且应当宣誓所述事实均是准确、真实的，申请人应在一定期限内提交实际使用的证据。此后，美国专利商标局根据《兰哈姆法》的具体规定进行审查，若准予注册的，则将以美国的名义颁发商标注册证，并由专利商标局盖章。

美国最高法院曾在判决中指出："商标本身不含诸如财产之物，它只是隶属于使用该商标的商业或贸易的一种权利……特定商标的权利源于使用，而非因为选择（adoption）。"[①]《兰哈姆法》第1057条第c款规定，"商标的注册申请作为其推定使用，依据本法关于在主注册簿上注册商标的规定，一个商标的注册申请应构成对该商标的推定使用，授予其在注册的商品或服务上全国有效的优先权，以对抗其他人……"。因此，虽然美国采取在先使用取得商标权的制度，但是商标申请一旦获准注册，无论其在美国各州是否实际使用，均推定其在美国全国范围内已经使用，从而获得商标专用权的保护。

二、注册取得商标权的原则

《商标法》第4条第1款规定，自然人、法人或者其他组织在生产经营活动中，对其商品或者服务需要取得商标专用权的，应当向商标局申请商标注册。不以使用为目的的恶意商标注册申请，应当予以驳回。

这里以魏某君与亚太酒楼、亚太公司特许经营合同民事纠纷案为例。[②]

（一）基本案情

2015年8月19日，魏某君与亚太酒楼签订《特许加盟合同》，特许魏某君在张掖市甘州区玉关街2××室开设兰州成都印象加盟店，合同期限为一年，并对特许加盟费等进行了约定。但合同订立后，特许人亚太酒楼实际并未取得特许经营资质，且其"兰州成都印象"标志资源也未经注册取得商标专用

---

① United Drug Co. v. Theodore Rectanus Co., 248 U.S. 90, 97 (1918).

② 张掖市中级人民法院（2017）甘07民终433号民事判决书。

权，存在未履行披露义务以及未如实告知，故意隐瞒真实情况等情形，应属无效合同。魏某君据此诉至法院，要求依法撤销涉案的《特许加盟合同》、返还加盟费以及赔偿相应损失。

亚太酒楼答辩不同意魏某君的诉讼请求。

（二）判决内容

甘肃省张掖市甘州区人民法院认为，亚太酒楼授权魏某君加盟的“兰州成都印象”品牌并未到商标局申请商标注册，未取得注册商标证，而亚太酒楼将其作为注册商标使用，并未向魏某君披露真实信息，其行为违背诚实信用原则，构成欺骗。故判决撤销涉案《特许加盟合同》，以及返还相关费用并赔偿损失。

亚太酒楼不服，向甘肃省张掖市中级人民法院提起上诉。甘肃省张掖市中级人民法院认为，因亚太酒楼对“兰州成都印象”品牌未到商标局申请商标注册，未取得注册商标证，导致合同不能履行，原审法院据此认定的结论并无不当。故判决驳回上诉，维持原判。

兰州亚太酒楼不服，向甘肃省高院提起再审申请。甘肃省高院认为，涉案《特许加盟合同》因“兰州成都印象”商标未注册，违反《商业特许经营管理条例》的规定而自始无效。兰州亚太酒楼明知该商标未注册，在合同中未向魏某君披露该信息存在过错，应当承担赔偿责任，对因合同无效给被申请人造成的租金损失应当赔偿，原审判决并无不当。故裁定驳回再审申请。

（三）案件评析

中国采取在先申请注册取得商标权的制度，即若自然人、法人或者其他组织在生产经营活动中，基于生产、运营等商业活动所需，应当针对具体的商品类别向商标局申请注册商标。申请注册商标的，应当按照《商标法实施条例》第二章所规定的商标注册的申请的具体要求提交相关材料。商标局在收到商标注册申请人的申请后，依照《商标法》的具体规定进行形式与实体审查，符合相关规定授权条件的，依法应当核准注册并颁发商标注册证，并向社会公众予以公示。

在先申请注册取得商标权的制度通过公示程序与明确的专用权范围界定，能够使取得注册商标专用权的主体安心就相关商标进行市场推广与开发，从而通过确定的稳定性保持商标权利体系的正常运行。然而，该制度由于并未设置考量申请主体主观意图的审查程序，容易导致申请主体通过在先申请注册取得商标进行囤积，而后予以谋取不当利益情形的出现，造成参与市场运营的主体准入门槛设置被“在先注册商标”予以“劫持”，同时大量的商标申请也会给商标审查机关带来巨大的审查成本负担。

因此，面对在先申请注册取得商标权的制度无法回避的弊端，可以通过设立商标申请目的说明机制或商标使用可行性宣誓制度，在不破坏在先申请注册的基本原则的情况下，为确保商标注册秩序健康、有序地发展，结合《商标法》第 4 条规定促进“商标使用”的设立目的，完善在先申请注册取得商标权制度，从而建立更加合理的制度体系。

上述案例中，基于《商业特许经营管理条例》第 3 条第 1 款的规定，特许经营是指拥有注册商标、企业标志、专利、专有技术等经营资源的企业，以合同形式将其拥有的经营资源许可其他经营者使用，被特许人按照合同约定在统一的经营模式下开展经营，并向特许人支付特许经营费用的经营活动。虽然特许资源的商标标识并未限定仅为注册商标，但是被特许人通常按照该行业的认知惯例，会将特许人所有的商标标识特别是店铺名称理解为“注册商标”，此时作为特许人应当主动、明确通过书面形式予以告知，从而使被特许人能够充分知悉特许资源的客观现状，作出符合其自身利益的意思表示。而涉案《特许加盟合同》中，作为特许人的兰州亚太酒楼并未就该合同所约定的特许资源的商业标识“兰州成都印象”申请注册商标，且并未证明该事实已经向被特许人魏某君如实进行披露，故兰州亚太酒楼上述行为已经构成欺诈，应当依法承担相应责任。

第二节　商标权的取得程序

一、商标注册申请原则

（一）诚实信用

《商标法》第 7 条第 1 款规定，申请注册和使用商标，应当遵循诚实信用原则。诚实信用原则是民事活动的基本原则，商标的申请注册和使用在民事活动的广义范畴之内，故其亦应当体现该原则。特别是随着我国经济商业活动的不断扩张，一方面商标申请注册的绝对需求量不断上升，另一方面商标被作为谋取不当利益的手段也愈演愈烈。为此，在 2013 年修正的《商标法》中增加了“诚实信用”原则，就是为了突出该原则在商标注册制度框架下的作用，该原则的精神亦体现在具体的条款之内，从而确保我国商标注册制度的健康有序发展。

然而，应当注意的是，我国采取商标注册制度，在一定程度上应当容忍在不相同或不类似的商品或者服务上近似商标标志共存的情形，只有在先商标达到驰名商标等情况下，方某进行“跨类保护”。因此，《商标法》意义下的“诚实信用”原则体现的是在申请注册和使用环节应当出于实际的使用意图，在不违背《商标法》其他条款规定的情形下，进行商标申请注册和使用行为。为此，在北京高院 2019 年 4 月 23 日发布的《北京市高级人民法院商标授权确权行政案件审理指南》第 7.2 条中规定，商标行政案件中，诉争商标的申请注册不应违背《商标法》第 7 条第 1 款的规定。然而上述指南中的该条款更多应被认知为宣示性条款，并未明确“诚实信用”原则可以作为异议或者无效宣告的独立事由。同时，2019 年修正的《商标法》第 4 条中已将“不以使用为目的的恶意商标注册申请”作为可以予以驳回或者宣告无效的独立事由，这实际就是“诚实信用”原则具体应用的转化与落地。

（二）强制申请

《商标法》第 6 条规定，法律、行政法规规定必须使用注册商标的商品，必须申请商标注册，未经核准注册的，不得在市场上销售。

我国采取商标注册制度，并且以自愿申请为原则，以强制注册为例外。主要是考虑商标专用权为民事权利之一，其具有私权的属性，在不与国家法律、法规等强制性规定相冲突的情况下，一般不宜对他人申请注册商标的行为予以干涉。即使他人在其生产、经营的商品或者服务上标注了未注册商标，此时仅是该经营者可能面对基于商标使用行为的诉讼风险，而就商品或者服务上使用未注册商标行为本身而言，并不属于国家机关进行行政监管的范畴。

然而，因特定行业中的商品或者服务关系到国计民生或者公民的健康安全，需要对有关商品或者服务的来源予以控制、管理，此时该行业的经营者必须申请注册商标后，相关商品或者服务方某在市场上正常流通，因此强制注册制度也就相应产生。商标强制注册是商标自愿注册原则的例外。[①] 目前而言，《烟草专卖法》第 19 条规定，卷烟、雪茄烟和有包装的烟丝必须申请商标注册，未经核准注册的，不得生产、销售。这就是通过法律或者行政法规对强制注册的商品范围予以确定的实例。

（三）共同申请

《商标法》第 5 条规定，两个以上的自然人、法人或者其他组织可以共同向商标局申请注册同一商标，共同享有和行使该商标专用权。

这里以王某与李某花、南京市下关区纤娜服装经营部侵害商标权纠纷[②]案为例。

1. 基本案情

2007 年 1 月 30 日，王某、肖某华等四人向商标局申请注册第 5877872 号

① 郎胜主编、全国人民代表大会常务委员会法制工作委员会编：《中华人民共和国商标法释义》，法律出版社 2013 年版，第 18 页。

② 江苏省高级人民法院（2016）苏民申 5754 号民事裁定书。

“纤思哲”商标（以下简称涉案商标），核定使用在第25类服装、袜等商品上。2010年4月6日，商标局核准涉案商标的权利人变更为王某、李某花。

2009年10月15日，杜某贤（与王某系夫妻关系，双方于2012年1月8日登记结婚）成立汕头市潮南区峡山慕纱制衣厂（以下简称慕纱制衣厂，系个体工商户），经王某、肖某华等四人许可，使用“纤思哲”商标生产内衣并对外销售，并使用“纤思哲秀出好身材”的广告语进行宣传。

2011年10月1日，李某花与王某玲签署《“纤思哲”品牌推广运营合作协议》，授权王某玲推广运营第5877872号“纤思哲”注册商标所涉“纤思哲”品牌内衣。2012年1月19日，王某玲与李某共同出资设立纤思哲公司。

2012年6月15日，李某花与刘某平签订《“纤思哲”品牌内衣代理经销合同》，约定李某花授权刘某平为江苏区域内“纤思哲”系列品牌内衣的经销商。

原告王某诉称，李某花在其成为商标共有权人后，未经王某同意，私自与案外人王某玲签订“合作协议”，授权王某玲以“纤思哲”作为字号成立公司并使用“纤思哲”商标生产、销售内衣。2012年1月19日，王某玲、李某成立纤思哲公司，在该公司生产的内衣上使用“纤思哲”商标并添加其他商标，同时其未经许可使用“纤思哲内衣秀出好身材”的广告语等行为，侵犯“纤思哲”注册商标专用权的商品，构成共同商标侵权。请求判令李某花、纤娜服装经营部立即停止销售侵犯“纤思哲”注册商标专用权的商品，并共同赔偿经济损失200000元。

被告纤娜服装经营部及李某花辩称，李某花系“纤思哲”商标的共有权人，其有权自己使用或授权被告纤娜服装经营部等他人使用，该使用行为不违反法律规定，不构成侵权。

2. 判决内容

南京鼓楼区法院认为，王某与李某花系涉案商标的共有人，双方对商标的专用权没有约定，故双方对该商标均有管理的权利和义务。被告李某花系通过受让成为涉案商标的共有人，在其受让该商标前，王某已经系该商标的共有人，且通过长期使用使得相关公众对该商标所标注的商品来源有了一定的认知，并形成一定的影响。被告李某花在成为商标共有权人之后，在行使商标专用权时，理应与原告王某就行使商标专用权的方式进行协商，协商不成，则应本着诚实信用原则，沿用原商标的使用方式，以避免相关公众对商标所标注的商品来源产生误解，造成市场混淆，最终损害消费者的利益。被告李某花在实际使用过程中，沿用原涉案商标的使用方式以及"纤思哲秀出好身材"的广告宣传语，均属于合理使用的范围，不构成对原告王某商标共有权的侵犯，但其未与原告协商，将涉案商标与其他商标同时使用在同一商品上，使得相关公众对商品的来源产生误解，进而造成市场混淆，该行为已超出合理使用的范围，侵害了原告王某作为商标共有人的合法权益。故判决李某花及纤娜服装经营部立即停止销售同时标注涉案商标和其他商标的商品；李某花赔偿王某经济损失 80000 元；驳回王某的其他诉讼请求。

李某花不服一审判决，向南京中院提起上诉。南京中院认为，王某与李某花作为涉案商标共有权人，就涉案商标的使用未作约定，双方应就此协商一致；不能协商一致，又无正当理由的，任何一方不得阻止他方行使除转让以外的其他权利，但是所得收益应当合理分配给所有共有权人。上诉人李某花作为涉案商标共有权人有权使用或许可他人使用涉案商标，被上诉人王某不能阻止李某花行使除转让权以外的其他权利，上诉人李某花授权他人使用"纤思哲"商标的行为不构成对涉案商标专用权的侵犯。上诉人李某花授权他人使用"纤思哲"商标所获收益应由商标共有权人合理分配。涉案商标共有权人只有彼此相互尊重，遵循市场规律，诚信经营，才能保持品牌的生命和活力，才能得到广大消费者的认同和赞誉。任何以各种不正当竞争手段和方式获取不当利益的行为都不为法律所支持和保护。故判决撤销一审判决，驳回王某的诉讼请求。

王某不服，向江苏高院申请再审。江苏高院认为，作为商标的共有人，王某和李某花可以约定其对"纤思哲"商标的具体使用方式与范围等，但由于王某与李某花并未签订商标使用的书面协议，亦未能就商标使用协商一致，故在无正当理由的情况下，王某不能阻止李某花行使除转让之外的其他权利，李某花有权自己使用或许可他人使用涉案商标，但是所得收益应当合理分配给所有共有权人。故裁定驳回王某的再审申请。

3. 案例评析

商标的共同申请是指两个以上的主体可以就同一商标共同进行申请注册，若该商标被核准注册，则申请主体可以共同享有和行使该注册商标的专用权。因为注册商标专用权基于申请注册授权后方某产生，《商标法》规定了可由两个以上主体共同申请，亦可由两个以上主体共同享有和行使，该制度与民事共有制度具有内在的同一性，也是基于商标权的财产属性得以产生。

两个以上主体共同申请商标后，可以就核准注册商标后如何行使注册商标专用权进行约定。因为注册商标本身为无形物，自身不具有可拆分性，即不同于有体物区分为共同共有和按份共有，但是注册商标专用权的共有权人可以就各自的使用地域、方式、收益的比例分配等进行约定，若无具体约定时，共有权人平等享有除转让之外的使用该注册商标专用权的权利，除非该共有权人的行为损害了其他共有权人的合法权益，但所得收益应当归属于共有权人。

上述案例中，李某花经受让成为涉案商标的共有权人，其对外行使许可以及自行使用该商标并未损害王某基于涉案商标所产生的专用权，在此情形下，被控侵权行为具有合法性，不属《商标法》意义上的侵权行为。

（四）优先权问题

《商标法》第 25 条第 1 款规定，商标注册申请人自其商标在外国第一次提出商标注册申请之日起六个月内，又在中国就相同商品以同一商标提出商标注册申请的，依照该外国同中国签订的协议或者共同参加的国际条约，或者按照相互承认优先权的原则，可以享有优先权。《商标法》第 26 条第 1 款规定，商标在中国政府主办的或者承认的国际展览会展出的商品上首次使用的，自该商品展出之日起六个月内，该商标的注册申请人可以享有优先权。

这里以普兰娜公司与商评委商标申请驳回复审行政纠纷[①]案为例。

1. 基本案情

普兰娜公司于 2010 年 12 月 28 日向商标局申请注册第 8996648 号“prAna 及图”商标（以下简称诉争商标），指定使用的商品为国际分类第 28 类的瑜伽砖、瑜伽板等。

第 8885559 号“Prana”商标（以下简称引证商标一）的申请日期为 2010 年 11 月 26 日，权利人为蓝帽子公司，商标专用期自 2012 年 10 月 14 日至 2022 年 10 月 13 日。核定使用的商品为国际分类第 28 类的游戏机、运动球类等。

2012 年 3 月 27 日，商标局作出《商标驳回通知书》，以诉争商标与引证商标一构成近似商标为由，驳回诉争商标的注册申请。普兰娜公司不服，向商标评审委员会申请复审。

2013 年 12 月 9 日，商标评审委员会作出商评字〔2013〕第 129449 号《关于第 8996648 号“prAna 及图”商标驳回复审决定书》（以下简称被诉决定），以诉争商标与引证商标一构成使用在同一种或类似商品上的近似商标为由，决定对诉争商标予以驳回。

普兰娜公司依据其于 2010 年 11 月 19 日在美国提交的“prAna 及图”商标申请，于 2010 年 12 月 28 日向商标局提交了诉争商标的注册申请，在申请书中主张优先权，并于 2011 年 1 月 27 日提交了相应的优先权证明文件。诉争商标的优先权日期为 2010 年 11 月 19 日。

2. 判决内容

北京一中院认为，诉争商标指定使用在“瑜伽砖、瑜伽板、瑜伽带”商品上，与引证商标一已构成类似商品上的近似商标。故判决撤销被诉决定，商评委重新做出决定。

普兰娜公司不服，向北京高院提起上诉。北京高院认为，诉争商标与引证商标一共同使用于类似商品上，易使相关公众对商品的来源产生混淆和误

---

① 最高人民法院（2017）最高行再 10 号行政判决书。

认，二者已构成近似商标。故判决驳回上诉，维持原判。

普兰娜公司不服，向最高法院提起再审申请。最高法院认为，引证商标一的申请日期为2010年11月26日，根据查明的事实，诉争商标的优先权日期为2010年11月19日，诉争商标的优先权日期早于引证商标一的申请日期，故引证商标一不构成诉争商标能否注册申请的权利障碍。故判决撤销一、二审判决及被诉决定，商标评审委员会重新做出决定。

3. 案件评析

商标注册申请的优先权原则是《巴黎公约》所规定的基本制度之一，使得商标申请主体只要在一个缔约国申请注册商标，则可享有自其初次申请之日起的6个月内的优先权。只要该商标注册申请主体在6个月内向其他成员国提出相同商标注册申请的，其申请日均可以在第一个缔约国的申请日为准。我国作为《巴黎公约》的成员国，需要履行缔约义务。同时，由于我国采取商标注册制度，商标的申请日对于是否能够获准注册具有重大意义，因此国外优先权的判断就具有更加重要的意义。

根据《商标法》第25条第1款的规定，国外优先权的适用应当满足以下三方面的条件：第一，应当是在外国第一次提出商标注册申请之日起6个月内提出，即提出期限限定为6个月，若超过外国第一次申请之日6个月的，则不再有优先权；第二，关于国外优先权的适用对象限定为相同商品以及同一商标，若商标注册申请人进入我国后，改变了商标标志或者商品类别，则不能够再行适用国外优先权，特别需要指出，即使是类似商品或者近似商标标志的，亦不能享有优先权；第三，适用国外优先权的地域范围，应当以该外国与我国签订了协议或者共同参加国家条约为限，这是“互惠原则”的体现。

同时，在行使国外优先权时应当注意，其是以书面申请为启动要件，并不属于商标行政管理机关主动审查的范围，需要以商标注册申请人在提出商标注册申请的时候一并提出书面声明，并且在3个月内提交其第一次在外国提出的商标注册申请文件的副本，方某启动国外优先权的审查程序。

上述案例中，普兰娜公司在商标授权的行政程序中曾经提出过优先权的主张，但是商标局并未对该申请给予回复，商标评审委员会在后续的复审审查程序中对此亦未认定，导致了诉争商标的申请注册日被认定为 2010 年 12 月 28 日，晚于引证商标一的申请注册日 2010 年 11 月 26 日。然而，经最高法院查明可知，诉争商标于 2010 年 11 月 19 日即在美国就相同商品的同一商标进行了注册申请，并且后续向我国申请注册的时间亦未超过《商标法》第 25 条第 1 款的规定，因此应当认定诉争商标享有国外优先权，其申请注册日期为 2010 年 11 月 19 日，早于引证商标一，故引证商标一不应成为诉争商标申请注册的在先权利障碍，故最高法院对此予以纠正是正确的。

二、商标注册申请的审查

我国商标申请采取注册制度，商标专用权的取得需要通过商标局依据《商标法》的具体规定予以审查，在不违反《商标法》绝对禁止使用的情形、绝对禁止注册的情形以及相对理由的情形下，方某核准注册。

（一）一般原则

《商标法》第 9 条第 1 款规定，申请注册的商标，应当有显著特征，便于识别，并不得与他人在先取得的合法权利相冲突。

在福特汽车公司与商标评审委员会商标申请驳回复审行政纠纷案中[①]，福特汽车公司于 2013 年 5 月 3 日在第 12 类汽车等商品上，申请注册了“THE LINCOLN MOTOR COMPANY”商标（以下简称申请商标），商标局及商标评审委员会经审查，均认为申请商标可理解为“林肯汽车公司”，与福特汽车公司名义不符，作为商标使用易导致消费者对商品来源产生误认，违反了《商标法》第 10 条第 1 款第 7 项的规定，不得作为商标注册和使用，故决定对申请商标予以驳回。福特汽车公司不服，向北京知识产权法院提起行政诉讼。北京知识产权法院认为因福特汽车公司的主体资质证明中显示的经营别称与

① 北京市高级人民法院（2016）京行终 1677 号行政判决书。

申请商标相同，故申请商标指向福特汽车公司，二者具有对应关系，故判决撤销了商标评审委员会做出的被诉决定。商标评审委员会不服，北京高院认为一审判决的认定正确，但是申请商标是否具有显著性，商标评审委员会在重新做出被诉决定时应当予以审查。

同样，在商业媒介公司与商标评审委员会、世界经理人公司商标争议行政纠纷案中[①]，最高法院在驳回再审裁定中认为，争议商标“世界经理人”容易被理解为“全球范围内从事企业管理的人群”，本身具有较强的固有含义，且“经理人”容易直接表示其核定使用服务的内容和特点，难以起到区分服务来源的作用。在某种程度上，该标识由于具有较强的固定含义，不具有显著特征，难以用来作为区别商品来源的标志而获得注册。如欲作为商标注册，应当经过使用与拟注册的商品建立相应的对应关系。本案中，商业媒介公司提交的证据不能证明争议商标在其核定使用的商品上进行了宣传和使用，从而取得了显著特征，并便于识别，故一、二审法院认定争议商标缺乏显著性的结论并无不当。

商标的基本功能在于通过特定标志在商品或服务上的使用，从而使相关公众能够基于该标志识别商品或服务的具体来源。“通常而言，在判断特定标志自身是否具有显著性时，应当围绕下列因素进行考量：1. 标志本身与相关商品或服务的关联程度。一般而言，标志本身与相关商品或服务关联程度越低，则其可作为商标进行认知的可能性越大，反之亦然。正是基于此，若标志本身直接指代了其所要标示商品或服务来源的通用名称，或直接描述了该商品或服务的自身特点时，通常该标志本身被认为缺乏显著性。2. 判断主体应以相关公众的普遍知识水平和认知能力为依据。在此应当注意的是，针对不同商品或服务具体类别、属性、功能等本质特性的差异，相关公众针对特定标志的具体知识水平和认知能力的表现也会存在不同，故应当结合具体的商品或服务作出符合客观化市场标准的判断。同时，在此需要特别指出的是，虽然我国《商标法》规定了文字、图形、字母、数字、三维标志、颜色

① 最高人民法院（2016）最高法行申 334 号行政裁定书。

组合和声音等可以作为构成商标的要素，但是特定要素所构成的标志本身的使用、表达或展现方式，应当符合该标志所标示商品或服务行业的通常使用习惯，也就是相关公众在具体商品或服务上发现特定标志时，是否会将其认知为商标，进而对该标志是否能够起到辨别商品或服务来源的作用进行判断。简言之，对特定标志是否具有识别性的判断，实际是存在两个层面判断的认知，即首先该标志应具有被认知为商标的可能性，其次该标志应具有能够辨别商品或服务不同来源的功能性。正如被简化的特定字母、数字，臆造的特定图案、形状，独创的特定短语、广告用语等，可能会基于相关领域商品或服务的相关公众的通常认知，被识别为表达、体现特定经营者营销理念、促销手段、经营技巧等具有独特风格的指示客体。无论该指示客体是以直接方式或是暗示性的方式进行体现，其自身被相关公众识别为商标的可能性均较低或不会被认知为商标，故而其也就无法发挥辨别商品或服务不同来源的功能，由此无法体现商标的真正功效。3. 判断过程中应当以标志的整体性为原则。关于诉争标志是否具有显著性的认知，应当结合诉争标志的整体构成要素进行判断，不应单一、割裂地以特定构成要素进行分析，而忽视各个要素组合而成的诉争标志的整体含义与表达形式。”① 然而，也应当注意在整体认知过程中，基于不同行业对商标的使用习惯，各个要素所发挥作用的内在差异。

上述两个案例中，法院均是对诉争商标的具体标志可否被相关公众认知为识别商品或者服务来源的标志予以了否定。一般而言，企业名称作为商事主体在市场经营活动中的标识符号，其与商标的功能具有天然的差异性，虽然企业名称直接指向了具体商品或者服务的来源，但是其与商标不同的审查方式、注册方式、规范依据等天然差异，使相关公众不易将其认知为商标，故即使在诉争商标的申请主体名称与诉争商标中所包含的企业名称完全一致的情况下，通常而言，基于一般行业的使用习惯与商标的认知惯例，此时也不能基于申请主体名称的一致性，而当然认定诉争商标具有显著性，故上述第一个案例的认定结论是正确的。关于此，在《北京市高级人民法院商标授

① 北京市高级人民法院（2015）高行（知）终字第3269号行政判决书。

权确权行政案件审理指南》第 8.5 条第 2 款中亦予以了规定。①

同时，在判断诉争商标被相关公众所认知含义的界定时，一般应当根据该商标组成要素的文字含义予以理解，确保相关公众认知的稳定性与一致性，除非相关公众基于诉争商标在指定使用的商品或服务上，能够形成强于文字含义的第二解释或者经过使用形成了新的"含义"，此时不应任意以其他含义替代诉争商标的字面解释。在上述案例二中，法院在以诉争商标的文字含义为判断依据的基础上，进而确定其缺乏显著性是正确的，符合其指定使用服务相关公众的认知方式。

（二）绝对事由

1. 标志具有"其他不良影响"的认定

《商标法》第 10 条第 1 款第 8 项规定，有害于社会主义道德风尚或者有其他不良影响的标志，不得作为商标使用。《最高人民法院关于审理商标授权确权行政案件若干问题的规定》第 5 条第 1 款规定，商标标志或者其构成要素可能对我国社会公共利益和公共秩序产生消极、负面影响的，人民法院可以认定其属于《商标法》第 10 条第 1 款第 8 项规定的"其他不良影响"。同时，《最高人民法院关于审理商标授权确权行政案件若干问题的意见》第 3 条规定，人民法院在审查判断有关标志是否构成具有其他不良影响的情形时，应当考虑该标志或者其构成要素是否可能对我国政治、经济、文化、宗教、民族等社会公共利益和公共秩序产生消极、负面影响。如果有关标志的注册仅损害特定民事权益，由于商标法已经另行规定了救济方式和相应程序，不宜认定其属于具有其他不良影响的情形。

基于上述司法解释及司法精神，关于《商标法》第 10 条第 1 款第 8 项所规定标志具有"其他不良影响"的判断，应当注意从以下几方面进行考量：

---

① 《北京市高级人民法院商标授权确权行政案件审理指南》第 8.5 条第 2 款规定，诉争商标标志仅由申请人的企业全称或者简称构成，或者显著识别部分仅是企业全称或简称的，在不属前款所指的情形下，可以认定属于《商标法》第 11 条第 1 款第 3 项规定的情形，但是具有显著特征且符合商业惯例的除外。

1. 该条款仅限于标志本身含义是否会对我国政治、经济、文化、宗教、民族等产生消极负面的影响，是对于社会公共利益和公共秩序的保护，而不及于对于商标申请注册行为的规制。2. 在对标志本身含义进行判断时，一般情况下应当以诉争商标申请注册日的时间点为准，但是如果诉争商标申请时具有不良影响，但在核准注册时诉争商标已经不会产生不良影响的，可以认定诉争商标不属于《商标法》第 10 条第 1 款第 8 项所规定情形；反之，若诉争商标在申请注册日前并无不良影响，但在核准注册时具有不良影响的，仍应认定其属于《商标法》第 10 条第 1 款第 8 项所规定情形。3. 标志本身是否具有不良影响的判断主体应当为社会公众，但是就特定领域例如宗教、民族等是否容易产生不良影响的，可以通过特定领域的群体认知予以判定。[①]4. 标志本身是否具有不良影响并不以是否已经实际产生损害后果为要件，只要通过在案证据或充分说明能够证明诉争商标的标志可能存在“其他不良影响”的，即可予以认定，而不以是否实际对我国社会公共利益和公共秩序造成损害为前提。5. 只要标志中含有能够独立识别的构成“其他不良影响”的要素，其本身即属于《商标法》第 10 条第 1 款第 8 项所规定情形。

这里以迈克尔 · 乔丹与商标评审委员会、乔丹公司商标争议行政纠纷[②]案为例。

（1）基本案情

第 3848786 号图形商标（以下简称争议商标）由麦克公司于 2003 年 12 月 17 日申请注册，核定使用在第 25 类服装等商品上，后经核准，争议商标注册人变更为乔丹公司。

2012 年 10 月 31 日，迈克尔 · 乔丹向商标评审委员会提出撤销争议商标的申请，提出了乔丹公司与迈克尔 · 乔丹从未有过任何商业往来，未得到过迈克尔 · 乔丹的授权，争议商标的注册和使用会造成公众对产品的来源产生

① 最高人民法院（2016）最高法行再 21 号行政判决书。石膏公司与万佳公司、商标评审委员会商标争议行政纠纷案。

② 最高人民法院（2015）知行字第 313 号行政裁定书。

误认，扰乱正常的市场秩序，产生不良影响，属于《商标法》第 10 条第 1 款第 8 项“有其他不良影响”所指情形等理由。

2014 年 4 月 14 日，商标评审委员会作出被诉裁定，以迈克尔·乔丹援引《商标法》第 10 条第 1 款第 8 项理由主要指向其肖像权，属于对特定民事权益的保护，在已经依据《商标法》第 31 条规定予以评述后，不宜再纳入《商标法》第 10 条第 1 款第 8 项调整，且争议商标亦不属于《商标法》第 10 条第 1 款第 8 项所指情形等理由，裁定争议商标予以维持。

迈克尔·乔丹不服，提起行政诉讼。

（2）判决内容

北京一中院认为，本案所涉情况不符合《商标法》第 10 条第 1 款第 8 项规定等适用条件，故判决维持被诉裁定。

迈克尔·乔丹不服原审判决，向北京高院提起上诉。北京高院认为，争议商标标志本身并不具有“有害于社会主义道德风尚或者有其他不良影响”的因素，商标评审委员会认定争议商标不属于“有害于社会主义道德风尚或者有其他不良影响的标志”并无不当。争议商标的使用是否会造成相关公众的混淆误认，不属于该项法律规定调整的范围。因此，迈克尔·乔丹有关应依据《商标法》第 10 条第 1 款第 8 项的规定撤销争议商标注册的上诉理由依据不足，不予支持。故判决驳回上诉，维持原判。

迈克尔·乔丹不服二审判决，向最高法院提起再审申请。最高法院认为，即使争议商标的注册损害了迈克尔·乔丹的特定民事权益，也应通过商标法的其他规定获得救济，不宜纳入《商标法》第 10 条第 1 款第 8 项调整的范畴。因此，一审、二审法院关于该条法律不适用于本案的认定正确，应予维持。迈克尔·乔丹关于争议商标既损害了其作为特定民事主体的权益，又导致了公众混淆，从而损害了公共利益和公共秩序的主张没有事实和法律依据，不予支持。故裁定驳回迈克尔·乔丹的再审申请。

（3）案件评析

诚如上文所述，《商标法》第 10 条第 1 款第 8 项系对标志可能损害社会公共利益和公共秩序的严格规制，并且为禁止使用性规定。通常而言，若标志本身构成该条款所述情形，不应再行基于不同申请主体作出差异化认定结论，当标志系对特定民事主体权益的损害时，则应当认定该特定民事主体使用诉争标志具有合理性，此时若通过“其他不良影响”条款予以规制，将排除该特定民事主体使用的正当性，显然并非《商标法》第 10 条第 1 款第 8 项的立法初衷。因此，若标志系对特定民事主体合法权益的损害，即使是造成相关公众的混淆，此时也应当适用《商标法》其他条款予以规制，而不应通过“其他不良影响”条款所规定情形进行认定。

在上述案例中，迈克尔·乔丹主张涉案争议商标构成“其他不良影响”的理由系基于争议商标的注册会引起相关公众对该商标所标示商品来源的混淆，而并非标志本身会对“公序良俗”产生负面、消极的影响，故法院并未支持迈克尔·乔丹的诉讼主张是正确的。

2. 标志具有描述性的认定

《商标法》第 11 条第 1 款第 2 项规定，标志仅直接表示商品的质量、主要原料、功能、用途、重量、数量及其他特点的，不得作为商标注册。

这里以朝阳卫生用品厂与商标评审委员会、益母公司商标争议行政纠纷[①]案为例。

（1）基本案情

第 1907456 号“益母草及图”商标（以下简称争议商标，见下图）的申请日为 2001 年 7 月 16 日，注册商标专用权人为益母公司，核定使用在第 5 类卫生巾、卫生垫、卫生女裤、卫生短内裤、卫生衬裤、失禁用尿布、吸收式失禁用尿布裤、浸药液的卫生纸、浸药液的薄纸、紧身内裤衬里商品上。

① 最高人民法院（2015）知行字第 96 号行政裁定书。

朝阳卫生用品厂于2007年1月23日对争议商标提出撤销注册申请。商标评审委员会经审查认为，朝阳卫生用品厂的撤销理由不成立，裁定对争议商标予以维持。

朝阳卫生用品厂不服该裁定，于法定期限内提起行政诉讼。一审法院认为商标评审委员会未对争议商标是否违反《商标法》第11条第1款第2项规定进行评审，违反法定程序，判决撤销商标评审委员会作出的裁定。后经北京高院审理，认为原审法院认定商标评审委员会违反法定程序并无不当，故判决驳回上诉，维持一审判决。

商标评审委员会于2011年7月18日重新作出被诉裁定，认定：争议商标不构成《商标法》第11条第1款第2项规定所指情形。裁定争议商标予以维持。

朝阳卫生用品厂不服，针对商标评审委员会重新作出的被诉裁定提起行政诉讼。

（2）判决内容

北京一中院认为，争议商标核定使用的商品包括卫生巾、卫生垫、卫生女裤等。益母公司提交的相关发生法律效力的司法裁判文书认定，该公司生产的“益母草”卫生巾、护垫为知名商品的特有名称。上述证据仅能够证明“益母草”商标标志在“卫生巾、卫生垫”商品上，通过商业使用而具有显著特征并便于识别，并不能及于争议商标核定使用的其他商品。益母公司在本案中没有提交证明除“卫生巾、护垫”商品之外，在其他核定使用商品上使用“益母草”商标，并具有较高知名度的相关证据。因此相关公众仍会存在将“益母草”使用在浸药液的卫生纸、浸药液的薄纸等商品上，系仅仅直接表示上述商品中的主要中药材原料的认知。因此，争议商标的注册违反《商标法》第11条第1款第2项规定，被诉裁定相关认定错误，应予纠正。故判决撤销被诉裁定，商标评审委员会重新作出裁定。

益母公司不服，向北京高院提起上诉。北京高院认为，根据在案情况可以确认，益母公司并未实际生产“卫生女裤、卫生短内裤、卫生衬裤、失禁用尿布、吸收式失禁用尿布裤、浸药液的卫生纸、浸药液的薄纸、紧身内裤衬里”等商品，且“益母草”并不是上述商品的必然原料，目前市场上的大量上述商品均不含“益母草”。在益母公司未实际生产卫生女裤、卫生短内裤等商品且上述商品并不必然以“益母草”为原料的基础上，益母公司在上述商品上注册争议商标并不必然意味着上述商品中含有“益母草”。原审判决关于争议商标在卫生女裤等商品上的注册属于《商标法》第 11 条第 1 款第 2 项规定情形的认定缺乏依据，应予纠正。故判决撤销一审判决，维持被诉裁定。

朝阳卫生用品厂不服，向最高法院提起再审申请。最高法院认为，争议商标核定使用的卫生巾、卫生垫、卫生女裤、卫生短内裤等商品，属于日常生活中的卫生用品。而益母草是一种具有活血调经、利尿消肿作用的中草药。尽管通过添加益母草可能使上述商品具备一定的活血调经、利尿消肿作用，但上述商品从本质上仍属于日常生活中的卫生用品，因此，益母草这种中草药并非生产上述商品的主要原料，且没有证据证明在 2001 年 7 月 16 日争议商标申请时，将益母草使用于上述日常卫生用品上已是行业惯常做法，相关公众一般也不会将益母草与卫生巾、卫生垫、卫生女裤等产品的原料、功能等特点相联系，并将其认知为表示卫生巾、卫生垫、卫生女裤产品原料及功能用途等特点的词汇。本案争议商标由“益母草”文字加图形组合而成，并指定了颜色，独特的设计使其具有较强的识别感，与在产品上惯常表示产品原料、功能用途等特点的介绍、说明性文字在表现形式上有明显差异。益母公司在上述商品上注册争议商标不违反《商标法》第 11 条第 1 款第 2 项的规定，朝阳卫生用品厂认为应撤销争议商标的理由不充分，不予支持。

（3）案件评析

《最高人民法院关于审理商标授权确权行政案件若干问题的规定》第 7 条规定，人民法院审查诉争商标是否具有显著特征，应当根据商标所指定使用商品的相关公众的通常认识，判断该商标整体上是否具有显著特征。商标标志中含有描述性要素，但不影响其整体具有显著特征的；或者描述性标志以独特方式加以表现，相关公众能够以其识别商品来源的，应当认定其具有显著特征。该司法解释第 11 条规定，商标标志只是或者主要是描述、说明所使用商品的质量、主要原料、功能、用途、重量、数量、产地等的，人民法院应当认定其属于《商标法》第 11 条第 1 款第 2 项规定的情形。商标标志或者其构成要素暗示商品的特点，但不影响其识别商品来源功能的，不属于该项所规定的情形。

商标的基本功能在于能够使相关公众将其识别为所附载商品或服务来源的标志，若该标志本身仅直接描述了商品或服务的质量、主要原料等特性，相关公众不会将其识别为商标，亦不能经过注册获得垄断性权利，否则将影响其他市场主体对商品或服务的正常描述与表达。在判断标志是否构成仅直接描述商品或服务质量、主要原料等特性时，应当遵循以下规则：1. 判断主体为诉争商标指定使用的商品的相关公众，并以其通常认知水平为基准；2. 判断的对象为诉争商标的整体，即使诉争商标构成要素中含有描述性要素，但是只要不影响相关公众整体上将其认知为具有识别商品或服务来源的商标，亦可认定其具有显著性；3. 判断的时间点一般以诉争商标申请注册时，若核准注册时相关公众认知的事实状态发生变化的，可以以核准注册时为时间点予以认定；4. 标志是否具有描述性是从标志与商品之间的联系程度，以及含义上主要或者只是表示商品的质量、主要原料等特点，不应将通过演绎、解释、说明以及想象等方式所获得的含义，纳入到《商标法》第 11 条第 1 款第 2 项所规定的范畴中。

上述案例中，争议商标系由经过独特设计的“益母草”文字加图形组合而成，并指定了颜色，经独特设计使其整体上具有较强的识别感；同时，在案证据亦不足以证明“益母草”为争议商标指定使用的卫生女裤、卫生短内裤等商品上的主要原料，标志与商品之间缺乏必要的联系程度，故而二审法院纠正一审判决的认定结论是正确的。

3. 立体商标“可注册性”的判断

《商标法》第 12 条规定，以三维标志申请注册商标的，仅由商品自身的性质产生的形状、为获得技术效果而需有的商品形状或者使商品具有实质性价值的形状，不得注册。

这里以味事达公司与商标评审委员会、雀巢公司商标争议行政纠纷[①]案为例。

（1）基本案情

国际注册第640537号三维标志商标（以下简称争议商标，见下图）在中国申请注册时间为2002年3月14日，核定使用在第30类“食用调味品”商品上，指定颜色为棕色，专用权人为雀巢公司。

争议商标

在法定争议期内，味事达公司向商标评审委员会提出撤销申请，并认为争议商标作为调味品的常用包装，其整体形状的美学功能远远大于识别功能，已成为代表中高端调味品的包装形状，属于使商品具有实质性价值的形状，根据《商标法》第12条的规定，争议商标应予以撤销，并提交了相关证据。

雀巢公司不同意味事达公司所提出的相关主张，并提交了相关证据用以证明争议商标经过使用获得显著性。

经审理，商标评审委员会作出商评字〔2010〕第15921号《关于国际注册第640537号“三维标志”商标争议裁定书》，对争议商标予以维持注册。

味事达公司不服，在法定期限内提起诉讼。原审法院经审理认为第15921号裁定的作出程序存在违法之处，据此判决对上述裁定予以撤销。

商标评审委员会对审理程序予以补正后，另行作出商评字〔2010〕第15921号重审第00789号《关于国际注册第640537号“三维标志”商标争议裁

① 北京市高级人民法院（2012）高行终字第1750号行政判决书。

定书》（以下简称重审第 789 号裁定），裁定：争议商标予以维持。

味事达公司不服，提起行政诉讼。

为证明与争议商标类似的方形瓶系由味事达公司在先使用且现已成为本行业常用的包装形式，味事达公司在原审诉讼中补充提交了相关证据。

（2）判决内容

北京一中院认为，争议商标为三维标志，其指定使用商品为食用调味品，因争议商标使用在食用调味品上，通常会使相关公众认为其属于该商品的包装物，无法起到区分商品来源的作用，故争议商标不具有商标所要求的固有显著性。同时，鉴于三维标志的固有显著性程度主要受其使用方式影响，而与该标志是否系独创或是否系臆造并无关联，故无论争议商标是否由味事达公司最先在中国使用，亦无论争议商标是否由雀巢公司所独创，均不会影响争议商标固有显著性的判断。据此，味事达公司认为争议商标不具有固有显著性的主张于法有据，依法应予支持。同时，争议商标为指定颜色的方形瓶，指定使用商品为食用调味品。因美学功能性应以购买者作为判断主体，故如果购买者在决定购买哪种食用调味品时，主要考虑的是该商品的包装，则可以认定争议商标这一方形瓶设计具有美学功能性。但结合相关公众的一般认知可以看出，对于食用调味品这一类商品，购买者所关注的通常是其商品本身的质量、生产厂商等要素，至于其采用的包装本身虽然可能在一定程度上影响购买者的购买行为，但显然并非决定性因素。也就是说，整体而言此类商品的购买者通常不会仅仅基于喜爱该类商品的包装而购买该商品。鉴于此，争议商标并不具有美学功能性，未违反《商标法》第 12 条的规定。故判决撤销重审第 789 号裁定；商标评审委员会重新作出裁定。

雀巢公司不服，向北京高院提起上诉。北京高院认为，争议商标是由方形瓶身和细长瓶颈结合的三维标志，指定颜色瓶身为褐色、瓶盖为黄色；争议商标核定使用商品为"食用调味品"。虽然该三维标志经过了一定的设计，有别于常见瓶型的特点，但相关公众容易将其作为商品容器加以识别，该三维标志本身无法起到区分商品来源的作用。因此，原审判决关于争议商标标志本身缺乏显著性的相关认定正确。而且，争议商标核定使用的商品为"食用调味品”，争议商标则仅是由方形瓶身和细长瓶颈结合的三维标志，同时指定了颜色，该三维标志与是否使“食用调味品”具有实用性价值并无直接关联，即使作为三维标志存在的争议商标被其他包装所替代，也不会影响“食用调味品”的价值，在此基础上，当然也就不涉及美学功能性问题。味事达公司提交的证据不能证明争议商标仅由使指定使用的“食用调味品”商品具有实质性价值的形状构成。故判决驳回上诉，维持原判。

雀巢公司不服，向最高法院提起再审申请。最高法院认为，作为商品包装的三维标志，由于其具有实用因素，其在设计上具有一定的独特性并不当然表明其具有作为商标所需的显著性，应当以相关公众的一般认识，判断其是否能区别产品的来源。本案中，争议商标指定使用的“食用调味品”是普通消费者熟悉的日常用品，在争议商标申请领土延伸保护之前，市场上已存在与争议商标瓶型近似的同类商品的包装，且由于 2001 年修改前的《商标法》并未有三维标志可申请注册商标的相关规定，故相关公众不会将其作为区分不同商品来源的标志，一、二审法院认为争议商标不具有固有的显著性是正确的。故裁定驳回再审申请。

（3）案件评析

《商标法》第 8 条规定，任何能够将自然人、法人或者其他组织的商品与他人的商品区别开的标志，包括文字、图形、字母、数字、三维标志、颜色组合和声音等，以及上述要素的组合，均可以作为商标申请注册。《最高人民法院关于审理商标授权确权行政案件若干问题的规定》第 9 条规定，仅以商品自身形状或者自身形状的一部分作为三维标志申请注册商标，相关公众一般情况下不易将其识别为指示商品来源标志的，该三维标志不具有作为商标的显著特征。该形状系申请人所独创或者最早使用并不能当然导致其具有作为商标的显著特征。第一款所称标志经过长期或者广泛使用，相关公众能够通过该标志识别商品来源的，可以认定该标志具有显著特征。

基于《商标法》第 8 条规定，商标的构成要素可以由三维标志构成，通常三维标志与商品结合为商标展示于相关公众面前时，多为三种形态：第一种形态即该三维标志与商品之间具有同一性，例如将打火机的外形注册为商标；第二种形态即该三维标志为商品的外包装物，如上述案例中在“食用调味品”商品上将外包装申请注册为商标，还有诸如牛奶、矿泉水等商品的外包装；第三种形态即该三维标志独立于商品之外成为装饰物，例如在背包等商品上将三维标志的装饰物申请注册为商标。由于我国相关公众的认知习惯，在第一种形态与第二种形态之下，通常仅认为是商品本身或者承载商品的载体，不会将其与标识商品来源的商标联系起来，即使该三维标志最早由诉争商标申请注册主体独创或使用，亦不会使相关公众形成于区分不同商品来源提供者的功能，这一点在上述司法解释中也再次予以明确。因此，若三维标志申请注册商标构成前二种形态时，通常情况下属于缺乏“固有显著性”，而不能获准注册。然而，根据上述司法解释第 3 款的规定，三维标志若欲获准注册，只有通过使用、宣传获得“第二含义”，使相关公众建立三维标志与商品来源提供者稳定的对应关系时，方能克服其缺乏“固有显著性”的不足。

在上述案例中，虽然构成争议商标的三维标志经过了一定设计，有异于通常“食用调味品”包装上的瓶型，但是仍然无法克服相关公众容易将其认知为商品容器的天然功能属性，无法从包装功能之外分离出区分不同商品来源提供者的功能，故法院认定争议商标缺乏显著性是正确的。同时，基于在案证据，雀巢公司亦无法证明争议商标经过其长期、广泛使用，已经获得“第二含义”，使相关公众能够通过该标志识别商品的来源。因此，争议商标因缺乏显著性而无法获准注册。

同时，在此应当注意，《商标法》第 12 条所规定的系基于某种功能使得商标不应获准注册。虽然该条款指向“不得注册”，但是其与《商标法》第 11 条第 1 款所规定的禁止作为商标注册的条款属性并不相同。即《商标法》第 12 条通常情况下不考虑通过使用克服“不得注册”的情形，《商标法》第 11 条第 2 款规定的情形不能直接套用、转化至《商标法》第 12 条。①

① 《北京市高级人民法院商标授权确权行政案件审理指南》第 10.1 条规定，当事人申请注册商标的三维标志仅由商品自身性质产生的形状、实现自身技术效果所需有的形状或者使商品具有实质性价值的形状构成，可以认定属于《商标法》第 12 条规定的情形，该三维标志的使用情况不予考虑。

（三）相对事由

1. 在先商标权

A.《商标法》第 30 条规定，申请注册的商标，凡不符合本法有关规定或者同他人在同一种商品或者类似商品上已经注册的或者初步审定的商标相同或者近似的，由商标局驳回申请，不予公告。

这里以 3M 公司与商标评审委员会、晨光公司商标异议复审行政纠纷[①]案为例。

（1）基本案情

第 8142049 号“优事贴”商标（以下简称被异议商标）由晨光公司于 2010 年 3 月 23 日向商标局提出注册申请，指定使用在第 16 类便条本、剪贴簿、索引卡、标签条、笔记本、小册子等商品上。

第 1045054 号“报事贴”商标（以下简称引证商标）由 3M 公司于 1996 年 1 月 29 日向商标局提出注册申请，核定使用在第 16 类办公表格、笔记本等商品上，该商标专用权期限至 2017 年 7 月 6 日。

在法定异议期内，3M 公司针对被异议商标向商标局提出异议申请。2012 年 8 月 31 日，商标局作出（2012）商标异字第 50011 号《“优事贴”商标异议裁定书》，裁定：被异议商标予以核准注册。3M 公司不服，向商标评审委员会提出异议复审申请，请求商标评审委员会不予核准被异议商标的注册申请。

2014 年 3 月 24 日，商标评审委员会作出被诉裁定，认定：《商标法》第 9 条属于总则性规定，其立法精神已体现在商标法其他具体条款中，被异议商标与引证商标在文字呼叫、含义、整体识别等方面均存在差异，相关消费者施以一般注意力即可将两商标区分，故裁定：被异议商标予以核准注册。

在商标评审阶段，3M 公司提交了报事贴产品介绍、引证商标的宣传手册和海报等证据，用以证明引证商标在便条纸等商品上具有较高知名度。晨光

---

① 最高人民法院（2017）最高法行申 2627 号行政裁定书。

公司亦向商标评审委员会提交了被异议商标使用材料及该企业的荣誉和商业活动等证据复印件。

3M 公司不服，向法院提起行政诉讼。

（2）判决内容

北京一中院认为，被异议商标与引证商标并存于相同或类似商品，不易导致消费者混淆误认。故判决驳回 3M 公司的诉讼请求。

3M 公司不服，向北京高院提起上诉。北京高院认为，被异议商标与引证商标均为三个汉字组成的文字商标，商标本身仅一字之差，“报”和“优”均为左右结构汉字，“优事贴”与“报事贴”均为“事贴”，两商标整体结构相似，相关公众从识记和认读上不易区分，整体视觉效果差异不大，考虑引证商标已具有一定的知名度，被异议商标在实际使用中具有傍靠引证商标的意图，被异议商标与引证商标并存于相同或类似商品，易使相关公众对商品的来源产生混淆误认。故，原审判决和被诉裁定认定被异议商标与引证商标未构成 2001 年修正的《商标法》第 28 条规定的使用在类似商品上的近似商标不当，应予纠正。3M 公司关于被异议商标与引证商标构成使用在类似商品上的近似商标的主张，应予支持。故判决撤销原审判决及被诉裁定，由商标评审委员会重新作出裁定。

晨光公司不服，向最高法院提起再审申请。最高法院认为，根据原审法院查明的事实，引证商标在便条纸等商品上具有一定的知名度。被异议商标与引证商标同时使用在便条纸、笔记本等商品上容易使相关公众对商品的来源产生混淆误认。被异议商标的申请注册违反了 2001 年《商标法》第 28 条的规定。故裁定驳回再审申请。

（3）案件评析

若在诉争商标申请日前，与他人在同一种商品或类似商品上已经注册的或者初步审定的商标相同或者近似的，则构成了与他人在先商标权的冲突，不应当予以核准注册。关于商标法意义上的商标近似，系指诉争商标的申请注册容易使相关公众认为其与在先商标所提供的商品或者服务来源于同一主体或存在特定联系，进而造成混淆误认。

在判断是否构成商标近似时，并非仅对商标标志本身或者商品类似的认定，而是应当综合在案因素进行判定后，对是否容易造成相关公众的混淆误认予以判定，一般可以从以下因素进行考量：商标标志的近似程度、商品的类似程度、请求保护商标的显著性和知名程度、相关公众的注意程度、商标申请人的主观意图以及实际混淆等情况。

关于相关公众的界定、商标标志近似的判断以及类似商品的认定，可以参照《最高人民法院关于审理商标民事纠纷案件适用法律若干问题的解释》。具体为：

首先，相关公众，是指与商标所标识的某类商品或者服务有关的消费者和与前述商品或者服务的营销有密切关系的其他经营者。

其次，商标相同，是指被控侵权的商标与原告的注册商标相比较，二者在视觉上基本无差别；商标近似，是指被控侵权的商标与原告的注册商标相比较，其文字的字形、读音、含义或者图形的构图及颜色，或者其各要素组合后的整体结构相似，或者其立体形状、颜色组合近似。

最后，商品类似，是指在功能、用途、生产部门、销售渠道、消费对象等方面相同或相近；类似服务，是指在服务的目的、内容、方式、对象等方面相同或相近；商品与服务类似，是指商品和服务之间存在特定联系。同时，在认定商品或者服务是否类似，应当以相关公众对商品或者服务的一般认识综合判断；《商标注册用商品和服务国际分类表》《类似商品和服务区分表》可以作为判断类似商品或者服务的参考。

在上述案例中，首先，被异议商标指定使用的商品与引证商标核定使用的商品在功能、用途、生产部门、销售渠道、消费对象等方面相同，构成类似商品；其次，从标志的近似程度分析，被异议商标由中文汉字“优事贴”构成，引证商标由中文汉字“报事贴”构成，被异议商标与引证商标均由三个汉字组成，且后两个字均为“事贴”，仅有一字之差，两商标的呼叫、构成要素、含义、整体结构均比较相似，构成近似商标；最后，结合引证商标在便条纸等商品上具有一定的知名度的事实。因此在综合上述因素的情况下，相关公众施以一般的注意力，若被异议商标与引证商标共同使用在类似商品上时，容易对商品的来源产生混淆误认，故而二者构成《商标法》意义上的近似商标。

B.《商标法》第 31 条规定，两个或者两个以上的商标注册申请人，在同一种商品或者类似商品上，以相同或者近似的商标申请注册的，初步审定并公告申请在先的商标；同一天申请的，初步审定并公告使用在先的商标，驳回其他人的申请，不予公告。

这里以西伯利亚公司与商标评审委员会商标申请驳回复审行政纠纷[①]案为例。

（1）基本案情

第 11718018 号“NATURASIBERICA 及图”商标（以下简称申请商标）于 2012 年 11 月 8 日向商标局提起注册申请，指定使用在第 3 类香料等商品上。

第 11321294 号“NATURASIBERICA 及图”商标（以下简称引证商标）于 2012 年 8 月 8 日申请注册，核定使用在第 3 类香料等商品上。

西伯利亚公司不服商标局就申请商标作出的驳回决定，向商标评审委员会申请复审。商标评审委员会作出被诉决定，认定申请商标与引证商标构成近似商标，决定申请商标予以驳回。

西伯利亚公司不服，提起行政诉讼。

2015 年 8 月 12 日，商标局作出〔2015〕商标异字第 30956 号决定，认定第 11321294 号“NATURASIBERICA 及图”商标（本案引证商标）侵犯异议人享有的在先著作权，依法决定不予注册。经商标评审委员会确认，该案当事人未在法定期限内提出复审申请，决定已经发生法律效力。

（2）判决内容

北京一中院认为，申请商标与引证商标构成使用在类似商品上的近似商标，申请商标的注册申请违反 2001 年修正的《商标法》第 29 条的规定，不应予以注册。故判决维持被诉决定。

西伯利亚公司不服，向北京高院提起上诉。北京高院认为，申请商标与引证商标构成近似商标。故判决驳回上诉，维持原判。

① 最高人民法院（2016）最高法行再 87 号行政判决书。

西伯利亚公司不服，向最高法院提起再审申请。最高法院认为，本院审理期间，商标局基于引证商标侵犯在先著作权作出的不予注册决定，已经发生法律效力，引证商标不再构成影响申请商标注册的阻碍。商标评审委员会作出被诉决定的事实基础已经发生了变化。故判决撤销一、二审判决及被诉决定，由商标评审委员会重新作出决定。

（3）案件评析

《商标法》第 31 条实则系对诉争商标与在先商标权构成近似的规定，其与《商标法》第 30 条适用区别在于，若诉争商标在申请注册时，在先引证商标并未获准注册或者初步审定的，但是引证商标申请日早于诉争商标，或者引证商标与诉争商标申请日为同一天，但其使用在先的，此时引证商标仍然构成诉争商标获准注册的在先权利障碍。

同时，在商标注册申请驳回复审行政纠纷中，由于申请商标的注册程序尚未完结，此时若影响商标获准注册的基础事实发生改变的，基于公平原则的考量，可以适用“情势变更”规则，基于新发生的事实对涉案结论进行认定。《最高人民法院关于审理商标授权确权行政案件若干问题的规定》第 28 条规定，人民法院审理商标授权确权行政案件的过程中，商标评审委员会对诉争商标予以驳回、不予核准注册或者予以无效宣告的事由不复存在的，人民法院可以依据新的事实撤销商标评审委员会相关裁决，并判令其根据变更后的事实重新作出裁决。即通过司法解释的形式确立了合同法中“情势变更”规则在商标行政纠纷中的适用可行性。由于我国商标法采取的是注册商标审查制度，在审查期间，客观上无法避免在此期间可能发生的情势变化，这也是商标注册制度设计的组成部分。

在上述案例中，由于引证商标已经被商标局裁定不予注册，并已经生效，故其不再构成对申请商标应否准予注册的在先权利障碍，故从提高商标授权确权行政案件审理效率，避免当事人因重新提出注册申请而遭受不必要损失的视角考量，在适用“情势变更”规则的基础上，应当撤销被诉决定，由商标评审委员会基于新的事实重新对申请商标应否予以核准注册进行审查。例如在船王公司与商标评审委员会的商标申请驳回复审行政纠纷中，最高法院亦是根据引证商标一与诉争商标归属于同一主体，且引证商标三因“三年连续不使用”被予以撤销的新事实，最终撤销了被诉决定。

2. 在先权利的认定

《商标法》第 32 条前段规定，申请商标注册不得损害他人现有的在先权利。

这里以康纳利公司与商标评审委员会、晟雅绮公司商标异议复审行政纠纷[①]案为例。

（1）基本案情

被异议商标为第 6103451 号“CARLI”商标，由晟雅绮公司于 2007 年 6 月 11 日向商标局提出注册申请，指定使用在第 25 类服装、婴儿全套衣等商品上。

引证商标一为国际注册第 756400 号“CANALI”商标，指定使用在第 25 类服装、包括靴子鞋和拖鞋商品上。专用权期限自 2010 年 9 月 8 日至 2020 年 9 月 8 日，目前权利人为康纳利公司。

在被异议商标的法定异议期内，康纳利公司提出商标异议申请，商标局经审理作出第 10706 号裁定，裁定被异议商标予以核准注册。

康纳利公司不服，于法定期限内向商标评审委员会提出复审申请。

2014 年 1 月 7 日，商标评审委员会作出被诉裁定，认定：

被异议商标“CARLI”与康纳利公司“CANALI”商号及商标存在较大差异，未构成近似，不能认定被异议商标的申请注册会使消费者将之与康纳利公司商号相联系，进而对商品来源产生混淆误认，损害康纳利公司的商号权，故被异议商标未构成 2001 年修正的《商标法》第 31 条规定所指的情形。故裁定：被异议商标予以核准注册。

康纳利公司不服，提起行政诉讼。

（2）判决内容

北京一中院认为，被异议商标“CARLI”同康纳利公司商号“CANALI”存在一定差异，在案证据亦不足以证明被异议商标的申请注册容易导致中国

---

① 最高人民法院（2016）最高法行申 402 号行政裁定书。

相关公众混淆，进而损害了商号权人的利益。因此，商标评审委员会认为本案不构成2001年修正的《商标法》第31条“申请商标注册不得损害他人现有的在先权利”的认定并无不当。故判决维持被诉裁定。

康纳利公司不服，向北京高院提起上诉。北京高院认为，在案证据亦不足以证明被异议商标的申请注册容易导致中国相关公众混淆，进而损害了商号权人的利益。故判决驳回上诉，维持原判。

康纳利公司不服，向最高法院提起再审申请。最高法院认为，康纳利公司虽然拥有在先的商号权，但是被异议商标“CARLI”同康纳利公司商号“CANALI”存在一定差异，两者的共存并不容易导致相关公众产生混淆误认，损害康纳利公司的在先商号权。因此，被异议商标的申请注册不构成2001年《商标法》第31条规定的“损害他人现有的在先权利”之情形，一审、二审法院的相关认定并无不当。故裁定驳回再审申请。

（3）案件评析

《商标法》第32条前半段所规定的在先权利，系指在《商标法》所特别规定的商标权以外的，通过《民法总则》《民法通则》《侵权责任法》《反不正当竞争法》等其他法律所规定或“反射”的所需保护的合法民事权利或者利益，并且“在先权利”是一个开放性的概念，会随着社会市场经济活动的丰富，而不断进行增补。

同时，《商标审查及审理标准》也载明在先权利是指在系争商标申请注册日之前已经取得的，除商标权以外的其他权利，包括字号权、著作权、外观设计专利权、姓名权、肖像权以及应予保护的其他合法在先权益。关于“在先权利”是否构成诉争商标申请注册的权利障碍，应当以该在先权利形成是否早于诉争商标申请注册为基准，但是若在诉争商标核准注册时，该在先权利已经不存在的，则不再构成诉争商标申请注册的在先权利障碍。《最高人民法院关于审理商标授权确权行政案件若干问题的规定》第18条规定“……在先权利，包括当事人在诉争商标申请日之前享有的民事权利或者其他应予保护的合法权益。诉争商标核准注册时在先权利已不存在的，不影响诉争商标的注册”。

关于企业的在先字号权益是否构成诉争商标申请注册的在先权利障碍的判断，应当从以下几方面进行认定：第一，在系争商标申请注册之前他人已在先登记或使用其字号；第二，该字号在中国相关公众中具有一定的知名度；第三，诉争商标的标志本身与在先字号相同或者近似；第四，诉争商标指定使用的商品与在先字号所形成知名度的商品构成同一种或者类似；第五，诉争商标的注册与使用容易导致相关公众产生混淆，致使在先字号权人的利益可能受到损害；第六，诉争商标申请注册时是否存在主观恶意、在先字号的独创性等因素。

《最高人民法院关于审理商标授权确权行政案件若干问题的规定》第 21 条也明确规定，当事人主张的字号具有一定的市场知名度，他人未经许可申请注册与该字号相同或者近似的商标，容易导致相关公众对商品来源产生混淆，当事人以此主张在先权益的，人民法院予以支持。当事人以具有一定市场知名度并已与企业建立稳定对应关系的企业名称的简称为依据提出主张的，适用前款规定。

上述案例中，虽然康纳利公司的“CANALI”商号登记且使用早于被异议商标，但是考虑到二者在构成上存在明显差异，相关公众施以一般注意力，尚能明显区分，故不会导致商品来源的混淆误认，亦不会进而损害康纳利公司的在先商号权益，故被异议商标的申请注册不构成《商标法》第 32 条所规定的“损害他人现有的在先权利”的情形。

3. 以其他不正当手段抢注未注册商标的认定

《商标法》第 32 条后半段规定，申请商标注册不得以不正当手段抢先注册他人已经使用并有一定影响的商标。

这里以施格公司与商标评审委员会、欧派公司商标异议复审行政纠纷[①]案为例。

（1）基本案情

被异议商标由汉字“欧派”及英文字母“OKPLAY”组成，于 2007 年 6

① 北京市高级人民法院（2014）高行（知）终字第 3469 号行政判决书。

月11日向商标局提出注册申请，指定使用在第9类集成电路、电开关等商品上，现商标申请人为施格公司。

在异议期内，欧派公司向商标局提出异议申请。2011年1月14日，商标局裁定被异议商标予以核准注册。

2012年6月13日，欧派公司不服，向商标评审委员会申请复审，主要理由为：在被异议商标申请日之前，欧派公司对“欧派”商标进行了大量宣传，而施格公司却恶意抢注了“欧派”商标，并代加工“欧派”产品，混淆市场，侵犯了欧派公司的利益。综上，请求不予核准被异议商标的注册申请，并提交了相关证据。

2013年12月2日，商标评审委员会作出被诉裁定，认定根据涉案证据可以表明，欧派公司于2007年4月、5月间在台州地区大量地销售“欧派”商标电气产品，在当地具有一定知名度，施格公司虽对上述证据提出质疑，但未提供相应证据支持其主张。而本案的施格公司企业地址在台州市，且与欧派公司所属行业相同，施格公司对于欧派公司使用在开关、插座等商品上并具有一定知名度的“欧派”商标理应知晓，却在与上述商品功能、用途、销售渠道等方面基本相同的电开关、稳压电源等相同或类似商品上申请注册与欧派公司“欧派”商标相同的商标，其行为已构成以不正当手段抢先注册欧派公司在先使用并有一定影响商标的行为，故裁定：被异议商标在复审商品上不予核准注册。

施格公司不服，提起行政诉讼。

（2）判决内容

北京一中院认为，欧派公司提交的合同、出库单及收据仅能证明其公司与他人就代理销售“欧派电气”系列建筑电气产品签订过协议，但对于合同的履行及货款的收付未提交发票等证据，难以形成对应关系；有关照片和宣传证据未显示时间，亦不足以证明在被异议商标申请注册之前，欧派公司已在与被异议商标指定使用的电开关等商品上在先使用与被异议商标相同或近似的商标并具有一定影响，因此，依据现有证据被异议商标的申请注册不属于2001年修正的《商标法》第31条规定禁止的“以不正当手段抢先注册他人已经使用并有一定影响的商标”的情形。故判决撤销被诉裁定，商标评审委员会重新作出裁定。

商标评审委员会及欧派公司均不服，均向北京高院提起上诉。北京高院认为，在案证据难以认定欧派公司的商标经过在先使用并具有一定的影响力以及被异议商标的申请注册具有抢注的恶意。因此原审判决关于被异议商标的申请注册不属于2001年修正的《商标法》第31条规定情形的认定并无不当。故判决驳回上诉，维持原判。

欧派公司不服，向最高法院提起再审申请。最高法院认为，从本案一审、二审法院查明的事实来看，欧派公司向商标评审委员会提交的其于2007年4月25日与台州市路桥建筑五金批发市场签订的销售代理合同，没有有效证据证实其真实履行情况，故难以认定欧派公司的“欧派电气”标识经过在先使用并具有一定影响以及施格公司申请注册被异议商标具有抢注的恶意。故裁定驳回欧派公司的再审申请。

（3）案件评析

《商标法》第32条后半段系对他人申请注册商标违背诚实信用原则行为的规制，此种抢注行为不仅损害了在先使用主体的合法利益，并且亦会破坏相关公众基于在先未注册商标的使用而形成的关于商品来源的认知，进而造成混淆误认。因此，上述法律规范所禁止的抢注行为应当严格予以规制，避免缺乏诚信原则的主体利用商标注册制获取不当利益，损害其他主体和消费者的合法权益。《最高人民法院关于审理商标授权确权行政案件若干问题的规定》第23条第1款规定，在先使用人主张商标申请人以不正当手段抢先注册其在先使用并有一定影响的商标的，如果在先使用商标已经有一定影响，而商标申请人明知或者应知该商标，即可推定其构成“以不正当手段抢先注册”。但商标申请人举证证明其没有利用在先使用商标商誉的恶意的除外。该条第2款规定，在先使用人举证证明其在先商标有一定的持续使用时间、区域、销售量或者广告宣传的，人民法院可以认定为有一定影响。该条第3款规定，在先使用人主张商标申请人在与其不相类似的商品上申请注册其在先使用并有一定影响的商标，违反《商标法》第32条规定的，人民法院不予支持。

在对诉争商标是否构成“以不正当手段抢先注册他人已经使用并有一定影响的商标”情形进行认定时，应当从以下方面进行判定：1. 他人商标在诉争商标申请日之前已经使用并有一定影响，在此应当注意在先未注册商标的“使用”应当属于商标法意义上能够标识商品来源的使用，并且该使用者应当具有主动使用的意图，若主观上并不存在“使用”意图的，客观上无须对此种“放任”行为予以保护；2. 诉争商标与他人商标相同或者近似；3. 诉争商标指定使用的商品与他人商标所使用的商品属于相同或者类似商品；4. 诉争商标申请人具有恶意，若诉争商标申请人明知或者应知他人在先未注册商标的存在，可以推定其具有主观不正当性，但是若申请人能够证明其不具有攀附在先未注册商标所形成商誉的主观意图时，可以推翻对其主观不正当性的推定。在此应当注意的是，若相关公众已经对在先使用的“未注册商标”形成了对应标志的认知，在先使用主体并未予以明确否认的情况下，可以作为《商标法》第 32 条后半段被予以保护的“未注册商标”范畴。

上述案例中，根据所查明的事实，被异议商标的申请日为 2007 年 6 月 11 日，欧派公司自述其公司成立日期为 2007 年 4 月 18 日，欧派公司向商标评审委员会提交的使用证据最早是 2007 年 4 月 25 日与台州市路桥建筑五金批发市场签订的销售代理合同，该销售代理合同仅有出库单没有发票予以佐证，难以确认其真实使用情况，而且按照通常的商业惯例，在不足两个月的时间里难以确定欧派公司的在先未注册商标已经形成了一定影响力与知名度，故不易确定被异议商标的申请注册即具有主观恶意，因此被异议商标未构成《商标法》第 32 条后半段所规定的情形。

三、异议程序

（一）异议申请的审查对象

《商标法》第 33 条规定，对初步审定公告的商标，自公告之日起三个月内，在先权利人、利害关系人认为违反本法第 13 条第 2 款和第 3 款、第 15 条、

第 16 条第 1 款、第 30 条、第 31 条、第 32 条规定的，或者任何人认为违反本法第 4 条、第 10 条、第 11 条、第 12 条、第 19 条第 4 款规定的，可以向商标局提出异议。公告期满无异议的，予以核准注册，发给商标注册证，并予以公告。

这里以鄂尔多斯资源公司与商标评审委员会、张某兴商标权无效宣告请求行政纠纷[①]案为例。

1. 基本案情

诉争商标由张某兴于 2010 年 9 月 8 日向商标局提出注册申请，核定使用在第 18 类香肠肠衣商品上。商标专用权期限自 2012 年 2 月 28 日至 2022 年 2 月 27 日。

2013 年 7 月 12 日，鄂尔多斯资源公司针对诉争商标向商标评审委员会提出异议申请，请求商标评审委员会撤销诉争商标的注册，理由为诉争商标的注册申请违反 2001 年修正的《商标法》第 31 条与第 41 条第 2 款的规定。

商标评审程序中，鄂尔多斯资源公司向商标评审委员会提交了《著作权登记证书》、商标档案等证据，用以证明诉争商标的图形标识与其享有在先著作权的涉案作品相同，诉争商标的注册损害其在先著作权。同时，鄂尔多斯资源公司还提交了鄂尔多斯集团于 2013 年 6 月 27 日作出的《授权书》一份，用以证明其为鄂尔多斯集团的全资子公司，有权就涉案作品进行维权诉讼。

2014 年 11 月 26 日，商标评审委员会作出被诉裁定，认定：鄂尔多斯资源公司关于争议商标违反了 2001 年修正的《商标法》第 31 条规定的主张，缺乏事实依据，不予支持。商标评审委员会依照 2013 年修正的《商标法》第 45 条第 2 款和第 46 条的规定，裁定：诉争商标予以维持。

鄂尔多斯资源公司不服，提起行政诉讼。

2. 判决内容

北京知识产权法院认为，鄂尔多斯资源公司提交的《授权书》载明的其

① 北京市高级人民法院（2016）京行终 578 号行政判决书。

系鄂尔多斯集团的全资子公司以及有权就涉案作品著作权进行维权等内容，不足以证明其系涉案作品的利害关系人，故其向商标评审委员会提出争议申请不符合 2013 年修正的《商标法》第 33 条的规定。商标评审委员会作出被诉裁定程序违法。故判决撤销被诉裁定，商标评审委员会重新作出裁定。

商标评审委员会不服，向北京高院提起上诉。北京高院认为，2013 年修正的《商标法》第 33 条规定的调整对象是初步审定公告的商标，2013 年修正的《商标法》第 45 条规定的调整对象是已经注册的商标。诉争商标是已经注册的商标，故本案应当适用 2013 年修正的《商标法》第 45 条规定。原审判决适用 2013 年修正的《商标法》第 33 条规定确有错误，应予纠正。现有证据不足以证明鄂尔多斯资源公司是本案在先权利人或利害关系人，鄂尔多斯资源公司无权请求商标评审委员会宣告诉争商标无效。根据《商标法实施条例》并参照《商标评审规则》的相关规定，在此情形下，商标评审委员会应当驳回商标评审申请，并书面通知申请人。因此，原审判决认定商标评审委员会作出被诉裁定程序违法并判决撤销被诉裁定结论正确，应予支持。被诉裁定撤销后，商标评审委员会应当根据《商标法实施条例》并参照《商标评审规则》的相关规定重新作出具体行政行为。故判决驳回上诉，维持原判。

3. 案件评析

2013 年修正的《商标法》第 33 条异议申请程序相比于 2001 年修正的《商标法》第 30 条，在异议申请主体范围上进行了修改，2019 年修正的《商标法》第 33 条则是将 2001 年修正的《商标法》第 4 条、第 19 条第 4 款纳入到了异议理由之内。2001 年修正的《商标法》第 30 条规定为“对初步审定的商标，自公告之日起三个月内，任何人均可以提出异议”，而在 2019 年修正的《商标法》第 33 条规定中将异议申请主体进行了区分，即基于相对理由，例如《商标法》第 13 条第 2 款和第 3 款、第 15 条、第 16 条第 1 款、第 30 条、第 31 条、第 32 条规定的，限定为在先权利人或者利害关系人，因为上述条款系针对私权的保护，采取“不告不理”的制度，他人无权越俎代庖，代为行使；而诉争商标若构成《商标法》第 4 条、第 10 条、第 11 条、第 12 条、第 19 条第 4 款规定时，因上述条款为商标禁止使用或者禁止注册的绝对事由，故异议申请的主体为任何人。

同时商标异议申请与无效宣告申请二者的差异在于审查对象的不同，商标异议申请系基于经过初步审定的商标，在公告之日起三个月内所提出不应当予以核准注册的事由；而无效宣告申请系针对已经注册的商标，因此二者存在审查对象上的差异。

商标异议申请制度设立的价值在于，就商标局经过审查予以初步审定的商标，通过公告的方式向社会公众予以公布，提高商标授权的质量，以及减少后续因授权后需通过确权程序再行解决的不当损失，既给予了在先权利人尽早维护自身合法权益的程序机会，同时也确保诉争商标申请人在核准注册后，不会因为商标不稳定导致其投入成本的损失。若在诉争商标初步审定公告之日起三个月内，无人提出异议的，则予以核准注册，颁发商标注册证。在此应当注意的是，商标异议程序的届满日期是以初审公告日的次日开始起算，而并非以初审公告当日进行计算。

上述案例中，一审法院由于对 2013 年修正的《商标法》第 33 条与第 45 条审查对象的错误认知，在涉案诉争商标已经为获准注册的情况下，仍适用异议条款予以审查，显然存在适用法律的错误，二审法院对此予以纠正是正确的。关于鄂尔多斯资源公司主张的在先著作权能否成立，则应当根据在案证据予以审查，对此问题商标评审委员会及一、二审法院认定是相同的。

（二）商标授权的基本流程

商标授权的过程按照商标法的规定，一般可以分为申请（即商标局对于申请商标进行初步审查），若初步审查通过，则进行公告，在公告期内异议申请主体可以针对诉争商标提出异议，若无人提出异议，则核准注册该商标。然而，若商标局驳回了申请商标的注册申请，此时该商标申请主体可以通过向商标评审委员会申请复审，商标申请主体若不服商标评审委员会经审查作出的驳回复审决定，可以通过提起行政诉讼的方式另行救济。

然而，若诉争商标在异议期内被申请异议的，商标局作出准予注册决定的情况下，属于直接生效，行政相对人不能再行提出异议复审；但是商标局在作出不予注册决定的情况下，诉争商标申请人则有权向商标评审委员会申请复审。同样，商标评审委员会若复审决定准予注册的，此时亦直接生效；反之商标评审委员会若复审决定不予注册的，则诉争商标申请人仍可以向法院提起行政诉讼。

例如在北京鸭王与商标评审委员会、上海鸭王商标异议复审行政纠纷案中[①]，最高法院在对被异议商标“鸭王”是否构成“不正当手段抢先注册”时，就将“北京鸭王曾于 2000 年 12 月 21 日向商标局提出在第 42 类餐厅等服务上的‘鸭王’商标注册申请，2001 年 7 月 30 日商标局以‘直接表示了服务的内容及特点’为由，予以驳回，北京鸭王未申请复审。之后上海全聚德申请本案被异议商标，同样被驳回。但上海全聚德申请商标评审委员会复审，并提交了其使用被异议商标的证据而获得初审公告。北京鸭王未获得注册商标有在先不同行政程序的原因，亦印证了上海全聚德申请注册被异议商标并非以不正当手段抢先注册”，以此作为排除“不正当手段”的理由之一。

因此，商标申请主体应当注重《商标法》所规定的各项权利救济程序，若轻易放弃相关后续程序，可能会给自身的合法权益带来不利的影响。

四、复审程序

（一）商标申请驳回复审程序

《商标法》第 34 条规定，对驳回申请、不予公告的商标，商标局应当书面通知商标注册申请人。商标注册申请人不服的，可以自收到通知之日起 15 日内向商标评审委员会申请复审。商标评审委员会应当自收到申请之日起九个月内做出决定，并书面通知申请人。有特殊情况需要延长的，经国务院工商行政管理部门批准，可以延长三个月。当事人对商标评审委员会的决定不服的，可以自收到通知之日起 30 日内向人民法院起诉。

---

① 最高人民法院（2012）知行字第 9 号行政裁定书。

这里以大高粱公司与商标评审委员会商标申请驳回复审行政纠纷[①]案为例。

1. 基本案情

2004年3月25日，刘某源向商标局申请注册“大高粱”商标（以下简称申请商标），指定使用在第33类烧酒、白酒等商品上。

2005年8月23日，商标局作出《商标驳回通知书》，决定驳回申请商标的注册申请。

刘某源不服，于2005年9月5日向商标评审委员会申请复审。在商标评审程序中，申请商标经商标局核准转让给大高粱公司。

刘某源于2005年9月5日申请复审时，并未提供关于证明申请商标经使用获得显著性的证据，且在其提交的《驳回商标注册申请复审申请书（首页）》中的“是否需要提交补充证据材料”一栏中勾选了“否”选项。但大高粱公司于2009年11月11日向商标评审委员会递交了一系列补充证据材料，即大高粱公司诉讼中所主张足以证明申请商标已经通过使用取得了显著特征的证据。

2009年11月9日，商标评审委员会作出被诉决定，认定申请商标属于《商标法》第11条第1款第2项规定的不得作为商标注册的标志，决定申请商标予以驳回。

大高粱公司不服，向法院提起行政诉讼。

2. 判决内容

北京一中院认为，申请商标原申请人刘某源和大高粱公司均未在规定期限内提供补充证据材料，且刘某源在其于2005年9月5日提交的《驳回商标注册申请复审申请书（首页）》中的“是否需要提交补充证据材料”一栏中勾选了“否”选项。本案中大高粱公司所主张的证明申请商标通过使用获得显著性的补充证据的提交时间大大晚于《商标评审规则》第20条所规定的期限，其并非被诉决定作出的依据，对上述证据的证明力不作评述。刘某源及大高

① 最高人民法院（2011）知行字第84号行政判决书。

梁公司在商标评审程序中未提交符合程序和期限要求的证明申请商标通过使用获得显著性的证据，商标评审委员会认定商标申请人未提供证据证明申请商标已通过使用取得了显著特征并无不当。故判决维持被诉决定。

大高梁公司不服，向北京高院提起上诉。北京高院认为，商标评审委员会及一审法院认定刘某源及大高粱公司在商标评审程序中未提交符合程序和期限要求的证明申请商标通过使用获得显著性的证据，并无不当。故判决驳回上诉，维持原判。

3. 案件评析

依据《商标法实施条例》第 21 条的规定，商标局对受理的商标注册申请，依照商标法及本条例的有关规定进行审查，对符合规定或者在部分指定商品上使用商标的注册申请符合规定的，予以初步审定，并予以公告；对不符合规定或者在部分指定商品上使用商标的注册申请不符合规定的，予以驳回或者驳回在部分指定商品上使用商标的注册申请，书面通知申请人并说明理由。

当商标局作出驳回诉争商标的申请决定后，商标注册申请人不服的，可以向商标评审委员会作出复审申请。商标评审委员会在收到申请后进行审查，审查范围除商标局驳回决定和申请人的申请复审事实、理由等外，若发现申请注册的商标有违反《商标法》第 10 条、第 11 条、第 12 条和第 16 条第 1 款规定情形的，而商标局并未将此作为决定理由的情况下，商标评审委员会可以直接援引上述条款对申请注册商标予以驳回，但是应当在作出复审决定前听取申请人的意见，给予其陈述的机会，避免审级损失而损害申请人合法权益。对此，《商标法实施条例》第 52 条就作出了明确规定，“商标评审委员会审理不服商标局驳回商标注册申请决定的复审案件，应当针对商标局的驳回决定和申请人申请复审的事实、理由、请求及评审时的事实状态进行审理。商标评审委员会审理不服商标局驳回商标注册申请决定的复审案件，发现申请注册的商标有违反商标法第十条、第十一条、第十二条和第十六条第一款规定情形，商标局并未依据上述条款作出驳回决定的，可以依据上述条款作出驳回申请的复审决定。商标评审委员会作出复审决定前应当听取申请人的意见”。

同时，参照《商标评审规则》第 23 条第 1 款的规定，当事人需要在提出评审申请或者答辩后补充有关证据材料的，应当在申请书或者答辩书中声明，并自提交申请书或者答辩书之日起三个月内一次性提交；未在申请书或者答辩书中声明或者期满未提交的，视为放弃补充证据材料。但是，在期满后生成或者当事人有其他正当理由未能在期满前提交的证据，在期满后提交的，商标评审委员会将证据交对方当事人并质证后可以采信。具体而言，若商标注册申请人不服商标局的决定，再向商标评审委员会提出复审后，可以在上述规定期限内另行补充提交证据，作为支持其复审请求的依据，但是不提交相关证据，亦不影响商标申请驳回复审案件的审理。

上述案例中，根据在案证据所载明的事实，申请商标原申请人刘某源和大高粱公司均未在规定期限内提供补充证据材料，且刘某源在其于 2005 年 9 月 5 日提交的《驳回商标注册申请复审申请书（首页）》中的“是否需要提交补充证据材料”一栏中勾选了“否”选项，虽然大高粱公司在 2009 年 11 月 11 日补充提交了申请商标通过使用获得显著性的证据，但是商标评审委员会已经根据商标申请人自述不再补充提交证据的情况，于 2009 年 11 月 9 日作出了被诉决定，故法院并未接受大高粱公司后续补充提交的证据作为评述被诉决定合法性的事实依据。

（二）商标不予注册复审程序

《商标法》第 35 条第 3 款规定，商标局做出不予注册决定，被异议人不服的，可以自收到通知之日起 15 日内向商标评审委员会申请复审。商标评审委员会应当自收到申请之日起 12 个月内做出复审决定，并书面通知异议人和被异议人。有特殊情况需要延长的，经国务院工商行政管理部门批准，可以延长六个月。被异议人对商标评审委员会的决定不服的，可以自收到通知之日起30日内向人民法院起诉。人民法院应当通知异议人作为第三人参加诉讼。

这里以附近网络公司与商标局、商标评审委员会其他商标行政纠纷[①]案为例。

---

① 北京市高级人民法院（2017）京行终 1648 号行政判决书。

1. 基本案情

诉争商标由中佳公司于2012年2月16日向商标局申请注册，指定使用在第35类广告等服务上。2013年1月6日，诉争商标予以初步审定并公告。2013年4月3日元发公司、东沃公司分别对诉争商标提出商标异议申请。

2015年7月9日，商标局作出不予注册决定，认为：元发公司引证他人在先注册的第4322204号“福晋”商标在文字构成、含义、整体外观等方面具有一定区别，因而未构成近似商标。东沃公司提出的证据不足以证明其已先于“广告”等类似服务上实际使用“附近”商标并使之具有一定影响，且诉争商标文字为普通印刷字体，不构成著作权法意义上的作品。但是，本案中佳公司为商标代理机构，其将诉争商标申请注册在非代理服务上，违反了《商标法》第19条的相关规定。此外，“附近”一词用于指定服务上仅表示了所提供服务的地域范围，不具备区分服务来源的特征，违反了《商标法》第11条的规定。商标局决定：诉争商标不予注册。

商标局于2015年7月20日向中佳公司邮寄送达不予注册决定，邮寄地址为商标注册申请时的登记地址安徽省合肥市金寨路×××号新鸿安大厦五楼。2015年7月30日邮件被退回至商标局。2015年8月20日，商标局在第1468期《送达公告》上刊登了不予注册决定。2015年8月25日，一位名叫曾某平的人持有中佳公司的《介绍信》到商标局现场领取了不予注册决定。

2015年9月15日，中佳公司向商标评审委员会申请复审。2016年1月8日，商标评审委员会作出不予受理通知书，认定中佳公司申请时间超出法定期限，依照《商标法》第35条第3款的规定、《商标法实施条例》第57条第2款的规定，对其评审申请不予受理。

附近网络公司不服，向法院提起行政诉讼。

另查，2015年10月20日，中佳公司经核准变更企业名称为附近网络公司。

一审庭审时，附近网络公司对曾某平接受其委托于2015年8月25日已经领取到不予注册决定的事实不持异议。

二审诉讼中，附近网络公司认可商标局作出不予注册决定时中佳公司为在商标局备案的商标代理机构。

2. 判决内容

北京知识产权法院认为，附近网络公司向商标评审委员会提出复审是向法院起诉的前置程序，而其以商标局和商标评审委员会为被告，针对商标局的不予注册决定涉及的审查适用法律问题提起诉讼，鉴于法律对商标授权确权行政案件的审查程序有明确的规定，因此，对附近网络公司的该项起诉事由不进行审查。与此同时，附近网络公司在起诉状中对商标局的送达程序提出了异议。此时，审查商标局送达程序是否合法，是否因商标局的送达有误造成当事人未在法定的期限内提出复审请求，进而导致商标评审委员会作出不予受理通知书存在错误，这是本案作为其他商标行政案件应该进行司法审查的范围。附近网络公司在公告期内实际签收了不予注册决定，其应当知晓诉争商标的审查状态，决定书中也写明如果对商标局的决定不服，附近网络公司可在收到决定书之日起 15 日内向商标评审委员会申请复审。但附近网络公司未按规定时间提出复审申请，表明其放弃了自己的复审请求权，其应自行承担相应的法律后果。因此，商标局的送达程序并未耽误附近网络公司的复审申请时间，商标评审委员会在商标局送达程序无误的情况下，依据法定复审期限的规定作出不予受理通知书是正确的。故判决驳回附近网络公司的诉讼请求。

附近网络公司不服，向北京高院提起上诉。北京高院认为，附近网络公司在收到不予注册决定后，选择了向商标评审委员会申请复审，但却超过法定期限，商标评审委员会不予受理其复审申请。由于附近网络公司自身原因导致不能启动不予注册复审程序，在商标评审委员会未对商标局的不予注册决定内容进行审查作出相应复审决定的情况下，人民法院无权对商标局作出不予注册决定是否程序违法、是否适用法律错误等问题进行司法审查。原审法院对此认定正确，亦不存在漏审附近网络公司起诉理由情形。附近网络公司的相关上诉理由不能成立。故判决驳回上诉，维持原判。

3. 案件评析

2013 年修正的《商标法》第 35 条对于异议复审申请的情形较 2001 年修正的《商标法》第 33 条进行了限缩规定，仅限于商标局作出不予注册决定的情况下，被异议人（被异议商标申请人）可以自收到商标局的决定后 15 日内向商标评审委员会申请复审。2019 年修正的《商标法》该条款未作修改。

同时，《商标法实施条例》第 53 条亦对商标评审委员会针对商标不予注册复审的审查范围作出了明确规定，商标评审委员会审理不服商标局不予注册决定的复审案件，应当针对商标局的不予注册决定和申请人申请复审的事实、理由、请求及原异议人提出的意见进行审理。商标评审委员会审理不服商标局不予注册决定的复审案件，应当通知原异议人参加并提出意见。原异议人的意见对案件审理结果有实质影响的，可以作为评审的依据；原异议人不参加或者不提出意见的，不影响案件的审理。基于上述法规的规定，为了提高商标注册申请的审查效率与缩短授权周期，应当对商标异议不予注册复审的情形进行限缩，对审查范围也仅限于商标局不予核准注册决定和被异议商标申请人所提出的事实、理由和请求为限，只有原异议申请人所陈述的意见对案件审理结果存在实质性影响的，方某予以接受。

而且，根据《商标法实施条例》第 10 条的规定，商标局或者商标评审委员会向行政相对人送达各种文件的，可以邮寄、数据电文等方式，在上述方式均无法送达的，可以通过公告方式送达。然而，在此应当注意的是，《商标法》第 35 条第 3 款所规定的“十五日”申请复审的期限，是自行政相对人收到商标局作出不予注册决定的第二日进行起算，而并非当日起算。

因此，关于商标不予注册复审程序应当严格把握提起期限以及复审审查范围的规定，从而准确行使《商标法》所赋予的程序权利。

上述案例中，根据所载明的事实，商标局于 2015 年 7 月 20 日向中佳公司邮寄送达不予注册决定，同年 7 月 30 日邮件被退回至商标局。2015 年 8 月 20 日，商标局在第 1468 期《送达公告》上刊登了不予注册决定。2015 年 8 月 25 日，一位名叫曾某平的人持有中佳公司的《介绍信》到商标局现场领取了不予注册决定，则被异议人收到商标局不予注册决定的日期应当从 2015 年 8 月

25日起算。2015年9月15日，中佳公司才向商标评审委员会申请复审，显然已经超过了《商标法》所规定的提出异议不予注册复审的法定期限，故商标评审委员会不予受理是正确的。在商标评审委员会不予受理并无不当的情形下，法院仅应当对该不予受理通知作出的合法性进行审查，而不能审查商标局作出不予注册决定的实体内容。

（三）商标权无效宣告复审程序

《商标法》第44条第2款规定，商标局做出宣告注册商标无效的决定，应当书面通知当事人。当事人对商标局的决定不服的，可以自收到通知之日起15日内向商标评审委员会申请复审。商标评审委员会应当自收到申请之日起九个月内做出决定，并书面通知当事人。有特殊情况需要延长的，经国务院工商行政管理部门批准，可以延长三个月。当事人对商标评审委员会的决定不服的，可以自收到通知之日起30日内向人民法院起诉。

根据上述法律的规定，若注册商标违反了《商标法》关于商标注册的相关规定，既可以由商标局主动依法宣告该注册商标无效，亦可以由当事人依申请向商标评审委员会申请无效宣告。然而，应当注意的是，商标局主动依法宣告注册商标无效的，更多体现为其对于商标注册秩序、市场经济环境的管理性职责，故仅限于对社会公共秩序和公共利益产生损害的情形，而针对注册商标侵害私权的情形，则不属于商标局主动予以宣告注册的范畴。具体而言，《商标法》第44条第1款规定，已经注册的商标，违反本法第4条、第10条、第11条、第12条、第19条第4款规定的，或者是以欺骗手段或者其他不正当手段取得注册的，由商标局宣告该注册商标无效；其他单位或者个人可以请求商标评审委员会宣告该注册商标无效。基于上述法律规范，严格划定了商标局予以宣告无效的具体适用情形。

同时，2013年修正的《商标法》第44条第2款明确了商标局主动宣告注册商标无效后，行政相对人后续的救济程序，即可以通过向商标评审委员会申请复审，并且最终提起行政诉讼的方式予以救济。相较于2001年《商标法》第41条并无相关规定，此次修法从程序设计表述上更加严谨，也与申请复审、异议不予注册复审等程序相互保持一致，给予行政相对人最大限度的程序救济权利的保障。2019年修正的《商标法》第44条第2款相较于2013年修正的《商标法》该条款并无变化。

（四）商标权撤销复审程序

《商标法》第54条规定，对商标局撤销或者不予撤销注册商标的决定，当事人不服的，可以自收到通知之日起15日内向商标评审委员会申请复审。商标评审委员会应当自收到申请之日起九个月内做出决定，并书面通知当事人。有特殊情况需要延长的，经国务院工商行政管理部门批准，可以延长三个月。当事人对商标评审委员会的决定不服的，可以自收到通知之日起30日内向人民法院起诉。

这里以雅客公司与商标评审委员会商标申请驳回复审行政纠纷[①]案为例。

1. 基本案情

申请商标由雅客公司于2012年11月12日向商标局申请注册，指定使用在第32类“啤酒、果汁、汽水”等商品上。

引证商标的申请日期为2004年5月31日，经商标局核准注册，核定使用在第32类水（饮料）等商品上。

2013年10月11日，商标局作出商标驳回通知书，决定：驳回申请商标的注册申请。雅客公司不服，向商标评审委员会申请复审，请求核准申请商标的注册申请。

2014年3月24日，商标评审委员会作出被诉决定，认定：申请商标与引证商标构成使用在同一种或类似商品上的近似商标，同时至本案审理时，引证商标仍为有效商标，故决定：申请商标在指定使用的商品上的注册申请予以驳回。

雅客公司不服，向法院提起行政诉讼。

二审期间，雅客公司提交了商标局作出的商标撤三字〔2014〕第W000996

---

① 最高人民法院（2015）知行字第34号行政裁定书。

号决定，证明引证商标因三年未使用被撤销。鉴于引证商标被撤销，其已不构成雅客公司申请“上水”商标注册的障碍。

2. 判决内容

北京一中院认为，申请商标的注册申请构成2001年修正的《商标法》第28条规定所指的使用在同一种或者类似商品上的近似商标。而引证商标目前处于有效状态，其仍然是申请商标注册的在先权利障碍。故判决维持被诉决定。

雅客公司不服，向北京高院提起上诉。北京高院认为，由于引证商标目前处于有效状态，仍然是申请商标申请注册的权利障碍，故雅客公司主张引证商标权利状态不稳定，不能阻碍申请商标获准注册的上诉主张，缺乏法律和事实依据。故判决驳回上诉，维持原判。

雅客公司不服，向最高法院提起再审申请。最高法院认为，根据查明的事实，引证商标在二审判决之前未被依法撤销，二审法院据此认定引证商标“金上水”尚处于有效状态，并根据2001年修正的《商标法》第28条之规定，以申请商标“上水”与引证商标构成近似，若同时使用在相同或类似商品上，易使相关公众对商品来源产生混淆误认为由，维持一审判决及商标评审委员会的决定，驳回雅客公司的商标注册申请并无不当。故裁定驳回再审申请。

3. 案件评析

我国采取在先申请商标注册制度，为激活商标在生产经营活动中的真正功效，发挥其识别商品或者服务来源的基本功能，故采取商标注册制的国家或者地区，通常均会规定商标注册权利人的使用义务。我国《商标法》第49条也规定了注册商标没有正当理由连续三年不使用的，任何主体均可向商标局申请撤销该注册商标。

商标局经审查后，决定是否维持该注册商标有效。行政相对人在商标局作出决定后，可以在收到决定后15日内向商标评审委员会申请复审。同时，在法定期限届满后，行政相对人对商标局作出的撤销注册商标决定不申请复审的，则撤销注册商标的决定予以生效。当商标局所作出的决定为撤销该注册商标的，则应当根据生效决定予以公告，该注册商标专用权自公告之日起终止。

上述案例中，虽然雅客公司提交了引证商标基于连续三年不使用被商标局予以撤销的决定，但是该决定在二审诉讼期间并未生效，且商标局亦未据此作出公告，引证商标权利人仍然存在提起后续复审的权利，在引证商标仍为有效的状态下，二审法院据此认定其仍然构成申请商标的在先权利障碍并无不当。

（五）商标续展及转让复审程序

《商标法》第 40 条规定，注册商标有效期满，需要继续使用的，商标注册人应当在期满前 12 个月内按照规定办理续展手续；在此期间未能办理的，可以给予 6 个月的宽展期。每次续展注册的有效期为 10 年，自该商标上一届有效期满次日起计算。期满未办理续展手续的，注销其注册商标。

商标局应当对续展注册的商标予以公告。

《商标法》第 42 条规定，转让注册商标的，转让人和受让人应当签订转让协议，并共同向商标局提出申请。受让人应当保证使用该注册商标的商品质量。转让注册商标的，商标注册人对其在同一种商品上注册的近似的商标，或者在类似商品上注册的相同或者近似的商标，应当一并转让。对容易导致混淆或者有其他不良影响的转让，商标局不予核准，书面通知申请人并说明理由。转让注册商标经核准后，予以公告。受让人自公告之日起享有商标专用权。这里以陈某与商标局、国家工商行政管理总局其他商标行政纠纷[①]案为例。

1. 基本案情

第 1732839 号“千禧娃及图”商标（以下简称争议商标）于 2001 年 12 月 21 日由东海县牛山镇千禧娃床垫厂申请注册，专用权期限至 2012 年 3 月 20 日。东海县牛山镇千禧娃床垫厂系个体工商户，经营者为程某荣。2005 年 3 月，陈某作为原告向江苏省连云港市中级人民法院对被告程某荣、刘某中提

---

① 北京市高级人民法院（2018）京行终 2556 号行政判决书。

起诉讼，要求确认争议商标归原、被告共同所有。后江苏省连云港市中级人民法院于2005年9月26日作出（2005）连知初字第6号民事判决，判决争议商标由陈某、刘某中共有。2013年1月13日，商标局作出《核准商标转让证明》，核准争议商标转让，受让人为陈某、刘某中，受让人地址：江苏省连云港市东海县牛山镇钢铁路64-×号。该证明注3记载：本证明受让人为多个时，第一人为代表人，受让人地址为代表人地址。

2012年4月11日，商标局收到陈某提交的争议商标续展注册申请。

2013年2月19日，商标局发出第一次补正通知书，内容为："经审查，商标共有人未在续展申请书上签字，也未附有效身份证件（复印件）。对于此续展申请，如确认要续展的，应在本补正通知书后附代表人和共有人的续展申请书和代理委托书，并附有效身份证件（复印件）。请在收到本通知书之日起三十天内（不含往返邮程），按上述要求补正。未在规定期限内补正的，我局将对上述续展申请不予核准。对我局补正要求有不同意见的，请在本通知书背面予以说明，并将本通知书原件交回我局。"后商标局于2013年6月20日对该补正通知书进行了公告。

2013年11月11日、2014年4月24日和2015年5月22日，商标局分别发出了第二次、第三次、第四次补正通知书，并均予以公告。

2016年1月13日，商标局收到补正回文，内容为："第1732839号商标共有人陈某、刘某中，因陈某办理商标续展时提供材料不齐全，未向共有人刘某中说清楚，导致商标多次补正，现补齐续展材料"，并附有刘某中的续展申请及身份证复印件。

2016年4月6日，商标局发出《商标续展注册证明》（以下简称续展证明），内容为："兹核准第1732839号商标第20类续展注册。续展注册有效期至2022年03月20日。"

陈某不服商标局作出的续展证明，向国家工商行政管理总局（以下简称工商总局）申请复议。

2016年7月18日，工商总局作出工商复字〔2016〕363号《国家工商行政管理总局行政复议决定书》（以下简称复议决定），该决定认定：商标局对争议商标的续展申请尽到了形式审查义务，先后四次向陈某发出补正通知，在陈某补正了共有人刘某中续展申请材料的情况下，对争议商标作出核准续展证明符合《商标法》第40条的规定。故决定：维持商标局所作出的具体行政行为。

陈某不服复议决定，向法院提起诉讼。

2. 判决内容

北京知识产权法院认为，陈某作为争议商标的共有人之一，在争议商标原有效期满后的宽展期内向商标局提交了商标续展注册申请书，商标局对相应材料进行审查并要求补充提交商标共有人的续展申请书等材料并无不当，符合对续展注册商标申请材料进行完备性审查的标准。考虑到本案中商标局在第一次补正通知书公告送达后的规定期限内未收到共有人的补正材料后，仍三次就争议商标的续展注册发出补正通知书，此行为实质上已对申请人的利益给予了极高程度的保障。且结合陈某提交的在案证据及当庭陈述，其并无放弃争议商标专有权的意思表示。综合以上考虑，商标局发出四次补正通知书的行为未违反法律规定，无明显不当。故判决驳回陈某的诉讼请求。

陈某不服，向北京高院提起上诉。北京高院认为，争议商标系由陈某、刘某中共同所有，争议商标原专用权期限至2012年3月20日。商标局于2012年4月11日收到陈某提交的争议商标续展注册申请，该日期介于《商标法》第40条第1款规定的争议商标届满后可予办理续展手续的六个月宽展期之内，商标局在收到续展申请后对争议商标是否应予续展启动审查程序并无不当。在陈某并未提交商标共有人即刘某中的签字及有效身份证明的情况下，其续展申请手续尚未齐备，商标局发出补正通知书要求补充提交相关申请材料，符合商标局对续展注册商标申请材料进行完备性审查的标准。行政复议的审查对象是被诉具体行政行为的合法性与合理性，陈某有关争议商标应由其单独所有的主张与本案被诉具体行政行为无直接关联，部分商标共有人提交商标续展申请亦不能导致商标共有状态的变更，陈某有关刘某中以自己的行为放弃了对争议商标的续展申请、刘某中对争议商标不应再享有商标权的上诉理由不能成立。故判决驳回上诉，维持原判。

3. 案件评析

根据《商标法》第 40 条以及第 42 条的规定，我国商标续展以及转让采取核准制而非备案制，虽然商标法从程序条款设置上并未规定行政相对人若不服商标局关于续展或者转让作出行政行为的后续救济方式，但是从商标续展或者转让仍为行政行为范畴的视角，在《商标法》作为特别法并未进行规定的情况下，可以适用《行政诉讼法》以及《行政复议法》的相关规定即一般法予以适用。

商标权予以续展应当在《商标法》第 40 条所规定的期限内办理续展手续，向商标局提交商标续展注册申请书，并且确保该申请系商标权人真实意思表示，不得通过伪造、编造、篡改等方式进行续展。若对商标局是否予以续展的行政行为不服时，可以向国家工商行政管理总局申请复议或直接向人民法院提起行政诉讼。

同时，根据 TRIPS 协议的规定，虽然商标权具有私权的属性，但是《商标法》第 1 条亦将保障消费者利益作为立法宗旨，故在商标转让过程中，出于防止因转让注册商标导致消费者对商品来源产生混淆误认或者损害公共利益的情形，故《商标法》作出了限制注册商标转让的两种例外情形，即一种为要求商标注册人对其在同一种商品上注册的近似的商标，或者在类似商品上注册的相同或者近似的商标，应当一并予以转让；第二种为对容易导致产生其他不良影响的转让，商标局不予核准。对此，《商标法实施条例》第 32 条第 2 款规定，注册商标专用权移转的，注册商标专用权人在同一种或者类似商品上注册的相同或者近似的商标，应当一并移转；未一并移转的，由商标局通知其限期改正；期满未改正的，视为放弃该移转注册商标的申请，商标局应当书面通知申请人。

《商标法实施条例》第 33 条规定，注册商标需要续展注册的，应当向商标局提交商标续展注册申请书。商标局核准商标注册续展申请的，发给相应证明并予以公告。该条例第 18 条第 2 款、第 3 款规定，商标注册申请手续齐备、按照规定填写申请文件并缴纳费用的，商标局予以受理并书面通知申请人；申请手续不齐备、未按照规定填写申请文件或者未缴纳费用的，商标局不予受理，书面通知申请人并说明理由。申请手续基本齐备或者申请文件基本符合规定，但是需要补正的，商标局通知申请人予以补正，限其自收到通知之日起 30 日内，按照指定内容补正并交回商标局。在规定期限内补正并交回商标局的，保留申请日期；期满未补正的或者不按照要求进行补正的，商标局不予受理并书面通知申请人。本条第 2 款关于受理条件的规定适用于办理其他商标事宜。

本案中，争议商标系由陈某、刘某中共同所有，争议商标原专用权期限至 2012 年 3 月 20 日。商标局于 2012 年 4 月 11 日收到陈某提交的争议商标续展注册申请，该日期介于《商标法》第 41 条第 1 款规定的争议商标届满后可予办理续展手续的六个月宽展期之内，商标局在收到续展申请后对争议商标是否应予续展启动审查程序并无不当。在陈某并未提交商标共有人即刘某中的签字及有效身份证明的情况下，其续展申请手续尚未齐备，商标局发出补正通知书要求补充提交相关申请材料，符合商标局对续展注册商标申请材料进行完备性审查的标准。虽然《商标法实施条例》第 18 条第 2 款规定期满未补正的或者不按照要求进行补正的，商标局不予受理并书面通知申请人，但是在商标共有的情况下，若仅因部分共有人未按时提交商标续展申请材料而对该续展申请不予受理，则将使其他已提交续展申请的商标共有人一同丧失商标专有权。商标共有制度的初衷在于使复数的权利人共同享有商标权，便利商标权利的行使。对于商标续展这类纯获益行为，更应从便利权利人的角度理解和适用法律。商标局作出的《核准商标转让证明》中亦载明，“受让人为多个时，第一人为代表人”。因此，商标共有人中的代表人提出商标续展申请，应当视为全部的商标共有人提出了商标续展申请。商标局审核商标续展申请，要求续展申请人提交全部商标共有人的主体证件等申请文件，是其作出核准续展决定的前提条件，亦属合理。若续展申请人未按要求提交上述文件，商标局书面通知其补正，符合法律规定。在现行商标法及相关法律法规并未限制商标局告知申请人补正次数的情况下，商标局就争议商标的续展手续补正事宜发出四次补正通知书，是对争议商标注册人实体权利的高度保障，并未对其程序利益和实体权利造成不利影响。

因此，商标局针对争议商标发出四次补正通知书的行为并无不当。同时，工商总局已经针对商标局作出的涉案行政行为合法性进行复议审查，且审查范围并无不当，应予确认。故本案的裁判结论是正确的。

（六）商标异议不予注册复审中止情形的认定

《商标法》第35条第4款规定，商标评审委员会在依照前款规定进行复审的过程中，所涉及的在先权利的确定必须以人民法院正在审理或者行政机关正在处理的另一案件的结果为依据的，可以中止审查。中止原因消除后，应当恢复审查程序。

这里以傅某南与商标评审委员会商标申请驳回复审行政纠纷[①]案为例。

1. 基本案情

傅某南于2015年9月6日申请注册“菲凡”商标（以下简称申请商标），指定使用在第30类蜂蜜等商品上。索琅菲尔公司于2007年3月7日申请注册“菲凡100及图”商标（以下简称引证商标），经核准注册在第30类非医用营养膏等商品上，专用权期限至2019年12月6日。

2017年4月5日，商标评审委员会作出被诉决定，认定申请商标与引证商标构成使用在同一种或类似商品上的近似商标，决定申请商标予以驳回。

傅某南不服，向法院提起行政诉讼。

2016年6月12日，商标局作出商标撤三字〔2016〕第W004928号《关于第5932829号第30类“菲凡；100”注册商标连续三年不使用撤销申请的决定》，决定撤销引证商标在“蜂蜜；冰糖燕窝；秋梨膏；燕窝梨膏；桂圆膏；荔枝膏；非医用营养液；非医用营养胶囊”部分核定使用商品上的注册。

在一审庭审中，傅某南还主张其于2017年5月15日向商标局针对引证商标在“非医用营养膏；非医用营养粉”商品提出连续三年不使用撤销申请。同时表示本案应当中止审理。

---

① 北京市高级人民法院（2017）京行终4925号行政判决书。

2. 判决内容

北京知识产权法院认为，引证商标截至被诉决定作出之日仍为有效注册的商标，故商标评审委员会以申请商标与引证商标构成使用在相同或者类似商品上的近似商标为由认定申请商标违反《商标法》第30条的规定符合法律规定。傅某南针对引证商标提出的连续三年不使用的撤销申请并非《行政诉讼法》及相关司法解释中相关条款规定的应予中止审理的法定情形。因此，傅某南关于本案应当中止审理的请求不能成立，不予支持。故判决驳回傅某南的诉讼请求。

傅某南不服，向北京高院提起上诉。北京高院认为，根据本案现有证据，引证商标现仍为在核定使用的“非医用营养膏；非医用营养粉”商品上有效且在申请商标申请日前核准注册的商标，可以作为申请商标核准注册的在先权利障碍。傅某南虽主张其对引证商标提出了连续三年不使用撤销的申请，但《商标法》《行政诉讼法》及相关司法解释对在商标授权案件中涉及人民法院或者行政机关正在审理、处理的另一案件的结果为确定在先权利法律状态的案件并未规定必须中止诉讼，根据本案具体情况，且考虑傅某南于2017年5月15日才对引证商标提出连续三年不使用撤销申请，一审法院对傅某南关于本案中止诉讼的请求不予支持并无不当。故判决驳回上诉，维持原判。

3. 案件评析

《商标法》第35条第4款所规定的商标评审委员会在不予注册复审中应当中止的情形，主要是考虑异议申请人以诉争商标的注册申请侵犯其著作权、外观设计、企业字号权益等提出相关理由，但是涉案的在先权利可能基于权利有效性、权利归属等情形需要其他案件予以确定，此时为了充分保障诉争商标申请人的合法权益，确保其申请日期的优先性，商标评审委员会可以结合具体情况中止具体程序。根据上述法律的立法精神，在判断商标评审委员会是否应当中止不予注册复审程序时，需要符合以下要件：（1）在先权利的效力状态、权利归属等对诉争商标注册应否予以注册会产生实质性影响；（2）涉及在先权利确定的案件正在人民法院审理中或者行政机关处理中，并且相关案件直接对在先权利效力状态或者权利归属等会产生影响；（3）商标评审委员会不中止本案将导致诉争商标申请人权利无法得到救济。

同时，根据《最高人民法院关于适用〈中华人民共和国行政诉讼法〉的解释》第 87 条第 1 款第 6 项的规定，在行政诉讼中，人民法院认为行政案件的审判须以相关民事、刑事或者其他行政案件的审理结果为依据，而相关案件尚未审结的，可以中止诉讼。人民法院在审理商标授权确权行政纠纷中，若在先引证商标效力确实不稳定，且已经进入诉讼程序的，此时可以裁定中止案件诉讼程序的审理。

上述案例中，傅某南于 2017 年 5 月 15 日才对引证商标提出连续三年不使用撤销申请，而商标评审委员会作出被诉决定的时间为 2017 年 4 月 5 日，且在二审判决作出之时，傅某南并未提交证据证明涉案引证商标已经处于无效状态，或者效力状态确实存在不稳定性并已进入诉讼程序，故一、二审法院未予中止本案审理并无不当。

五、司法审查

（一）商标申请驳回复审司法审查程序

《商标法》第 34 条规定，当事人对商标评审委员会的决定不服的，可以自收到通知之日起 30 日内向人民法院起诉。

这里以美国机械工程师协会与商标评审委员会商标申请驳回复审行政纠纷[①]案为例。

1. 基本案情

第 9636606 号“NA 及图”商标（以下简称申请商标）为证明商标，由美国机械工程师协会（以下简称机械工程师协会）于 2011 年 6 月 24 日提出注册申请，指定使用服务为第 37 类核设施部件、附件、管道组件等设施的安装服务。

① 北京市高级人民法院（2016）京行终 141 号行政判决书。

机械工程师协会向商标局提交的《证明商标使用管理规则》第1条、第2条及附件中，除记载“NA及图”商标外，还包括“UV、UM、NPT、N、H、A、S、PP设计图”商标。

经审查，商标局于2014年4月9日发出商标驳回通知书，以“商标管理规则不符合证明商标的使用管理规定”为由驳回其注册申请。

机械工程师协会不服，向商标评审委员会提出复审申请。

2015年1月27日，商标评审委员会作出商评字〔2015〕第12810号《关于第9636606号“NA及图”商标驳回复审决定书》（以下简称被诉决定）。该决定认为：证明商标系指对某种商品或服务具有监督能力的组织所控制，而由该组织以外的单位或者个人使用于其商品或者服务，用以证明该商品或者服务的原产地、原料、制造方法、质量或者其他特定品质的标志。对证明商标需审查其主体资格、证明商标使用管理规则等内容，本案中，机械工程师协会提供的商标管理规则不符合证明商标的使用管理规定，故其不得作为证明商标注册使用。综上，依照《商标法》第3条、第30条和第34条的规定，决定：申请商标在复审服务上的注册申请予以驳回。

机械工程师协会不服，向法院提起行政诉讼。

二审期间，机械工程师协会补充提交了第9636603号“NA及图”证明商标初审公告复印件一份，用以证明与本案申请商标类似的证明商标已经获得初步审定，商标评审委员会的上诉理由不能成立。

2. 判决内容

北京知识产权法院认为，被诉决定仅认定“机械工程师协会提供的商标管理规则不符合证明商标的使用管理规定”，但至于该管理规则中的哪一条款不符合证明商标的使用管理规定、为何不符合证明商标的使用管理规定，被诉决定均未明确，导致当事人无所适从，无法在后续程序对相关商标管理规则进行修改、完善。商标评审委员会的行为有违行政公开的基本要求，也与《商标评审规则》第34条的规定不符。同时，商标评审委员会在申请商标驳回复审审查的过程中，并没有告知机械工程师协会提交的管理规则不符合《集体商标、证明商标注册和管理办法》的具体理由，也没有给予机械工程师协会对其管理规则进行修改、补正的机会，而径行作出驳回申请商标注册申请的被诉决定，有违行政公开的基本要求。故判决撤销被诉决定，商标评审委员会重新作出决定。

商标评审委员会不服，向北京高院提起上诉。北京高院认为，原审判决有关商标评审委员会没有给予机械工程师协会对其管理规则进行修改、补正的机会，径行作出驳回申请商标注册申请的被诉决定因而有违行政公开基本要求的相关认定，缺乏法律依据。原审判决有关被诉决定违反《行政诉讼法》第 70 条第 3 项规定的法律适用错误，应予纠正。同时，商标评审委员会应当在被诉决定明确载明申请商标的注册申请违反法律、法规或者相关规定的具体内容。但综观被诉决定的全部内容，商标评审委员会虽然在被诉决定中指出“机械工程师协会提供的商标管理规则不符合证明商标的使用管理规定”，但并未就该管理规则违反法律、法规或者规章规定的具体内容作出明确说明，因而不符合《商标评审规则》第 34 条第 1 款第 2 项的规定。原审判决据此认定商标评审委员会作出被诉决定属于适用法律错误，因而依照《行政诉讼法》第 70 条第 2 项的规定对被诉决定予以撤销并无不当，应予维持。故判决驳回上诉，维持原判。

3. 案件评析

我国《商标法》于 1982 年 8 月 23 日经全国人民代表大会常务委员会正式通过，后经 1993 年、2001 年、2013 年三次修正，在 2001 年修正之前，商标授权、确权程序均是由商标评审委员会作出终局性裁决，而并未赋予行政相对人后续的司法救济程序，即行政终局演变为司法终局是自 2001 年《商标法》修订后新增的内容，体现了与 Trips 协议第 41 条第 4 款和第 62 条规定的接轨，也与国际上司法审查终局制的发展方向相吻合。

《商标法》第 34 条系针对商标局驳回申请商标的注册后，该商标申请人不服向商标评审委员会申请复审，而后不服复审决定可以向人民法院提起行政诉讼确认复审决定是否合法进行的规定，虽然其中仅限定了起诉期限，即收到复审决定之日起 30 日内，但是就被诉复审决定的合法性审查，应当依据《行政诉讼法》第 6 条以及《商标法》的具体规定予以审理。

《行政诉讼法》第 6 条规定，人民法院审理行政案件，对行政行为是否合法进行审查。国家行政机关作出的行政行为应当确保实体与程序均具有合法性，若行政行为程序上明显违反法律、法规的规定，且实际损害了行政相对人的合法权益，人民法院应当对此予以纠正。然而，人民法院对行政行为合法性审查的范围应当及于被诉的行政行为，即人民法院系对已经作出的行政行为合法性进行的审查，对行政行为并未涉及的内容，一般不宜直接予以认定，从而影响国家行政机关依职权行使法定权力。即人民法院在对商标评审委员会作出的复审决定进行审查时，应当及于该决定所认定的事实及理由，并审查其作出的程序等事项，而不能超越复审决定之外直接适用《商标法》的其他规定作出判定。

同时，若人民法院认为被诉复审决定确应予以撤销的，应当依据《行政诉讼法》第 70 条的规定，行政行为有下列情形之一的，人民法院判决撤销或者部分撤销，并可以判决被告重新作出行政行为：（一）主要证据不足的；（二）适用法律、法规错误的；（三）违反法定程序的；（四）超越职权的；（五）滥用职权的；（六）明显不当的。而不能任意增加行政机关的法定义务，进而作出违法性判定，若此亦违背司法审查行政行为所应当遵循的“合法性”界限。

（1）依法行政的内涵以及司法审查范围的界定

在上述案例中，二审法院合理界定并解释了“依法行政”的基本要求。即依法行政是法治的基本要求，行政机关应当依照法定程序作出行政行为。通常而言，法定程序不仅包括法律法规规章明确规定的程序，也包括正当法律程序。行政机关在作出行政行为时，应当保障公民、法人或者其他组织的知情权、陈述权、辩论权和申辩权，不得未经正当程序作出对公民、法人或者其他组织不利的行政行为。同时，基于行政行为的自身属性和内在要求，行政机关在作出行政行为时具有法定职责范围内的行政裁量权。为了更好地保障行政相对人的知情权，增加行政的透明度，行政机关在决策过程中对行政相对人作出提示，给予行政相对人补充和修改相关文件资料的机会，无疑有助于行政相对人更为高效顺畅地完成相关事项。因此，原审判决从行政公开的要求出发，对商标评审委员会提出法定职责以外的期许，可以予以理解。但是，法律是社会行为的规范，是道德要求的最低标准。脱离现有法律规范之外的要求，其实质是对法律自身的超越，因而也不应将其纳入到合法性审查的范畴。判断行政行为的作出是否违反法定程序，主要还是应当考虑行政机关是否负有相应的法定职责，以及该行为的作出是否损害了公民、法人或者其他组织的程序性权益，不应将倡导性的要求作为行政机关依法行政的行为依据，不能因为行政机关未能实现倡导性要求的目标即认定其行政行为违反法定程序。

在商标申请注册程序中，商标注册主管机关应当按照商标法等法律法规规章的规定，保障商标注册申请人享有相应的程序性权益。在商标法等法律法规规章已就商标注册申请需要提交的文件要求作出明确规定的情况下，商标注册申请人的知情权等程序性权益已得到充分保障。商标注册主管机关当然可以从便利当事人的角度出发，在商标注册申请过程中提供具有针对性的个案指导，提示当事人对不符合要求的申请文件作出补正以提高商标申请注册的成功率。但在法律法规规章未作明确要求的情况下，此种释明并非商标注册主管机关的法定职责，不能仅因商标注册主管机关未在个案中对商标注册申请人作出释明、未提供补正机会，就认定商标注册主管机关作出的相关行政行为违反法定程序。

（2）商标评审委员会未给予机械工程师协会修改、补正机会是否构成程序违法

在上述案例中，一、二审法院关于商标评审委员会未给予机械工程师协会修改、补正机会，是否构成违法存在不同认定。

一审法院认为，根据行政公开的要求，商标注册审查机关在审查商标注册的过程中，应该具体告知申请人提交的《证明商标使用管理规则》不符合《集体商标、证明商标注册和管理办法》的具体情形，并给予申请人修改、补正的机会，以保障申请人的利益。这也是机械工程师协会所主张的听证原则的具体体现。给予证明商标申请人在注册审查过程中修改、补正的机会在确保满足行政公开的同时，也有利于节约商标审查行政资源和后续的司法审查资源，并且有利于保障申请人的在先申请利益。而本案中商标评审委员会未

给予机械工程师协会对其管理规则进行修改、补正的机会，而径行作出驳回申请商标注册申请的被诉决定，有违行政公开的基本要求。

对于一审的上述认定，其最终的认定是为商标评审委员会设定了具体的程序义务，然而根据《商标法》第29条的规定，在审查过程中，商标局认为商标注册申请内容需要说明或者修正的，可以要求申请人作出说明或者修正。申请人未作出说明或者修正的，不影响商标局作出审查决定。仅仅是在商标局审查阶段，行政机关可以根据案件情况，自由裁量是否给予申请人说明或者修正的机会，而综观商标法的具体规定，并未设定商标评审委员会存在上述义务以及法定职责。因此，原审判决以商标评审委员会没有给予机械工程师协会对其管理规则进行修改、补正的机会，径行作出驳回申请商标注册申请的被诉决定因而有违行政公开基本要求的相关认定结论，缺乏依据，二审判决对此予以纠正是正确的。

（3）商标评审委员会并未写明具体驳回理由应属违法

《商标法》第3条第4款规定，集体商标、证明商标注册和管理的特殊事项，由国务院工商行政管理部门规定。由此，国家工商行政管理总局指定并颁布了《集体商标、证明商标注册和管理办法》，对证明商标注册申请的要求作出了规定。同时，国家工商行政管理总局颁布的《商标评审规则》第34条第1款第2项规定，商标评审委员会作出的决定、裁定应当载明“决定或者裁定认定的事实、理由和适用的法律依据”。因此参照上述规章的要求，商标评审委员会应当在被诉决定明确载明申请商标的注册申请违反法律、法规或者相关规定的具体内容，从而能够确保行政相对人就被诉决定所作出依据是否合法进行抗辩，法院亦可针对具体事由是否合法予以审查。

然而，商标评审委员会在涉案被诉决定中仅指出“机械工程师协会提供的商标管理规则不符合证明商标的使用管理规定”，但并未就该管理规则违反法律、法规或者规章规定的具体内容作出明确说明，因而不符合《商标评审规则》第34条第1款第2项的规定。一、二审法院据此认定被诉决定违法是正确的。故而涉案被诉决定应当予以撤销。

（二）商标异议不予注册复审的司法审查

《商标法》第35条第3款规定，商标局做出不予注册决定，被异议人不服的，可以自收到通知之日起15日内向商标评审委员会申请复审。商标评审委员会应当自收到申请之日起12个月内做出复审决定，并书面通知异议人和被异议人。有特殊情况需要延长的，经国务院工商行政管理部门批准，可以延长六个月。被异议人对商标评审委员会的决定不服的，可以自收到通知之日起30日内向人民法院起诉。人民法院应当通知异议人作为第三人参加诉讼。

基于上述法律规定，在商标评审委员会针对被异议人（被异议商标申请人）不服商标局作出不予注册决定提出复审后，若商标评审委员会经复审决定被异议商标应当核准注册的，根据2013年修正的《商标法》简化异议程序，缩短授权周期的修法精神，则原异议申请人亦无法针对商标评审委员会作出的复审决定提出行政诉讼，而只能通过后续的无效宣告程序另行主张诉争商标无效。反之，若商标评审委员会经复审决定被异议商标不能被核准注册，则被异议人可以自收到复审决定后30日内向人民法院提起行政诉讼。

在此应当注意的是，被异议商标申请人向法院提起行政诉讼程序的前置要件是，应当就商标局作出的不予注册决定向商标评审委员会申请复审，其提起行政诉讼的审查行政行为合法性的对象为商标评审委员会作出的复审决定，而非可以自行选择针对商标局作出的决定提出复审或者提起行政诉讼。

结合《商标法》第36条第1款的规定，法定期限届满，当事人对商标局做出的驳回申请决定、不予注册决定不申请复审或者对商标评审委员会做出的复审决定不向人民法院起诉的，驳回申请、不予注册决定或者复审决定生效。《商标法》本身是兼具实体法与程序法的法律规范，虽然商标授权确权行政案件从种类上应属“行政诉讼案件”，应遵循《行政诉讼法》的相关规定，但是若《商标法》就具体程序作出特别规定的，基于“特别优于一般”的法律适用规则，应当依据《商标法》的具体规定进行适用。

在附近网络公司与商标局、商标评审委员会其他商标行政纠纷案中，[①]北京高院就认为“根据《商标法》第35条第3款的规定，被异议人不服商标局做出的不予注册决定，可以在法定期限内向商标评审委员会申请复审。商标评审委员会经过不予注册复审后仍决定不予注册诉争商标的，被异议人可以在法定期限内向人民法院提起诉讼。虽然该条款中使用的是‘可以’一词，但结合《商标法》第36条第1款的规定，应得出《商标法》第35条第3款是赋予被异议人申请不予注册复审的权利，其可以行使该权利，也可以放弃该权利，而不应理解为被异议人可以申请复审，亦可以提起行政诉讼，否则《商标法》第36条第1款不可能规定当事人在法定期限内不申请不予注册复审则不予注册决定生效。基于商标法已经对商标被异议后不予注册的行政程序及司法审查作出特别规定，故被异议人不服商标局不予注册决定时，作为救济途径，应在法定期限内首先向商标评审委员会申请复审，商标评审委员会作出不予注册复审决定后仍然不服的，被异议人可以针对商标评审委员会作出的不予注册复审决定提起行政诉讼”。

（三）因绝对事由商标权无效宣告请求的司法审查

《商标法》第44条第2款规定，商标局做出宣告注册商标无效的决定，应当书面通知当事人。当事人对商标局的决定不服的，可以自收到通知之日起15日内向商标评审委员会申请复审。商标评审委员会应当自收到申请之日起9个月内做出决定，并书面通知当事人。有特殊情况需要延长的，经国务院工商行政管理部门批准，可以延长3个月。当事人对商标评审委员会的决定不服的，可以自收到通知之日起30日内向人民法院起诉。第3款规定，其他单位或者个人请求商标评审委员会宣告注册商标无效的，商标评审委员会收到申请后，应当书面通知有关当事人，并限期提出答辩。商标评审委员会应当自收到申请之日起9个月内做出维持注册商标或者宣告注册商标无效的裁定，并书面通知当事人。有特殊情况需要延长的，经国务院工商行政管理

① 北京市高级人民法院（2017）京行终1648号行政判决书。

部门批准，可以延长3个月。当事人对商标评审委员会的裁定不服的，可以自收到通知之日起30日内向人民法院起诉。人民法院应当通知商标裁定程序的对方当事人作为第三人参加诉讼。

这里以维多利亚公司与商标评审委员会、庆鹏公司商标权无效宣告请求行政纠纷[①]案为例。

1. 基本案情

诉争商标系第9924701号“sheer love 十分爱”商标，申请日为2011年9月2日，核准注册日为2012年11月7日，注册人为庆鹏公司，核定使用在国际分类第3类肥皂、香波等商品上。

2014年11月3日，维多利亚公司针对诉争商标向商标评审委员会提出无效宣告请求，并提交了商标局就庆鹏公司申请注册的“幸福逃亡 TRUE ESCAPE”“爱之密 INCREDIBLE DARING”“密情 SUCH A FLIRT”等商标做出的不予注册决定书复印件等证据。

2015年7月30日，商标评审委员会作出商评字〔2015〕第52298号《关于第9924701号“sheer love 十分爱”商标无效宣告请求裁定书》（以下简称被诉裁定），裁定：诉争商标予以维持。

维多利亚公司不服，在法定期限内提起行政诉讼。

在原审诉讼中，维多利亚公司补充提交了庆鹏公司申请注册商标列表及商标档案等证据。根据2015年12月1日商标局网站的查询结果，庆鹏公司在第3类、第18类及第25类等多个商品类别上共申请注册了791件商标，其中包括“La pargay 纳帕佳”“Cathy Cat”“ELLA MOSS”“NOVAE PLUS”“Estelle Vendome”等与国内外知名服装、化妆品品牌相同或近似的商标，还包括“贾斯汀比伯 JUSTIN BIEBER”“STUART WEIZMAN”等与知名人物姓名相同或近似的商标。

庆鹏公司向原审法院补充提交了其在世界范围内注册商标的情况，庆鹏公司的产品画册、户外广告照片、参加展会照片和展会刊物、部分使用诉争

① 北京市高级人民法院（2018）京行终1133号行政判决书。

商标的产品购销合同、网络销售订单及销售发票等证据。

在原审庭审中，庆鹏公司称就其申请注册的700余件商标，其实际使用的商标一两百件，其余商标系作资源储备之用。维多利亚公司称，由其和关联公司浴美健品牌管理公司针对庆鹏公司抢注商标提出的维权程序，除上述证据中所涉及的30余份不予注册决定和5份不予注册复审决定之外，另有80余件商标异议案件、3件不予注册复审案件、近20件无效宣告请求案件尚在商标局和商标评审委员会审查程序当中。

2. 判决内容

北京知识产权法院认为，庆鹏公司申请注册诉争商标的行为不仅损害了维多利亚公司合法民事权益，更是对商标注册秩序造成冲击，损害了不特定多数商标申请人的利益和社会公共利益，已构成2001年《商标法》第41条第1款规定的“以其他不正当手段取得注册”的情形。被诉裁定认定诉争商标申请注册未违反2001年《商标法》第41条第1款的规定有误，依法予以纠正。故判决撤销被诉裁定，商标评审委员会重新作出裁定。

庆鹏公司不服，向北京高院提起上诉。北京高院认为，庆鹏公司作为化妆品行业的普通经营者，申请注册了近800件商标，其中包含大量与他人在先使用的权利标志、知名人物姓名等相同或近似的商标，其攀附他人商誉、声誉，以谋取不正当利益的目的较为明显，并引发了大量商标异议、商标争议乃至行政诉讼，消耗了大量宝贵的行政资源和司法资源，造成严重的社会资源浪费，损害了社会公共利益。因此，原审法院认定庆鹏公司申请注册诉争商标的行为构成2001年《商标法》第41条第1款规定的“以其他不正当手段取得注册”的情形并无不当。故判决驳回上诉，维持原判。

3. 案件评析

《商标法》第44条第1款系对已注册商标违背公序良俗的规定，若诉争商标构成上述情形，商标局即可主动宣告注册商标无效，亦可由任何人向商标评审委员会提出无效宣告，行政相对人若不服商标评审委员会作出的决定，可以向人民法院提起行政诉讼。

上述案例中，主要的争议问题在于诉争商标的注册是否构成“以其他不正当手段取得注册”的情形。

（1）如何界定“以其他不正当手段取得注册”的情形

《商标法》第 44 条第 1 款规定的已经注册的商标是以欺骗手段或者其他不正当手段取得注册的，由商标局撤销该注册商标；其他单位或者个人可以请求商标评审委员会裁定撤销该注册商标。该项规定的立法精神在于贯彻公序良俗原则，维护良好的商标注册、管理秩序，营造良好的商标市场环境。

关于上述法律条款中就“其他不正当手段”的理解，应当是限于以欺骗手段以外的其他方式扰乱商标注册秩序、损害公共利益、不正当占用公共资源或者谋取不正当利益情形的规制。虽然在具体案件中系对诉争商标申请注册的情形予以规制，但实则是对申请注册人就诉争商标的申请注册行为予以的制止，特别是对于申请注册人通过囤积他人大量具有较高知名度的商标，主观上并无合理事由，客观上亦无实际使用意图，为了谋取不正当利益的相关申请注册行为，均是在具体案件中予以是否属于“其他不正当手段”情形进行了评述，将直接对该申请注册人的相关注册行为所指向的商标产生影响。

（2）应当采取何种原则对“以其他不正当手段取得注册”的情形予以认定

在“以其他不正当手段取得注册”的情形予以认定时，应当采取审慎原则。

一方面对确属是以囤积商标进而通过转让等方式谋取商业利益为目的，大量申请注册他人具有较高知名度的商标，明显违背商标内在价值，并会对商标注册秩序产生消极影响，有碍于社会主义市场经济诚实守信经营秩序建立的行为，应当予以有效规制；另一方面也应当考虑中国采取商标注册制度，对商标本身的保护更多的是考量商品或者服务来源的稳定性和对应性，而非相关主体对特定标志的垄断，故允许在不相类似的商品或服务上出现相同或近似的标志，这也是中国商标基本制度所决定的。故此，在对法律所规定的特定情形予以认定时，不能以动摇商标基本注册制度为代价，否则付出的社会成本将远大于所产生的社会收益，因此更应当予以严格认定。

（3）涉案诉争商标的注册是否构成上述情形

在上述案件中，包括诉争商标在内，庆鹏公司大量申请注册了与维多利亚公司及其关联公司的权利标志相同、近似的商标，同时在实际使用商标的过程中抄袭和刻意模仿维多利亚公司相应品牌产品的包装装潢，并依据其抢注的商标对维多利亚公司的经销商提出侵犯商标权之诉，严重损害了维多利亚公司合法民事权益。庆鹏公司作为化妆品行业的普通经营者，申请注册了近 800 件商标，其中包含大量与他人在先使用的权利标志、知名人物姓名等相同或近似的商标，其攀附他人商誉、声誉，以谋取不正当利益的目的较为明显，并引发了大量商标异议、商标争议乃至行政诉讼，消耗了大量宝贵的行政资源和司法资源，造成严重的社会资源浪费，损害了社会公共利益。此外，即便根据庆鹏公司自身陈述，其实际投入使用的亦仅一两百件，且现有证据表明庆鹏公司还在互联网上公开售卖名下商标，此种囤积商标、以销售为目的注册商标的行为扰乱了商标注册秩序，损害了不特定多数商标申请人的利益。

因此，一、二审法院认定庆鹏公司申请注册诉争商标的行为构成“以其他不正当手段取得注册”的情形是正确的。

（四）因相对事由商标权无效宣告请求的司法审查

《商标法》第 45 条第 2 款规定，商标评审委员会收到宣告注册商标无效的申请后，应当书面通知有关当事人，并限期提出答辩。商标评审委员会应当自收到申请之日起 12 个月内做出维持注册商标或者宣告注册商标无效的裁定，并书面通知当事人。有特殊情况需要延长的，经国务院工商行政管理部门批准，可以延长 6 个月。当事人对商标评审委员会的裁定不服的，可以自收到通知之日起 30 日内向人民法院起诉。人民法院应当通知商标裁定程序的对方当事人作为第三人参加诉讼。

这里以林泉饮料厂与商标评审委员会、初元公司商标权无效宣告请求行政纠纷[①]案为例。

① 北京市高级人民法院（2017）京行终 3598 号行政判决书。

1. 基本案情

诉争商标是第 11641417 号“初元有道”商标，于 2012 年 10 月 23 日向商标局提出注册申请，指定使用在第 32 类花生乳（无酒精饮料）；乳酸饮料（果制品，非奶）等商品上。现注册人是林泉饮料厂。

引证商标是第 3923014 号“初元”商标，于 2004 年 2 月 23 日向商标局提出注册申请，核定使用在第 29 类牛奶制品；牛奶饮料（以牛奶为主的）等商品上。现注册人是初元公司。

2015 年 7 月 8 日，初元公司就诉争商标向商标评审委员会提出无效宣告申请。

2015 年 10 月 26 日，商标评审委员会向林泉饮料厂发出商标评审案件答辩通知书。2015 年 12 月 4 日，林泉饮料厂向商标评审委员会提交商标无效宣告答辩书。林泉饮料厂委托的代理机构是熙兆公司。

2016 年 3 月 31 日，商标评审委员会作出被诉裁定，并于 2016 年 4 月 14 日通过挂号信将被诉裁定邮寄到熙兆公司的办公地址北京市朝阳区北苑东路 × 号院 × 号楼中国铁建国际广场 B 座 ×。该挂号信于 2016 年 4 月 16 日被邮政部门退回。商标评审委员会于 2016 年 5 月 6 日公告送达了被诉裁定。熙兆公司的工作人员于 2016 年 9 月 19 日到商标评审委员会领取了被诉裁定。

林泉饮料厂不服被诉裁定，于 2016 年 10 月 17 日提起诉讼。

另查，林泉饮料厂在商标权无效宣告请求程序中委托的代理机构是熙兆公司，该公司营业执照上记载的住所地是北京市朝阳区北苑东路 × 号院 × 号楼 4 层 × 室。熙兆公司在商标评审委员会留存的通信地址是北京市朝阳区北苑东路 × 号院 × 号楼中国铁建国际广场 B 座 ×。熙兆公司于 2015 年 7 月在商标评审委员会留存的上述地址。

在商标评审委员会提交的邮寄送达被诉裁定的信封复印件上显示的“改退批条”有手写的“不具备通邮条件”文字。在“改退批条”上的邮戳显示日期是“2016.04.16.08”。

熙兆公司向商标评审委员会领取的被诉裁定上盖有“取文时间 2016 年 9

月 19 日”以及“此裁定 / 决书送达公告时间 2016 年 5 月 6 日、此件送达日期应以法律规定为准”的两枚印章。

林泉饮料厂在一审诉讼程序中提交了商标评审委员会给熙兆公司邮寄送达时的两个信封，该两个信封上交邮邮戳显示的时间是“2016.11.26.20”，投递邮戳显示的时间是“2016.11.27.08”。上述信封的邮寄地址均是北京市朝阳区北苑东路 × 号院 × 号楼中国铁建国际广场 B 座 ×。林泉饮料厂以上述证据证明熙兆公司留存的地址可以接收商标评审委员会邮寄的材料。

在二审阶段，经询问各方当事人，林泉饮料厂、商标评审委员会均认可上述“改退批条”中记载的“不具备通邮条件”是指：地面层无安装信报箱群（间）或无设置统一的收发室；已安装信报箱群（间）但不符合规格；信报箱群（间）安装在防盗门（二道门）内；没有公安局统一编制的门牌号码；不具备邮政车辆和邮政工作人员到达投递点执行公务的通行条件。

2. 判决内容

北京知识产权法院认为，商标评审委员会于 2016 年 4 月 14 日向林泉饮料厂的委托代理机构熙兆公司邮寄送达被诉裁定，但被退回。在林泉饮料厂未提交证据证明其已经向商标评审委员会书面告知其代理机构通信地址变更的前提下，商标评审委员会于 2016 年 5 月 6 日采取公告送达方式送达符合法律、行政法规的规定。按照《商标法实施条例》第 10 条第 2 款的规定，被诉裁定应视为于 2016 年 6 月 5 日，即商标评审委员会于 2016 年 5 月 6 日进行公告送达的公告期满之日送达林泉饮料厂。林泉饮料厂按照 2013 年《商标法》第 45 条第 2 款的规定，应于 2016 年 7 月 5 日前提起诉讼。而林泉饮料厂提起本案诉讼时间为 2016 年 10 月 17 日，超过了法律规定的起诉时限。故裁定驳回林泉饮料厂的起诉。

林泉饮料厂不服，向北京高院提起上诉。北京高院认为，鉴于林泉饮料厂的代理机构的熙兆公司的工作人员已于 2016 年 9 月 19 日直接从商标评审委员会领取了被诉裁定，故林泉饮料厂所享有的提起诉讼的期限应于熙兆公司在商标评审委员会领取被诉裁定的时间，即 2016 年 9 月 19 日作为起算日期。林泉饮料厂于 2016 年 10 月 19 日向一审法院提交起诉状，未超过《商标法》

第 45 条第 2 款规定的提起诉讼的期限。故裁定撤销原审判决，指令北京知识产权法院审理。

3. 案件评析

《商标法》第 45 条系针对诉争商标的注册侵犯他人合法权益所设置的无效宣告程序，其主要体现注册商标与他人私权产生的冲突，故一般情况下在先权利人或者利害关系人提起无效宣告的，应当自商标注册之日起 5 年内提出。只有在恶意注册的情况下，驰名商标所有人才不受 5 年的时间限制。若商标评审委员会收到无效宣告注册商标的请求，依法作出裁定后，行政相对人不服，可以在收到被诉裁定后 30 日内向人民法院提起诉讼。

《商标法实施条例》第 10 条第 1 款规定，商标局或者商标评审委员会的各种文件，可以通过邮寄、直接递交、数据电文或者其他方式送达当事人；以数据电文方式送达当事人的，应当经当事人同意。当事人委托商标代理机构的，文件送达商标代理机构视为送达当事人。该条第 2 款规定，商标局或者商标评审委员会向当事人送达各种文件的日期，邮寄的，以当事人收到的邮戳日为准；邮戳日不清晰或者没有邮戳的，自文件发出之日起满 15 日视为送达当事人，但是当事人能够证明实际收到日的除外；直接递交的，以递交日为准；以数据电文方式送达的，自文件发出之日起满 15 日视为送达当事人，但是当事人能够证明文件进入其电子系统日期的除外。文件通过上述方式无法送达的，可以通过公告方式送达，自公告发布之日起满 30 日，该文件视为送达当事人。根据上述法规关于送达的具体规定，就送达方式而言，无论是邮寄还是直接递交等，只要能够使行政相对人可以接收到相关文件即可，若无法通过前述方式完成送达的，方某使用公共送达的形式。送达相关文件是《商标法》及《商标法实施条例》所规定商标评审委员会应当履行的法定义务，也是行政相对人能够实现维护自身合法权益的保障，故此应当严格予以认定。

同时，《最高人民法院关于审理商标授权确权行政案件若干问题的规定》第 27 条也将“未通知适格当事人参加评审，该方当事人明确提出异议的”情形，作为“违反法定程序”的情形。因此，就送达而言，应当以实际是否收到为认定标准，但是若商标评审委员会已经初步完成举证责任后，此时基于证据高度盖然性原则，在行政相对人不能举证证明送达手续存在瑕疵导致未履行送达义务的情况下，应当推定商标评审委员会已经完成送达程序。

上述案例中，商标评审委员会将被诉裁定以邮寄的方式向林泉饮料厂进行送达并未违反法律规定，该裁定被邮局退回后，其理由为“不具备通邮条件”。对此，在二审诉讼中，林泉饮料厂、商标评审委员会均确认了“不具备通邮条件”的具体情形，即为地面层无安装信报箱群（间）或无设置统一的收发室；已安装信报箱群（间）但不符合规格；信报箱群（间）安装在防盗门（二道门）内；没有公安局统一编制的门牌号码；不具备邮政车辆和邮政工作人员到达投递点执行公务的通行条件。

基于在案证据，不能证明是因为何种情形的“不具备通邮条件”导致被诉裁定被退回商标评审委员会，也不能证明熙兆公司有由于同样原因曾被退件的情况。同时，也无法证明林泉饮料厂或者熙兆公司存在变更通信地址而未告知商标评审委员会的情况，因此，被诉裁定被退回商标评审委员会不能认定是由于林泉饮料厂的原因而导致。在此情况下，由于林泉饮料厂的代理机构熙兆公司的工作人员已于2016年9月19日直接从商标评审委员会领取了被诉裁定，故林泉饮料厂所享有的提起诉讼的期限应于熙兆公司在商标评审委员会领取被诉裁定的时间，即2016年9月19日作为起算日期，则林泉饮料厂于2016年10月19日向一审法院提交起诉状并未超过法定期限。

因此，二审法院纠正了一审法院的错误认定是正确的。

（五）商标权撤销复审的司法审查①

《商标法》第54条规定，对商标局撤销或者不予撤销注册商标的决定，

① 还可参照最高人民法院（2015）知行字第34号行政裁定书——雅客公司与商标评审委员会商标申请驳回复审行政纠纷案。

当事人不服的，可以自收到通知之日起 15 日内向商标评审委员会申请复审。商标评审委员会应当自收到申请之日起 9 个月内做出决定，并书面通知当事人。有特殊情况需要延长的，经国务院工商行政管理部门批准，可以延长三个月。当事人对商标评审委员会的决定不服的，可以自收到通知之日起 30 日内向人民法院起诉。

《商标法》第 49 条针对注册商标成为其核定使用的商品的通用名称或者没有正当理由连续三年不使用的情形，规定了可以由任何主体向商标局申请撤销，在商标局作出撤销决定后，行政相对人不服可以向商标评审委员会提起复审，商标评审委员会作出复审决定后，《商标法》也规定了后续向人民法院提起行政诉讼的救济途径。

应当注意的是，申请注册商标撤销程序与申请注册商标无效宣告程序二者虽然都可以使注册商标专用权归于终止，但是彼此的起算期限不同。《商标法》第 47 条第 1 款规定，依照本法第 44 条、第 45 条的规定宣告无效的注册商标，由商标局予以公告，该注册商标专用权视为自始即不存在。而该法第 55 条第 2 款规定，被撤销的注册商标，由商标局予以公告，该注册商标专用权自公告之日起终止。

第三节　商标权消灭

一、注册商标的注销

（一）注册商标的续展

《商标法》第 40 条规定，注册商标有效期满，需要继续使用的，商标注册人应当在期满前 12 个月内按照规定办理续展手续；在此期间未能办理的，可以给予 6 个月的宽展期。每次续展注册的有效期为 10 年，自该商标上一届有效期满次日起计算。期满未办理续展手续的，注销其注册商标。商标局应当对续展注册的商标予以公告。

这里以七匹狼公司与商评委商标申请驳回复审行政纠纷[1]案为例。

1. 基本案情

七匹狼公司于2015年5月29日申请注册第17079836号图形商标（以下简称诉争商标，见下图），指定使用在第25类衬衫、服装等商品上。美商NBA产物公司于1996年8月23日申请注册第1126675号"MINNESOTA TIMBER WOLVES及图"商标（以下简称引证商标），经审查于2007年11月14日初审公告，核定使用在第25类袜子、运动服等商品上，专用权期限至2017年11月13日。

2016年2月18日，商标局针对诉争商标作出《商标驳回通知书》，决定：驳回诉争商标的注册申请。七匹狼公司不服，向商标评审委员会提出复审申请。2017年3月13日，商标评审委员会作出被诉决定，认定诉争商标与引证商标已构成《商标法》第30条规定所指的在同一种或类似商品上的近似商标。据此决定：诉争商标在"婴儿全套衣；防水服"商品上的注册申请予以初步审定，诉争商标在其余复审商品上的注册申请予以驳回。

诉争商标　　引证商标

2. 判决内容

北京知识产权法院认为，诉争商标与引证商标的标志存在明显差异，二者并未构成《商标法》第30条所规定的近似商标，被诉决定对此认定错误，应予撤销。故判决撤销被诉决定，由商评委重新作出决定。

商评委不服，向北京高院提起上诉。北京高院认为，引证商标的专用权期限至2017年11月13日，截至本案审理终结，仍在法律规定的六个月宽展期内，

① 北京市高级人民法院（2017）京行终4889号行政判决书。

其注册尚未被注销。同时，诉争商标与引证商标在构成要素、设计风格、整体视觉效果等方面具有一定差异，不构成近似。故判决驳回上诉，维持原判。

3. 案件评析

我国采取商标注册制度，商标权人经过申请注册程序取得商标专用权，该专用权限于其申请注册的商标标志及核定使用的商品类别。同时，已经获准注册的商标专用权并不同于专利权或者著作权，法律已经规定了专利权和著作权不可变更的权利期限，而商标专用权可以通过延展注册而维持其权利的有效性。

《商标法》第 39 条规定，注册商标的有效期为十年，自核准注册之日起计算。即商标获准注册之日后的十年内其处于有效状态，在到期后可以向商标局通过交纳费用的形式申请进行续展，每次续展的期限为十年。

一般而言，商标注册人应当在其商标有效期届满前 12 个月办理续展手续，但是《商标法》第 40 条第 1 款对于未能在有效期届满前 12 个月内办理续展的注册人又给予了 6 个月的宽展期。即在注册商标有效期届满后的 6 个月内，商标注册人仍可以就其商标办理续展程序，若仍未办理的，该商标专用权则因到期而终止，商标注册人将不再对其注册商标享有专用权。

上述案例中，涉案引证商标有效期届满日为 2017 年 11 月 13 日，二审判决作出日为 2017 年 11 月 30 日，虽然在案证据并未证明引证商标注册人已经办理完成了续展程序，但是引证商标续展的宽限期应于 2018 年 5 月 12 日到期，在此之前不能当然认定引证商标已经处于效力终止的状态，仍应将其视为诉争商标申请注册的在先权利障碍予以审查，故此二审判决对诉争商标与引证商标是否构成近似商标进行实质性审查是正确的。

（二）商标权消灭后“过渡期”制度——王某兰与商评委商标行政纠纷案①

《商标法》第 50 条规定，注册商标被撤销、被宣告无效或者期满不再续

---

① 北京市高级人民法院（2009）高行终字第 480 号行政判决书。

展的，自撤销、宣告无效或者注销之日起一年内，商标局对与该商标相同或者近似的商标注册申请，不予核准。

1. 基本案情

2003年1月13日，王某兰提出第3432984号图形商标（以下简称诉争商标）注册申请，指定使用商品为第18类（动物）皮、旅行包（箱）、书包等。2004年7月1日，商标局作出《商标部分驳回通知书》，以申请商标与日本烟草产业株式会社在类似商品上已注册的第697731号图形商标（以下简称引证商标一）近似，也与华光公司在类似商品上已注册的第1122846号金驼及图商标（以下简称引证商标二）近似为由驳回申请商标在（动物）皮、旅行包（箱）等商品上的注册，初步审定申请商标在马具商品上的注册并予以公告。王某兰不服，向商评委提出复审申请。商评委于2007年8月22日作出被诉决定，驳回王某兰在第18类书包等部分商品上提出的第3432984号图形商标的注册复审申请。王某兰不服，提起诉讼。

王某兰在原审诉讼中提交了商标局于2007年11月19日作出的"撤200601657《关于第697731号'图形'注册商标连续三年停止使用撤销申请的决定》"，决定：撤销引证商标一，并予公告。后商标局于2008年3月27日发布总第1113期商标公告，在该公告第1334页"注册商标撤销公告"中载明"第697731号图形商标由于连续三年停止使用在2007年11月13日被撤销，撤销文号为撤200601657"。

二审诉讼中，王某兰提交了引证商标二因期满未续展而被注销的商标注册信息。商标评审委员会对引证商标二因期满未续展而被注销的事实予以确认。

2. 判决内容

北京一中院认为，诉争商标与引证商标一皆为图形商标，且都为骆驼图形，两者在站立方向以及姿态等方面基本相同，虽然两者有双峰驼与单峰驼的区别，但该区别特征属细微差别，相关公众施以一般注意力不易区分，两者使用在相同类别上容易使相关公众对商品的来源产生混淆。尽管引证商标一在被诉决定作出后被撤销，但依据2001年修正的《商标法》第46条的规定，自引证商标一撤销之日起一年内，与其构成相同或者近似的商标注册申请，商标局仍然应不予核准注册，因此申请商标仍然不能获得核准注册。故判决维持被诉决定。

王某兰不服，向北京高院提出上诉。北京高院认为，引证商标一和引证商标二是在被诉决定作出后分别因连续三年停止使用被撤销、因期满未续展被注销的，因此两个引证商标专用权的终止是在被诉决定之后，不足以否定被诉决定的合法性。故判决驳回上诉。

3. 案件评析

（1）商标权消灭后“过渡期”制度的价值考量

基于《商标法》的相关规定，商标权可能会基于被撤销、被宣告无效以及期满未续展而归于消灭，但是商标的基本功能在于标识商品或服务的来源，同时亦可能由于使用、宣传而承载商业信誉、商品声誉，因此商标从其获准注册后，通过使用、宣传进入商品流通领域，势必会使消费者对特定商标产生来源、甚至商誉的认知。虽然商标权会由于上述原因归于消灭，但是商标权消灭之日并非其从消费者心中消失之时。

《商标法》在保护商标注册人专用权的同时，也需要兼顾保护消费者和社会公众的利益，因此虽然商标权消灭了，但是考虑到消费者认知的习惯与方式，《商标法》通过限定“一年”的“过渡期”制度，使“在先”商标在消费者心中所形成的“记忆”发生“淡化”直至“遗忘”，此后方某准予相同或者近似的商标在相同或者类似商品上注册。因此《商标法》第 50 条是从保护消费者利益不受损失的视角，进行了相关规定。

上述案例中，虽然王某兰举证证明引证商标一因“三年未使用”而被予以撤销，引证商标二因“到期未续展”而被予以注销，但是由于涉案引证商标一、二权利终止均未届满一年，而且发生在被诉决定之后，不应作为评价被诉决定是否合法的事实依据，故一、二审法院均认为引证商标一、二构成诉争商标申请注册的在先权利障碍，而未支持王某兰的诉讼请求。

（2）商标权消灭后“过渡期”制度的新发展

《商标法》第 50 条明确规定了“过渡期”制度，但是通过司法审判实践的不断积累与探索，在司法审查中逐渐引入了合同法中的“情势变更”原则。在商标行政纠纷中，若不对引证商标的效力归于消灭的情况进行考量，将导致诉争商标的申请人或权利人后续无其他救济手段，出现不公平情形，也会使真正需要将商标投入到实际生产经营中的主体被“拒之门外”，有悖商标制度的基础价值。同时，这亦会导致商标权本质上是“私权”属性的认知偏差，过度干预市场行为，并不必然会对消费者的福利带来正向增加。

最高法院在艾德文特公司与商标评审委员会商标申请驳回复审行政纠纷案中[①]，认为本案在二审过程中，引证商标因连续 3 年停止使用而被商标局予以撤销，引证商标已丧失商标专用权。依据 2001 年修正的《商标法》第 28 条的规定，引证商标已不构成申请商标注册的在先权利障碍。在商标评审委员会作出决定的事实依据已经发生了变化的情形下，如一味考虑在行政诉讼中，人民法院仅针对行政机关的具体行政行为进行合法性审查，而忽视已经发生了变化的客观事实，判决维持商标评审委员会的上述决定，显然对商标申请人不公平，也不符合商标权利是一种民事权利的属性，以及商标法保护商标权人利益的立法宗旨。商标驳回复审案件本身具有特殊性，在商标驳回复审后续的诉讼期间，商标的注册程序并未完成。因此，在商标驳回复审行政纠纷案件中，如果引证商标在诉讼程序中因连续 3 年停止使用而被商标局予以撤销，鉴于申请商标尚未完成注册，人民法院应根据情势变更原则，依据变化的事实依法作出裁决。在艾德文特公司明确主张引证商标权利已经消失、其申请商标应予注册的情况下，二审法院没有考虑相应的事实依据已经发生变化的情形，维持商标评审委员会决定以及一审判决显属不当，应予纠正。

此后，最高法院在 2017 年 1 月 10 日公布的《最高人民法院关于审理商标授权确权行政案件若干问题的规定》第 28 条中明确规定，人民法院审理商标授权确权行政案件的过程中，商标评审委员会对诉争商标予以驳回、不予核准注册或者予以无效宣告的事由不复存在的，人民法院可以依据新的事实撤销商标评审委员会相关裁决，并判令其根据变更后的事实重新作出裁决。

---

① 最高人民法院（2011）行提字第 14 号行政判决书。

基于前述司法解释的规定，目前司法审判实践中，若引证商标的效力归于消灭，则应在考虑新的事实情况下，对诉争商标是否应予核准注册进行认定。然而在《商标法》第50条明确规定“过渡期”制度的前提下，为了平衡诉争商标申请人与消费者之间的利益，在人民法院判决撤销被诉决定的情况下，通常商标局亦会在引证商标权利消灭一年后再予正式核准注册。这样既维护了消费者的利益，又保障了诉争商标申请人的权益，达到了二者合理的平衡。

二、注册商标的无效

（一）注册商标无效制度的启动要件

《商标法》第35条第2款规定，商标局做出核准注册决定的，发给商标注册证，并予公告。异议人不服的，可以依照本法第44条、第45条的规定向商标评审委员会请求宣告该注册商标无效。

这里以时尚汇公司与商评委其他商标行政纠纷[①]案为例。

1. 基本案情

申请人于2001年10月8日申请注册第2001293号“ONLY”商标（以下简称诉争商标），注册公告日期为2015年2月21日，指定使用在第18类手提包等商品上。

2014年12月3日，商标评审委员会作出商评字〔2015〕第93940号《关于第2001293号“ONLY”商标异议复审裁定书》（以下简称第93940号裁定），裁定：诉争商标予以核准注册，移交商标局办理相关事宜。

2015年2月11日，时尚汇公司向商评委提出商标无效宣告请求。

2015年2月21日，诉争商标注册公告。

2015年12月11日，商评委作出商评字〔2015〕第97813号《关于第2001293号“ONLY”评审案件驳回通知书》（以下简称被诉通知）。该通知认为：时尚

---

① 北京市高级人民法院（2016）京行终4837号行政判决书。

汇公司在提出诉争商标无效宣告请求时，诉争商标尚未注册公告，无效宣告申请不符合无效宣告受理条件，依照《商标法实施条例》第57条第3款规定和《商标评审规则》第19条规定，决定：对时尚汇公司的无效宣告请求予以驳回。

时尚汇公司不服，提起行政诉讼。

二审期间，时尚汇公司补充提交了三份证据：商标局作出的〔2016〕商标异字第0000014945号、第0000015547号、第0000016382号商标准予注册决定书复印件，用以证明商标局在准予商标注册的决定书中都明确告知当事人“依据《商标法》第35条规定，异议人如对本决定不服，可以依照《商标法》第44条、第45条规定向商标评审委员会请求宣告该注册商标无效”，而并未要求异议人待商标注册公告后请求宣告无效，相应地，无效宣告请求是异议人对“准予注册决定不服”的救济途径，而非对“注册公告不服”的救济途径。

2. 判决内容

北京知识产权法院认为，商标注册时间以注册公告之日起算具有必要性。此外，鉴于诉争商标已经公告，时尚汇公司完全可以另行提起无效宣告请求，时尚汇公司并未因为本案被诉通知而失去救济权利。本案的审理焦点是商标评审委员会作出驳回时尚汇公司无效宣告请求的具体行政行为是否具有合法性，并不涉及无效宣告申请的实体理由，商标评审委员会亦未对无效理由进行审查并作出具体行政行为，故该部分理由及证据不属于本案审理范围，商标评审委员会未提交相关证据并无不当。故判决驳回时尚汇公司的诉讼请求。

时尚汇公司不服，向北京高院提出上诉。北京高院认为，应当以诉争商标的核准注册公告之日作为“商标核准注册之日”，相应地，对诉争商标提出无效宣告请求，亦应当在诉争商标核准注册公告之后提出。原审判决及被诉通知的相关认定并无不当，应予维持。但是，行政诉讼是对行政行为合法性进行审查的诉讼程序，其目的在于解决行政争议，保护公民、法人和其他组织的合法权益，监督行政机关依法行使行政职权，因此，当事人是否享有以及从何时开始享有对注册商标提出无效宣告请求的权利，应当依法确定，而不应因其还有另行提出无效宣告请求的机会，就对当事人的相关诉讼理由和诉讼请求不予支持，否则不利于对当事人合法权利的保护，亦不利于行政机关更好地改进工作、依法行政。原审判决有关时尚汇公司可以另行提起无效宣告因而并未丧失救济权利的裁判理由显属不当，应予纠正。虽然商标评审委员会在受理时尚汇公司无效宣告请求十个月之后并进行了相关的后续程序的情况下，才作出本案被诉通知，确有不妥，但是其作出被诉通知的上述程序瑕疵，不属于依法应予撤销的情形，故对时尚汇公司的相关上诉理由，不予支持。故判决驳回上诉，维持原判。

3. 案件评析

(1)对注册商标提起无效宣告是否应以“注册商标”为前提

《商标法》第 44 条第 1 款规定，已经注册的商标，违反本法第 4 条、第 10 条、第 11 条、第 12 条、第 19 条第 4 款规定的，或者是以欺骗手段或者其他不正当手段取得注册的，由商标局宣告该注册商标无效；其他单位或者个人可以请求商标评审委员会宣告该注册商标无效。该法第 45 条第 1 款规定，已经注册的商标，违反本法第 13 条第 2 款和第 3 款、第 15 条、第 16 条第 1 款、第 30 条、第 31 条、第 32 条规定的，自商标注册之日起五年内，在先权利人或者利害关系人可以请求商标评审委员会宣告该注册商标无效。对恶意注册的，驰名商标所有人不受五年的时间限制。

根据上述法律规定，显然《商标法》所规定的无效宣告程序的启动是以“注册商标”为前提要件的。由于 2001 年修正的《商标法》第 33 条规定了异议申请人对商标局准予诉争商标注册的异议裁定可以向商标评审委员会提出复审申请，但是 2013 年修正的《商标法》为了缩短商标授权的审理周期与提高授权效率，对异议申请人针对诉争商标提出的异议理由不能成立的，商标局在做出准予注册决定后，异议申请人不能再向商标评审委员会提出后续复审程序，商标局直接核准注册诉争商标，并予以公告。因此，在知悉《商标法》中关于商标异议程序的变化过程之后，应当确定并非在商标局做出准予注册决定后，异议申请人即可启动无效宣告程序，而是需要在诉争商标被准予注册公告，成为已注册商标后，方某启动无效宣告程序。

同时，在实践中存在不同异议申请人针对相同诉争商标先后提出异议程序的情形，故以商标被核准注册为无效宣告程序启动的前提，亦能符合商标公示性与社会主体可预期性的特性。

因此，上述案例中，时尚汇公司提起无效宣告请求应当以涉案诉争商标已经获准注册为前提，而并非以其异议请求被商标局予以驳回为条件。

（2）无效宣告请求程序起算日应当如何确定

2013 年《商标法》第 44 条第 1 款、第 45 条第 1 款均将“已经注册的商标”作为启动无效宣告程序的前提，如何确定商标何时被准予注册，则是应当明确的重要问题，其中最容易产生困扰的是商标专用权起算日期与核准公告注册日期是否同一，若存在差异，应当以何日期为准予以起算。2019 年修正的《商标法》对启动无效宣告程序的前提条件未做修改。

2013 年《商标法》第 33 条规定：“对初步审定公告的商标，自公告之日起三个月内，在先权利人、利害关系人认为违反本法第十三条第二款和第三款、第十五条、第十六条第一款、第三十条、第三十一条、第三十二条规定的，或者任何人认为违反本法第十条、第十一条、第十二条规定的，可以向商标局提出异议。公告期满无异议的，予以核准注册，发给商标注册证，并予公告。”[①] 第 35 条第 2 款规定：“商标局做出准予注册决定的，发给商标注册证，并予公告。异议人不服的，可以依照本法第四十四条、第四十五条的规定向商标评审委员会请求宣告该注册商标无效。”上述法律条款在行文表述上将“核准注册”与“发给商标注册证，并予公告”分别进行规定，并未将二者作为递进式做同一解释，当时对何为“商标核准注册”在文义解释存在一定分歧认知，通过体系解释和历史解释进行“横纵”分析后，可以得出确定的结论。

在体系解释下，即通过对 2013 年《商标法》各条款之间的逻辑关系与规

---

① 2019 年修正的《商标法》第 33 条规定，对初步审定公告的商标，自公告之日起三个月内，在先权利人、利害关系人认为违反本法第 13 条第 2 款和第 3 款、第 15 条、第 16 条第 1 款、第 30 条、第 31 条、第 32 条规定的，或者任何人认为违反本法第 4 条、第 10 条、第 11 条、第 12 条、第 19 条第 4 款规定的，可以向商标局提出异议。公告期满无异议的，予以核准注册，发给商标注册证，并予公告。相较于 2013 年《商标法》仅是在异议理由部分增加了《商标法》第 4 条和第 19 条第 4 款，其他并无变化。

定内容进行分析后，得出符合该部门法整体的解释内容。2014 年修正的《商标法实施条例》第 96 条规定："商标局发布《商标公告》，刊发商标注册及其他有关事项。《商标公告》采用纸质或者电子形式发布。除送达公告外，公告内容自发布之日起视为社会公众已经知道或者应当知道。"商标专用权属于绝对的对世权，其正是通过公示的形式，告知不特定社会主体，无论该社会主体是否客观知悉，均视为其"应当知道"，若该社会主体在此后的商业活动中落入他人注册商标专用权保护的范围内，则应当承担相应的民事责任。通过对商标专用权绝对化的保护，可知"公示制度"能够提醒社会公众注意与避让。推而广之，商标无效宣告制度亦是为了提示社会公众已经注册的商标可能存在违背社会公序良俗或者侵害他人相对合法权益的情形，此时法律通过具体的时限规定，给予被侵害主体针对已经注册的商标提出无效宣告的程序救济方式。为了平衡注册商标权利人对权利稳定性的预期和保障社会主体正当行使自身程序制度设计的权利，通过诉争商标核准公告的方式来确定"商标核准注册日"具有商标法内部逻辑的自洽性。

在历史解释下，通过 2001 年修正的《商标法》和 2013 年修正的《商标法》同样可以得出上述结论。2001 年《商标法》第 34 条第 3 款规定："经裁定异议不能成立而核准注册的，商标注册申请人取得商标专用权的时间自初审公告三个月期满之日起计算。"第 37 条规定："注册商标的有效期为十年，自核准注册之日起计算。"结合 2002 年施行的《商标法实施条例》第 23 条第 4 款的规定，经异议裁定核准注册的商标，对其提出评审申请的期限自该商标异议裁定公告之日起计算。结合上述法律、法规的规定，可以得出在 2001 年《商标法》的制度框架下，"商标核准注册之日"是以注册公告之日进行起算，而非以商标注册主管机关作出具体裁定之日为起算点。

另外，2013 年《商标法》第 36 条第 2 款规定："经审查异议不成立而准予注册的商标，商标注册申请人取得商标专用权的时间自初步审定公告三个月期满之日起计算。自该商标公告期满之日起至准予注册决定做出前，对他人在同一种或者类似商品上使用与该商标相同或者近似的标志的行为不具有追溯力；但是，因该使用人的恶意给商标注册人造成的损失，应当给予赔偿。"

第 39 条规定："注册商标的有效期为十年，自核准注册之日起计算。" 通过将上述规定与 2001 年《商标法》的前述条款进行比较，二者并无实质性差异。在此需要特别注意的是，由于商标经过初审公告存在异议程序，而且若商标局做出异议不予注册决定后，诉争商标申请人可能会提出不予注册异议复审、行政诉讼等程序，故商标专用权的起算时间与"商标核准注册日"会存在客观的差别，此时不能将商标专用权计算日等同于"商标核准注册日"，来计算无效宣告程序的启动与结束日期。

因此，虽然 2014 年施行的《商标法实施条例》删除了 2002 年施行的《商标法实施条例》第 23 条第 4 款的规定，但在《商标法》本身文字表述并未发生实质改变的情况下，对具体条款文义的理解与适用应当确保法律演变的延续性与稳定性。基于上述理由，关于 2013 年《商标法》第 44 条第 1 款、第 45 条第 1 款所规定的起算日期，均应以诉争商标核准注册的公告发布之日为基准。

在上述案例中，由于在时尚汇公司提出无效宣告请求之时，诉争商标并未发布核准注册公告，故商标评审委员会予以驳回其请求并无不当。

（3）"自商标注册之日起五年内"应当以"当日"起算还是"次日"起算

在明确了关于"已经注册的商标"应当以核准注册公告之日为基准后，就《商标法》第 45 条第 1 款所规定的"自商标注册之日起五年内"的具体起算时间点存在一定认知分歧。一种意见认为，应当以"核准注册公告发布当日"进行起算；另一种意见认为，应当以"核准注册公告发布次日"进行起算。

第一种意见认为，公告发布之日即为社会公众知悉之时，故为了鼓励社会公众积极维护自身权利，确保已经核准注册商标效力的稳定性，从当日起算更具合理性。而且结合商标专用权计算日期即为当日的规定，考虑到二者在同一部门法之中的情况，应当以"核准注册公告发布当日"为起算点。

本文同意第二种意见，应当以"核准注册公告发布次日"进行起算。因为权利的产生与权利的救济具有自身属性的差异性，权利的产生通常而言，应当及时确定，方某防止侵权人对权益的损害，从而维护合法民事权利；而权利救济通常应当给予权利人一定的宽限，综观民事权益各部门法所规定的权利救济起算的日期，多是以“次日”进行起算的，同样因《商标法》第 45 条第 1 款系商标的注册侵害相对人的私权，故采取“次日”更加合理。对此，《北京市高级人民法院商标授权确权行政案件审理指南》第 18.2 条第 1 款具体进行了规定，《商标法》第 45 条第 1 款规定的“自商标注册之日起五年内”，是指自诉争商标注册公告之日的次日起五年内，该期间不适用中止、中断等情形。

正是因为《商标法》及其配套法规并未对该问题作出明确规定，方才产生实践上一定的认知分歧，但是将商标权民事救济放入整体的民事法律体系中予以认知，就不难得出应当以“核准注册公告发布次日”作为无效请求起算的时间点的结论了。

（二）无效宣告请求程序中绝对事由的认定

《商标法》第 44 条第 1 款规定，已经注册的商标，违反本法第 4 条、第 10 条、第 11 条、第 12 条、第 19 条第 4 款规定的，或者是以欺骗手段或者其他不正当手段取得注册的，由商标局宣告该注册商标无效；其他单位或者个人可以请求商标评审委员会宣告该注册商标无效。

这里以迈克尔·乔丹与商评委、乔丹公司商标争议行政纠纷[①]案为例。

1. 基本案情

第 3848786 号图形商标（以下简称诉争商标）由麦克公司于 2003 年 12 月 17 日申请注册，核定使用在第 25 类服装等商品上，后经核准，诉争商标注册人变更为乔丹公司。2012 年 10 月 31 日，迈克尔·乔丹向商标评审委员会提出撤销诉争商标的申请。

2014 年 4 月 14 日，商标评审委员会作出商评字〔2014〕第 052216 号《关于第 3848786 号图形商标争议裁定书》（以下简称被诉裁定）。该裁定认定：迈克尔·乔丹援引 2001 年《商标法》第 10 条第 1 款第 8 项理由主要指向其肖

① 最高人民法院（2015）知行字第 313 号行政裁定书。

像权，属于对特定民事权益的保护，在已经依据 2001 年《商标法》第 31 条规定予以评述后，不宜再纳入 2001 年《商标法》第 10 条第 1 款第 8 项调整，且诉争商标亦不属于《商标法》第 10 条第 1 款第 8 项规定所指情形。同时，诉争商标的注册未违反 2001 年《商标法》第 41 条第 1 款有关“以欺骗手段或者其他不正当手段取得注册”的规定。综上，裁定诉争商标予以维持。

迈克尔·乔丹不服，依法提起行政诉讼。

2. 判决内容

北京一中院认为，本案所涉情况不符合 2001 年《商标法》第 10 条第 1 款第 8 项规定的适用条件，在案证据亦不足以证明诉争商标违反了 2001 年《商标法》第 41 条第 1 款的规定。商标评审委员会作出的被诉裁定认定事实清楚，适用法律正确，程序合法，依法予以维持。故判决维持被诉裁定。

迈克尔·乔丹不服，向北京高院提出上诉。北京高院认为，诉争商标标志本身并不具有“有害于社会主义道德风尚或者有其他不良影响”的因素，商标评审委员会认定诉争商标不属于“有害于社会主义道德风尚或者有其他不良影响的标志”并无不当。诉争商标的使用是否会造成相关公众的混淆误认，不属于该项法律规定调整的范围。同时，在审理涉及撤销注册商标的行政案件时，审查判断诉争商标是否属于以其他不正当手段取得注册，要考虑其是否属于欺骗手段以外的扰乱商标注册秩序、损害公共利益、不正当占用公共资源或者以其他方式谋取不正当利益的手段。对于只是损害特定民事权益的情形，则要适用 2001 年《商标法》第 41 条第 2 款、第 3 款及《商标法》的其他相应规定进行审查判断。本案中，迈克尔·乔丹未提供有效证据证明诉争商标的注册违反 2001 年《商标法》第 10 条、第 11 条、第 12 条规定，也未提供有效证据证明诉争商标系以欺骗手段或者其他不正当手段取得注册的商标。诉争商标的使用是否会造成相关公众的混淆误认，亦不属于该项法律规定调整的范围。因此，迈克尔·乔丹有关应依据 2001 年《商标法》第 41 条第 1 款规定撤销诉争商标注册的上诉理由依据不足。故判决驳回上诉。

迈克尔·乔丹不服，向最高法院提出再审申请。最高法院认为，涉案诉争商标并未构成 2001 年《商标法》第 10 条第 1 款第 8 项所规定情形，同时诉争商标的注册并不属于扰乱商标注册秩序、损害公共利益、不正当占用公共资源或者以其他方式谋取不正当利益的行为，不属于 2001 年《商标法》第 41 条第 1 款所规定的“其他不正当手段”。迈克尔·乔丹亦未提供证据证明诉争商标的注册系以欺骗手段或者其他不正当手段取得。如前所述，即使诉争商标的注册损害了特定民事权益，也应当通过商标法的其他相应规定进行审查判断，而不应被纳入 2001 年《商标法》第 41 条第 1 款调整的范围，一、二审法院适用法律并无不当。故裁定驳回迈克尔·乔丹的再审申请。

3. 案件评析

《商标法》第 44 条第 1 款系对于诉争商标违反《商标法》绝对禁用条款、绝对禁注条款以及通过欺骗或者其他不正当手段取得注册，进而违背公序良俗原则，致使公共利益受到损害等情形的规制，是对已经取得注册的商标构成该条款所规定具体情形从而应当予以无效宣告进行的相关规定。

（1）适用该条款所规定情形并无期限的限制

《商标法》第 4 条规定系对并无使用意图的恶意申请注册的制止，第 10 条所规定情形系相关标志不得作为商标予以使用，而《商标法》第 11 条、第 12 条所规定情形系指由于相关标志自身缺乏显著性或功能性，无法达到识别商品或者服务来源的作用或作为商标获得垄断权，故不得作为商标予以注册的情形，同时第 19 条第 4 款系对商标代理机构申请注册服务类别的限制。关于“以欺骗手段取得注册”可以理解为以弄虚作假的手段欺骗商标行政主管机关取得商标注册的行为，主要包括：伪造申请书件签章的行为；伪造、涂改申请人的主体资格证明文件；伪造其他证明文件等行为。该条款所规定的“以其他不正当手段”取得注册的，根据《最高人民法院关于审理商标授权确权行政案件若干问题的规定》第 24 条的规定，应当界定为以欺骗手段以外的其他方式扰乱商标注册秩序、损害公共利益、不正当占用公共资源或者谋取不正当利益。

因此，《商标法》第 44 条第 1 款所规定的无效宣告事由，均属于不能作为商标使用或是不应获准商标注册或是违背公序良俗原则的情形，对于社会公共利益整体会产生负面效应，故不宜再设定特定时限予以限制。然而，应当注意的是，在判断诉争商标是否符合该条款所规定的各种情形时，通常应当以诉争商标申请注册日为时间基准进行认定，至多可以延续至核准注册日，避免以无效宣告请求审查时的事实状态进行认定，从而维护注册商标权利人的信赖利益和商标专用权的稳定性。

上述案例中，迈克尔·乔丹在针对诉争商标提出无效宣告请求时所针对的事由并非相对事由，故无须考量其提出时间是否超过法定期限。

（2）特定民事权益的侵害不属该条款所规制的范畴

诚如上文所述，正是该条款所规定情形均系商标不应予以核准注册的绝对事由，是对不特定社会主体利益的损害，或是扰乱了正常的商标注册秩序，危害了公共利益与善良风俗，系对公共资源的不当占有与恶意损害，因此《商标法》并未设置时限对提出无效宣告予以限制，故对特定民事权益的损害，例如商标近似、侵害在先著作权、在先姓名权等，不应适用该条款所规制的范畴。

本案中，迈克尔·乔丹所称诉争商标在其指定使用商品上的使用会导致相关公众对商品来源产生混淆、误认，或者与其产生特定联系等事由，均系对特定民事权益的损害，应属违背了诚实信用原则，而非公序良俗，从该行为的危害性而言，不属于应当使用绝对条款予以规制的情形，故此人民法院未予支持迈克尔·乔丹的诉讼主张符合该条款所规定的立法目的。

（3）“以其他不正当手段”情形认定的考量因素

在适用《商标法》第44条第1款所规定的具体情形时，其中不易确定的是如何准确判断“以其他不正当手段”所规定的情形。该条款主要是对诉争商标申请注册行为的正当性的认定，既然是对行为合法性的判断，自然要针对行为主体的主观意图进行认知，而主观意图属于活动主体内心动机的考量，通常不易于直接予以认知，故需要通过诸多客观系列活动进行推定。

同时，关于诉争商标申请注册行为目的正当性的判断，应当回到商标本身的基础价值与《商标法》所设定的目的上予以分析。商标本身的基础价值就是其指示性，而《商标法》所设立的目的是通过商标注册制度，鼓励对实际需要使用商标的经营者通过申请注册程序，实现对自身品牌商标的价值提升。因此，《商标法》第 4 条规定可以作为判断诉争商标行为正当性的配套法律依据，该条款规定自然人、法人或者其他组织在生产经营活动中，对其商品或者服务需要取得商标专用权的，应当向商标局申请商标注册。商标的基本功能在于区分商品或者服务的来源，民事主体申请商标注册应以满足自身的商标使用需求为目的，并具有真实的使用意图，即其申请注册商标的行为应具有正当性。

因此，在判定诉争商标申请注册是否属于“以其他不正当手段”情形时，应当结合诉争商标申请主体或其关联主体同期申请注册商标的数量、商标是否存在模仿或抄袭他人商标的情形、申请主体自身的经营规模或者经营需求、诉争商标获准注册后的使用情况、是否存在通过转让谋取不当利益等因素予以综合考量，进而判断诉争商标的注册申请是否正当，是否不正当地占用了公共资源，扰乱了正常的商标注册管理秩序，是否有损于公平竞争的市场秩序，有悖于《商标法》的立法精神，并最终做出相应认定。

上述案例中，由于在案证据并不足以证明诉争商标的注册申请存在扰乱正常商标注册秩序，不正当占用公共资源等情形，故人民法院并未认定其构成“以其他不正当手段”取得注册的情形。

（三）无效宣告请求程序中相对事由的认定

《商标法》第 45 条第 1 款规定，已经注册的商标，违反本法第 13 条第 2 款和第 3 款、第 15 条、第 16 条第 1 款、第 30 条、第 31 条、第 32 条规定的，自商标注册之日起五年内，在先权利人或者利害关系人可以请求商标评审委员会宣告该注册商标无效。对恶意注册的，驰名商标所有人不受五年的时间限制。

这里以兰某汉与商标委、王某祥商标无效宣告行政纠纷[①]案为例。

1. 基本案情

第 6144172 号图形商标（以下简称诉争商标）由兰某汉于 2007 年 7 月 3

① 最高人民法院（2017）最高法行申 5084 号行政裁定书。

日申请注册，核定使用在第 17 类玻璃、非包装用塑料膜等商品上，专用权期限为自 2010 年 6 月 7 日至 2020 年 6 月 6 日。

诉争商标获准注册后，王某祥于 2013 年 7 月 12 日就诉争商标向商标评审委员会提出撤销注册请求，主要理由是：诉争商标违反了 2001 年《商标法》第 9 条、第 31 条、第 41 条第 1 款、第 2 款等规定。

2014 年 11 月 2 日，商标评审委员会作出被诉裁定，认定：王某祥提交的证据可以证明，在诉争商标申请日之前，王某祥已经将其委托设计的图形作为其“电控调光塑料薄膜”相关商品的商标进行使用，且已为一定地域的相关公众所知晓。兰某汉与王某祥主要经营地处于同一区域，其应知王某祥在先使用并有一定影响的商标，却抢先将其注册，其行为已经构成 2001 年《商标法》第 31 条规定所指以不正当手段抢先注册他人已经使用并有一定影响的商标的情形。依照 2001 年《商标法》第 31 条、2013 年《商标法》第 45 条第 1 款、第 2 款和第 46 条的规定，裁定：诉争商标予以无效宣告。

兰某汉不服被诉裁定，向北京知识产权法院提起行政诉讼。

2. 判决内容

北京知识产权法院认为，在案证据可以证明，在诉争商标申请日之前，王某祥已经将其委托设计的图形作为商标使用在“电控调光塑料薄膜”等商品上，且已为一定地域的相关公众所知晓。兰某汉所办企业与王某祥所办企业地处同一地区，其应知王某祥在先使用并有一定影响的商标，却抢先将其注册，其行为已经构成 2001 年《商标法》第 31 条规定所指以不正当手段抢先注册他人已经使用并有一定影响的商标的情形。被诉裁定相关认定正确，依法予以确认。故判决驳回兰某汉的诉讼请求。

兰某汉不服，向北京高院提出上诉。北京高院认为，王某祥主张兰某汉申请注册的诉争商标构成对其在先使用的鱼骨图形及“YBL JIAODAI”组合商标的抢注。经比对，诉争商标的图形部分与王某祥主张在先使用商标的图形部分基本相同，二者构成近似商标。王某祥为证明其在与诉争商标核定使用商品相类似的非包装用保护膜商品上在先使用了该商标并形成一定影响，提交了其设计、使用及推广上述商标的相关证据。原审法院根据王某祥提交的上述证据，并结合兰某汉与王某祥在同一地区经营的事实，认定兰某汉应当知道王某祥在先使用并有一定影响的商标却抢先注册，其行为已经构成 2001 年《商标法》第 31 条规定所指“以不正当手段抢先注册他人已经使用并有一定影响的商标”的情形，具有事实和法律依据，应当予以确认。故判决驳回上诉。

兰某汉不服二审判决，向最高法院提出再审申请。最高法院认为，诉争商标的图形部分与王某祥主张在先使用商标的图形部分基本相同。根据商标评审委员会在原审诉讼中提供的证据显示，王某祥早在兰某汉申请商标之前即已将其委托设计的图形作为商标使用在“电控调光塑料薄膜”等商品上，且兰某汉与王某祥所办企业地处同一地区、二人从事相同行业的经营活动，兰某汉应当知晓王某祥在先使用并有一定影响的商标，却抢先将其注册，其行为符合 2001 年修正的《商标法》第 31 条所规定的以不正当手段抢先注册他人已经使用并有一定影响的商标的情形。对于上述事实，王某祥在商标评审委员会审理期间提供了其商标设计合同、商标设计样稿、商标效果图、商标设计费收据、产品宣传册、户外广告等证据，这些证据能够形成完整的证据链条，证实商标评审委员会作出的诉争商标无效的决定具有事实依据。在无相反证据推翻上述证据的情况下，原审法院认定商标评审委员会的裁定正确，驳回兰某汉的诉讼请求并无不当。故裁定驳回兰某汉的再审申请。

3. 案件评析

（1）一般情形下时限的规定

《商标法》第 45 条第 1 款系针对注册商标违反该法相对条款事由的情形，而提出无效宣告，具体包括了驰名商标条款、代理人代表人抢注条款、地理标志条款、商标近似条款、侵害在先权利条款以及抢注条款等，但是相对事由与绝对事由的差异在于，因其并未对社会公共利益产生实质损害，故通常基于相对事由所提出的无效宣告请求的期限为商标核准注册之日起五年内。

上述案例中，王某祥提出无效宣告请求的时间并未超出诉争商标核准注册之日起的五年，故商标评审委员会应当予以受理且对实体问题予以审查。同时，被诉裁定及司法判决针对王某祥所提交的证据，能够认定王某祥已经在相同或类似商品上，在先使用与涉案诉争商标近似的标志，且具有一定影响，在兰某汉并未举证证明其注册诉争商标具有合理在先事由的情况下，可以认定其申请注册诉争商标采取了不正当手段，主观上具有恶意，故宣告涉案诉争商标无效并无不当。

（2）特殊情形下不受时限规定的要件

该条款对于时限亦作出了特殊规定，即若属于恶意注册，则驰名商标所有人不受五年的时间限制。这是出于对驰名商标所有人的特殊保护。然而就如何认定，在司法实践中并未达成统一。其中“恶意注册”的理解，《最高人民法院关于审理商标授权确权行政案件若干问题的规定》第25条规定，人民法院判断诉争商标申请人是否“恶意注册”他人驰名商标，应综合考虑引证商标的知名度、诉争商标申请人申请诉争商标的理由以及使用诉争商标的具体情形来判断其主观意图。引证商标知名度高、诉争商标申请人没有正当理由的，人民法院可以推定其注册构成《商标法》第45条第1款所指的“恶意注册”。

在本田会社与商标评审委员会、本港公司商标权无效宣告行政纠纷一案中[①]，二审法院就关于如何适用恶意注册，驰名商标所有人可以不受“五年”时限做出了指引性的裁判。基于驰名商标“按需认定”的原则，若能够证明诉争商标的注册并未恶意，则无须就涉案所主张的在先商标是否构成驰名予以认定，即该条款的适用情形系综合认定的结论。然而若存在可以适用不受“五年”时限的情形，则应当就相关要件分别进行认定，具体可以从以下几方面进行判定：涉案引证商标在诉争商标申请注册日前是否已经构成驰名、诉争商标与引证商标的近似程度、引证商标的知名程度、二者核定使用商品之间的关联关系、诉争商标具体的使用方式等，进而对诉争商标申请注册时是否具有恶意进行判定。

同时，《商标法》第45条第1款“对恶意注册的，驰名商标所有人不受五年的时间限制”的规定，系针对诉争商标申请人在申请注册时是否存在主观恶意进行的认定，而并非针对诉争商标现权利人在使用时是否存在主观恶

① 北京市高级人民法院（2017）京行终1675号行政判决书。

意进行的认定。特别是在诉争商标发生过转让的情况下，针对该条款的判断应为诉争商标申请注册时的原始主体。然而，若诉争商标继受主体与转让主体存在关联，该商标转让前和转让后的使用方式均可作为判断其主观意图的参考因素。

（3）无效宣告请求审查中可以予以中止的情形

《商标法》第 45 条第 3 款规定，商标评审委员会在依照前款规定对无效宣告请求进行审查的过程中，所涉及的在先权利的确定必须以人民法院正在审理或者行政机关正在处理的另一案件的结果为依据的，可以中止审查。中止原因消除后，应当恢复审查程序。

上述法律条款系对以下情况的考虑：若无效宣告请求人基于在先商标权、著作权、企业名称权益（含商号）等合法民事权益，以诉争商标的申请注册侵害其在先权利（含在先商标权）为由，主张对诉争商标予以无效宣告，如果该在先权利的权属或权利的效力状态正在其他案件中予以审理，因《商标法》第 45 条第 1 款限定的申请主体为权利人或者利害关系人，且其主张的在先权利应为合法有效的状态，因此其他案件的裁判结果势必对本案无效宣告产生实质性影响。由此，一般情况下，商标评审委员会可以采取中止审查的方式，等待其他案件的裁判结论确定时，再行审理无效宣告请求案件。

（四）注册商标被予以无效后的法律后果

《商标法》第 47 条规定，依照本法第 44 条、第 45 条的规定宣告无效的注册商标，由商标局予以公告，该注册商标专用权视为自始即不存在。宣告注册商标无效的决定或者裁定，对宣告无效前人民法院做出并已执行的商标侵权案件的判决、裁定、调解书和工商行政管理部门做出并已执行的商标侵权案件的处理决定以及已经履行的商标转让或者使用许可合同不具有追溯力。但是，因商标注册人的恶意给他人造成的损失，应当给予赔偿。依照前款规定不返还商标侵权赔偿金、商标转让费、商标使用费，明显违反公平原则的，应当全部或者部分返还。

这里以凯旋门公司与珲春老火锅城侵害商标权纠纷[①]案为例。

1. 基本案情

原告凯旋门公司诉称，该公司第一家“澳门豆捞”门店自开业以来，获得了多项荣誉。凯旋门公司于2012年7月7日取得了第7807426号“澳门豆捞”注册商标专用权，2014年3月21日取得了第8956088号“澳门豆捞”注册商标专用权。“澳门豆捞”品牌经凯旋门公司十余年经营，具有自己独特的风格，在中国餐饮行业已具有极高知名度与影响力。2014年6月，凯旋门公司发现嵇某海在高速公路广告牌、珲春开办的希尔顿西餐厅的招牌等商业推广中使用凯旋门公司注册的“澳门豆捞”商标，让人们误以为是凯旋门公司连锁经营的分店，至起诉日，营业时间已达5个月，其行为侵犯了凯旋门公司的商标专用权，给凯旋门公司造成了极大的经济损失及不良影响，应当承担相应的民事责任。

被告珲春老火锅城一审辩称：本案所涉两项注册商标在法定的五年商标宣告无效期间，都已有其他利害关系人提出宣告无效申请，且均已由商标局受理，因此处于权利待定状态，应等待宣告无效完毕后，再行恢复审理。

凯旋门公司成立于1998年10月，其主要经营项目包括零售、预包装食品等。自2004年以来，凯旋门公司开始使用“澳门豆捞”名称作为其餐饮服务品牌，自2004年起至2014年止，在全国取得了多项荣誉，并在全国设立了百余家加盟连锁店，其连锁加盟店均在餐饮服务中使用“澳门豆捞”名称。2012年7月7日，凯旋门公司经商标局批准注册了第7807426号商标，该商标由左侧“凯旋门”图形和右侧“澳门豆捞”中文汉字组成；2014年3月21日，凯旋门公司经商标局批准注册了第8956088号商标，该商标由图形、“澳门豆捞”中文汉字和英文字母“MACAODOULAO”组成。

嵇某海于2014年3月26日取得个体工商户营业执照，企业字号为“珲春市时尚澳门豆捞城”。

案外人零叁柒壹公司曾向商标局对凯旋门公司的“澳门豆捞”注册商标

① 最高人民法院（2017）最高法民再262号民事判决书。

提出异议，并向商标评审委员会申请复审，商标评审委员会于2015年3月2日作出裁定，对被异议“澳门豆捞”商标予以核准注册。

案外人蚌埠豆捞公司于2014年5月22日向商标评审委员会提出申请，请求宣告凯旋门公司“澳门豆捞”注册商标无效，商标评审委员会对该申请已予以受理，截至一审开庭尚未作出结论。

在二审期间，商标评审委员会作出裁定，认为蚌埠豆捞公司的无效宣告理由不能成立，裁定诉争商标予以维持。

2015年11月23日，北京知识产权法院作出(2015)京知行初字第3585号行政判决，撤销商标评审委员会关于“澳门豆捞”无效宣告请求裁定；责令商标评审委员会针对蚌埠豆捞公司的无效宣告请求重新作出裁定。

在本案再审期间，查明商标评审委员会及凯旋门公司均针对北京知识产权法院作出的行政判决提起上诉，北京高院于2016年4月26日分别作出（2016）京行终2147号、2158号行政判决，判决驳回上诉，维持原判。凯旋门公司不服（2016）京行终2147号、2158号行政判决，向最高法院申请再审，最高法院于2016年9月18日分别作出（2016）最高法行申1848号、2092号行政裁定，裁定驳回凯旋门公司的再审申请。商标评审委员会依据前述生效判决，于2016年6月24日作出第884号及第885号裁定，分别裁定第7807426号注册商标、第8956088号注册商标在餐厅、餐馆服务上予以无效宣告，在其余服务上予以维持。

吉林省珲春市人民法院于2017年3月20日作出（2016）吉2404执恢51号执行结案通知书，于3月21日执行了本案执行款10万元。

2. 判决内容

吉林省延边朝鲜族自治州中级人民法院认为，虽然案外人向商标评审委员会提出宣告涉案注册商标无效的申请，但涉案商标并未被依法确认无效，故行政机关的审查并不影响本案审理，本案不属于应当中止的情形，珲春老火锅城认为本案应中止审理，于法无据，并认定珲春老火锅城侵犯了凯旋门公司的商标专用权。故判决珲春老火锅城停止侵犯凯旋门公司商标权；珲春老火锅城十日内赔偿凯旋门公司经济损失10万元；驳回凯旋门公司其他诉讼请求。

珲春老火锅城不服，向吉林省高院提出上诉。吉林省高院认为，虽然案外人蚌埠豆捞公司向商标评审委员会提出宣告无效申请，但商标评审委员会裁定诉争商标予以维持。虽然其后北京知识产权法院判决撤销了商标评审委员会的裁定，责令商标评审委员会针对蚌埠豆捞公司的无效宣告请求重新作出裁定，但该判决因凯旋门公司提起了上诉而未生效。更重要的是，北京知识产权法院的行政判决并未撤销凯旋门公司的涉案商标，亦未确认涉案商标无效。由是观之，凯旋门公司的注册商标仍然具有一定的稳定性。故虽然有北京知识产权法院撤销商标评审委员会的裁定，但基于权利人的权利稳定性以及维权的时间成本考虑，本案不宜中止，应当继续审理。如果凯旋门公司的注册商标一经撤销或被认定无效，那么当事人可以依据新出现的证据，申请再审予以改判。为此，珲春老火锅城此点上诉理由不能成立，不予支持。故判决驳回上诉。

珲春老火锅城不服，向最高法院提出再审申请。最高法院认为，宣告本案商标权在“餐厅、餐馆”服务上无效的第 884 号及第 885 号裁定的作出日均为 2016 年 6 月 24 日，该裁定系依据在先的生效判决作出。原一、二审判决执行完毕日是 2017 年 3 月 21 日。根据前述理由，本案商标权在“餐厅”服务上被宣告无效的时间应为 2016 年 6 月 24 日。在该日之前，人民法院作出的商标侵权判决并未执行完毕，故本案不属于《商标法》第 47 条第 2 款规定的不具有追溯力的情形。由于出现了本案商标权在部分服务上被宣告无效这一新的事实和证据，原一、二审判决认定侵权成立的事实基础已不复存在，应予撤销。凯旋门公司基于原一、二审判决的执行而获得的利益，应予返还。珲春老火锅城的相应申请再审理由成立，应予支持。凯旋门公司关于原一、二审判决在第 884 号及第 885 号裁定作出之前已执行终结，两裁定对原一、二审判决不具有追溯力的抗辩理由不能成立，不予支持。因此，在本案商标权宣告无效决定作出之日，原一、二审判决并未执行完毕，不属于《商标法》第 47 条第 2 款规定的不具有溯及力的情形，因此第 884 号及第 885 号裁定对原一、二审判决具有追溯力。鉴于本案商标权在“餐厅、餐馆”服务上已被宣告无效，原一、二审判决已经丧失事实基础，应予撤销；凯旋门公司相关诉讼请求已不能成立，应予驳回。故判决撤销一审判决及二审判决、驳回凯旋门公司的诉讼请求。

3. 案件评析

《商标法》第 47 条第 1 款系对于商标权被无效宣告后，其专用权消灭起始时间应追溯为自始不存在；该条第 2 款、第 3 款则是针对注册商标在被宣告无效前，基于生效判决、裁定、调解书、商标转让合同、许可协议等已经支付完毕的款项，一般情况下不具有追溯力，只有在显失公平的情况下才予以返还。上述案例明确就如何判定宣告注册商标无效的决定或者裁定的生效时间以及判断依据生效裁判执行完毕时间的先后顺序做出了指引。

（1）宣告无效的时间点应当如何确定

上述案例中，最高法院在再审判决中明确指出，《商标法》第 47 条第 2 款的立法目的在于实现公平与秩序的协调和平衡。一方面，赋予注册商标无效决定或者裁定对商标权被宣告无效后尚未执行或者履行完毕的商标侵权判决、调解书、商标侵权纠纷处理决定、商标许可合同、商标权转让合同等以追溯力，保障被指控的商标侵权人、商标被许可人以及受让人的正当利益，防止注册商标权人借无效商标获得不当利益。另一方面，对于已经执行或者履行完毕的商标侵权判决、调解书、商标侵权纠纷处理决定、商标许可合同、商标权转让合同，商标无效决定或裁定没有追溯力，维持已经形成并稳定化的社会秩序。由于宣告无效的商标专用权视为自始即不存在，以该商标权为基础的商标侵权判决、调解书、商标侵权纠纷处理决定、商标实施许可合同、商标权转让合同等所确定的利益本不应由商标权人获得。因此，《商标法》第 47 条第 2 款的规定以商标无效决定或裁定有追溯力为原则，以无追溯力为例外。基于上述原因，在确定宣告无效的时间点时，应该考虑如下因素：一是该时间点应有对世性，应是社会公众均可公开得知并明确知晓的；二是该时间点应有确定性，应是一个确定的时间点，原则上不宜随当事人的具体情况或者其他人为因素发生变动；三是该时间点应是较早的具有法律意义的时间点，尽量增加无效决定或裁定发挥追溯力的机会。

本案中，第 884 号及第 885 号裁定涉及两个具有法律意义的时间点：裁定作出日（2016年6月24日）；送达日（2016年7月7日）。作出日是无效裁定的作出时间，在无效裁定书上有明确记载，社会公众可以方便地获知。无效裁定一经作出即对商标评审委员会产生拘束力，不得随意撤销或者变更。送达日是当事人收到无效宣告请求审查决定的时间，是可提起行政诉讼期间的起算点。送达日无法在无效裁定书上载明，只能根据送达当事人的具体情况予以查明。无效裁定作出后，送达日可能由于人为因素发生变动，有时大大迟于决定作出日。如果以送达日作为商标权被宣告无效的时间点，则裁定作出日至送达日这一时间间隔可能被当事人利用，通过恶意加快或者拖延执行或履行来影响无效裁定的追溯力，从而获得有利于自己的追溯力结果。可见，以送达日作为宣告商标权无效的时间点，可能造成不合理的结果。相反，以作出日作为确定商标权被宣告无效的时间点，不仅具有对世性和确定性，还可以在一定程度上增加无效裁定发挥追溯力的机会，实现结果公正。因此，宣告商标权无效的时间点应以无效裁定日（作出日）为准。

（2）生效裁判已执行完毕的时间点应当如何确定

所谓生效裁判已执行是指生效裁判所确定的执行内容已经执行完毕，裁判确定的权利人的利益已经得到实现。裁判已执行的时间点，一般应以裁判所确定的执行内容执行完毕，且裁判确定的权利人的利益得到实现的时间点为准。然而，若对于生效裁判属于部分执行的情形，出于上文对法律所规定该条款立法目的的考量，应当予以区分对待。即对于已经执行完毕的部分内容，不再予以追溯；而对于未执行完毕的部分内容，则依据注册商标被予以宣告无效的新情况，不再予以执行。

本案中，一审法院2017年3月20日作出（2016）吉2404执恢51号执行结案通知书，并于2017年3月21日完成了全部执行行为，故涉案原审判决执行完毕的时间应为2017年3月21日。

基于前述对宣告无效时间点和执行完毕时间点的分析与认定，本案中涉案注册商标被宣告无效的时间应为2016年6月24日，而执行完毕的时间应为2017年3月21日。显然在涉案注册商标被宣告无效之时，本案侵权判决并未执行完毕，故不属《商标法》第47条第2款所规定的情形。

三、注册商标的撤销

《商标法》第 49 条规定，商标注册人在使用注册商标的过程中，自行改变注册商标、注册人名义、地址或者其他注册事项的，由地方工商行政管理部门责令限期改正；期满不改正的，由商标局撤销其注册商标。注册商标成为其核定使用的商品的通用名称或者没有正当理由连续三年不使用的，任何单位或者个人可以向商标局申请撤销该注册商标。商标局应当自收到申请之日起九个月内做出决定。有特殊情况需要延长的，经国务院工商行政管理部门批准，可以延长三个月。

这里以厨味加工厂与商标评审委员会、厨味公司商标撤销复审行政纠纷[①]案为例。

（一）基本案情

复审商标系东莞市篁村新福厚贸易部于 1998 年 11 月 24 日向商标局申请注册的第 1423623 号“厨味”商标，核定使用在第 30 类食品淀粉、鸡精（调味品）等商品上。2007 年 10 月 8 日，复审商标变更至厨味加工厂。

商标局受理厨味公司以连续三年停止使用为由针对复审商标在“辣椒粉、调味酱油、咖喱粉（调味品）、香兰素（香草代用品）、味精、鸡精（调味品）、芥末”商品上的注册提出的撤销申请后，经审查于 2014 年 10 月 30 日作出商标撤三字〔2014〕第 Y000548 号决定，决定：撤销复审商标在“辣椒粉、调味酱油、咖喱粉（调味品）、香兰素（香草代用品）、味精、鸡精（调味品）、芥末”商品上的注册并予以公告。

2014 年 12 月 4 日，厨味加工厂针对复审商标向商标评审委员会提出复审申请，请求撤销商标局作出的决定。厨味加工厂提交了相关复审商标的使用证据。

---

① 北京市高级人民法院（2016）京行终 5047 号行政判决书。

2015 年 8 月 19 日，商标评审委员会作出被诉决定，认定：厨味加工厂向商标局提交的证据材料不能证明复审商标在 2011 年 1 月 22 日至 2014 年 1 月 21 日期间（以下简称复审期间）内在第 30 类辣椒粉、调味酱油、咖喱粉（调味品）、香兰素（香草代用品）、味精、鸡精（调味品）、芥末商品上进行了真实、有效的商业使用，复审商标在上述商品上应予以撤销。商标评审委员会决定：复审商标在辣椒粉、调味酱油、咖喱粉（调味品）、香兰素（香草代用品）、味精、鸡精（调味品）、芥末商品上予以撤销。

厨味加工厂不服被诉决定，提起行政诉讼。

在一审诉讼中，厨味加工厂补充提交了相关证据。

（二）判决内容

北京知识产权法院认为，复审商标系中文文字“厨味”，而厨味加工厂在真好用鸡粉包装箱上使用的商标为“厨味 chuwei 及图”商标，真好用鸡粉包装罐上使用的商标为“厨味及图”商标。“厨味 chuwei 及图”商标以及“厨味及图”商标与复审商标相比，差别较大，故厨味加工厂在实际经营中自行改变了复审商标的标识，导致复审商标发生了较为显著的变化，其该行为不能视为复审商标在鸡精商品上的使用。综合厨味加工厂提交的现有证据，不足以形成完整的证据链证明复审商标于复审期间内在味精、鸡精（调味品）等商品上进行了商标法规定的公开、真实的商业使用，被诉决定的认定无误。故判决驳回厨味加工厂的诉讼请求。

厨味加工厂不服，向北京高院提出上诉。北京高院认为，复审商标系文字“厨味”，而厨味加工厂提交的诸多证据显示，其实际使用的是“厨味 chuwei 及图”商标和“厨味及图”商标。“厨味 chuwei 及图”商标以及“厨味及图”商标与复审商标相比差别较大，即厨味加工厂在实际经营中自行改变了复审商标的标识，导致其实际使用的商标相对于复审商标发生了较为显著的变化，故厨味加工厂实际使用“厨味 chuwei 及图”商标和“厨味及图”商标的行为不能视为对复审商标的使用。故判决驳回上诉。

厨味加工厂不服，向最高法院提出再审申请。最高法院认为，本案中，虽然在案证据显示厨味加工厂在鸡粉商品上使用的商标与诉争商标有所差别，但是其使用的“厨味 chuwei 及图”及“厨味及图”标志其显著识别部分均为文字“厨味”，与诉争商标相同，并未改变诉争商标显著特征，可以视为诉争商标的使用。故在案证据可以证明复审期间内诉争商标在鸡粉、味精、鱼露商品上进行了真实、有效的商业使用，原审法院认定事实错误。在事实认定错误的基础上原审法院适用法律亦存在错误，依法应予纠正。故判决撤销一、二审判决及被诉决定，判令商标评审委员会重新作出复审决定。

（三）案件评析

1. 未改变复审商标显著特征的商标标志的使用应认定有效

《商标法》第 49 条第 2 款所规定没有正当理由连续三年不使用制度是为了督促商标权人对其注册商标在核定使用的商品或服务上真实、合法、规范、公开、有效地进行使用，从而发挥商标的实际效用，能够使相关公众基于注册商标区分提供商品或服务的不同市场主体，防止浪费商标资源，随意侵占公共资源。由此，商标权人自行使用、许可他人使用以及其他不违背商标权人意志的使用，均可认定属于实际使用，即使在实际使用过程中的商标标识与核准注册商标标识存在细微差别，但只要未改变其显著特征的，相关公众能够识别为核准注册商标的，可以视为注册商标的使用。

上述案例中，最高法院在通过对厨味加工厂提交的其与永益公司签订的“厨味真好用鸡粉”购销合同，与美林制罐厂签订的“厨味真好用鸡粉”包装罐的购销合同，与友诚公司签订的“厨味真好用鸡粉”包装纸箱的《加工销售清单》，以及相关送货单、发货单、收据等证据进行综合认定的基础上，确认在案证据能够证明厨味加工厂在复审期间在鸡粉商品对“厨味 chuwei 及图”及“厨味及图”标志进行了宣传和使用，在味精、鱼露商品对“厨味”商标进行了宣传和使用。进而根据我国相关公众的认知习惯，因“厨味 chuwei 及图”及“厨味及图”标志其显著识别部分均为文字“厨味”，故最终认定了复审商标于指定期限内在鸡粉、味精、鱼露商品上进行了《商标法》意义上的使用。

2. 如何认定是否构成《商标法》意义上的商标使用

在案件裁判过程中，关于何为有效的商标使用应当使用综合判定的标准，应当结合在案证据进行全面认定，可以从“真实、合法、规范、公开、有效”等五个方面予以判定。

所谓“真实”，系指诉争商标的使用行为应出于商标权人的真实意思表示，并且具有使用诉争商标达到区分商品或服务来源作用的主观意图，而非仅为浪费商标资源、侵占公共资源、通过转让等手段谋取利益，为维持诉争商标注册而进行的使用，或者并非基于商标权人的意志进行的使用。

所谓“合法”，系指诉争商标在指定使用商品或服务上的使用，不能违反国家法律、法规等强制性规定的要求，此中应当注意，所谓强制性规定一般应当限于效力性强制性规定，而不包括管理性强制性规定。

所谓“规范”，系指诉争商标在使用过程中一般应与其核准注册的商标标志与核定使用的商品相一致。因为我国采取商标注册制度，即通过法定程序注册，使商标获得专用权。专用权的本质要求商标权人根据其被核准注册的商标标志和商品进行规范的使用，否则可能会对他人的合法权利造成侵害，而商标的使用恰恰为商标专用权的有效体现。同时商标权的连续三年不使用的撤销制度本身不是为了惩罚商标权人，而是为了鼓励商标的使用。即便可以在一定限度内接受诉争商标在实际使用中的细微改变，此种改变也应当确保在相关公众施以一般注意力的情况下，能够辨认出诉争商标的显著特征，从而有效督促诉争商标权利人行使其商标专用权。然而应当在此指出，如果诉争商标权利人实际使用的改变后的标志系直接指向了其自身的其他注册商标，或者他人注册商标的，则该使用行为可能并非对诉争商标具有使用的意图，也就无法形成与诉争商标专用权的唯一对应关系。在此情况下，即使实际使用中诉争商标的显著特征能够识别，也不能认为系对诉争商标的使用。

所谓“公开”，系指诉争商标在指定使用商品或服务上进行使用，应当以相关公众能够明确知晓的方式进行，对于仅是为生产、销售、宣传等而进行的准备活动，一般不宜认定为《商标法》意义上的公开使用。

所谓“有效”，系指诉争商标的实际使用行为能够起到识别商品或服务来源的作用，而非仅对诉争商标注册信息的公布或其注册商标享有相关权利的声明等，这也与商标的基本功能相吻合。

因此，可以根据上述因素逐一就是否构成“真实、合法、规范、公开、有效”的商标使用进行认定，进而得出是否符合《商标法》意义上的使用结论。

3. 在撤销制度下如何判断商标使用的具体商品类别

我国采取商标注册制，并不以在先使用作为获准注册的基本要件，然而商标的基本功能是为了使市场主体在生产经营过程中，通过以商标为商业符号的使用，实现相关公众对商品或服务具体来源的认知，故此商标法通过规定商标连续三年不使用撤销制度来鼓励商标注册人对其已注册商标进行积极的使用，这也是商标注册制所体现的基本规则。商标专用权的有效维持，应当以其核定使用的商品或服务为限，即商标注册人应当在指定期限内，在其核定使用的商品或服务上进行有效使用，才能确保其商标专用权不被依法撤销。因此，在对复审商标是否能够维持在其核定使用商品或服务上的专用权进行认定时，应当结合其实际使用行为所具体指向的商品或服务与复审商标核定使用的商品或服务是否相同，从而作出判断。若复审商标核定使用存在多个商品，并不要求商标专用权人必须具体在每个商品上均进行使用，只要商标专用权人能够证明在其指定使用的某个商品上进行了真实、合法、规范、公开、有效的使用，在与该商品类似的商品上亦可以维持商标专用权的有效，此种制度的考量是为了避免过分加重商标专用权人的使用负担，并且亦是对当前商品流通领域中诸多具体商品存在组合销售的考量。然而，对类似商品的认定，应当严格按照商品的功能、用途、生产部门、消费渠道和消费群体进行判断，更多地从商品物理的客观属性进行认定，而不能将存在密切销售关系的所谓“关联商品”纳入到制度项下的“类似商品”中。

因为在三年不使用撤销制度下去考量“类似商品”，是从鼓励商标专用权人积极使用的目的出发，并非以商标禁用权的视角，从考虑造成商品或者服务来源混淆的目的进行分析，故不同制度下基于法律价值归宿点的差异，应当予以区分。

第四章
商标权的内容与利用

第一节　商标权的内容

《商标法》第五十六条规定，注册商标的专用权，以核准注册的商标和核定使用的商品为限。

一、核准使用的商品

《商标法》第五十六条系关于注册商标专用权保护范围的规定。注册商标专用权是指商标权人在核定使用的商品或服务上享有专门使用核准注册商标的权利，包括两方面的含义：一是注册商标的使用权只在特定的范围即核定使用的商品与核准注册的商标范围内有效；二是该特定范围内商标注册人对其商标的使用是一种专有使用。换句话说，对注册商标的保护，仅限于核准注册的商标和核定使用的商品范围之内，不得任意改变或者扩大保护范围。[①]

某一注册商标是否在其核准注册的类别上进行了使用，在商品分类清晰明确的情况下，这一问题通常是一个事实认定问题，但在一些特殊情形下，还涉及法律判断问题。实践中，一方面，很多商标注册人在申请注册商标时，

① 郎胜主编：《中华人民共和国商标法释义》，法律出版社，2013年版，第105页。

其选择的注册类别众多，甚至很多商标注册人选择全类别注册。但在实际经营中，商标注册人实际使用注册商标类别数量往往少于其注册类别数量，对于未实际使用商标的类别，若其与实际使用商标的商品属于类似商品，能否认定为注册商标也在该类别上进行了使用？另一方面，有些商标注册人在申请注册时所注册的类别为A，但其在实际经营中将注册商标超范围使用在B类别上，能否认定为商标注册人实际使用了其注册商标？

对于上述问题，最高法院在“清华漆业”案[①]中明确，商标法中有关“商标连续三年不使用”中的“使用”，应当理解为在核定类别上的使用，不应将在类似商品上的使用视为该条所称的“使用”。这一判决虽是针对商标撤销程序中有关注册商标“使用”范围的界定，但同样应当适用于商标民事侵权中有关注册商标是否在其注册类别上实际使用的认定。

将注册商标“使用”范围严格限定在核定使用范围，以及对未实际使用商标的类别不认定为使用，一方面有利于鼓励商标注册人规范注册商标的申请和使用，防止不当占用商标资源；另一面也有助于其他经营者明确该注册商标的权利边界，降低其在商标的申请和使用时的风险预期，保障市场交易秩序的稳定。

二、非规范商品的使用

由于市场商品需求及商业发展的多元化，实践中存在大量的非规范商品，它们不存在《类似商品和服务区分表》中的规范商品名称，实践中经常会遇到权利人的核定商品类别是否正确的问题。如果权利人注册有误，实际使用的商品并非核定注册的类别，可能在市场中会面临被竞争者申请撤三，或者真正的商品类别被后来者抢注进而发生复杂的市场分割和诉讼问题。

在“妙妙”商标案中[②]，妙士公司在申请注册及后续使用注册商标时，区

① 最高人民法院（2015）知行字第255号行政裁定书。

② 最高人民法院（2017）最高法行申5031号行政裁定书。

分表并未明确规定“乳酸菌饮料”这一类别，而“妙妙”商标核定使用的类别为“乳酸饮料（果制品、非奶）”，能否认定为实际使用了注册商标，应从以下几个方面进行分析：首先，商标注册人是否在与实际使用商标的商品最类似商品上进行了注册。区分表是对已有的商标和服务所作的类别区分，其往往具有一定的滞后性，对于某一新类型商品，经营者不可能等待区分表对某一商品类别进行了规定之后，再在该类商品上去申请注册。法律不能强人所难，在商标注册人已经在与实际使用的上商品最类似的商品类别上进行注册的情况下，说明其已充分尊重注册商标制度，并且不具有垄断商标资源的意图。其次，商标注册人是否对商标进行了公开、真实、合法的连续性使用。要注重维护注册商标制度的稳定性，正如最高法院在该案中所言，注册商标毕竟是经商标行政管理部门依法核准注册的商标，我们对于商标权利人的商标使用行为不能苛刻，只要进行了公开、真实、合法的连续性使用，就不能轻易撤销一个合法获得注册的商标。在区分表未对某一商品类别进行明确规定，而商标注册人已经在最类似的商品类别享有注册商标的情况下，若不认定为注册商标的实际使用，不仅会损害商标权的信赖利益，也会对注册商标制度的稳定性带来冲击。

（一）基本案情

1999年1月14日，案外人龙宝公司向国家工商行政管理总局商标局（以下简称商标局）申请注册第1415139号“妙妙”商标（以下简称诉争商标），核定使用商品为第32类乳酸饮料（果制品、非奶）、水（饮料）、水果饮料（不含酒精）、可乐、汽水等。2014年4月24日，经商标局核准，诉争商标转至妙士公司。

2014年6月9日，蒙牛公司向商标局提出针对诉争商标的连续三年停止使用撤销申请，商标局于2015年4月9日作出决定，诉争商标予以维持。蒙牛公司不服，向商标评审委员会提出复审申请。2016年5月11日，商标评审委员会作出决定，认为结合妙士公司提交的经销合同、提货单等证据材料，可以认定妙士公司于2011年6月9日至2014年6月8日（简称指定期间）对诉争商标在乳酸菌乳饮料商品上进行了实际的商业使用。蒙牛公司称 3202 群组中的乳酸饮料不含奶，由于乳酸菌乳饮料并非规范的商品名称，商标注册审查实践中通常将其归入 3202 乳酸饮料（果制品、非奶）商品中。因此，蒙牛公司关于乳酸饮料不含奶的主张，不予支持。妙士公司将诉争商标使用于乳酸菌乳饮料商品上的行为可视为其在乳酸饮料（果制品、非奶）商品上对复审商标进行了实际的商业使用，故复审商标在乳酸饮料（果制品、非奶）商品上的注册予以维持。同时，诉争商标指定使用的除乳酸饮料（果制品、非奶）商品外的其余商品与乳酸饮料（果制品、非奶）商品属于类似商品，故复审商标在其余商品上的注册应予以维持。

（二）判决内容

北京知识产权法院认为，本案的焦点在于：妙士公司在“乳酸菌饮料”商品上使用诉争商标，是否能够认定属于在其核定使用商品上使用诉争商标，从而可以维持诉争商标有效。妙士公司申请诉争商标的时间为 1999 年 1 月 14 日，当时《类似商品和服务区分表》(1998 年版）中 3202 群组只有“乳酸饮料（果制品、非奶）”商品，并不存在“乳酸菌饮料”商品。妙士公司在指定期间内实际使用诉争商标时，商标局依然没有对第 32 类商品中“乳酸饮料（果制品、非奶）”的含义作出明确的解释和界定，蒙牛公司也没有提交证据证明相关公众和商标注册审查人员在上述期间内对“乳酸饮料（果制品、非奶）”和“乳酸菌饮料”有明确的区分。基于行政相对人对行政机关具体行政行为信赖的原则，在商标局对《类似商品和服务区分表》中商品没有作出明确解释和界定的情况下，不能对商标注册权人提出高于商标注册审查人员的判断标准。因此，妙士公司将诉争商标使用在“乳酸菌饮料”商品上，已经证明了其不具有注册后不实际使用诉争商标的意图，也不具有垄断商标资源的意图。应当认定，妙士公司将诉争商标在“乳酸菌饮料”上的实际使用，视为其在核定使用“乳酸饮料（果制品、非奶）”商品上的使用。北京知识产权法院判决驳回蒙牛公司的诉讼请求。

蒙牛公司不服北京知识产权法院的一审判决，提起上诉。北京市高级人民法院认为，“乳酸菌饮料”与“乳酸饮料（果制品，非奶）”在功能、用途、生产部门、销售渠道、消费群体等方面高度重合，并且诉争商标在申请注册时“乳酸菌饮料”在《类似商品和服务区分表》中没有记载，故商标评审委员及一审法院认定“乳酸菌饮料”与“乳酸饮料（果制品、非奶）”为类似商品，并将诉争商标在“乳酸菌饮料”上的使用视为在“乳酸饮料（果制品、非奶）”上的使用是正确的。二审判决驳回上诉，维持原判。

蒙牛公司不服北京高院判决，向最高法院提请再审。最高法院认为，鉴于妙士公司在 2011 年 6 月 9 日至 2014 年 6 月 8 日的三年指定期间内，商标局并未对第 32 类商品中“乳酸饮料（果制品、非奶）”的含义作出明确界定，蒙牛公司亦未提交证据证明相关公众和商标行政管理部门在上述期间对“乳酸饮料（果制品、非奶）”和“乳酸菌饮料”有明确的区分，因此在商标行政管理部门对《类似商品和服务区分表》中商品没有做出明确解释和界定的情况下，不能对商标注册申请人提出过高的判断标准。妙士公司提交的其在“乳酸菌饮料”上使用诉争商标的证据，可以证明妙士公司在 2011 年 6 月 9 日至 2014 年 6 月 8 日指定期间内，对诉争商标进行了公开、真实、合法的使用。再审判决驳回蒙牛公司的申请。

第二节　商标权的转让

《商标法》第 42 条规定，转让注册商标的，转让人和受让人应当签订转让协议，并共同向商标局提出申请。受让人应当保证使用该注册商标的商品质量。转让注册商标的，商标注册人对其在同一种商品上注册的近似的商标，或者在类似商品上注册的相同或者近似的商标，应当一并转让。对容易导致混淆或者有其他不良影响的转让，商标局不予核准，书面通知申请人并说明理由。转让注册商标经核准后，予以公告。受让人自公告之日起享有商标专用权。

一、商标局审查商标转让申请的法律性质及职权

这里以“丝丽雅”商标转让纠纷案为例。[①]

（一）基本案情

原告：丝丽雅公司

被告：国家工商行政管理总局商标局（以下简称商标局）

2011 年 6 月 29 日，丝丽雅公司向商标局提出第 1483721 号注册商标转让申请，商标局于 2012 年 3 月 6 日和 6 月 26 日两次发出补正通知书。丝丽雅公司之后提供补正回文称注册商标转让人已经注销，并提供了清算组备案通知书和清算决议。2012 年 7 月 10 日，丝丽雅公司对该商标提出了注销申请。2012 年 9 月 25 日，案外人来函反映丝丽雅公司提供的转让材料涉嫌造假。2012 年 9 月 29 日，商标局向沈阳市工商行政管理局（以下简称沈阳市工商局）发出调查函调查此事，沈阳市工商局未回函。

2013 年 7 月 3 日，商标局再次向丝丽雅公司发出补正通知书，要求其提供审批机关批准美媚公司解散的批件。丝丽雅公司于 2013 年 8 月 2 日向商标局提交了相关补正。该注册商标转让申请目前处于等待审查补正回文的状态。丝丽雅公司向法院提起诉讼，认为商标局对注册商标转让申请的审查应当为形式审查，请求判决商标局准予通过其所提出的注册商标转让申请。

（二）判决内容

一审法院认为，商标局作出《不予核准转让的通知》，已经履行了相关职责，故判决驳回了丝丽雅公司的诉讼请求。丝丽雅公司不服，向北京市高级人民法院提起上诉。北京市高级人民法院认为，商标局是国家行政机关，具有核准注册商标转让与否的权利，判决驳回上诉。丝丽雅公司不服二审判决，向最高人民法院提起再审。最高人民法院认为，相关法律、法规没有明确规

① 最高人民法院（2013）知行字第 72 号再审审查行政裁定书。

定商标局对转让文件只能进行形式审查。商标局在转让文件真实性存疑的情况下，对转让文件真实性进行必要调查，并未超出其审查权限。商标局核准注册商标转让是基于平等民事主体就注册商标转让达成的合意，不是行政机关依申请准予行政相对人从事特定活动的行政许可行为，不受行政许可法的调整，丝丽雅公司要求商标局履行核准注册商标转让职责没有法律依据。故判决驳回丝丽雅公司的再审申请。

（三）案件评析

《商标法》第 42 条系关于注册商标转让的规定。注册商标的转让，是指注册商标所有人在法律允许的范围内，将其注册商标转移给他人所有。转让注册商标是注册商标的主体发生变更，转让后的商标所有人不再是原商标注册人。[①] 商标局一旦核准商标转让，就意味着转让人对其转让的商标不再享有任何商标权利。

在商标转让行为中，转让人和受让人是缺一不可的构成要件。我国商标法对于商标转让采取的是核准制而非备案制，所谓核准，即审核及批准之意。对于申请人提交的转让文件进行审核，是法律赋予商标局的法定职责。《国家工商行政管理总局商标局关于申请转让商标有关问题的规定》中明确，在办理转让商标申请手续时，除应当按照有关规定提交《转让申请 / 注册商标申请书》等材料外，还应当提供能够证明转让、受让双方主体资格的加盖公章的有效证件复印件。商标局对上述证件的真实性、有效性产生怀疑的，可以要求提供有关证明文件或经过公证的复印件。商标局对转让的真实性产生怀疑的，商标局可以向受让人发出补正通知书，要求其书面说明有关情况，必要时可以要求提供经公证的转让协议或经公证的转让人同意转让的声明，或者其他证明文件。

本案中，在有案外人来函反映丝丽雅公司提供的转让材料涉嫌造假的情况下，商标局有理由怀疑丝丽雅公司提交的转让材料的真实性，商标局因此

---

① 郎胜主编:《中华人民共和国商标法释义》，法律出版社 2013 年版，第 81–82 页。

对转让材料进行必要的调查，并要求丝丽雅公司提供相应补正材料，正是商标局履行其审核职能的体现。倘若商标局对于商标转让材料仅是简单地进行表面形式审查，对于真实性存疑的材料置若罔闻，将很可能放任虚假转让行为的发生，增加商标转让的争议，这亦与商标法设立商标转让核准制的意图相悖。

本案的商标转让申请发生在2014年《商标法实施条例》修订之前，2002年施行的《商标法实施条例》中规定的“转让注册商标申请手续由受让人办理”系沿用了《商标法》颁布之前的条款，这与《商标法》所规定的“转让人和受让人应当共同向商标局提出申请”从实质上看并不相符，且仅由受让人办理转让手续将增加虚假转让并损害原商标所有人权益的可能。2014年修订的《商标法实施条例》将转让注册商标申请手续由“受让人办理”变更为“由转让人和受让人共同办理”，这一修订将更有利于保障商标转让人在商标转让过程中的合法权益，更好地避免商标转让争议的发生。

二、商标局审查商标转让申请的责任

这里以刘某伟诉商标局行政纠纷案①为例。

（一）基本案情

原告：刘某伟

被告：国家工商行政管理总局商标局（以下简称商标局）

刘某伟于2011年8月14日经核准注册第8562907号商标。2014年8月5日，商标局受理一份关于涉案商标的转让申请书，转让人为刘某伟，受让人为国亮光电厂，转让人通过邮寄提交商标转让手续，未委托商标代理机构，受让人委托的商标代理机构为灵达商标事务所。2015年5月14日，商标局受理另外一份关于涉案商标的转让申请书，转让人为刘某伟，受让人为向某，转让

① 北京市高级人民法院（2017）京行终4569号行政判决书。

人与受让人委托的商标代理机构均为欧标海利公司。2015 年 7 月 13 日，商标局核准涉案商标由刘某伟转让给国亮光电厂。

刘某伟对商标局所作核准转让行为不服，向北京知识产权法院提起行政诉讼，认为涉案商标转让申请在其事先不知情、事后未追认的情况下，明显属于非法行为，请求法院判决撤销商标局作出的核准公告第 8562907 号商标转让给国亮光电厂的行政行为。北京知识产权法院认为，商标局仅凭 2014 年 8 月 5 日受理的注册商标转让申请材料中的签名与其办理商标申请注册时使用的签名经肉眼比对一致即认可其主体资格，进而认定刘某伟和国亮光电厂之间存在真实的转让注册商标的法律关系，没有尽到应尽的审查义务，且在核准转让之前已经存在第二份涉案商标转让申请材料的情况下，未与刘某伟进行核实，而径行对 2014 年 8 月 5 日受理的商标转让申请作出的核准转让决定予以公告，亦属于疏于履行审查义务的情形，损害了刘某伟的合法权益。遂判决撤销商标局核准公告将注册人为刘某伟的涉案商标转让给国亮光电厂的行政行为，商标局刊登公告已被撤销的事实，并对刘某伟的涉案商标转让申请重新进行审核。

（二）判决内容

商标局不服，向北京市高级人民法院提起上诉。北京市高级人民法院认为，商标局在刘某伟并未直接到商标局的商标注册大厅办理商标转让手续，也未委托商标代理机构办理商标转让，且身份证复印件上亦无刘某伟签字的情况下，就核准第一份商标转让申请，显然既未满足商标法及《申请转让注册商标注册申请》规定的进行形式审查的要求，更未对转让人与受让人之间是否具有转让涉案商标的真实意思表示进行核实，没有履行其负有的审查职责，未能保证商标注册人的合法权益。一审判决关于涉案商标核准转让公告应予撤销的认定正确，但其他裁判内容缺乏法律依据，故判决撤销一审判决，撤销商标局核准将涉案商标由刘某伟转让给国亮光电厂的行政行为，商标局就刘某伟涉案商标的转让申请重新进行审查。

（三）案件评析

《商标法》第 42 条系关于注册商标转让的规定。注册商标的转让，是指注册商标所有人在法律允许的范围内，将其注册商标转移给他人所有。转让注册商标是注册商标的主体发生变更，转让后的商标所有人不再是原商标注册人。[①]

法律赋予商标局对注册商标转让进行审查的职责，但并未就审查的具体标准和程度予以明确，那么在判断商标局是否履行行政审查职责时，应以其行政行为是否符合相关法律的立法目的为衡量标准。我国转让注册商标采取的是核准制，而非备案制，审查注册商标转让的目的主要在于确认转让行为是否真实有效，即确认转让人与受让人之间是否存在转让注册商标的真实意思表示及相应法律关系，避免商标注册人的权利受到不应有的损害。《国家工商行政管理总局商标局关于申请转让商标有关问题的规定》中明确，商标局对转让商标申请进行形式审查后，对于符合有关规定的，向受让人发送《转让申请受理通知书》；商标局对转让、受让双方证件复印件的真实性、有效性产生怀疑的，可以要求提供有关证明文件或经过公证的复印件；商标局对转让的真实性产生怀疑的，商标局可以向受让人发出补正通知书，要求其书面说明有关情况，必要时可以要求提供经公证的转让协议或经公证的转让人同意转让的声明，或者其他证明文件。从上述规定中亦可以看出，虽然商标局对注册商标转让申请的审查方式为形式审查，但形式审查并不意味着就无需对转让材料的真实性进行审查，商标局应当对相关申请人提交的转让材料的真实有效性进行审查，当存有疑问时应当与商标注册人核实以避免注册商标违背商标注册人的真实意思而被非法转让。本案中，在转让人材料递交方式、材料本身形式均存在不符合商标局《申请转让注册商标注册申请》的有关规定的情况下，商标局理应对相关材料的真实性存疑，并采取必要的方式对真实性进行核实，但在本案中商标局却未予核实真实性就作出核准转让决定，应当认定商标局并未尽到应尽的审查义务，其所作决定应予撤销。本案判决

① 郎胜主编:《中华人民共和国商标法释义》，法律出版社 2013 年版，第 81–82 页。

明确了商标局应当对注册商标转让协议、转让注册商标申请书、商标代理委托书、转让人和受让人的主体资格证明等文件的真实有效性进行实质性审查的审查标准，对商标局进一步规范其审查标准，保障商标注册人合法权益以及判断类似行政行为合法性均具有积极意义。

三、商标权属转让的标志

这里以刘某金与陈某芹、福临公司商标转让协议纠纷[①]案为例。

（一）基本案情

2004年至2006年之间，陈某芹先后在国内外申请注册了57件商标。2010年11月24日，刘某金和陈某芹签订《转让协议》，约定陈某芹将其在福临公司的股权转让给刘某金及其他股东。2010年11月29日，刘某金与陈某芹又签订《补充协议》，约定陈某芹将登记在其名下但由福临公司及其子公司实际使用的57件注册商标的商标权全部无偿转让到福临公司名下。

刘某金已经按照双方协议约定履行了全部合同义务，但陈某芹经刘某金多次催告，仍拒不配合办理将约定商标权转移至福临公司名下的相关手续。刘某金向山东省青岛市中级人民法院提起诉讼，要求判令本案的57件商标的商标权归福临公司所有；陈某芹履行合同义务，将合同约定的57件商标的商标权转让至福临公司名下并承担相应的违约责任。

（二）判决内容

青岛市中级人民法院认为：根据双方签订的协议内容，涉案商标共计57件。在国家商标局对本案诉争的57件商标未依法核准、公告的情形下，刘某金主张该57件商标归福临公司所有没有法律依据。但双方签订的协议合法有效，应当按约履行。故判决陈某芹将涉案的57件商标转让至福临公司名下并

① 山东省高级人民法院（2015）鲁民三终字第120号民事判决书。

驳回刘某金其他诉讼请求。

陈某芹不服原审判决，向山东省高级人民法院提起上诉，请求撤销原审判决，裁定驳回刘某金起诉或者改判驳回刘某金的诉讼请求。山东省高级人民法院认为：涉案股权《转让协议》以及《补充协议》的签订人均为刘某金、陈某芹二人，协议系当事人真实意思表示，不违反相关法律法规的规定，应认定为合法有效，所以刘某金是本案适格原告。原审法院对陈某芹履约行为是否适当作出认定，继而确定陈某芹应否承担商标转让协助义务，并未超出刘某金的诉请范围。刘某金、福临公司的上述请求并非过分要求，而陈某芹一直未予配合，可以认定陈某芹违反诚实信用原则，不履行合同义务，构成违约。故判决驳回陈某芹上诉，维持原判。

（三）案件评析

我国商标法对商标转让采核准制，即转让人与受让人签订转让协议后，商标权属并不发生变动，必须经国家商标局核准并经公告，商标权属在公告之日发生变动。

商标权属于无形财产权，我国商标法对于商标转让制度借鉴了物权区分原则。所谓物权区分原则，是指对物权变动的原因及结果之根据进行区别对待，引起物权变动的原因行为产生债法上的效力，在双方当事人之间形成债权债务法律关系；引起物权变动的结果行为产生物权法上的效力，在双方当事人完成给付义务并履行法定程序后，发生物权移转的后果。以商标转让合同为例，当事人签订商标转让合同后，权属尚未发生变动，必须经商标局核准并公告后权属才会发生变动，即合同仅产生债法上的法律效果，公告才产生物权法上的法律效果。

我国商标法在商标转让制度上借鉴物权区分原则具有一定的合理性。首先，商标权的无形性需要确立物权公示原则。在物权法领域中，动产的公示方式为交付，不动产为登记。而商标是无形财产，无法通过物理交付完成转让和公示，必须通过公告程序进行公示。其次，商标权属变动以公告为准，有助于减少市场交易风险，降低交易成本。

四、商标一并转让原则

这里以方某与名仕公司商标转让协议纠纷[①]案为例。

（一）基本案情

方某与名仕公司于2013年5月5日签订了品牌许可合同，并一次性支付了品牌许可费。后因承租门面为违法建筑物，方某无法找到合适门面，并认为名仕公司转让注册商标的行为违法。遂向名仕公司提出解约，但名仕公司不同意返还品牌许可费。方某向法院诉请解除双方签订的《品牌许可合同》，请求名仕公司返还品牌许可费、保证金等各项费用。名仕公司提起反诉诉称：房屋租赁问题是由方某自身造成，应当由其自身维权解决，名仕公司没有过错，合同不应解除，诉请确认方某的违约解除合同，要求赔偿损失。

2011年1月，名仕公司注册了“革工房”商标，核定服务项目为第37类“服装翻新；修补衣服；皮革保养等”。2013年10月27日，盛尚公司受让了该注册商标。2012年7月，名仕公司注册“L&C皮革工房”商标，核定服务项目为第37类“服装翻新；修补衣服；皮革保养等”。

（二）判决内容

一审法院认为方某由于自身的过失没有查清房屋产权状况致使无法履行合同，其通知解除合同缺乏理由，名仕公司未将近似商标一并转让的行为无效，但并不存在违约开设加盟店的行为。一审法院判决解除双方合同、名仕公司返还方某部分费用、方某支付名仕公司违约金。方某不服一审判决，提起上诉，二审法院维持原判。

① 上海知识产权法院（2015）沪知民终字第786号民事判决书。

（三）案件评析

1. 主要规定

《商标法》第42条第2款系关于商标“一并转让”的规定，该规定系本次《商标法》修改的新增条款。该规定的目的在于防止因注册商标转让导致消费者对商品来源产生混淆以及导致他人或者公共利益受到损害。[①] 在此次商标法修改前，我国2002年《商标法实施条例》第25条第2款规定，转让注册商标的，商标注册人对其在同一种或者类似商品上注册的相同或者近似的商标，应当一并转让；未一并转让的，由商标局通知其限期改正；期满不改正的，视为放弃转让该注册商标的申请，商标局应当书面通知申请人。在法院判决的执行层面，《最高人民法院关于对注册商标专用权进行财产保全和执行等问题的复函》[②] 明确，法院在采取执行措施时，应当根据近似商标一并转让的原则，对近似商标一并进行评估、拍卖、变卖。商标局在接到法院有关转让注册商标的裁定时，如发现无上述内容，可以告知执行法院，由执行法院补充裁定后再协助执行。可见，在商标法修改之前，虽然立法上未明确规定商标一并转让原则，但在执行层面已经贯彻了一并转让的原则。

2. 实践中的争议

关于商标“一并转让”原则，在理论基础上素来存有争议。持反对观点的主要基于契约自由原则，认为合同是当事人主观意思的体现，合同纠纷首先要立足于当事人订立契约时的意思表示。强行要求一并转让毫无法理可言，显系违反民法上的意思自治原则，是公权力对私权利的不当干涉。[③] 但此次商标法修法确立“一并转让”原则，显然，立法者认为商标转让不仅是纯粹的私权处分，还涉及转让行为所可能导致的市场混淆，以及损害消费者利益的情形，需要进行国家干预。

---

① 郎胜主编：《中华人民共和国商标法释义》，法律出版社2013年版，第82页。

② 最高人民法院民三函字（2001）第3号。

③ 曲天明：《注册商标转让合同效力和商标权属变动的关系研究——由“老榆树”商标转让纠纷引发的思考》，载《青岛科技大学学报》2011年第4期。

本案中，涉及商标“一并转让”主要法律问题是分割转让注册商标合同是否无效。该问题涉及《商标法》第42条第2款法律性质的认定，即该条款系管理性强制性规定还是效力性强制性规定，如认为该规定系管理性规定，则转让合同有效；如认为该规定系效力性规定，则转让合同无效。有关管理性规定与效力性规定的区分标准在理论界与实务界存在一定争议，王利明教授认为在区分两者时，首先，要查明关于强制性规定是否有明确具体的法律条文，并且这一法律条文是否对违反这一强制性规定的行为作出了确定的否定性评价，如果确实给出了否定性评价，那么合同就会无效或者不成立，那么这种规定就属于效力性强制性规定。其次，如果法律法规没有明确规定违反这一强制性规定的合同无效或者不成立，也可以从保护国家利益和社会公共利益的角度出发，合同若违反了强制性规定并且继续有效将会与国家公共利益发生严重的冲突，在这种情况下，应将这一规定归为效力性强制性规定。最后，如果法律法规没有明确规定合同无效或不成立，从保护国家利益和社会公共利益的角度出发，即使合同违反了强制性规定并且继续有效也不会与国家公共利益发生冲突，并且不会对其造成损害，只是会对当事人的利益造成损害，那么这一规定就应该认定为取缔规范（管理性强制性规定）。[①] 笔者认为，这一区分方法具有合理性，且便于法官在实务中的操作和判断。

3. 对本案的质疑

本案判决认定被告分割转让注册商标的行为无效，该认定值得商榷。首先，商标法并没有明确规定分割转让近似商标的法律后果，并且商标法实施条例规定，未一并转让的由商标局通知其限期改正；期满不改正的，视为放弃转让该注册商标的申请，商标局应当书面通知申请人。从该规定来看，对于分割转让注册商标的合同，并非直接无效。其次，实践中涉及商标“一并转让”的纠纷情况复杂多样。在商事交易中，商标注册人对其近似商标注册的数量是清楚的，而受让人对此则处于信息不对称的地位。如果商标注册人

① 王利明:《合同法研究》(第1卷)，中国人民大学出版社2002年版，第658–659页。

选择分割转让部分商标，当商标受让人事后知晓商标注册人还有其他近似商标未转让提起诉讼要求转让剩余商标时，如果认定双方签署的分割转让商标合同无效，显然无法保障受让人的利益。而且，如果认定分割转让商标合同无效，也会导致其与商标法条例中有关要求一并转让剩余商标的规定冲突，因为该合同无效，就不存在后续一并转让问题。最后，分割转让近似商标虽可能导致市场混淆，但解决该问题的方式并非使合同无效。商标受让人取得商标权并非转让合同签署之时，而是商标局经公告之日，商标局对于商标注册人是否进行了一并转让需进行审查，这在一定程度上可以防止分割转让注册商标所产生的不良后果。对于分割转让注册商标的，根据商标法实施条例规定，未一并转让的由商标局通知其限期改正；期满不改正的，视为放弃转让该注册商标的申请。商标转让人如果接受商标局的要求，一并转让注册商标的，则其先期签署的分割转让注册商标的合同当然无效。如果其不接受商标局的要求，拒绝一并转让的，其签署的分割转让注册商标合同仍然有效，但商标转让人应当向受让人承担违约责任。

第三节　商标权的许可

《商标法》第 43 条第 3 款规定，许可他人使用其注册商标的，许可人应当将其商标使用许可报商标局备案，由商标局公告。商标使用许可未经备案不得对抗善意第三人。

一、商标许可中的“不得对抗善意第三人”

这里以杭州上岛公司诉宿松县上岛咖啡店侵害商标权纠纷案[①]为例。

① 安庆市中级人民法院（2016）皖 08 民初 29 号民事判决书。

（一）基本案情

2013 年 1 月 15 日，杭州上岛公司（原告）与上海上岛公司（商标权人）以及关联方陈某敏签订《“上岛及图”注册商标许可使用确认书》（以下简称确认书），约定杭州上岛公司自 2007 年 6 月 7 日至 2020 年 4 月 13 日杭州上岛公司在安徽地区享有“上岛及图”商标（以下简称涉案商标）的独占许可使用权。2006 年 12 月 22 日，上海上岛公司与陈某敏签订《商标使用许可合同》（以下简称合同一），无偿授权陈某敏在安徽等地区使用或许可他人使用涉案商标，许可使用的期限为自合同生效之日起至该注册商标消亡之日止，该合同于 2007 年 10 月 9 日经国家工商备案行政管理总局商标局备案登记，备案许可期限自 2007 年 1 月 18 日至 2010 年 4 月 13 日。2011 年 10 月 17 日，即该日已超过前述许可合同备案许可期限，宁波江北上岛公司、陈某敏与宿松县上岛咖啡店签订《商标使用许可合同》（以下简称合同二），约定自 2012 年 1 月 1 日起至 2015 年 12 月 31 日止将涉案商标授权给宿松县上岛咖啡店使用。

杭州上岛公司认为宿松县上岛咖啡店未经许可，擅自在相同类别的餐饮服务领域大量使用涉案商标，严重侵犯了其商标独占许可使用权，并对其造成巨大的经济损失，故诉请法院判令被告立即停止侵害原告的注册商标“上岛及图”（注册号第 1385773 号）独占许可使用权的行为；拆除带有“上岛及图”标志的店内外装饰；停止使用带有“上岛及图”标志的菜单、餐具等商业设施，并赔偿原告经济损失人民币 10 万元。

（二）判决内容

一审法院认为，陈某敏经上海上岛公司许可，有权将涉案商标授权第三人使用，且该许可使用经国家商标局备案，故合同二中陈某敏授权被告使用涉案商标合法有效。合同一中约定的许可使用期限系双方当事人真实意思表示，当其与国家工商备案行政管理总局商标局备案许可期限不一致时，应以前者为准。被告从陈某敏处获得涉案商标的许可使用权，应属善意取得，加之上海上岛公司与陈某敏授权杭州上岛公司商标使用权的时间系 2013 年 1 月

15日，但在确认书中将时间追溯至2007年6月7日，显然对被告不公平，且确认书未经备案，故该确认书不得对抗被告。

一审法院认定被告在许可使用合同期限内的行为不构成侵犯注册商标专用权，但自许可使用合同期限届满后，即自2016年1月1日至2016年4月6日原告起诉，被告未经原告许可，擅自使用“上岛及图”注册商标，且发生在原告享有独占许可的期限及区域内，已构成侵害商标专用权。判决被告赔偿原告经济损失10000元，并立即停止使用“上岛及图”注册商标专用权的行为。

（三）案件评析

本案被控侵权行为主要表现为宿松县上岛咖啡店未经享有独占许可使用权的杭州上岛公司同意，在安徽地区相同类别的餐饮服务领域使用涉案商标，造成杭州上岛公司的损失。判断本案被告是否侵犯原告商标权的关键在于陈某敏与被告签订合同二时，是否具有再许可权利，继而判断被告使用涉案商标是否合法有效。一审判决认为陈文敏获得涉案商标许可使用权的行为系“善意取得”，[①] 这种表述似乎并不严谨。纵观本案事实，陈文敏在2006年12月已经获得了该商标的再许可权，即便认可“确认书”的效力，原告获得该商标独占使用权的时间也只是回溯到2007年6月7日，仍然晚于陈文敏获得该商标再许可权的时间，且该合同没有备案，原告从2007年6月7日获得的独占使用权不能对抗陈文敏的再许可权，因而陈文敏有权利再许可被告使用该商标。这是《商标法》第43条第3款的具体适用，而没有发生陈文敏“善意信赖”上海上岛具有瑕疵的商标权利外观之情形：许可他人使用其注册商标的，许可人应当将其商标使用许可报商标局备案，由商标局公告。商标使用许可未经备案不得对抗善意第三人。

当许可合同中的约定期限（如合同一）与备案期限不同而又因这种不同出现纠纷时，应以合同中的期限为准。2011年10月17日签订的合同二，虽

---

① 关于商标权善意取得，可参考吴越：《商标权领域善意取得制度的适用可能性探讨—从司法实践切入》，载“中华商标”微信公众号2020年3月24日。

然签订日期已超过合同一的备案期限，但尚未超过合同一双方当事人的约定期限，故陈某敏有权许可他人使用涉案商标。确认书确认原告享有独占经营使用权，但未经备案，不可对抗先前签订许可合同的善意第三人。

首先，备案行为并不是法律强制的。根据《商标法》和《商标法实施条例》规定，《商标使用许可合同》自签订之日起 3 个月内应当将合同副本报送商标局备案，合同另有规定的除外。许可合同备案是应当实施的一个行为，代表了商标局知晓并认可这一许可合同，但未经备案的许可合同，双方当事人之间的许可法律关系仍然成立。

其次，备案的对象是许可这一事实而非商标使用许可合同本身。合同备案只是形式，合同实际条款才是实施过程中双方当事人需要遵守的内容。虽然备案成立也需要一定条件，诸如许可期限不能超过被许可商标的有效期限、不能超过被许可商标核准注册的商品以及一些必备条款等，但这并不会对合同签订过程中双方的意思表示以及合同具体内容产生影响。本案中，合同一的备案许可期限截止到 2010 年 4 月 13 日，这只能代表备案不再具有效力，并不代表截止日期后许可合同失效。

最后，商标使用许可未经备案不得对抗善意第三人。虽然许可合同备案不是法律强制的，但备案对于企业的发展、自身利益的保护以及规范商标的使用等方面，都有积极作用。更重要的是我国对商标许可采取登记对抗主义，即商标使用许可合同未经备案的，除当事人另有约定外，不影响该许可合同的效力，但却不得对抗善意第三人，这就肯定了注册商标使用许可合同的备案具有对抗力的法律意义。本案中，一者确认书未经备案；二者杭州上岛公司的独占使用许可权追溯到了签订合同的前六年，对先前签订许可合同的善意第三人显失公平，陈某敏与被告签订合同二时对此并无预见性，被告应属善意第三人。

商标局制定商标使用许可合同备案办法的初衷是加强商标使用许可合同的管理，规范商标使用许可行为。从商标权利人及使用人的角度上来讲，在签订商标使用许可合同后报送备案，对于出现纠纷时维护自身的权益具有十分积极的意义。在商标权许可过程中，若想在出现纠纷时更好地维护自身的权利，许可合同备案将会在法律层面上产生有效的对抗力。在商标许可过程中，各方当事人应当理性看待该项制度的优点与缺陷，法院在审判过程中，亦可以该项制度为辅进行审判。

二、许可法律关系与对外连带责任

这里鹰达信公司与佰加尔公司特许经营协议纠纷[①]案为例。

（一）基本案情

2003年7月1日，鹰达信公司与佰加尔公司签订《PGATOUR特许经营协议》，协议约定：鹰达信公司作为“PGATOUR”高尔夫巡回赛服装和配套产品在中国大陆的独家许可特许经营产品经销商，佰加尔公司授权鹰达信公司享有在中国生产、经销、零售“PGATOUR”标志和商标商品的排他性权利。鹰达信公司以佰加尔公司合同违约为由向深圳市中级人民法院提起诉讼，要求确认合同无效并赔偿其经济损失。

（二）判决内容

深圳市中级人民法院认为：双方签订的协议涉及商业特许经营活动，违反国家限制经营的规定，应当认定为无效。许可他人使用其注册商标，许可人应当监督被许可人使用其注册商标的商品质量。被许可人应当保证使用该注册商标的商品质量。虽然合同的签订双方均有过错，但是佰加尔公司在解除通知后未采取适当的方法是导致存货堆放贬值的主要原因。故判决双方签订的协议无效，佰加尔公司返还鹰达信公司保证金并赔偿经济损失82万余元。鹰达信公司不服原审判决，向广东省高级人民法院提起上诉。广东省高级人民法院认为：涉案合同应为无效，但鹰达信公司在收到解约通知时应当积极与佰加尔公司沟通磋商，纠纷期间的经营活动本应更加谨慎克制，因此鹰达

① 广东省高级人民法院（2015）粤高法民三终字第398号民事判决书。

信公司应当对存货贬值负主要责任。故判决增加经济损失赔偿至 229 万余元。佰加尔公司依然不服二审判决，向最高人民法院提起再审。

最高人民法院认为，商标使用许可合同是指商标所有人与被许可人就商标的许可使用订立的合同。特许经营合同是指拥有注册商标、企业标志、专利、专有技术等经营资源的企业，以合同形式将其拥有的经营资源许可其他经营者使用，被特许人按照合同约定在统一经营模式下开展经营，并向特许人支付特许经营费用的经营活动。两者的区别主要在于：特许经营合同的履行需要依照统一的经营模式进行，而商标使用许可合同的履行不存在统一的经营模式。最高人民法院综合考虑认为涉案协议应为商标使用许可合同，但本案须在查明违约行为是否存在、合同约定解除条件是否成就等情况后作出裁判。故判决将本案发往江苏省高级人民法院进行再审。

（三）案件评析

笔者着重评析本案中许可法律关系与对外连带责任的关系问题。《商标法》第 43 条第 1 款、第 2 款系关于商标许可质量保障，以及商标许可注明义务的规定。此条规定的立法目的在于促使商标使用许可的当事人保证商品或服务质量，防止消费者对商品来源产生混淆。①

商标的基本功能是识别商品来源，但商标许可使用制度使得使用同一商业标识的商品或服务，可能来自不同的经营者。如果同一商标的被许可人不能提供与商标权人相同的产品或服务质量，或者不同的被许可人之间不能提供相同的产品或服务质量，则事实上导致商标识别功能不能得到有效的发挥，消费者的利益不能得到有效的保障。早期美国法院认为商标许可使用将会误导消费者，商标许可使用的行为无效并会导致商标权人丧失商标权。但随着现代市场经济的发展，为了迅速扩大市场经营规模，商标权人本身的能力有限，限制商标许可已经不能满足市场需求，商标许可使用制度的建立不可阻挡。为了防止商标许可使用产生商品质量良莠不齐，误导消费者的情形，商

---

① 郎胜:《中华人民共和国商标法释义》，法律出版社 2013 年版，第 84 页。

标许可的质量保障制度应运而生。不仅我国商标法建立了这一制度，美国、英国等国在立法上和司法上也均要求商标许可人履行质量监督义务。但与此同时，在法国、西班牙、我国台湾地区等地，立法上并没有设立商标许可质量保障制度，其原因在于这些国家或地区认为市场竞争可以解决因商标许可所带来的产品质量问题，如果商标许可人不去进行质量监督，则产品必然会被市场淘汰，商标的商誉亦会不复存在。市场自身会给商标权人进行质量监督的动力，无需法律的强制规定。

我国商标法虽然规定了商标许可质量保障和许可注明义务，但不履行该义务，应当承担何种法律责任则不明确。在民事侵权案件中，主要的争议在于许可人与被许可人是否应当承担连带责任。有观点认为，质量保障义务主要是一种合同义务，违反该项义务所产生的侵权责任应根据合同约定或履行情况来确定承担责任的主体。例如，商标许可人如果按照约定履行了质量监管义务，则对许可人产品所产生的侵权问题不承担责任。但从我国立法设立商标许可质量监督制度的目的而言，可以推测立法者认为商标许可的质量监督并不仅是一种合同内部约束问题，也不是一个可以通过市场竞争直接解决的问题，商标许可质量监督义务涉及消费者利益乃至公共利益，应当进行国家干预。商标质量监督制度涉及商标许可与被许可人利益与消费者利益或公共利益之间的权衡，显然消费者利益或公共利益在价值位阶上处于更优势的地位，在两者发生冲突时，应当首先保障消费者利益或公共利益。因此，在被许可人因产品质量发生侵权时，应当由商标许可人与被许可人共同对外承担连带责任。

当然，商标许可法律关系的内涵究竟是什么？是否意味着许可人需要保证或监督被许可人制造的商品不构成侵权，还是仅监督被许可人制造的商品符合消费者预期？商标质量保证功能是否包含瑕疵担保责任，如果被许可人制造的商品有瑕疵或侵犯他人专利权，消费者应该向被许可人追究瑕疵担保责任，还是请求被许可人承担连带责任？这些问题还是有争议的。最高法院在个案批复中曾认为，任何将自己的姓名、名称、商标或者可资识别的其他标识体现在产品上，表示其为产品制造者的企业或个人，均属于《民法通则》第122条规定的“产品制造者”和《产品质量法》规定的“生产者”。[①]但也有不同学术观点认为，“在商品或服务上贴附商标，只不过为消费者在将来选择同样或不同商品提供了参考而已。商品质量变化的唯一制裁是，消费者如果失望了，他下次就会选择不同商品”。[②]笔者倾向于认为，如果许可人要承担责任，可能也仅限于产品质量，至于其他可能产生的侵权责任，应该不承担。

① 《最高人民法院关于产品侵权案件的受害人能否以产品的商标所有人为被告提起民事诉讼的批复》（法释〔2002〕22号）。还可参见刘维：《商标权的救济基础研究》，法律出版社2015年版。

② Tobias Cohen Jehoram, Constant Van Nispen & Tony Huydecoper, European Trademark Law, Wolters Kluwer (2010), p. 584.

第五章
侵害商标权的行为

第一节　商标使用行为

问题：如何判断商标使用？我国《商标法》中，商标使用是否具有统一的含义？商标使用在商标侵权结构中具有何种价值？商标使用与混淆可能性、商标合理使用之间有什么联系和区别？商标直接侵权与商标间接侵权的界分标准是什么？

一、不同制度背景下的商标使用

通常认为，构成商标侵权的使用行为必须是一种商标意义上的使用行为，即能够发挥识别商品或服务来源的功能，就商标侵权案件的审理思路而言，“判定被诉行为是否属于侵犯注册商标专用权的行为，首先要判定被诉行为是否构成商标法意义上的使用行为”。[①] 根据《商标法》第48条规定，本法所称商标的使用，是指将商标用于商品、商品包装或者容器以及商品交易文书上，或者将商标用于广告宣传、展览以及其他商业活动中，用于识别商品来源的行为。可见，这是对“识别性使用”的直接规定，应当理解为与《商标法》第57条中的“使用”具有相同含义。

① 北京知识产权法院（2015）京知民终字第1196号民事判决书。

《商标法》中不同制度背景下的“使用”行为具有不同含义，可能的解释是不同制度的立法目的并不相同。最典型的商标侵权使用行为是一种贴附行为，比如2015年《欧盟商标协调指令》[①]第10条第3款规定的第一种行为就是“贴附”；如下行为是本条第2款所禁止的行为：(a)将标识贴附在商品或其包装上；（b）将标识名下的商品投放于市场（offering the goods or putting them on the market），或者为投放市场的目的而存储商品；（c）进口或出口标识名下的商品；（d）将标识用作商号或企业名称或简称；（e）将标识用于商业文件或广告中；（f）以违反指令2006/114/EC的方式将标识用于比较广告。

同样是在商标侵权背景下，就驰名商标反淡化的构成，有法院提出了相对于普通注册商标侵权中的“广告性商标使用”的概念，认为《商标法》中的商标使用不仅包含识别性商标使用，还包含广告性商标使用。[②]这是因为在驰名商标反淡化背景下，他人对驰名商标的使用行为在结果上产生了弱化、丑化驰名商标显著性或者不当利用驰名商标声誉的损害，至于是否使相关公众对商品或服务来源产生混淆误认，以及他人的使用行为是否用于识别来源在所不问，因此，驰名商标反淡化行为并不关心他人是否在来源识别意义上使用商标。[③]

在撤销商标的背景下，“使用”的含义和判断标准也不相同。《商标法》第49条第2款（部分）规定，注册商标成为其核定使用的商品的通用名称或者没有正当理由连续三年不使用的，任何单位或者个人可以向商标局申请撤销该注册商标。本条规定撤销制度的目的是鼓励商标的使用，而在侵权背景下是为避免他人对商标作商品或服务来源识别功能的使用从而避免混淆相关公众的认知，因此对商标使用的内在要求区别于侵权背景下的使用。最高法院在多个判决中似乎并不要求“识别性商标使用”，如最高法院“康王案”判决指出：我国《商标法》第44条第4项规定的“使用”，应该是在商业活动

① Directive (EU) 2015/2436 of the European Parliament and of the Council of 16 December 2015 to approximate the laws of the Member States relating to trade marks.

② 北京知识产权法院（2015）京知民初字第1944号民事判决书。

③ 还可参见第七章第二节。

中对商标进行公开、真实、合法的使用。[①] 最高法院“卡斯特案”判决指出：本条的立法目的在于激活商标资源，清理闲置商标，撤销只是手段，而不是目的。因此只要在商业活动中公开、真实地使用了注册商标，且注册商标的使用行为本身没有违反商标法律规定，则注册商标权利人已经尽到法律规定的使用义务，不宜认定注册商标违反该项规定。[②]

二、商标侵权使用的界定和价值[③]

（一）商标使用行为的判定步骤

1. 商业行为

商标使用行为首先是一种商业行为，商标侵权行为和不正当竞争行为都属于“商业行为”。商标法脱胎于反不正当竞争法，商标侵权行为和不正当竞争行为实质上都是通过不正当商业手段获取竞争优势的商业行为。商业行为是商标侵权的前提，如果一种行为仅仅发生在评论意义等非商业意义上，那么这种行为不可能构成商标侵权或不正当竞争行为。[④] 欧洲法院在评价搜索引擎出售关键词并显示关键词的行为性质时指出，在与搜索关键词有关的商标侵权与不正当竞争案件中，搜索引擎服务商向广告商出售关键词并安排该关键词的显示，这种行为是在自然搜索之外实施的人工干预行为，发生在商

---

① 最高人民法院（2007）行监字第184-1号驳回再审申请通知书。

② 最高人民法院（2010）知行字第55号行政裁定书。

③ 本部分及第三部分内容来自刘维：《论商标使用在商标侵权判定中的独立地位》，载《上海财经大学学报》2018年第1期。

④ “如果行为目的并非获取经济优势（竞争优势），则不可能进入商标法和反不正当竞争法的评价。”欧洲法和美国法都将商业行为作为商标侵权的前提要件，如“根据欧盟商标指令第5条第1款第1项或者——如果是欧洲商标——根据第40/94号规定第9条第1款第1项，商标所有人有权禁止第三方未经同意使用与注册商标相同且影响商标功能的标记，如果这种使用发生在商业过程中且使用的相关商品或服务与该注册商标的商品或服务相同或类似”。美国《兰哈姆法》第45条同样明确规定“商业中的使用”（use in commerce）。参见刘维：《论界定商标侵权使用行为的两步审查法》，载《北方法学》2015年第3期。

业背景下、以获取竞争优势为目的，是一种商业行为。[①] 但是，发生在商家内部的行为，由于尚未进入流通领域、不可能被有关消费者识别，这种行为不构成商业行为。比如我国广东高院指出：在“神舟兴陇”注册商标申请日2012 年 7 月 31 日之前，虽然甘肃银行在内部审批过程中使用了“神舟兴陇卡”或“神舟兴陇借记卡”的表述，但是尚未实际发行该银行卡，也没有面向社会相关公众推广宣传，因此这种在内部审批过程中使用“神舟兴陇”表述的行为，并非商标法意义上的在商业活动中用于识别商品或服务来源的使用行为，同时这种在内部审批过程中使用“神舟兴陇”的行为也不可能在社会相关公众中产生影响。直到 2013 年 1 月甘肃银行神舟兴陇银行卡正式发行，才开始进行商标法意义上的使用“神舟兴陇”标识的行为。[②]

2. 用于识别商品来源

“用于识别商品来源”，与“实际发挥商品来源功能”是两回事。“是否用于识别”，一方面要看行为人的主观意愿，另一方面要看相关公众的合理认知。持续、稳定的使用方式是使“相关公众”获得商品来源认知记忆的通常方式，独特的、突出的设计更容易使“相关公众”产生商品来源识别的认知。最典型的商标使用行为是生产假冒注册商标专用权的商品或服务的行为，也就是将假冒注册商标贴附到相关商品或服务上，其特征是通过商标的使用向消费者提供商品或服务并发挥商标传递商品或服务来源出处的识别功能。

我国在理论和实践中争议比较大的涉外定牌加工案件就涉及商标使用的判断。最高法院在多份判决中持有不同意见，你赞同哪种意见？

最高法院在“亚环案”中认为国内定牌加工商的贴牌行为不属于识别性商标使用，因而不构成商标侵权。亚环公司受储伯公司委托，按照其要求生产挂锁，在挂锁上使用“pretul”相关标识并全部出口至墨西哥，该批挂锁并不在中国市场上销售，也就是该标识不会在我国领域内发挥商标的识别功能，不具有使我国的相关公众将贴附该标志的商品，与莱斯公司生产的商品的来

① See Case C-236/08 to C-238/08 Google, paragraph 53.

② 广东省高级人民法院（2017）粤民终 601 号民事判决书。

源产生混淆和误认的可能性。商标作为区分商品或者服务来源的标识，其基本功能在于商标的识别性，亚环公司依据储伯公司的授权，上述使用相关“pretul”标志的行为，在中国境内仅属物理贴附行为，为储伯公司在其享有商标专用权的墨西哥国使用其商标提供了必要的技术性条件，在中国境内并不具有识别商品来源的功能。因此，亚环公司在委托加工产品上贴附的标志，既不具有区分所加工商品来源的意义，也不能实现识别该商品来源的功能，故其所贴附的标志不具有商标的属性，在产品上贴附标志的行为亦不能被认定为商标意义上的使月行为……判断在相同商品上使用相同的商标，或者判断在相同商品上使用近似的商标，或者判断在类似商品上使用相同或者近似的商标是否容易导致混淆，要以商标发挥或者可能发挥识别功能为前提。也就是说是否破坏商标的识别功能，是判断是否构成侵害商标权的基础。在商标并不能发挥识别作用，并非商标法意义上的商标使用的情况下，判断是否在相同商品上使用相同的商标，或者判断在相同商品上使用近似的商标，或者判断在类似商品上使用相同或者近似的商标是否容易导致混淆，都不具实际意义。①

最高法院在“本田案”认为，商标使用行为是一种客观行为，通常包括许多环节，如物理贴附、市场流通等，是否构成商标法意义上的“商标的使用”应当依据商标法做出整体一致解释，不应该割裂一个行为而只看某个环节，要防止以单一环节遮蔽行为过程，要克服以单一侧面代表行为整体。商标使用意味着使某一个商标用于某一个商品，其可能符合商品提供者与商标权利人的共同意愿，也可能不符合商品提供者与商标权利人的共同意愿；某一个商标用于某一个商品以至于二者合为一体成为消费者识别商品及其来源的观察对象，既可能让消费者正确识别商品的来源，也可能让消费者错误识别商品的来源，甚至会出现一些消费者正确识别商品的来源，而另外一些消费者错误识别商品的来源这样错综复杂的情形。这些现象纷繁复杂，无不统摄于商标使用，这些利益反复博弈，无不统辖于商标法律。因此，在生产制造或

① 最高人民法院（2014）民提字第38号民事判决书。

加工的产品上以标注方式或其他方式使用了商标，只要具备了区别商品来源的可能性，就应当认定该使用状态属于商标法意义上的“商标的使用”……本案中相关公众除被诉侵权商品的消费者外，还应该包括与被诉侵权商品的营销密切相关的经营者。本案中被诉侵权商品运输等环节的经营者即存在接触的可能。而且，随着电子商务和互联网的发展，即使被诉侵权商品出口至国外，亦存在回流国内市场的可能。同时，随着中国经济的不断发展，中国消费者出国旅游和消费的人数众多，对于“贴牌商品”也存在接触和混淆的可能。二审法院认定，被申请人办理出口的220套摩托车散件系全部出口至缅甸，不进入中国市场参与“商业活动”，中国境内的相关公众不可能接触到该产品，因而被申请人的这种使用行为不可能在中国境内起到识别商品来源的作用，因此这并非商标法意义上的商标使用行为。二审认定事实及适用法律均有错误，本院予以纠正……商标的基本功能是区分商品或服务来源的识别功能，侵犯商标权本质上就是对商标识别功能的破坏，使得一般消费者对商品来源产生混淆、误认。从法律规定来看，商标侵权行为的归责原则应当属于无过错责任原则且不以造成实际损害为侵权构成要件。商标法规定的“容易导致混淆的”一语指的是如果相关公众接触到被诉侵权商品，有发生混淆的可能，并不要求相关公众一定实际接触到被诉侵权商品，也并不要求混淆的事实确定发生。①

（二）商标使用行为的价值

是商标财产化程度的体现，是平衡排他性的财产利益与相对性的竞争利益的结果。②现代商标法通过商标使用行为的规定将商标的核心功能限定在来源识别功能，只能禁止来源识别意义上的使用，“真正对商标的广告功能和品质保障功能构成侵害的情形必然也伴随着对来源指示功能的侵害”，“若不对商标侵权中的使用类型和使用方式加以限定，有可能导致商标权的排他

① 最高人民法院(2019)最高法民再138号民事判决书。

② 关于商标权的支配属性和竞争属性，参照刘维:《商标权的救济基础研究》，法律出版社2015年版。

效力的非理性扩张。商标权的扩张也试图以财产论作为理论支撑，却有悖于只有来源指示意义上的使用才能产生商标财产权的基本原理。"① 在界分商标侵权行为与反不正当竞争、界分商标直接侵权和间接侵权问题上具有标准意义。

1. 商标侵权救济程序的启动

历史研究通常将权利人的贸易转移解读为商标法救济的终极损害，如"(英国)法院只关注不正当转移贸易给生产者带来的损害，以及利用现有诉讼形式来寻求救济。美国法院起初审理商标案件时也具有同样的关注点，他们反复阐明商标法的目的是保护一方不受贸易的非法转移"。这种贸易转移损害的中介是"相关公众"，"相关公众"受到了欺骗进而导致"贸易被转移"。"贸易被转移"的原因有很多种，如广告语、产品质量的虚假陈述也能导致这种结果，而商标法的救济对象一定是使用假冒商标导致相关公众可能对商品或服务来源产生混淆误认。大量广告促使消费者根据产品标记或地理名称购买商品或服务，并反复强调商人信息以寄希望于劝服消费者不去理会竞争对手。商标和名称逐渐成为市场竞争的核心，并催生了对其提供法律保护的需求。在英国案例法中，制止模仿标记和名称的法律保护需求从工业革命早期开始产生并被接受。工业革命时期的英国权威案例认定"未经授权使用商标构成非法且作为欺诈之诉的对象"。由此可见，假冒之诉的本质在于，商人通过假冒商标向公众传达了正在销售他人产品的信息，消费者因此对产品的提供者或生产者产生了混淆误认。19 世纪末由于商标权的财产化运动，注册商标侵权从假冒之诉独立，并逐渐产生商标法与反不正当竞争法的分野。②因此，商标侵权救济在历史上源于禁止使用假冒注册商标行为的产业需求。

消费者混淆可能性与权利人的贸易转移是一个硬币的两面，③ 当商标使用

① 吕炳斌：《商标侵权中"商标性使用"的地位与认定》，《法学家》2020 年第 2 期。

② 刘维：《商标权的救济基础研究》，法律出版社 2016 年版，第 55 页。

③ J. Thomas McCarthy, McCarthy on Trademarks and Unfair Competition, Fourth Edition, § 2: 33. 孔祥俊：《商标与不正当竞争法》，法律出版社 2009 年版，第 52 页。Tobias Cohen Jehoram, Constant van Nispen & Tony Huydecoper, European Trademark Law, Wolters Kluwer (2010), p.6.

的行为导致相关公众产生混淆可能性时，消费者将实际或可能实施其本不会做出的购买行为，从而导致商标权人的贸易被转移或具有转移的可能性，于是商标权人遭受了商标侵权行为所带来的损害。因此，只要相关消费者存在实际混淆或混淆可能性，权利人就会遭受贸易被转移的损害，商标法则提供救济。无论商标法是为了救济权利人的贸易损失还是消费者被欺诈混淆的损害，抑或两者兼有，商标侵权构成中实际上都隐含有“损害或损害之虞”的考量，商标救济只能从“商标使用—消费者混淆可能性—权利人贸易被转移”的链条中来解释启动机制。换言之，商标法并非对任何形式的混淆可能性都给予救济，那些并非由于商标使用行为导致的混淆可能性，商标法不予以关注；商标法也并非对任何种类的贸易转移损害都提供救济，并非由于消费者对商品或服务来源的混淆所造成的贸易损害就不能进入商标法的视野。

2. 商标侵权与不正当竞争的区分

商标侵权与不正当竞争都是一种通过“不法形式”获取经济优势的行为。“不法形式”的具体表现形式，决定了这种行为该划归商标侵权范畴还是反不正当竞争范畴。由于商标使用行为的前置要件，诸多含有注册商标的不法行为不能构成商标侵权的行为，但可能进入《反不正当竞争法》调整。比如，该种行为客观上只是通过搭便车提升被告的形象而没有发挥商品或服务的来源作用，在违反商业惯例的情形下，只能适用《反不正当竞争法》第 2 条规定。[①] 比如《反不正当竞争法》第 8 条规定的虚假宣传行为也以相关公众“误解”为条件，但仅指通过“商品的质量、制作成分、性能、用途、生产者、有效期限、产地等”导致相关公众的“误解”，这种“误解”不是对“商品或服务来源”的“误解”，而并非假以“注册商标”为媒介制造来源混淆。

《商标法》第 58 条规定了“将他人注册商标作为企业名称中的字号并误导公众的使用”，这种使用行为如果是一种商标使用行为，比如与相同或者类似商品结合并突出使用，那么构成商标侵权；[②] 如果这种使用行为并未与商品

① 上海市第二中级人民法院 (2004) 沪二中民五 (知) 初字第 242 号民事判决书。

② 《最高人民法院关于审理商标民事纠纷案件适用法律若干问题的解释》第 1 条第 1 项。

或服务进一步结合，纯粹只是在字号意义上的使用，也即用于识别市场主体而非识别商品或服务来源，[①] 则并非商标使用行为，不会导致商标法意义上的混淆误认，不构成商标侵权，此时可能发生非商标法意义上的市场混淆，比如是在虚假宣传背景下的“误导公众”从而构成虚假宣传，也可能产生市场主体之间关联关系的误导从而由反不正当竞争法一般条款加以调整。[②]

三、商标使用与其他概念的区分

（一）商标使用与混淆可能性

第一，商标使用与混淆可能性之间是原因和结果之间的关系，两者虽然都指向来源识别功能，但前者关心使用意图，后者是商标使用行为的可能结果。[③] 商标的使用行为可能会发生多种结果，比如导致相关公众产生混淆可能，也可能不会使相关公众产生混淆误认，是否会导致相关公众产生混淆可能则是由多因素综合判定的。在判断商标使用行为的背景中，“行为人的主观意图指的是将标志用于识别来源的意图。此意图不同于搭便车的意图，也非探究行为人是否具有盈利的目的。此意图也有别于可归责性判断中的故意或过失。”[④] 相对于判断“混淆可能性”中的“消费者标准”，商标使用行为的判断标准被学者称为“行为主体标准”。[⑤]

---

① 根据标识对象的不同，商业标识分为区分商品来源的标识、区分经营主体的标识和区分经营活动的标识，这三种标识分别为商标、商号和域名。可参见孔祥俊：《商标和不正当竞争法——原理和判例》，法律出版社2009年版，第21页。

② 通常认为，对于企业名称中是否因包含他人注册商标而构成不正当竞争行为，应当考虑以下因素：注册商标的核准注册时间、市场知名度、被控侵权方的主观恶意程度、是否足以产生市场混淆等。可参见天津市高级人民法院（2015）津高民三终字第0005号民事判决书、江西省高级人民法院（2014）赣民三终字第17号民事判决书、湖北省高级人民法院（2017）冀民终341号民事判决书。

③ 参见刘维：《论商标使用在商标侵权判定中的独立地位》，载《上海财经大学学报》2018年第1期。

④ 吕炳斌：《商标侵权中“商标性使用”的地位与认定》，《法学家》2020年第2期。

⑤ 吕炳斌：《商标侵权中“商标性使用”的地位与认定》，《法学家》2020年第2期。

第二，“商标使用”的判定具有行为指向性，而“混淆可能性”具有事实依赖性。商标使用行为作为一种发挥商标识别功能的行为，具有行为指向性，商标使用行为的独立性有利于纠纷的提前解决，从而可能提高诉讼效率。商标使用行为是商标权所控制的行为，对于提前排除不受商标法评价的行为具有意义。“混淆可能性”的判定则必须通过综合考察案件所有因素之后得出结论，《最高人民法院关于审理商标授权确权行政案件若干问题的规定》第12条规定了如下因素作为判定混淆可能性的考察因素：商标标志的近似程度、商品的类似程度、请求保护商标的显著性和知名程度、相关公众的注意程度、商标申请人的主观意图以及实际混淆。

（二）商标使用与商标正当使用

第一，商标使用和正当使用在诉讼中的地位不同。尽管在实践中，被告只要证明其行为是在描述意义上使用商标，即可反驳商标使用行为的指控，同时也可证明正当使用抗辩。但这并不意味着商标使用可被正当使用所吸收。商标使用是商标侵权构成要件，原告对“被告的使用行为是否属于商标使用”承担证明责任，再进入“混淆可能性”的证明阶段；商标正当使用[①]是商标侵权抗辩事由，由被告承担证明责任。

第二，商标使用与商标正当使用的性质和内涵无法替换。“商标使用”的相对概念是“不用于识别商品来源”，“正当使用”可能是“非来源识别意义的使用”（如描述性使用、通用名称使用），也可能是“来源识别意义的使用”（如指示性使用），[②]两者无法相互替换或相互吸收。商标正当使用制度服务于商标法的多元立法目的，“避免混淆”并非商标法的唯一目的，商标法还服务商品流通以及促进公平竞争。由于商标法保护目的的多样性，在成立商标使用行为，甚至存在混淆可能的情况下，立法者通过商标正当使用的制度管道

---

① 《商标法》第59条。

② 商标指示性使用与一定程度的混淆可以并存。See KP Permanent Make-Up, Inc. v. Lasting Impression I, Inc., 543 U.S. 111, 123, 124 (2004).

排除商标侵权行为的成立。比如为言论自由目的而设定商标指示性使用、允许戏谑目的的商标使用，为商品自由流通、平衡商品所有权人的利益而设定商标权利穷竭抗辩，因历史、善意、意思自治等因素而容忍相关公众一定程度的混淆可能等，这些情况下的商标使用行为不构成商标侵权。

第二节　相同使用的商标侵权行为

问题：就商标侵权构成及刑事评价而言，商标法为什么要区分相同使用和近似使用？如何判断相同商品或服务？如何判断相同商标？

一、基本原理

《商标法》第57条第1项规定，未经商标注册人的许可，在同一种商品上使用与其注册商标相同的商标的，构成侵犯注册商标专用权的行为。这种行为被称为“假冒注册商标行为”（即“相同使用的商标侵权行为”，区别于《商标法》第57条第2项规定的“近似使用的商标侵权行为”）。我国只对侵犯注册商标专用权中的相同使用行为提供刑事制裁。《刑法》第213条规定假冒注册商标罪，是指违反国家商标管理法规，未经注册商标所有人许可，在同一种商品上使用与其注册商标相同的商标，情节严重的行为。此外，2019年《商标法》第63条第4款、第5款的内容，针对“假冒注册商标的商品”设定了专门的责任承担方式：“人民法院审理商标纠纷案件，应权利人请求，对属于假冒注册商标的商品，除特殊情况外，责令销毁；对主要用于制造假冒注册商标的商品的材料、工具，责令销毁，且不予补偿；或者在特殊情况下，责令禁止前述材料、工具进入商业渠道，且不予补偿。假冒注册商标的商品不得在仅去除假冒注册商标后进入商业渠道。”①

以上专门的立法规定均表明，假冒注册商标或相同使用行为是一种特殊

① 2019年立法者的新增款项，是为了与TRIPs协议第46条保持一致。

的商标侵权行为。其特殊之处在于，“相同使用行为”的商标侵权构成不需要考虑是否可能导致相关公众混淆误认。这种立法例来自于 2008 年的《欧盟商标协调指令》,[①] 该指令序言 11 指出:“在相同商品或服务中使用相同商标的行为，注册商标的保护具有绝对性。”易言之，这种情形的商标侵权行为不以混淆可能性为构成要件。《欧盟商标协调指令》第 5 条第 1 款 a 项对此作了具体规定。欧洲法院的案例法指出,《欧盟商标协调指令》第 5 条第 1 款 a 项不要求相关公众混淆可能性的证据，这是为在相同商品或服务中使用相同标记行为提供绝对保护。[②]

商标权在性质上系财产权和支配权，其支配效力的积极方面体现为，在核定商品或服务上使用相同商标，此即为商标专用权的控制范围。支配性本质上体现为权利主体对客体的自由意志，即无需第三方协助即可实现对客体的控制意思。从消极方面看，商标权的支配性意味着，权利人有权控制他人未经许可在核定商品或服务上使用相同商标，即相同使用行为。这种相同使用行为的不法性已经规定在商标权的支配性中，相同使用行为直接构成了对商标财产权的侵犯，至于是否存在混淆可能性则在所不问。孔祥俊先生对此持相同见解，认为这是商标权的核心区域，“涉及在商标权的核心区域排除他人的侵权，倘若在该领域仍然不能无条件排除他人的这种使用行为，那么商标权就不再有最基本的生存空间，不再有立足之地”。[③]

二、典型案例

这里以百威与喜盈门案[④]为例。

安海斯 – 布希公司经核准注册了“百威英博”文字商标，核定使用商品

① 该指令在 2015 年修订，2008 年的序言 11 成为 2015 年的序言 15。因本书引用的欧盟案例均发生在 2015 年之前，且有关条文基本没有变动，因此除特别指出外，本书中的《欧盟商标协调指令》均指 2008 年的指令文本。

② Case C–482/09 Budějovický Budvar, paragraph 72.

③ 孔祥俊:《商标与反不正当竞争法——原理与判例》，法律出版社 2009 年版，第 315 页。

④ 上海市高级人民法院（2013）沪高民三（知）终字第 111 号民事判决书。

为第 32 类的啤酒等。2012 年 7 月，安海斯 – 布希公司（许可人）与百威（被许可人）签订《商标使用权许可协议》，约定由许可人许可被许可人使用“百威英博”注册商标，授权被许可人就制止协议生效前已发生和协议生效后可能发生的侵犯许可商标的行为，在中国境内以被许可人的名义提起诉讼，并因维权获得赔偿款项。浙江喜盈门公司销售的啤酒瓶在瓶体下部均有“百威英博”或“百威英博专用瓶”浮雕字样，酒瓶背贴以小字记载浙江汾湖公司出品、哈尔滨喜盈门公司监制，并以更小字体注明“瓶体字样与本产品无关”。

法院认为，关于在酒瓶上使用“百威英博”或“百威英博专用瓶”文字是否属于对“百威英博”商标的使用，可以分两个层次进行分析，即该使用方式是否属于商标使用的方式以及该使用是否会产生商品来源识别的效果。第一，商标的使用，包括将商标用于商品、商品包装或者容器以及商品交易文书上，或者将商标用于广告宣传、展览以及其他商业活动中。在啤酒瓶上使用“百威英博”或者“百威英博专用瓶”的浮雕文字，显然是在商品容器上使用商标，属于商标使用的范围。第二，凡是注意到酒瓶上“百威英博”字样的相关公众通常都会认为该啤酒来源于百威英博，这种认识相当清晰，不会产生歧义，换言之，这一文字标识的使用会产生来源识别作用。被告提出的该文字与酒瓶同色以及位于酒瓶下部等问题只同其实现识别功能的强弱有关，而与其是否具有啤酒来源识别功能无关。《商标法》第 57 条第 1 项规定，未经商标权人许可，在同一种商品上使用与注册商标相同的商标的，属于侵犯商标权的行为。根据该法律规范，在相同商品上使用相同商标并不以混淆可能性为侵权构成要件。只要被告实施了该商标使用行为，就当然构成侵权。

三、“相同商标”“相同商品或服务”的判断

在涉及相同使用行为的商标侵权案件中，认定“相同商标”和“相同商品或服务”是核心问题。《最高人民法院关于审理商标民事纠纷案件适用法

律若干问题的解释》第9条第1款规定，《商标法》（2001年）第52条第1项规定的商标相同，是指被控侵权的商标与原告的注册商标相比较，二者在视觉上基本无差别。该司法解释对商品或服务相同的判定标准却没有作出规定。从该司法解释的规定看，商标相同、商品或服务相同应该是采取更为严格的“物理”标准，仅仅从商标的外观视觉或者《类似商品和服务区分表》中的分类进行严格比对。尽管如此，商标相同、商品或服务相同的判断，仍然会因判断者的不同而产生差异。

在光明公司与美食达人公司、上海易买得超市侵害商标权二审民事纠纷案中，美食达人公司系“85℃”系列商标专用权人，其中有一个商标核定使用商品为第29类：牛奶制品、奶茶（以奶为主）、可可牛奶（以奶为主）等，注册有效期至2024年7月6日。光明公司在市场上销售的“光明优倍鲜牛奶”包装上显著印有“85℃”的字样。一审法院认为，光明公司在被控侵权商品上标注85℃不属于正当使用，属于在相同商品上使用相同标识的侵权行为。

二审法院认为，涉案注册商标标识将元素8、5、℃采用不同字体及高低错落排列的表达方式，与温度标准表达方式85℃具有了显著区别，客观上增强了涉案注册商标标识的显著性而获得了注册，但也因此限制了涉案注册商标标识的保护范围。将被控侵权标识85℃与涉案注册商标相比对，两者字形元素相同但排列不同；实际中，商标权人及相关公众对涉案商标标识的读音与一般公众对85℃作为温度表达时的读音也不尽相同。故两者之间虽在外形上构成近似，但一审法院将之认定为相同商标有误。涉案注册商标核定使用的商品包括：牛奶制品、奶茶以奶为主、可可牛奶以奶为主等。而在国家工商行政管理总局商标局《类似商品和服务区分表》第11版第29类第2907奶和乳制品类似群中记载的商品包括了：牛奶290039；牛奶制品290074；奶茶（以奶为主C290069）；可可牛奶以奶为主C290070。因此，牛奶与牛奶制品、奶茶以奶为主、可可牛奶以奶为主不属于相同的商品。但是，被控侵权商品牛奶与涉案注册商标核定使用的牛奶制品、奶茶（以奶为主）、可可牛奶（以奶为主）等商品，在功能、用途、销售渠道、消费对象等方面基本相同，根据《最高人民法院关于审理商标民事纠纷案件适用法律若干问题的解释》第 11 条规定，两者之间构成类似商品，一审法院将之认定为相同商品有误。[①]

第三节　近似使用的商标侵权行为

问题：商品或服务类似、商标近似、混淆可能性之间有什么联系和区别？怎么判断商品或服务类似、商标近似？随着“互联网 +”的商业模式兴起，商品或服务类似的判断是否有其特殊性？如何判断混淆可能性？

除在同一种商品上使用相同商标的行为不要求混淆可能性条件以外，其他的类似商品或近似商标上的使用行为，均需满足混淆可能性的条件才能构成商标侵权。这一规则不仅为《商标法》第 57 条所明确，也是我国商标司法实践中的长期做法。

一、商标近似

（一）基本原理

根据《最高人民法院关于审理商标民事纠纷案件适用法律若干问题的解释》第 9 条第 2 款规定，判断商标近似首先要考虑“字形、读音、含义或者图形的构图及颜色，或者其各要素组合后的整体结构相似，或者其立体形状、颜色组合近似”，然后再考虑相关公众是否存在混淆可能性。该司法解释第 10 条规定了判断商标近似的整体比对和要部比对原则：人民法院依据《商标法》（2001 年）第 52 条第 1 项的规定，认定商标相同或者近似按照以下原则进行：（一）以相关公众的一般注意力为标准；（二）既要进行对商标的整体比对，又要进行对商标主要部分的比对，比对应当在比对对象隔离的状态下分别进行；（三）判断商标是否近似，应当考虑请求保护注册商标的显著性和知名度。

① 上海知识产权法院（2018）沪 73 民终 289 号民事判决书。

上述判断商标近似的要素及比对原则，只是给出了相对“程式化”的判断过程，商标近似的判断仍然充满不确定性。在显著性、知名度都很强的两个商标之间，在显著性、知名度悬殊的两个商标之间，以及在显著性、知名度都很弱的两个商标之间，商标近似的判断要素的权重往往不同。很多时候，先入为主的价值判断或政策因素可能左右着技术判断的走向，技术判断只是用于辅助或论证价值判断的合理性。如何使商标近似的判断过程客观化，是一个值得思考的问题。

（二）典型案例

下面以“诸葛亮”商标与“诸葛酿”商品名称之间的冲突，[①] 来呈现商标近似判断的原则和要素。

1. 基本案情

1999年6月18日，同和公司向国家商标局申请注册“诸葛亮”商标。2000年12月21日，国家商标局核准该商标注册，核定使用商品为第33类酒精饮料（啤酒除外）、米酒、酒（饮料）、黄酒、葡萄酒、食用酒精、开胃酒、白兰地、烧酒、果酒（含酒精），商标注册有效期限自2000年12月21日起至2010年12月20日止。2002年6月，同和公司将“诸葛亮”注册商标转让给千年酒业公司，并于2002年10月28日经国家商标局核准，千年酒业公司开始使用该商标。2003年6月15日，千年酒业公司与诸葛亮酒业公司签订商标使用许可合同，许可诸葛亮酒业公司使用“诸葛亮”商标。2003年8月1日，诸葛酿酒公司登记成立，正式生产诸葛酿酒。2003年11月20日，千年酒业公司与诸葛酿酒公司签订商标使用许可合同，许可诸葛酿酒公司使用“诸葛亮”商标。上述商标使用合同经国家商标局登记备案。

1999年4月25日，江口醇集团与华军宇公司签订了《产品开发协议书》，决定共同开发“诸葛酿”酒，并在产品上使用“诸葛酿”。1999年6月5日，江口醇集团正式生产“诸葛酿”酒，随后在广东市场上销售。该酒在我国南方

① 最高人民法院（2007）民三监字第37-1号民事裁定书。

局部地区具有一定的影响力和知名度。2004 年 9 月 24 日，千年酒业公司、诸葛亮酒业公司、诸葛酿酒公司向湖南省长沙市中级人民法院起诉被告江口醇集团、周某，要求判令被告立即停止商标侵权行为，并由江口醇集团赔偿损失。2005 年 1 月 26 日，江口醇集团以"诸葛亮"商标的使用侵犯其"诸葛酿"知名商品特有名称构成不正当竞争为由，向一审法院提起反诉。

2. 判决内容

该案历经一审、二审和再审程序，焦点问题是"诸葛亮"商标和"诸葛酿"标识之间是否构成近似。最高法院的再审裁判认为，江口醇集团使用的"诸葛酿"商品名称与"诸葛亮"注册商标不构成侵犯注册商标专用权意义上的近似。

首先，从二者的音、形、义上进行比较。注册商标"诸葛亮"与作为商品名称使用的"诸葛酿"在读音和文字构成上确有相近之处。但是，在字形上，"诸葛亮"注册商标为字体从左到右横向排列的普通黑体字的文字商标；作为商品名称使用的"诸葛酿"三个文字为从上到下的排列方式，字体采用古印体为主，融合魏体和隶书特点，在字体周边外框加上印章轮廓，在具体的使用方式上，与"诸葛亮"商标存在较为显著的不同。而且，在文字的含义上，"诸葛亮"既是一位著名历史人物，又具有足智多谋的特定含义；"诸葛酿"非单独词汇，是由"诸葛"和"酿"结合而成，用以指代酒的名称，其整体含义与"诸葛亮"不同。就本案而言，由于"诸葛亮"所固有的独特含义，使得二者含义的不同在分析比较"诸葛亮"注册商标和"诸葛酿"商品名称的近似性时具有重要意义，即这种含义上的差别，使相关公众较易于将二者区别开来。

其次，认定"诸葛亮"与"诸葛酿"是否构成侵犯注册商标专用权意义上的近似，需要考虑"诸葛亮"注册商标的显著性及二者的实际使用情况。"诸葛亮"因其固有的独特含义，在酒类商品上作为注册商标使用时，除经使用而产生了较强显著性以外，一般情况下其显著性较弱。千年酒业公司等也未提供证据证明"诸葛亮"注册商标经使用后取得了较强的显著性。在此种情况下，"诸葛亮"注册商标对相近似标识的排斥力较弱，"诸葛酿"商品名称与其在读音和文字构成上的近似，并不足以认定构成侵犯注册商标专用权意义上的近似。

而且，在“诸葛亮”商标申请注册前，江口醇集团已将“诸葛酿”作为商品名称在先使用，不具有攀附“诸葛亮”注册商标的恶意。在“诸葛亮”商标核准注册前，“诸葛酿”酒已初具规模。至 2003 年 8 月标有“诸葛亮”注册商标的产品进入市场后，“诸葛酿”白酒已多次获得中国名牌产品等荣誉称号，在广东省、四川省、湖南省等地享有较高的知名度，为相关公众所知晓，具有一定的知名度和显著性，经使用获得了独立的区别商品来源的作用。结合上述“诸葛酿”商品名称字体特点和具体使用方式，以及“诸葛亮”注册商标的显著性较弱，原审法院认定相关公众施以一般的注意力，不会导致混淆和误认并无不当。

二、商品或服务类似

（一）基本原理

《最高人民法院关于审理商标民事纠纷案件适用法律若干问题的解释》第 11 条规定，《商标法》（2001 年）第 52 条第 1 项规定的类似商品，是指在功能、用途、生产部门、销售渠道、消费对象等方面相同，或者相关公众一般认为其存在特定联系、容易造成混淆的商品。类似服务，是指在服务的目的、内容、方式、对象等方面相同，或者相关公众一般认为存在特定联系、容易造成混淆的服务。商品与服务类似，是指商品和服务之间存在特定联系，容易使相关公众混淆。

从上述规定不难看出，商品或服务类似的判定也可以分为两步，首先要判断商品或服务的功能、目的、对象、销售渠道等事实问题，其次要就相关公众的混淆误认进行判断。在做出上述判定之前，《类似商品和服务区分表》可用于辅助判断涉案商品或服务之间的类似，并且通常只是在确实需要突破《类似商品和服务区分表》的情形下，才进行突破认定。上述司法解释第 12

条规定，人民法院依据《商标法》（2001 年）第 52 条第 1 项的规定，认定商品或者服务是否类似，应当以相关公众对商品或者服务的一般认识综合判断；《商标注册用商品和服务国际分类表》《类似商品和服务区分表》可以作为判断类似商品或者服务的参考。商品类似的判断在司法实践中主观性较强，是个案判断，相关商品是否类似常常因个案案情的不同而出现差异。

（二）典型案例

这里以顺顺达公司与宗申公司商标侵权纠纷上诉案[①]为例进行说明。

宗申公司成立于 1992 年，系从事摩托车、发动机及相关产品生产销售的大型民营企业。2000 年 12 月，宗申公司取得“宗申”文字商标注册，核定使用商品为第 12 类（车轮、车轮毂、小型机动车、摩托车、后视镜、摩托车挎斗、陆、空、水或铁路用机动运载器）。2002 年 11 月，“宗申”文字商标被审定为重庆市著名商标。2004 年 4 月 16 日，重庆市第一中级人民法院以（2003）渝一中民初字第 388 号《民事判决书》认定“宗申”文字商标为驰名商标。涉案被控侵权的润滑油包装瓶通体为灰色，正面瓶贴：上方印有“ADD 瑷迪”及其右上角的注册标记；其下方是居中的“宗申摩托”4 个字，为正面瓶贴最大字体，颜色为蓝色；紧接其后的是以“宗申摩托”的“托”字所在位置，另起行印有“冬季用油”4 个比“宗申摩托”字体小的黑色字体；瓶贴中部偏下处印有一辆红色摩托车图形；其左下方印有蓝色的“4T”，字体大小与“宗申摩托”相当；最下端印有黑色字体的“顺顺达公司”。

二审法院认为，所谓相关公众的一般认识，是指相关市场的一般消费者对商品的通常认知和一般交易观念，不受限于商品本身的自然特性；所谓综合判断，是指将相关公众在个案中的一般认识，与商品交易中的具体情形，以及司法解释规定的判断商品类似的各要素结合在一起从整体上进行考量。《商标注册用商品和服务国际分类表》《类似商品和服务区分表》最主要的功能是在商标注册时划分类别，方便注册审查与商标行政管理，只能作为判断

① 重庆市高级人民法院（2005）渝高法民终字第 194 号民事判决书。

类似商品的参考，不能作为商标侵权案件中类似商品判断的依据。判断商品是否类似，应从普通消费者的角度进行判别。

被控侵权商品是摩托车润滑油，属于商品分类表中的第 4 类商品，涉案“宗申”商标则注册在第 12 类商品上。从相关公众的一般认识来看，摩托车与摩托车润滑油之间在用途、功能上密切相关，是相关联的产品，必须一并使用才能满足消费者的需要；二者在销售渠道上具有重合性；在消费对象上，由于二者具有功能、用途上的关联性，消费对象也具有重合一致性。宗申公司是从事摩托车、发动机及相关产品生产销售的大型民营企业，第 1487149 号“宗申”文字商标曾于 2004 年 4 月 16 日被人民法院认定为驰名商标，“宗申”文字商标在重庆范围内具有较高的知名度。而顺顺达公司与宗申公司住所地都在重庆市，作为重庆摩托车和润滑油市场上的一般消费者会认为宗申摩托车和以宗申为商品名称的摩托车润滑油存在特定联系，容易使相关公众对摩托车与摩托车润滑油的来源产生混淆。因此，摩托车与涉案摩托车润滑油应属于类似商品。

（三）“互联网 +”背景下的商品或服务类似判定

“互联网 +”时代是互联网与实体产业深度融合的时代，Apps 成为获取商品或服务的重要方式。商家通常都在 Apps 上注册或使用商标，Apps 领域的商标侵权纠纷成为互联网商标侵权的重要体现，而商品或服务类似的认定成为此类侵权案件审理的焦点问题之一。下文以“嘀嘀”商标案为例，呈现不同法院在处理这一焦点问题时的不同思路。

1. 杭州中院审理的“嘀嘀”商标案

妙影公司主张小桔公司未经许可擅自在其打车软件、网站、门店、广告宣传及其他商业活动中将“嘀嘀”用作打车软件商标，侵犯了其核定使用在“计算机程序（可下载软件）”等商品项目上的“嘀嘀”注册商标专用权，请求法院判令停止侵权、赔偿损失。本案经调解结案，承办法官在结案后撰写的评论观点指出，“互联网 +”时代，用户一般可能是为了获取服务而安装 APP，但是服务开始于 APP 安装之后，提供服务者必先提供 APP 下载，消费者获取服务前必先获取APP。这与传统服务（如使用餐具提供餐饮服务）存在着质的区别，传统服务是消费者先通过店招等标识对服务来源进行识别，再接触到服务所使用的具体商品；而APP服务中，消费者首先需要对APP进行识别，再接触到服务本身。消费者存在前期对APP来源进行识别和后期对服务来源进行识别的两个阶段行为，对经营者而言，提供服务和提供APP下载中使用商标便分别具有独立的来源区分意义。不能以提供服务时通过APP完成为由，便将提供APP纳入提供服务行为，或将提供服务纳入提供APP行为。小桔公司使用的“嘀嘀”系列标识客观上具有区分打车服务和软件商品来源的双重效果，应当认定为在打车服务和软件商品上均进行了商标使用。[①]

2. 北京法院审理的“嘀嘀”商标案

睿驰公司是第35类和第38类“嘀嘀”和“滴滴”文字商标的权利人，前者核定服务项目为商业管理、组织咨询、替他人推销等，后者包括信息传送、计算机辅助信息和图像传送等。睿驰公司认为，小桔公司经营的“滴滴打车”（最初为“嘀嘀打车”）在服务软件程序端显著标注“滴滴”字样，服务内容为借助移动互联网及软件客户端，采集信息进行后台处理、选择、调度和对接，使司乘双方某以通过手机中的网络地图确认对方位置，联系并及时完成服务，属于典型的提供通信类服务，还同时涉及替出租车司机推销、进行商业管理和信息传递等性质的服务，与睿驰公司注册商标核定的两类商标服务内容存在重合，侵犯其注册商标专用权，要求小桔公司停止使用该名称，公开消除影响。[②]

法院认为，首先，从标识本身看，“滴滴打车”服务使用的图文组合标识将其营业内容“打车”给予明确标注，并配以卡通图标，具有较强的显著性，与原告的文字商标区别明显。

其次，从服务类别的相似度看，“滴滴打车”的服务对象是乘客和司机，

---

① 申正权、张书青：《“嘀嘀”商标纠纷终落幕，主审法官跟你聊聊那些重要细节》，载《中国知识产权报》2016年7月18日。

② 北京市海淀区人民法院（2014）海民（知）初字第21033号民事判决书。

服务内容为借助移动互联网及软件客户端，采集乘客的乘车需求和司机可以就近提供服务的相关信息，通过后台进行处理、选择、调度和对接，使司乘双方某以通过手机中的网络地图确认对方位置，通过手机电话联络，及时完成服务，起到了方便乘客和司机，降低空驶率，提高出租车运营效率的作用。原告列举被告提供服务过程中的相关商业行为，或为被告针对行业特点采用的经营手段，或为被告对自身经营采取的正常管理方式，与该类商标针对的由服务企业对商业企业提供经营管理的帮助并非同类（第 35 类）……关于第 38 类，划分商品和服务类别，不应仅因其形式上使用了基于互联网和移动通信业务产生的应用程序，就机械地将其归为此类服务，应从服务的整体进行综合性判断，不能将网络和通信服务的使用者与提供者混为一谈。“滴滴打车”服务并不直接提供源于电信技术支持类服务，在服务方式、对象和内容上均与原告商标核定使用的项目区别明显，不构成相同或类似服务。原告所称其商标涵盖的电信和商务两类商标特点，均非被告服务的主要特征，而是运行方式以及商业性质的共性。

评论指出，法院并未仅以滴滴打车服务涉及电信、软件、商业等为由抽象认定其与电信、软件、商业等服务类似，而是紧紧抓住不同服务的本质属性和主要特征，综合考虑不同服务的目的、内容、方式、对象、混淆可能性等因素，最终认定滴滴打车服务本质仍然是为客户提供运输信息和运输经纪服务。本案判决具有鲜明的时代特点，其中蕴含的抓本质、抓重点的分析方法为“互联网 +”商业模式下正确认定类似服务提供了重要借鉴。①

3. 思考

以上两个法院在处理涉及互联网因素的服务类别时，呈现出对互联网因素及推广因素的不同认识。在实体环境中，类似的问题其实也存在。比如通过娱乐的方式来呈现相亲的内容、通过电视节目的形式来呈现相亲的内容、以相亲的外表提供娱乐的内容、通过电视节目的方式来呈现法律咨询的内容，

① 2015 年北京知识产权司法保护商标典型案例和创新性案例点评，http：//www.cicn.com.cn/zggsb/ 2016-04/19/cms84651article.shtml，2019 年 7 月 29 日访问。

究竟应该以相亲内容或法律咨询内容为根本，还是以电视节目为根本，来认定服务的类别？“互联网+”时代，几乎所有的商品或服务都与软件（Apps）连接，难道在软件商品注册商标的权利人可以起诉任何商品或服务使用者？互联网究竟只是具有工具属性还是具有独立功能？苹果手机有照相功能，它本质上是手机还是照相机？如果有人在苹果还不驰名的情况下，在照相机上使用了“苹果”商标，苹果公司可以维权吗？苹果手表能检测心率并提供相关医疗保健建议，苹果手机是否属于医疗器械？苹果手表的销售和进口是否需要经过相关行政部门审批？

广东高院在“非诚勿扰”再审案件中抓住了“电视节目”的本质，其认为，被诉《非诚勿扰》节目系一档以相亲、交友为题材的电视文娱节目，其借助相亲、交友场景中现代未婚男女的言行举止，结合现场点评嘉宾及主持人的评论及引导，通过剪辑编排成电视节目予以播放，使社会公众在娱乐、放松、休闲的同时，了解当今社会交友现象及相关价值观念，引导树立健康向上的婚恋观与人生观。其服务目的在于向社会公众提供旨在娱乐、消遣的文化娱乐节目，凭节目的收视率与关注度获取广告赞助等经济收入；服务的内容和方式为通过电视广播这一特定渠道和大众传媒方式向社会提供和传播文娱节目；服务对象是不特定的广大电视观众等。第45类中的“交友服务、婚姻介绍”系为满足特定个人的婚配需求而提供的中介服务，服务目的系通过提供促成婚恋配对的服务来获取经济收入；服务内容和方式通常包括管理相关需求人员信息、提供咨询建议、传递意向信息等中介服务；服务对象为特定的有婚恋需求的未婚男女。故两者无论是在服务目的、内容、方式还是对象上均区别明显。以相关公众的一般认知，能够清晰区分电视文娱节目的内容与现实中的婚介服务活动，不会误以为两者具有某种特定联系，两者不构成相同服务或类似服务。①

① 广东省高级人民法院（2016）粤民再447号民事判决书。

三、混淆可能性

（一）一般原理

从上述内容的介绍可以看出，由于2001年《商标法》第52条在文义上没有规定混淆可能性，司法实践通过对其的目的性解释和限缩解释，将混淆可能性纳入“商标近似”和“商品类似”的要件中，认为“商标近似”是指“混淆性近似”，“商品类似”是指“混淆性类似”，从而完成从物理判断进化到法律判断的转变。当然，做出这种规范上的解释和结构上的安排是因为有特定历史背景，是为了弥补我国2001年《商标法》没有规定混淆可能性要件的漏洞。但是，立法者在2013年修改《商标法》第57条第2项时增加了混淆可能性的规定，“商标近似”“商品类似”与“混淆可能性”三者之间呈现出并列关系，均为商标侵权判定的构成要件。因此，从逻辑上应当将“商标近似”“商品类似”中的“混淆可能性”因素独立，对“商标近似”“商品类似”的判断应回归至物理近似或物理类似的分析，在完成“商标近似”“商品类似”的判断之后，再结合其他因素（如主观故意、商标知名度和显著性、销售渠道等）对混淆可能性综合考察。如此一来，“商标近似”“商品类似”就是一种事实判断、客观判断和物理判断，而混淆可能性则是一种法律判断和综合判断。但是，司法实践中长期形成的思维惯性却不容易扭转，商标近似、商品类似与混淆可能性，这三者之间的判断相互影响。比如《最高人民法院关于审理商标授权确权行政案件若干问题的规定》第12条仍然将混淆可能性作为上位概念，将商标近似、商品或服务类似作为下位概念。

《北京市高级人民法院关于当前知识产权审判中需要注意的若干法律问题》涉及了关于类似商品、近似商标与混淆可能性的关系问题，基本理顺了商标近似、商品类似与混淆可能性之间的关系。该文件指出，由于类似商品、近似商标和混淆可能性三个条件是并列规定的，在类似商品和近似商标的判断中，就不应当再以是否容易导致混淆作为判断是否类似或者近似的标准，而应当仅从商品本身或者商标标志本身进行判断。根据商品本身的属性来判断是否类似时，《类似商品和服务区分表》是较为重要的参考，除非现实中存在相反的证据，否则应当尽量尊重《类似商品和服务区分表》的判断，个案中突破《类似商品和服务区分表》的认定应当慎重，应当具有较充分的依据并进行细致的分析。

有一些法院也开始重新认识上述三要素之间的关系，区分三者的不同。比如，尽管冲突商标构成近似，商标使用的商品构成类似商品。但是商标的基本功能是使消费者能够识别商品及其来源，因此被诉的商标使用行为被认定构成商标侵权的前提是造成或者容易造成相关公众的混淆。一审法院综合考虑本案是否容易造成混淆的各种因素，认为相关公众对冲突商标所标注的商品不会产生混淆或对其来源不会产生误认。[①]

（二）具体考量因素

《最高人民法院关于审理商标授权确权行政案件若干问题的规定》第12条区分了混淆可能性认定的必备要素和参考要素，“商标近似”“商品类似”“请求保护商标的显著性和知名度”“相关公众的注意程度”是认定混淆可能性过程中必须考虑的要素，也即在任何案件中都需要考察这些因素；“申请人的主观意图”“实际混淆”等其他因素是参考要素，也即未必在每个案件中都需要考察。上述规定虽然是在商标授权确权案件背景下，但基于混淆可能性判定的统一要求，在商标侵权案件背景下也同样可以参考。

1. 必备要素

（1）相关公众的注意程度

“相关公众”的选择和判断，对混淆可能性的判断结果具有重要影响。《最高人民法院关于审理商标民事纠纷案件适用法律若干问题的解释》第8条规定，商标法所称相关公众，是指与商标所标识的某类商品或者服务有关的消费者和与前述商品或者服务的营销有密切关系的其他经营者。因此，比如房

① 重庆市高级人民法院2018渝民终65号民事裁定书；重庆市第一中级人民法院2017渝01民初674号民事判决书。

地产领域的“相关公众”及其注意程度，我国法院指出，消费者购买房屋比购买其他商品谨慎，往往会对不同楼盘进行反复比较，即使购买知名品牌商品房通常也要实地考察，不会只因品牌知名而盲目选购。根据相关公众选择此类商品时的注意程度，再审申请人使用“百家湖·枫情国度”或“百家湖畔枫情国度”进行宣传，不会使相关公众对商品房来源产生混淆、误认。[①]而在一些涉及普通日用消费品案件中，消费者的注意力就相对较低，产品发生混淆的可能性相对较大。[②]

（2）请求保护商标的显著性和知名度

请求保护商标的显著性和知名度越高，则其应受保护的范围就越大，在混淆可能性判断的时候，越倾向于为其提供保护。反过来，如果请求保护的商标尚未投入市场使用，或者即便投入了市场使用但知名度和显著性甚微，则其应受法律保护的范围便小，且不倾向于认定混淆可能性。有时候，被控侵权商业标志的知名度和显著性也是重要考察因素，特别是当被控侵权商业标志已经经过广泛、长期的市场使用而具有较高的知名度时，知名度越高，越说明商业成功的程度，反过来越能说明相关消费者具有对不同品牌的辨识能力，以及相关消费者不太可能发生混淆的事实。《最高人民法院关于审理商标授权确权行政案件若干问题的意见》第1条就饱含价值判断和政策引领，人民法院在审理商标授权确权行政案件时，对于尚未大量投入使用的诉争商标，在审查判断商标近似和商品类似等授权确权条件及处理与在先商业标志冲突上，可依法适当从严掌握商标授权确权的标准，充分考虑消费者和同业经营者的利益，有效遏制不正当抢注行为，注重对于他人具有较高知名度和较强显著性的在先商标、企业名称等商业标志权益的保护，尽可能消除商业标志混淆的可能性；对于使用时间较长、已建立较高市场声誉和形成相关公众群体的诉争商标，应当准确把握商标法有关保护在先商业标志权益与维护市场秩序相协调的立法精神，充分尊重相关公众已在客观上将相关商业标志

① 江苏省高级人民法院（2004）苏民三再终字第001号民事判决书。

② “指甲钳”案，见广东省高级人民法院（2006）粤高法民三终字第454号民事判决书。

区别开来的市场实际，注重维护已经形成和稳定的市场秩序。

如最高法院在鳄鱼商标案中指出，“从诉争标识在中国市场的共存和使用情况看，两者在中国市场内已拥有各自的相关公众，在市场上均已形成客观的划分，已成为可区别的标识”。[①]这一因素还在司法解释中被明确规定，对于使用时间较长、已建立较高市场声誉和形成相关公众群体的诉争商标，充分尊重相关公众已在客观上将相关商业标志区别开来的市场实际，注重维护已经形成和稳定的市场秩序。[②]

2. 参考要素

（1）主观意图

主观状态并非商标侵权的构成要件，但对判定混淆可能性、划定专有领域和公有领域之间的界限具有重要意义。被告选用商业标识的主观恶意，对混淆可能性的判定是一个积极因素。反过来，被告诚实经营、善意使用商业标识的主观状态，对混淆可能性的判定是一个消极因素。美国有执业者在梳理大量案件后发现，一旦认定攀附商誉的意图，则可推定具有混淆可能性；选用商标之前征求律师或商标代理人的建议，通常可降低甚至排除这种风险。[③]麦卡锡教授在梳理联邦巡回上诉法院的案件后发现，后来者有义务避免与在先驰名商标发生混淆。[④]在我国商标司法实践中，判决中既会涉及被告对权利人注册商标的知情状态，即处于同一行业的被告应当知道或实际知道原告已经注册并使用的商标，但仍然选用相同或近似的商业标识；更多的案件涉及被告“攀附商誉、故意仿冒”的主观状态。如在汤沟商标案中，侵权人在产品包装的中部使用较大的字体标注“汤沟”而非“汤沟镇”，并且使用了和涉案注册商标中“汤沟”文字相同的繁体字，表明其具有明显的攀附涉案“汤沟”商标的意图，容易使消费者产生混淆或者误认。[⑤]

① 最高人民法院（2009）民三终字第3号民事判决书。

② 《最高人民法院关于审理商标授权确权行政案件若干问题的意见》第1条规定。

③ J. Thomas McCarthy, McCarthy on Trademarks and Unfair Competition § 23:65 (5th ed.), June 2020 Update.

④ J. Thomas McCarthy, McCarthy on Trademarks and Unfair Competition § 25:27 (5th ed.), June 2020 Update.

⑤ 江苏省高级人民法院（2006）苏民三终字第0094号民事判决书。

（2）实际混淆

实际混淆的证据对混淆可能性的认定有重要参考作用，是反映真实市场状态的重要证据。《北京市高级人民法院关于商标授权确权行政案件的审理指南》第 13 条给出了市场调查结论的采信要点：对于相关公众能否将诉争商标和引证商标相区分，当事人可以提供市场调查结论作为证据。市场调查应当尽可能模拟相关公众实际购买商品时的具体情形，并应当对相关公众的范围、数量及其确定，相关公众购买商品时的注意程度以及整体比对、隔离观察、主要部分比对等方法的运用等进行详细描述，缺少上述要素、对上述要素使用错误或者无法核实其调查真实性的市场调查结论，不予采信。

我国司法实践总体对证明混淆的“调查报告”偏于谨慎，法官常围绕调查方法的科学性进行质疑。在 GUESS 案的一审中，北京零点市场调查与分析公司，根据公众的认知特点，模拟受访者在认真考虑购买样品包并可以对样品包进行随意翻看、观察的情况，得出：96.8% 的受访者没有将样品包误认为其他品牌的包；在 96.8% 没有误认的受访者中，90.1% 的受访者不认为样品包与其他品牌有关系。该公司还对该品牌包的售后混淆情况进行了市场调查，也发现不存在来源混淆和关联混淆。两份调查报告均列举了调查流程和对象、访问方式、抽样方法。法院认为调查报告存在两个瑕疵：第一，调查对象具有不确定性，是否属于包商品消费领域的相关公众尚难以确定；第二，调查过程是否客观难以确定，由于调查对象在访问结束后将获得赠送的纪念品，这种调查的方式难以保证调查结论的客观性。[①] 尽管二审法院得出了消费者不会产生混淆误认的结论，但认为该市场调查报告不具有科学性和准确性：1. 访问员仅向受访者展示了 GUESS 包，要求受访者识别，未向受访员展示古希公司的注册商标或者带有注册商标的商品等。2. 调查报告将相当数量的受访员回答的“没有关系吧”、“没有吧”等并不很肯定的回答，统计成了”没有关系”的肯定结论。3. 存在问卷和录音不一致、记录错误等问题。[②] 最高

① 江苏省南京市中级人民法院（2012）宁知民初字第 117 号民事判决书。

② 江苏省高级人民法院（2014）苏知民终字第 0080 号民事判决书。

法院在2016年的“乔丹案”采信了调查报告：两份调查报告可以与其他证据结合，进一步证明相关公众容易误认为“乔丹”与再审申请人存在特定联系。两份调查报告显示，分别有68.1%、58.1%的受访者认为再审申请人与“乔丹体育”有关。在购买过乔丹体育品牌产品的受访者中，分别有93.5%、78.1%的受访者认为再审申请人与“乔丹体育”有关。对于二者的具体关系，由高到低不同比例的受访者认为二者具有代言人、姓名授权使用、企业开办人等关系。虽然上述调查数据针对的是相关公众对再审申请人与“乔丹体育”之间关系的认知，但由于“乔丹体育”为争议商标的商标权人，且“乔丹体育”中的“乔丹”起到主要的识别作用，而“体育”为普通词汇，难以起到区分商品来源的作用，故两份调查报告可以进一步佐证在争议商标指定使用的商品上，相关公众容易误认为标记有争议商标的商品与再审申请人存在特定联系。①

（3）实际使用情况

有些法院认为“原告对其商标的实际使用情况”也是混淆可能性判断的参考因素，其实质上并未超出原告商标知名度和显著性的范畴。如在前述“嘀嘀”商标案中，从原告提交的证据可以看出，其此前主营的软件为教育类，嘀嘀汽车网主要提供汽车行业新闻及销售推广；其提供的车主通项目与“滴滴打车”的服务并不类似，且尚未实施，其所称立项时间为2014年1月，当时被告服务已经上线超过一年。因此，原告现有证据不能证明其在注册商标核定使用的范围内对注册商标进行了商标性使用，也未在与“滴滴打车”同类服务上使用。被告的图文标识则在短期内显著使用获得了较高知名度和影响力，市场占有率高，拥有大量用户。从两者使用的实际情形，亦难以构成混淆。

（三）域外因素

知识产权法具有地域性。坚持知识产权地域性原则的根本原因是后发展

① 最高人民法院（2016）最高法行再27号行政判决书。

国家可以根据自身需要设立知识产权法律制度，自主决定是否对外国知识产权给予保护，从而保持在知识产权这一经济产物、政策产物上的独立自主权。[①] 商标权保护中的域外因素，最为典型的例子是驰名商标认定和保护过程中的域外因素，比如美国有些法院的驰名商标原则。[②] 这里以定牌加工案件中的域外因素为例进行阐述。在定牌加工案件中，境外的商标权利人将商品的加工、组装和贴牌安排在境内完成，境内加工商完成贴牌后将商品全部运往境外销售。在我国拥有商标权的权利人起诉境内加工商构成商标侵权，法院在评价境内加工行为的性质时常需要考虑“相关公众”的混淆可能性。

学者认为因贴牌产品最终全部销往境外，鉴于地域性之阻隔，国内消费者根本不可能发生实际的混淆。[③] 不少法院持这种观点：商标权具有地域性特征，我国商标法只能保护在我国依法注册的商标，保护范围不能延伸到我国领域之外；本案涉及的 220 套贴牌加工的产品，其流通市场不在中国而在缅甸，恒胜鑫泰公司、恒胜集团将 HONDAKIT 中的 HONDA 部分文字突出使用，是否容易导致缅甸国内的相关公众对商品来源产生混淆，这个问题不在我国商标法可以评判的范围之内。[④] 一些法院认为加工方应当对域外商标权进行合理审查，比如委托方是否享有商标权，委托方的商标权是否与国内有关方的权利相冲突等。[⑤]

有法院持相反意见，认为因存在通过互联网可购买到已出口至境外商品的可能，会引起国内相关公众混淆与误认。[⑥] 最高法院在“本田”案也持相同立场，同时还基于商标权的地域性认为不应当审查境外已经生效的商标权，使国内贴牌行为成为一个商标直接侵权的认定过程，排除了域外因素的干扰：

① 杨静:《商标授权确权中地域性原则的重构——基于中美实践的比较》,《知识产权》2020 年第 3 期。

② 参见第七章第一节。

③ 黄汇:《商标使用地域性原理的理解立场及适用逻辑》，载《中国法学》2019 年第 5 期。

④ 云南省高级人民法院（2017）云民终 800 号民事判决书。

⑤ 参见江苏省高级人民法院 (2015) 苏知民终字第 00036 号民事判决书。刘维、张琪、张嘉莹:《涉外定牌加工类案裁判的回顾与展望——兼评江苏高院“东风”案判决》,《中华商标》2017 年第 5 期。

⑥ 上海知识产权法院（2016）沪 73 民终 37 号民事判决书。

商标权作为知识产权，具有地域性，对于没有在中国注册的商标，即使其在外国获得注册，在中国也不享有注册商标专用权，与之相应，中国境内的民事主体所获得的所谓“商标使用授权”，也不属于我国商标法保护的商标合法权利，不能作为不侵犯商标权的抗辩事由。[①]

美国法院在 1983 年的一个案件中讨论了《兰哈姆法》的域外效力问题，法院指出尽管载有侵权标识的产品是在沙特阿拉伯销售，且这些产品不会回流至美国，但仍应禁止涉案行为；在认定存在竞争关系的产品之间存在混淆可能性之后，地区法院发布临时禁令禁止被告从事任何导致沙特阿拉伯消费者可能混淆的行为。上诉法院在推理时指出，最高法院在 Bulova 案[②]中认为美国地区法院就美国公民或居民在外国实施的商标侵权与不正当竞争行为，有管辖权为美国公司提供救济。在判断美国法院是否具有域外管辖权时需要考虑如下因素：被告的公民身份、对美国商业造成的影响、与外国法的冲突。被告的加工、包装、运输、销售行为都属于商业行为，且导致原告的贸易转移；不法行为最终在境外完成，对被告没有任何帮助。[③]

（四）关于混淆类型的争议

除上述混淆可能性的内容之外，司法实践对混淆可能性的类型还有一些争议，核心在于如何看待商标权的扩张，主要涉及售前混淆、反向混淆、售后混淆的适用。[④]随着适用这些混淆类型的商业场景愈发成熟和普遍，相关消费者的消费心理愈发成熟，商标使用行为在法律政策上愈发受到重视的情况下，司法实践的适用是否应该更为谨慎？比如售前混淆的适用场景通常是互联网搜索领域，随着搜索引擎的商业模式走向规范化，消费者进行搜索的注意力和心理更成熟，消费者发生售前混淆的可能性降低；反向混淆也是如此，对商标实际使用的重视和强调，可能会导致更多商标共存的空间，消费者在

---

① 最高人民法院（2019）最高法民再 138 号民事判决书。

② *Steele v. Bulova Watch Co.*, 344 US 280, 281(1952).

③ American Rice, Inc. v. Arkansas Rice Growers Co-op. Ass'n, 701 F.2d 408, 414 (1983).

④ 可参见第一章第三节。

商标共存的格局中稍加注意可能即可做出商品来源区分，发生反向混淆的可能性也在降低，或者不能仅仅基于消费者会误认为在先注册商标的商品来源于在后商标使用人，就认为存在反向混淆。比如浙江法院在 MK 案中提出了三个理由：第一，尊重在后商标使用人经持续、大量、广泛的宣传和使用所形成的商业成果，被诉侵权标识中已经凝聚了其商业信誉和竞争优势；第二，被告入驻中国时，涉案商标并未通过在先注册权人持续大量的使用，获得更强的对字母相同商标的排斥力和更大的市场空间。因此，涉案商标和被诉侵权标识具有在市场上共存的可能性；第三，充分尊重相关消费者已在客观上将商标区分开来的市场实际，如认定反向混淆成立，反而会造成相关消费者识别成本的增加和市场秩序的混乱。[①]

第四节　销售侵权商品的行为

问题：销售侵权商品的行为是直接侵权行为还是间接侵权行为？与《商标法》第 57 条前两项规定的使用侵权行为之间有什么区别？如何判断本项行为中的“销售”？终端用户对侵权商品的使用是否属于“销售”？本项是否包含“许诺销售”？

一、基本原理

《商标法》第 57 条第 3 项规定，销售侵犯注册商标专用权的商品的，属侵犯注册商标专用权。本项的调整对象是销售商，是为了规制商品流通环节的商标侵权行为。立法理由称：像这样的商品销售者，与侵犯注册商标专用权的商品的生产者一样，都起到了混淆商品来源、侵犯注册商标专用权、损

① 杭州市中级人民法院（2017）浙 01 民初 27 号民事判决书、浙江高院（2018）浙民终 157 号民事判决书。

害消费者利益的作用。[①] 由此可以看出，同本条前两项规制的生产行为一样，立法者将“制止混淆可能”作为本项的基础。美国麦卡锡教授认为，即便一个销售商与生产产品或贴附商标没有任何“瓜葛”，其销售附有商标的产品行为就足够作为使用商标的行为而构成商标侵权，至于其不知道供应商的侵权行为，这无关紧要。[②]

本项规定最初在 1993 年修订《商标法》时增入，当时为了惩治日益严重的假冒注册商标犯罪行为，该法第 38 条第 2 项规定，销售明知是假冒注册商标的商品的，属侵犯注册商标专用权。2001 年立法者修改《商标法》时删除了该项的主观要件，扩大了本项的适用范围，该法第 52 条第 2 项改成：“销售侵犯注册商标专用权的商品的”，这不仅删除了主观“明知”的规定，而且从“假冒注册商标”扩大为“侵犯注册商标专用权的商品”。1993 年的文本规定成为刑事犯罪行为的客观构成，《刑法》第 214 条规定了（销售假冒注册商标的商品罪）：销售明知是假冒注册商标的商品，销售金额数额较大的，处三年以下有期徒刑或者拘役，并处或者单处罚金；销售金额数额巨大的，处三年以上七年以下有期徒刑，并处罚金。

需要指出的是，本项规定与第 6 项规定[③] 常在同一案件中涉及，商标权利人在涉及销售商和市场管理者的情形下，常把销售商和市场管理者作为共同被告。但是销售商的行为与市场管理者的行为在性质上有别，两个主体承担责任的基础也不同，前者乃基于本项规定，后者则基于第 6 项规定。两者之间的区别主要如下：

第一，本项规定行为的构成不以销售商的过错为必要，《商标法》第 64 条第 2 款只是规定了销售商可以通过证明善意无过错而免除赔偿责任，[④] 而并非免除侵权责任或不构成侵权；第 6 项规定的帮助行为人没有实施商标

---

① 郎胜主编：《中华人民共和国商标法释义》，法律出版社 2013 年版，第 109 页。

② J. Thomas McCarthy, McCarthy on Trademarks and Unfair Competition § 25:27 (5th ed.), June 2020 Update.

③ 故意为侵犯他人商标专用权行为提供便利条件，帮助他人实施侵犯商标专用权行为的。

④ 销售不知道是侵犯注册商标专用权的商品，能证明该商品是自己合法取得并说明提供者的，不承担赔偿责任。

使用行为，在构成上以“故意”的主观状态和“帮助”的客观行为为必要。比如，北京高院在一个案件中指出，张某凤销售的涉案被控侵权商品系侵犯古乔古希公司注册商标专用权的商品。秀水街市场公司作为市场经营单位，在其收到古乔古希公司寄送的关于商户销售侵犯其商标权的通知及相关材料后，秀水街市场内的该商户仍存在销售侵犯古乔古希公司涉案商标权商品的行为，这表明秀水街市场公司未能及时采取积极措施避免侵权行为的再次发生，致使对古乔古希公司的损害进一步扩大，其主观上具有一定过错。①

第二，本项行为仍然属于商标使用行为，是第 48 条中“将商标用于广告宣传、展览以及其他商业活动”的行为，是商标直接侵权行为，但不属于商标贴附行为。将商标贴附在商品或服务上的行为，也就是生产环节的商标使用行为，属于第 57 条第 1 项和第 2 项的规制对象。我国一些判决认定销售正品的行为在一些情形下也可能构成商标侵权行为，当然也是以认可销售行为构成商标使用为前提的。② 在欧盟立法例上，销售行为同样被直接规定为商标权禁止的行为。《欧盟商标协调指令》第 5 条第 3 款规定了四种受到该条前两款禁止的行为，其中就包括销售和许诺销售：（1）将标识贴附在商品或其包装上；（2）对载有标识的商品的许诺销售，或者将商品投放于市场，或者基于这些目的存储商品，或者对服务的许诺销售或提供；（3）进出口载有该标识的商品；（4）在商业文件或广告中使用标识。

二、构成判断和主要问题

适用本项的难题主要在于如何理解“销售”，终端用户对侵权商品的使用是否属于“销售”行为，以及“销售”行为是否包含“许诺销售”。

① 北京市高级人民法院（2013）高民终字第 27 号民事判决书。

② 如果销售商使用商品的商标超出合理范围，使得相关公众对销售商与商标权人间的关系产生误认时，仍可能构成商标侵权。例如“芬迪”案，上海知识产权法院（2017）沪 73 民终 23 号民事判决书。

（一）“销售”的含义界定

“销售”，又称“买卖”，按照《合同法》第130条规定，买卖合同是出卖人转移标的物的所有权于买受人，买受人支付价款的合同。可见，销售行为通常涉及商品所有权的转移，即通过销售侵犯注册商标的商品以获取利益。而作为商品所有权转移的对价，除了“支付价款”之外，还有“以物易物”等多种方式。通常情形下，商品之所以能以特定对价销售，与商品本身的质量等当然密不可分，但与商标的品牌价值也常有关联。因此，“销售行为”本身蕴含着对商标价值的利用。

在一些案件中，商标权利人不易寻找销售侵犯注册商标商品的主体，但更容易定位到使用假冒注册商标的主体，于是后者成为商标侵权案件中的被告。终端用户究竟是否要担责？为什么专利法规定商业性使用发明、实用新型产品构成专利侵权，著作权法司法解释规定商业性使用计算机软件构成侵权，而专利法未规定商业性使用外观设计专利构成侵权，著作权未规定商业性使用除计算机软件外的一般作品构成侵权，商标法也未规定商业性使用商标侵权产品构成侵权，这是否有特殊的立法意图，是不是暗含了立法者倾向于对功能类知识产权（发明、实用新型、软件）的权利人提供更长的保护链条？

在深圳中院审理的“伟业”案中，酒店的经营者委托他人对酒店进行装修，原告发现装修工程中使用的“伟业牌”木板属于假冒注册商标的商品，遂对酒店经营者和装修者提出商标侵权之诉。一审法院和二审法院均认为，侵害注册商标专用权的行为不包括使用假冒注册商标商品的行为。①

又如上海浦东法院的“科勒案”。原告诉称，被告在其经营的酒店使用了大量带有“KOHLER”商标的马桶和浴缸，但原告并未生产过款式相同的产品，产品的釉面色泽、所使用商标标识的字体、打印方式均与原告的正品不同，被告所称的购买价格也远低于原告的正品价格，故属于假冒原告商标的

① 深圳市中级人民法院（2010）深中法民三终字第213号裁定书。

商品。洁具是酒店的服务内容，也是服务标准，被告使用上述产品的目的并非纯消费性使用，而是盈利性的销售行为。由于原告产品大多用于五星级酒店，被告使用科勒产品提高了酒店档次，使消费者认为其酒店标准很高。同时，被告酒店在携程平台上的用户评价中有科勒产品照片，用户看到后会对被告酒店有正面印象，被告从中受益。因此，被告购买假冒原告商标的商品并在酒店经营中使用，系为了利用原告品牌的知名度和影响力提升其整体企业形象以吸引客户，其行为已经导致消费者产生误认，属于销售假冒注册商标商品的侵权行为。法院认为，所谓销售，是指以出售、租赁或其他任何方式向第三方提供产品或服务的行为。被告在酒店经营过程中使用涉案马桶、浴缸的行为，并不构成《商标法》规定的销售侵犯注册商标专用权的商品的行为，理由如下：（1）酒店在提供服务过程中并未实施销售马桶、浴缸的行为。酒店提供的是以住宿为主的酒店综合服务，马桶、浴缸是酒店提供服务的众多设施之一，与寝具、电器、地板等其他设施并无本质区别。对酒店而言，系将该设施的实用功能作为提供服务的一部分，在经营过程中并无向消费者出售该设施的意思表示或行为。对消费者而言，其在消费中仅仅是使用这些设施，并不会最终占有或取得该设施。消费者不会认为被告会销售上述设施，更不会也无法向被告购买该设施。（2）酒店经营中提供马桶、浴缸供消费者使用的行为亦不等同于销售。在商品销售中，商标起到促进销售的作用，消费者所支付的对价中有部分甚至大部分系针对商品上所使用商标的价值。但在酒店经营中，消费者支付的费用系酒店提供以住宿为主的综合服务的对价，而非马桶和浴缸的对价，更非马桶及浴缸上所使用的商标的对价。根据日常生活经验，尽管马桶、浴缸的品质对酒店经营有一定的影响，但影响酒店服务价格更重要的因素是酒店的评级、服务品牌、整体环境、地段、交通便利程度、服务质量等，影响消费者选择的也多是上述因素。极少有消费者会主要因为马桶、浴缸的品牌而选择酒店，马桶、浴缸上所使用的商标的价值与消费者为酒店付出的费用无直接关联，且占比微乎其微。可见，马桶、浴缸的商标在酒店经营中的作用和价值并不能等同于商标在商品销售中的作用和价值。因此，被告在酒店经营中提供涉案马桶、浴缸供消费者使用的行为并非销售行为，原告的前述主张系对销售行为的过度扩张解释，本院不予采纳。[①]

（二）是否可以涵盖“许诺销售”？

我国《专利法》同时禁止销售和许诺销售行为。根据《最高人民法院关于审理专利纠纷案件适用法律问题的若干规定》第 24 条的规定，许诺销售是指以做广告、在商店橱窗中陈列或者在展销会上展出等方式作出销售侵权产品的意思表示。区别于我国《专利法》和《欧盟商标协调指令》，我国《商标法》及其司法解释中并无“许诺销售”的说法，那么许诺销售是否构成商标侵权？《商标法》的“空白”究竟是立法者有意为之还是技术疏忽？在一些案件中，由于侵权产品的特殊性等原因，权利人无法就销售的侵权产品提出证据，只能主张被告的“许诺销售”行为构成侵权，如何评价？

在凯撒案中[②]，一审法院和二审法院的观点相反。航天凯撒公司是铝合金衬塑管等非金属管产品的专业生产厂家，拥有“曲弹”“ASAK”“航天凯撒”等注册商标，长垣公司被诉未经授权，擅自将带有北京航天凯撒公司注册商标标识的产品图片作为其官方网站中“铝合金衬塑复合管”产品的宣传图片，在互联网上进行宣传。一审法院认为，判断商标侵权，首先应当判断被控侵权行为是否属于商标意义上的使用，即所使用的标识是否具有指示商品或服务来源的作用。未经商标注册人的许可，在同一种商品上使用与其注册商标相同的商标的，属于侵犯注册商标专用权的侵权行为。因此，长垣公司在其经营网站上使用介绍性文字的行为侵犯了航天凯撒公司的商标专用权。

二审法院认为，一审法院适用《商标法》第 57 条第 1 项的规定，而该项所针对的是生产侵权产品。在该案中，吉林长垣公司在其经营网站上使用介绍性文字的行为，属于《商标法》第 48 条规定的将商标“用于广告宣传、展

---

① 上海市浦东新区人民法院（2018）沪 0115 民初 37729 号民事判决书。

② 北京知识产权法院（2016）京 73 民终 934 号民事判决书。

览以及其他商业活动中，用于识别商品来源”的商标性使用，属于为销售目的展示产品的行为，即许诺销售。因此该案应适用《商标法》第 57 条第 3 项的规定。对于许诺销售的产品又应分两种情况讨论：第一种是销售航天凯撒公司及其合法授权的公司生产的标有涉案商标的产品，该行为不属于侵犯航天凯撒公司注册商标专用权的商品的行为。第二种是销售由第三方生产的冒用航天凯撒公司注册商标专用权的商品。针对该情形，航天凯撒公司应承担证明责任，在其不能提交被诉侵权产品实物，长垣公司坚称未实际销售侵权产品的情况下，不能认定长垣公司在其官网上许诺销售的涉案产品是侵犯航天凯撒公司注册商标专用权的商品。

可见，二审法院并不认为“许诺销售”是一种独立的侵权行为，而是要求权利人围绕本项规定承担“实际销售侵权产品”的举证责任。实践中另有法院减轻原告的举证责任。原告虽未购买到产品实物，但其提供证据显示被告自称其为商标权人授权的供应商和制造商，被告对此未提供相应证据，基于高度可能性推定被告侵权。在“LEMO”案，原告雷莫公司是“LEMO”和“雷莫”两个商标的独占被许可人，两商标核定使用范围为第 9 类接线盒、电器连接器、光纤连接器、电器插头、电器接插件等商品。被告埃弗矣公司在第三方平台中国制造网上开设的网店中载明其销售“Lemo”品牌的连接器。另外，该页面还载明下列内容：“Lemo 连接器、ODU 连接器的中国制造商 / 供应商，提供血氧饱和度探头的 Lemo/ODU 连接器……”雷莫公司认为，被告在上述网店使用“LEMO”商标销售非原告生产的商品，构成商标侵权，向法院提起诉讼。在该案中，雷莫公司并未购买到埃弗矣公司在第三方平台上销售的产品。二审法院认为，原告并未构成买到被控侵权产品实物，埃弗矣公司在宣传中使用涉案商标是否构成侵权，首先需判断所销售的产品是否系“Lemo”品牌的正品。在案证据显示，埃弗矣公司在第三方平台上声称其是 Lemo 连接器的中国制造商、供应商，所售 Lemo 连接器系其制造并供应。对此，埃弗矣公司并未提供证据证明其经雷莫公司授权在其制造并供应的连接器上使用涉案商标“Lemo”，也未提供其他证据证明其所销售产品系“Lemo”品牌的正品。基于民事诉讼高度盖然性的证明标准，雷莫公司提供的证据足以证明埃弗矣公司销售的产品系侵权产品。[①]

针对两地法院的不同观点，你怎么看？

第五节　伪造、擅自制造及销售该等注册商标标识

问题：本项中“伪造”与“擅自制造”之间有何联系和区别？本项行为与《商标法》第57条前三项行为之间有何区别？本项行为的法理依据是什么？实践中如何取证？

一、基本原理

《商标法》第57条第4项规定，伪造、擅自制造他人注册商标标识或者销售伪造、擅自制造的注册商标标识的，属侵犯注册商标专用权。所谓“伪造”，是指未经商标注册人许可而仿造他人注册商标的图样及物质实体制造出与该注册商标标识相同的商标标识。“擅自制造”，是指未经商标权利人许可在商标印制合同规定的印数之外，又私自加印商标标识的行为。伪造与擅自制造的共同特点，都是未经商标注册人许可的行为；区别在于前者的商标标识本身是假的，而后者的商标标识本身是真的。[②]伪造、擅自制造他人注册商标标识的行为，目的在于以之用于自己的或供他人用于其生产或者销售的同一种商品或者类似商品上，以便以假充真、以次充好，误导消费者；而销售伪造、擅自制造的注册商标标识的行为，其是为了直接获取非法利益。[③]

本项是《商标法》第57条前三项规定的商标侵权行为的前端行为，是将商标标识作为商品进行制造或者销售，对行为人的主观状态不做要求。如果不加制止，假冒注册商标标识将充斥市场，后续与商品或服务相结合，实

① 上海知识产权法院（2017）沪73民终244号民事判决书。

② 郎胜主编：《中华人民共和国商标法释义》，法律出版社2013年版，第109页。

③ 郎胜主编：《中华人民共和国商标法释义》，法律出版社2013年版，第110页。

施《商标法》前三项规定的行为，对权利人、消费者的利益和市场竞争秩序都会造成损害。因此，本项似乎蕴含了该等商标后续被用于实施侵权行为的危险。麦卡锡教授认为，仅仅复制商标而没有混淆或淡化可能性时，并不构成商标侵权。[①] 为了打击这种行为，《刑法》第 215 条还规定了非法制造、销售非法制造的注册商标标识罪：伪造、擅自制造他人注册商标标识或者销售伪造、擅自制造的注册商标标识，情节严重的，处三年以下有期徒刑、拘役或者管制，并处或者单处罚金；情节特别严重的，处三年以上七年以下有期徒刑，并处罚金。《最高人民法院、最高人民检察院关于办理侵犯知识产权刑事案件具体应用法律若干问题的解释》对上述条文中的"情节严重""情节特别严重"作出了具体规定，伪造、擅自制造他人注册商标标识或者销售伪造、擅自制造的注册商标标识，具有下列情形之一的，属于"情节严重"，应当以非法制造、销售非法制造的注册商标标识罪判处 3 年以下有期徒刑、拘役或者管制，并处或者单处罚金：（一）伪造、擅自制造或者销售伪造、擅自制造的注册商标标识数量在 2 万件以上，或者非法经营数额在 5 万元以上，或者违法所得数额在 3 万元以上的；（二）伪造、擅自制造或者销售伪造、擅自制造两种以上注册商标标识数量在 1 万件以上，或者非法经营数额在 3 万元以上，或者违法所得数额在 2 万元以上的；（三）其他情节严重的情形。具有下列情形之一的，属于"情节特别严重"，应当以非法制造、销售非法制造的注册商标标识罪判处 3 年以上 7 年以下有期徒刑，并处罚金：（一）伪造、擅自制造或者销售伪造、擅自制造的注册商标标识数量在 10 万件以上，或者非法经营数额在 25 万元以上，或者违法所得数额在 15 万元以上的；（二）伪造、擅自制造或者销售伪造、擅自制造两种以上注册商标标识数量在 5 万件以上，或者非法经营数额在 15 万元以上，或者违法所得数额在 10 万元以上的；（三）其他情节特别严重的情形。

---

① J. Thomas McCarthy, McCarthy on Trademarks and Unfair Competition § 25:28 (5th ed.), June 2020 Update.

二、与其他侵权行为的区别

“土人景观”商标侵权案涉及本项规定的内涵。

原告经国家工商行政管理总局商标局核准取得第 3008906 号“土人景观”文字商标，核定服务项目第 42 类，包括园艺、庭院风景布置等。原告以公证保全的方式，对四川省成都市成华区双庆路口“天上人间茶楼”四楼过道内的标牌进行了拍摄。所拍摄照片显示楼道上方横梁处从左至右标有（图案下方有字，字迹无法辨认）“土人景观 TURENSCAPE”字样；横梁前方楼道左侧有房门，并悬挂有某贸易有限公司标牌；横梁后方楼道左侧还有两间房门，但无标识。

法院指出，从《商标法》第 52 条第 3 项是关于伪造、擅自制造他人注册商标标识或者销售伪造、擅自制造的注册商标标识行为的规定来看，伪造、制造商标标识是指以某种方式将原材料加工为商标标识的行为，行为人往往将商标标识本身作为制造与销售的商品，而很明显的，在楼道内悬挂、张贴的一份涉案商标标识不属于制造、销售的范畴，故本案不适用该项规定。①

三、民事程序与刑事、行政程序的交织

本项行为实施者往往涉及侵权商品外包装的生产者，权利人先通过非法制造、销售非法制造的注册商标标识罪请求侦查机关启动犯罪行为的侦查，或者根据《商标法》第 54 条请求有关行政机关进行查处，固定侵权行为或犯罪行为的证据之后再择机提起民事侵权赔偿，然后在犯罪行为的公诉或审判阶段与犯罪人之间达成高额民事赔偿协议以换取被害人谅解。即便未能达成民事赔偿协议，在行政查处或刑事追诉阶段形成的证据也能在民事侵权纠纷中使用，进而推进民事诉讼程序的发展。

如下案件就涉及民事和刑事程序的交叉。2007 年至 2011 年 1 月 6 日期间，被告在无任何合法有效的委托手续的情况下，陆续承接了古井贡酒等酒

① 成都市中级人民法院（2013）成民初字第 1516 号民事判决书。

盒外包装的印刷业务，并在苍南县金乡镇河头村 149 号印刷，2011 年 1 月 6 日，苍南县公安局在金乡镇河头村 146 号、149 号查获大量非法制造的注册商标，包括古井贡酒包装酒盒 800 只。2011 年 12 月 14 日，苍南县人民法院以非法制造、销售非法制造的注册商标标识罪判处董某有期徒刑两年，并处罚金 50000 元。法院认为，被告承接古井贡酒包装酒盒印刷业务的事实已被生效的刑事判决认定，经庭审比对，被告在被查获的古井贡酒包装酒盒正面印制了第 4900195 号注册商标标识，其行为构成对原告第 4900195 号注册商标专用权的侵犯。[①]

第六节　反向假冒行为

问题：反向假冒行为给权利人造成了什么损害？反向假冒更适合认定为商标侵权行为，还是不正当竞争行为？

一、基本原理

《商标法》第 57 条第 5 项规定，未经商标注册人同意，更换其注册商标并将该更换商标的商品又投入市场的，属于注册商标侵权行为。这种行为又被称为反向假冒行为。立法理由指出：反向假冒行为不仅侵犯了商标权人享有的注册商标使用权，非法掩盖了商品的真实来源；而且还侵犯了消费者的知情权，使消费者对商品来源，对生产者、提供者产生误认，对注册商标有效地发挥其功能和商标注册人的商品声誉造成了妨碍，甚至引起商品流通秩序的混乱。[②] 在我国司法实践中，法院通常认为反向假冒行为会使相关公众对于商品的来源产生误认，使消费者认为原本来自权利人的商品系被告生产或提供，阻碍了权利人利用商标创建品牌、凝聚商誉。在美国的司法实践中，

① 温州市中级人民法院（2012）浙温知初字第 100 号民事判决书。

② 郎胜主编：《中华人民共和国商标法释义》，法律出版社 2013 年版，第 110 页。

第九巡回法院在一个明示反向假冒（express reverse passing off）的案件中的意见颇具代表性：从政策角度看，这种行为就像传统假冒行为（palming off）一样违法，因为试图盗用或利用他人的才能和努力；更重要的是，产品的真正所有人被剥夺了在产品上广告自己名称和商誉的机会，否则通过公众对其满意产品的来源认知即可建立商誉；最终的购买者也被剥夺了知道产品真正来源的机会，并被误导性的认为该产品有不同的来源。①

反向假冒行为的评价，无需评价行为人所使用的商标究竟与权利人的商标是否构成相同或近似，即便行为人不使用商标而仅仅是移除或遮挡权利人的商标导致所销售的商品“无牌”，也不妨碍其行为的不法性，此所谓“默示的反向假冒行为”（implied reverse passing off）。

二、反向假冒行为造成的损害

原告是“malata”注册商标的专用权人，该商标经国家工商行政管理局商标局依法注册，注册号为第1630324号，核定使用的商品为第9类“计算机，便携计算机，计算机键盘，计算机外围设备，集成电路卡，笔记本电脑”等，该商标现处于有效期内，原告依法享有上述注册商标的专用权。安装在浙江省宁波市镇海区新城核心区总部经济商务楼的24台平板电脑，系由原告制造，在平板电脑背部盖板的右下方标有“AOV”标识，覆盖了喷涂在此处的“malata”商标及原告的企业名称。

原告认为，原告的商标、公司信息已完全被标注有“AOV”标识的白色标签覆盖，上述所有平板电脑上的“AOV”白色标签均非原告所贴，被告仁歌公司、亿人公司、中天公司未经原告同意，擅自更换标识的行为，使得相关公众无法识别涉案商品系原告商品，构成反向假冒，侵害了原告享有的商标权。被告仁歌公司、亿人公司、中天公司则认为，其提供的是中天公司拥有自主知识产权的中央控制系统软件，该软件由各部分组成一个有机的整体，

① Smith v. Montoro, 648 F.2d 602, 607 (1981).

涉案的平板电脑只是装有该系统软件的载体，被诉侵权商品是结合了新软件和硬件的商品，与原告的商品不是同类商品，在该商品上覆盖原告的“malata”商标，使用其拥有合法授权的“AOV”标识，不构成商标侵权。

法院认为，即便如被告中天公司所称，中天公司购买了原告制造的“malata”平板电脑，卸载了原有的软件程序，安装了其享有计算机软件著作权的中央控制系统软件，也不能改变作为该软件载体的硬件仍为平板电脑的事实，就该硬件设施而言，仍是原告制造的平板电脑，与“malata”商标核定使用的“计算机，便携计算机，笔记本电脑”属相同或类似的商品。原告在自己制造的平板电脑上使用享有专用权的“malata”商标，符合法律规定，发挥了商标识别商品来源的作用。现被告中天公司将“AOV”商标覆盖在“malata”商标之上，并将更换了商标的平板电脑又投入市场，剥夺了原告向相关公众展示其商标的权利，会使相关公众对于涉案平板电脑的来源产生误认，将原本来源于原告的商品误认为和“AOV”商标有特定联系的商品，使原告失去了通过市场创建品牌，获得商誉的机会，妨碍了“malata”注册商标发挥识别作用的功能，无法体现其品牌价值。被告中天公司的行为对原告依法享有的注册商标专用权造成损害，其行为构成商标侵权。被告亿人公司购买了被告中天公司的涉案平板出售给被告仁歌公司，被告仁歌公司将涉案平板电脑出售给盛云公司，其后安装在浙江省宁波市镇海区新城核心区总部经济商务楼，被告亿人公司、仁歌公司的行为系销售侵犯注册商标专用权的商品，也构成商标侵权。①

三、“商品或服务来源”的具体含义

美国很多反向假冒的案例涉及影视行业的特殊场景，需要对美国《兰哈姆法》第 43 条中的“商品或服务的来源”进行解释，这些案件对我国一些案

---

① 宁波市中级人民法院（2015）浙甬知初字第 41 号民事判决书。当事人上诉后撤回，可见浙江省高级人民法院（2016）浙民终 458 号民事裁定书。

件的审理具有参考意义。①

在影视行业（以及游戏产业）中，特定演员及其表演是吸引观众的重要甚至主要因素，这些演员的名字对电影的票房具有相当的号召力，同时往往是一个商标。如上第九巡回法院审理的案件中，被告将原告从一部电影的演员名单和宣传材料中替换掉了，从而引发反向假冒的争议。一直到 2003 年，美国最高法院才通过 Dastar 案表达立场，拒绝就作品中虚假表明身份的行为适用第 43（a）条，导致此前很多类似案件的肯定立场被推翻。在该案中，原告是电视剧的创作者，后来该作品进入公有领域。被告重新编辑这些电视剧，表明自己是作者并对原告的身份没有做出任何指向。美国最高法院指出，第 43（a）条下的“来源”(origin) 是指“用于销售的有形商品的生产者，不是这些商品上的任何思想、概念或信息的作者”。② 美国最高法院指出，尽管第 43（a）条包含反向假冒，但是这一诉因仅针对有形物品生产者的虚假标识，因此不能适用于包含在这些物品中思想或创造性的表达，当被告仅仅抄袭原告的无形财产时，反向假冒显然不能成立：对“产品来源”（origin of goods）最自然的理解是，在市场上销售的有形产品生产者，也就是本案中被告销售的录像带。这个概念可能延伸至不仅包括实际生产者，而且包括委托或承担有形产品生产责任的商标所有人。但是，这个词语不能用于指那些创造产品中所包含的思想或信息的作者。这种延伸不仅超出了字面含义，而且与《兰哈姆法》的历史和目的不符合。③ 但是，如果这种对作品作者错误标识的行为发生在作品宣传或广告过程中，则因落入《兰哈姆法》43(a)(1)(b)“虚假宣传”条款而受到禁止。

我国近几年在影视行业、网络游戏行业等娱乐产业中也频繁发生“使用知名服务特有名称”的纠纷，涉及服务来源的判断，我国法院总体持肯定意见，认为知名影视剧或热门游戏中的特有角色名称可以受到保护，多数判决

① 还可对照或参考第八章第四节第二部分的内容。

② Dastar Corp. v. Twentieth Century Fox Film Corp., 539 U.S.23, 37 (2003).

③ Dastar Corp. v. Twentieth Century Fox Film Corp., 539 U.S.23, 28–29 (2003).

并未专门分析著作权与商业标识权益之间的关系，也未专门分析智力成果的来源与有形载体的来源之间的区别。这里以“人在囧途”案[①]为例，你觉得上诉理由有道理吗？

一审法院认为，被告故意变更电影名称为《人再囧途之泰囧》，主观上具有通过使用相近似的电影名称攀附电影《人在囧途》已有商誉的意图，客观上造成了相关公众的混淆误认，损害了华旗公司的竞争利益，属于《反不正当竞争法》第5条第2项规定的“仿冒知名商品特有名称”的行为，同时，考虑到被告电影《人再囧途之泰囧》与华旗公司电影《人在囧途》属于同类型电影，影片的主要演员基本相同，被告在使用相近似的电影名称基础上，多次公开发表“升级版”等言论，违反了市场经营活动中应该遵循的公平原则、诚实信用原则，违反了《反不正当竞争法》第2条第1款的规定，构成不正当竞争，应当承担相应的民事责任。

上诉理由认为，电影名称不具有区分反不正当竞争法意义上的产品来源（影片出品人）的作用，不构成该法所保护的商品特有名称，不应适用第5条第2项予以保护……一般消费者在关注电影作品并判断作品来源即提供者时，更多关注的是电影作品的主创团队，是通过主创即导演、编剧、演员等来判断，以决定其消费电影产品的意愿……行业内无论是相关行政法规还是行业实践，均不禁止影片名称相同或相近似的情况，只要影片内容不同即可。

二审法院指出，由于所涉及的商品是电影，是否能通过认定知名商品来进行保护是双方争议的问题。电影作为综合艺术，兼具文化品与商品的综合属性，既具备文化规律和社会效益，也具备经济规律与经济利益。其作为商品一旦投入到文化消费市场，即具有商品的属性。五上诉人在上诉意见中也认同电影是特殊商品，但也不否认，电影作为商品具有时效性和独创性等一定特性，并非如普通商品一样可以进行简单复制生产、流通销售，通常电影制作完成需要制作参与各方的共同努力，在市场化的过程中也发展出各种营

① 最高人民法院（2015）民三终字第4号民事判决书。

销手段。电影上映一般在特定的档期集中播放，档期结束后出品方不会再组织大规模的宣传，且一般情况下多数人不会重复观看一部电影，因此，在认定电影作品是否属于知名商品时，不应过分强调持续宣传时间、销售时间等，而应当注重考察电影作品投入市场前后的宣传情况、所获得的票房成绩包括制作成本、制作过程与经济收益的关系、相关公众的评价以及是否具有持续的影响力等相关因素……电影作为商品，包括创作、摄制、发行、放映的市场化过程，对于相关公众而言，电影名称识别的是电影本身，并非仅针对出品方，而是可能涉及电影的导演、编剧、主演，出品方，以及电影的题材、类型、叙事模式等综合性因素。电影名称与电影的出品方是否具有对应关系，并不影响电影名称显著特征的判断。

第七节　共同侵权行为

问题：我国民法是否有间接侵权的概念？直接侵权和间接侵权的区分标准是什么？《商标法》第57条第6项仅仅规定了帮助侵权，教唆行为可否成为商标共同侵权行为？本项仅仅规定了“故意”的主观状态，“应知”是否可以成为商标共同侵权的主观状态？在网络环境中，服务提供者的主观状态的认定规则是否有特殊性？在公共政策上，应该如何考虑市场管理者的主观过错？

一、基本原理

（一）构成要件

《商标法》第57条第6项规定，故意为侵犯他人商标专用权行为提供便利条件，帮助他人实施侵犯商标专用权行为的行为，属于商标侵权行为。为了明确“帮助行为”的客观类型，《商标法实施条例》第75条规定，为侵犯他人商标专用权提供仓储、运输、邮寄、印制、隐匿、经营场所、网络商品交易平台等，属于《商标法》第 57 条第 6 项规定的提供便利条件。

《商标法》第 57 条第 6 项规定的行为，是一种帮助他人实施商标侵权的辅助侵权行为。在构成上，其要求在主观上具有“故意”，在客观上为侵犯他人商标权的行为提供便利条件。有疑问的是，究竟如何理解本项对主观方面的要求？是严格适用条文中的“故意”，还是宽泛理解为“过错”？从基本原理上看，帮助侵权属于共同侵权的一种类型，共同侵权行为的构成，在主观上可以是共同的故意，也可以是共同的过失。我国立法和司法实践通常都将“明知或者应知”作为帮助侵权的主观状态，如《信息网络传播权保护条例》第 23 条规定，网络服务提供者明知或者应知所链接的作品、表演、录音录像制品侵权的，应当承担共同侵权责任。在技术上，我们更愿意相信本项规定中的“故意”可能是立法者的“疏漏”，而非“有意”。本项的立法释义指出：如果行为人对自己的行为具有辅助侵权的性质没有认识或者没有认识的可能性，就不应当承担相应的责任。[①] 这似乎也表明本项包含“应知”，这里“没有认识或者没有认识的可能性”，可以理解为不存在“明知或者应知”情形；反过来，只要有“明知或应知”，则具有“认识或者认识的可能性”，则满足了本项关于主观状态的要求。除《商标法》以外，立法者在其他一些法律中也有规定“明知”，但被司法解释明确为“明知或应知”的情形，应当可以作为支持这种解读的重要脚注。如《最高人民法院、最高人民检察院关于办理侵犯知识产权刑事案件具体应用法律若干问题的解释》第 9 条第 2 款第 4 项规定：“其他知道或者应当知道是假冒注册商标的商品的情形”，应当认定为《刑法》第 214 条规定的“明知”。

（二）间接侵权

这种辅助侵权行为，在知识产权法中通常被称为“间接侵权行为”。“间接侵权”在美国商标法上并非一个制定法的概念，而是来自普通法。美国学者指出，尽管《兰哈姆法》并无明确条文针对直接侵权人以外之人规定商标间

① 郎胜主编：《中华人民共和国商标法释义》，法律出版社 2013 年版，第 111 页。

接侵权，但是法院通常借用普通侵权法上的规则发展出共同侵权 (contributory liability) 和替代侵权（Vicarious liability），并适用于注册商标和非注册商标的侵权。[①] 因此，严格来说，间接侵权并不等同于共同侵权，后者只是前者的一种类型，间接侵权概念的提出，一方面可以直观地在构成要件上区分于直接侵权，另一方面便利权利人对间接侵权行为人单独追究责任，而无需追加直接侵权人的连带责任。我国法院在司法实践中对间接侵权的用语比较谨慎，[②] 最高法院在两次专利侵权纠纷司法解释中均未使用间接侵权的概念。[③]

尽管一些法院在判决中也提及间接侵权理论，但司法实践总体倾向于通过发展共同侵权理论来解决有关问题。一些法院允许权利人单独对间接侵权人提起诉讼，且不要求权利人证明实际已经发生了直接侵权行为或者他人应当承担法律责任，这或许就是间接侵权的优势所在。比如西电诉索尼专利侵权纠纷的一审法院指出，"一般来说，间接侵权应以直接侵权的存在为前提，但是，这并不意味着专利权人应该证明有另一主体实际从事了直接侵权行为，而仅需证明有一个最终主体按照被控侵权产品的预设方式进行使用全部技术特征就已满足条件，至于该最终主体是否要承担侵权责任，与间接侵权的成立无关"。但一些法院对此持谨慎立场，该案二审判决指出，在没有直接实施人的前提下，仅认定其中一个部件的提供者构成帮助侵权，不符合帮助

---

① Mary LaFrance, Understanding Trademark Law, LexisNexis 2009, P.249.

② 北京高院在 2001 年《专利侵权判定若干问题的意见（试行）》第 73 条明确了间接侵权的概念：间接侵权，是指行为人实施的行为并不构成直接侵犯他人专利权，但却故意诱导、怂恿、教唆别人实施他人专利，发生直接的侵权行为，行为人在主观上有诱导或唆使别人侵犯他人专利权的故意，客观上为别人直接侵权行为的发生提供了必要的条件。2014 年北京高院《专利侵权判定指南》不再使用"间接侵权"的概念。

③ 比如《最高人民法院关于审理侵犯专利权纠纷案件应用法律若干问题的解释（二）》第 21 条：明知有关产品系专门用于实施专利的材料、设备、零部件、中间物等，未经专利权人许可，为生产经营目的将该产品提供给他人实施了侵犯专利权的行为，权利人主张该提供者的行为属于《侵权责任法》第 9 条规定的帮助他人实施侵权行为的，人民法院应予支持。明知有关产品、方法被授予专利权，未经专利权人许可，为生产经营目的积极诱导他人实施了侵犯专利权的行为，权利人主张该诱导者的行为属于《侵权责任法》第 9 条规定的教唆他人实施侵权行为的，人民法院应予支持。

侵权的构成要件，而且也过分扩大了对权利人的保护，不当损害了社会公众的利益。[①]

二、网络服务提供者的共同侵权责任

中国司法实践中的间接侵权案件最早发生在网络版权侵权领域。网络服务提供者的版权侵权责任认定中的焦点问题是主观过错的认定，这通常涉及两个基本规则：避风港规则和红旗规则，这两个规则在我国发展过程中逐渐得到完善，实际上是共同侵权理论的具化，这些具体规则与共同侵权规则相互补充优化，一方面避风港规则能够为网络服务提供者提供明确的行为预期，"具体知情"[②]而不是"普遍知情"为网络服务产业的发展留下了空间；一方面共同侵权理论能够克服避风港规则的制度刚性，使网络服务提供者（电商平台）的主观过错认定更具周延性。

（一）避风港规则

1."通知删除规则"

版权法上的"避风港规则"最早可以称为"通知删除规则"，是为了促进网络服务产业的发展，针对特定类型的网络服务提供商所规定的版权侵权免责事由。这一规则的基本内容是，特定类型的网络服务提供商在接到权利人的侵权通知后应当立即采取删除或者断开链接措施。但是，这并不意味着网络服务提供商没有接到侵权通知则不必采取任何措施，在其明知或应知侵权事实的情况下即便没有接到通知也应当采取删除或断开链接措施，这就是"通知删除规则"。概言之，电商平台经营者对平台内经营者侵害知识产权的行为承担过错责任，其主观要件包括知道或应当知道。"通知删除规则"在美国法又被称为"实际知情"，即电商平台收到投诉通知后已经实际知道具体侵权行

① 北京市高级人民法院（2017）京民终454号民事判决书。

② See MGM Studios Inc. v. Grokster, Ltd., 545 U.S. 913 (2005).

为的存在，而“红旗规则”则对应“红旗知情”或“应当知道”，它并未改变电商平台“知道具体侵权行为存在”的要求，所谓“实际知情是一个主观标准，红旗知情是一个理性人标准，两者之间的区别不在于是否对具体侵权行为还是抽象侵权行为，而在于主观还是客观标准。”①

2.《侵权责任法》

在《侵权责任法》中，“避风港规则”得到了进一步发展。《侵权责任法》第 36 条第 2 款规定，网络用户利用网络服务实施侵权行为的，被侵权人有权通知网络服务提供者采取删除、屏蔽、断开链接等必要措施。网络服务提供者接到通知后未及时采取必要措施的，对损害的扩大部分与该网络用户承担连带责任。根据该款规定，“避风港规则”有如下三个特点。第一，网络服务提供者应当采取的措施不限于“删除或者断开链接”，而可以根据情况采取“必要措施”，“通知删除规则”变成了“通知—必要措施”规则；第二，“避风港规则”可适用于所有类型的网络侵权行为，当然也包括专利侵权案件和商标侵权案件，而不再局限于划定网络服务提供者在涉及信息网络传播权侵权案件中的责任边界；第三，“避风港规则”可覆盖所有类型的网络服务提供者，而不再局限于信息存储空间服务提供商、搜索或链接服务提供商。

这里以“阿里云服务”案为例。2015 年 8 月，乐动卓越公司接到玩家投诉称，网址为 www.callmt.com 的网站提供《我叫 MT 畅爽版》的下载及游戏充值服务。乐动卓越公司经比对发现，该款游戏涉嫌非法复制其游戏的数据包，而通过技术手段发现，该款游戏内容存储于阿里云公司的服务器。之后，乐动卓越公司两次致函阿里云公司，要求其删除涉嫌侵权内容，并提供服务器租用人的具体信息，但没有得到阿里云公司的配合。乐动卓越公司认为，阿里云公司的行为涉嫌构成共同侵权，因而诉至法院。一审法院认为：（1）乐动卓越公司向阿里云公司发出的通知构成“有效通知”。（2）阿里云公司对于乐动卓越公司的通知一直持消极态度，从乐动卓越公司第一次发出通知，到诉讼中阿里云公司采取措施，阿里云公司在长达八个月的时间里未采取任

① See Viacom international v. YouTube, 676 F.3d 19 (2d Cir. 2012).

何措施，远远超出了反应的合理时间，主观上未意识到损害后果存在过错，客观上导致了损害后果的持续扩大，阿里云公司对此应当承担相应的法律责任。

二审法院认为：（1）从技术特征及法律法规规定、行业监管层面进行比较，阿里云公司提供的云服务器租赁服务不同于信息存储空间服务。云服务器租赁服务与自动接入、自动传输服务和自动缓存服务，在技术特征和行业监管规则层面有明显不同。云服务器租赁服务属于“互联网数据中心业务”，不同于“互联网接入服务业务”。因此，本案不能适用《著作权法》和《信息网络传播权保护条例》，而应当适用《侵权责任法》第 36 条之规定。（2）乐动卓越公司的三次通知均属不合格通知，网络服务提供者不负有进一步联系、核实、调查的义务。（3）《侵权责任法》第 36 条第 2 款规定了“通知加采取必要措施”规则，既考虑到权利人主张著作权、商标权或人格权等权益的性质和侵权判断难度不同，也考虑到网络服务提供者可能不仅限于“信息存储空间服务”和“搜索、链接服务”，接到有效通知后简单采取移除措施或其他有效措施，有可能会对提供其他性质服务的网络服务提供者或其用户的合法利益造成不当损害。在这种不适合直接采取删除措施的情况下，为了警示侵权人，在一定程度上防止损害后果的扩大，“转通知”可以成为“必要措施”从而使得网络服务提供者达到免责条件。如果投诉通知合格，阿里云公司没有在合理期间内进行“转通知”，则可能不符合免责条件，进而在直接侵权成立的情况下，构成帮助侵权并因此承担侵权责任。①

3.《电子商务法》

《电子商务法》对避风港规则的发展主要集中在“15 天等待期”以及“错误通知的责任”。

（1）电商平台对通知和反通知的形式审查

该法第 42 条第 1 款、第 2 款规定，知识产权权利人认为其知识产权受到侵害的，有权通知电子商务平台经营者采取删除、屏蔽、断开链接、终止

① 北京知识产权法院（2017）京 73 民终 1194 号民事判决书。

交易和服务等必要措施。通知应当包括构成侵权的初步证据。电子商务平台经营者接到通知后，应当及时采取必要措施，并将该通知转送平台内经营者。第 43 条第 2 款规定，电子商务平台经营者接到声明后，应当将该声明转送发出通知的知识产权权利人，并告知其可以向有关主管部门投诉或者向人民法院起诉。电子商务平台经营者在转送声明到达知识产权权利人后 15 日内，未收到权利人已经投诉或者起诉通知的，应当及时终止所采取的措施。

上述“15 天等待期”规则可能迫使大量的侵权投诉进入司法渠道；平台内经营者因被采取必要措施及被转通知而产生“被警示”的效应，甚至商品被下架、链接被删除等，相当于权利人在无担保情况下获得一个诉前禁令，这会对经营者造成无法弥补的巨大损失。是否允许平台在收到“侵权通知”后作形式判断立即采取“必要措施”？甚至是否允许平台要求投诉人提交一定的担保后再决定是否采取“必要措施”？如果平台提高对通知和反通知的审查标准（实质审查），比如对初步证据提出过高要求或其他条件，是否应当承担因审查判断错误而导致的法律责任？

（2）判断“投诉错误”的结果责任

该法第 42 条第 2 款、第 3 款规定，未及时采取必要措施的，对损害的扩大部分与平台内经营者承担连带责任。因通知错误造成平台内经营者损害的，依法承担民事责任。恶意发出错误通知，造成平台内经营者损失的，加倍承担赔偿责任。本款规定的“错误通知”，究竟如何判断？只要最终法院判决不构成知识产权侵权，即认为构成“错误通知”吗？只要作为投诉的权利基础被宣告无效，即认为构成“错误通知”吗？

浙江高院在 2010 年的一个案件中持否定意见，表明对投诉行为持更宽容的态度：就被控侵权产品而言，其与涉案专利为相同产品，均有泳桶立杆、排水装置的基本设置，专利权人吕某及其独家许可人康贝厂基于自身的判断，依据淘宝公司设定的投诉规则，向淘宝公司就涉案产品作侵权投诉，系其寻求权利救济的正当途径。至于康贝厂在投诉中所主张的侵权事实最终是否属实，不排除投诉人基于其认识水平所囿所作出的错误判断。且本案属不正当竞争纠纷，并非侵犯专利权之诉或确认不侵权之诉，故无须就涉案被控销售产品是否落入涉案专利保护范围作出评判。如果认定康贝厂的涉案投诉行为构成不正当竞争，会对正常的投诉行为产生深远的不良影响。因为要求只有侵权投诉得到司法的最终侵权判定方某认定为合适投诉的话，显然对权利人责之过苛，会给投诉行为带来极大的不确定性，并使相关的投诉争议解决机制形同虚设，既会增加当事人的争议解决成本，也会降低争议的解决效率。①

另外一种立场体现在最高法院《关于审查知识产权纠纷行为保全案件适用法律若干问题的规定》第 16 条中，即只要权利基础事后被无效则反推保全申请有误，从而要求投诉人在投诉之前更为谨慎。尽管该规定是在申请行为保全的案件中，但对于认定权利人投诉案件中的“错误”，应该具有参考性。该条规定，有下列情形之一的，应当认定属于《民事诉讼法》第 105 条规定的“申请有错误”：（二）行为保全措施因请求保护的知识产权被宣告无效等原因自始不当；（三）申请责令被申请人停止侵害知识产权或者不正当竞争，但生效裁判认定不构成侵权或者不正当竞争。

你觉得哪一种立场更适合？第二种立场的“结果导向”，是否使得权利人投诉或维权行为之评价转为客观归责？是否不利于鼓励知识产权维权？如果将维权行为看作一种商业言论而可能构成商业诋毁的话，这种客观规则的做法是否与商业诋毁的主观要件相悖？②此外，《电子商务法》的同条同款第 2 句还规定了“恶意投诉的赔偿责任”，应当区分于“错误投诉的赔偿责任”，如果将“错误投诉”的主观要求也作与“恶意投诉”相同的理解，则违背体系解释的要求。最高人民法院曾经指出，判断当事人提起知识产权侵权之诉

---

① 浙江省高级人民法院（2010）浙知终字第 196 号民事判决书。

② 《反不正当竞争法》第 11 条规定，经营者不得编造、传播虚假信息或者误导性信息，损害竞争对手的商业信誉、商品声誉。最高法院就商业诋毁的主观构成通常采取过错标准，如最高人民法院（2015）民申字第 191 号民事裁定书：权利人发送侵权警告行为的属性及其正当性，通常要根据权利人的权利状况、警告内容及发送的意图、对象、方式、范围等多种因素进行综合判断。假如专利权人明知或者应知竞争对手不可能构成侵权，仍然虚晃一枪地提起专利侵权诉讼，事后又撤回侵权诉讼，并轻率地向竞争对手的客户发送侵权警告函，以此损害竞争对手商誉的，其行为就有可能构成不正当竞争。

是否具有主观恶意，应当考虑当事人的权利基础及其对该种权利基础的认识能力、当事人提起侵权诉讼的目的等因素。[①] 从这个角度看，对“错误投诉”采取严格责任较为合理。

（二）红旗规则

《信息网络传播权保护条例》第23条后半句规定，“但是，明知或者应知所链接的作品、表演、录音录像制品侵权的，应当承担共同侵权责任”。这一规定是对避风港规则的补充，又被称为“红旗规则”。当网络中存在侵权内容的事实已经像一面鲜亮色的红旗在网络服务商前公然地飘扬，以至于处于相同情况下的理性人明显能够发现时，如果网络服务商采取“鸵鸟政策”，像一头鸵鸟那样将头深深地埋入沙子之中，装作看不见，而对该侵权内容提供存储或链接的，则认定网络服务商“应当知道”侵权内容的存在。[②] 由于电商平台的主观过错不建立在“普遍知情”的基础上，因此不能要求电商平台采取事前监控义务，但也不代表电商平台可以对侵权事实“视而不见”。[③]

浙江省高级人民法院民三庭《涉电商平台知识产权案件审理指南》第23条，电商平台经营者在知识产权方面的合理注意义务不包括一般性的事前监控义务，但符合下述情形的，人民法院可以认定电商平台经营者未尽到合理注意义务：（1）未履行建立知识产权保护规则、核验登记经营者入驻信息等与知识产权保护存在关联的法定义务；（2）品牌“旗舰店”“专卖店”等类型的经营者入驻时，未要求其提交商标注册证或相关授权；（3）未采取侵权行为发生时已普遍存在的监控侵权的有效技术手段，例如未对标注“假货”“高仿”等字样的链接进行过滤、未在已经投诉成立的侵权链接再次上架时进行拦截等。

即便在《侵权责任法》实施之前，一些精彩的判决已经指出平台在收到

---

① 最高人民法院（2019）最高法民申366号民事裁定书。

② 王迁：《知识产权法教程》，中国人民大学出版社2007年版，第430页。

③ See Viacom international v. YouTube, 676 F.3d 19 (2d Cir. 2012).

通知之后应当采取“必要措施”。因此，一方面，即便平台接到通知后作出了删除措施，但仍然需要承担共同侵权责任，比如早在 2011 年“衣恋诉淘宝等商标侵权”案中，衣恋公司发现杜某发通过淘宝网销售侵权商品后，先后 7 次向淘宝公司发送侵权通知函，淘宝公司审核后先后 7 次删除了杜某发发布的商品信息，淘宝公司认为，其已经采取了必要的措施。法院认为，网络服务提供者删除信息后，如果网络用户仍然利用其提供的网络服务继续实施侵权行为，则网络服务提供者应当进一步采取必要的措施以制止继续侵权。哪些措施属于必要的措施，应当根据网络服务的类型、技术可行性、成本、侵权情节等因素确定。具体到网络交易平台服务提供商，这些措施可以是对网络用户进行公开警告、降低信用评级、限制发布商品信息直至关闭该网络用户的账户等。[①] 另一方面，平台没有删除侵权信息或产品，也不必承担共同侵权责任，比如在“嘉易烤诉天猫等专利侵权”案中，法院认为天猫公司作为电子商务平台服务的提供者，基于其对专利侵权判断的能力、侵权投诉胜诉概率以及利益平衡等因素的考量，并不必然要求其在接受投诉后对被投诉商品立即采取删除和屏蔽措施。[②]

共同侵权理论在涉及电商平台的商标间接侵权案件中具有广阔的适用空间。鉴于商标使用、商标近似、商品类似、混淆可能性、侵权抗辩等责任构成要件的裁量性大、专业性强，商标侵权判断更具复杂性，网络服务提供者不具备足够的专业能力去判断所销售商品的合法性。如果刚性地要求网络服务提供者在收到侵权通知后对商品链接做屏蔽或断开措施，这一方面与网络服务提供者的审查判断能力不相适应，另一方面对店家的伤害巨大，影响到平台经营的生态。因此，尊重电商平台自治，允许其根据比例原则采取“必要措施”，坚持适用“具体知情”的主观过错认定，同时又应当对这种“必要措施”保持评价的可能性，避免电商平台对侵权事实“视而不见”或不符合“比例原则”。

---

① 上海市第一中级人民法院（2011）沪一中民五（知）终字第 40 号民事判决书。

② 浙江省高级人民法院浙知终字第 186 号民事判决书。

三、市场管理者的共同侵权责任

市场管理者的共同侵权责任与网络服务提供者的共同侵权责任一样，主要问题都是如何认定其主观过错。任何市场管理者通过与商铺签订《租赁协议》或类似市场管理的协议，约定其可以终止《租赁协议》、可以断电断水、可以召集商铺经营者谈话整改、向其发出要求整改的通知；作为日常管理，它还可以在市场内进行日常巡逻，在租赁协议中通常还会要求商铺自觉遵守知识产权。通过这种方式，市场管理者可以实现对商铺商品销售行为的管理，其自身不作为销售者。在涉及市场管理者的商标侵权案件中，问题往往是市场管理者采取了上述有关措施之后，商铺继续实施侵权行为，此时如何认定市场管理者的主观过错？市场管理者是否要承担商标间接侵权责任？

前述电子商务法背景及行为保全背景中的“错误申请”的认定标准，究竟采取主观标准还是客观标准，关系知识产权维权的空间；这里也涉及如何评价市场管理者采取的措施的有效性与合理性问题。如果以市场管理者收到侵权警告函的时间点为界限，则可以将市场管理者的注意义务分为事前义务和事后义务。事前义务是指市场管理者在收到侵权警告函之前的提醒、引导和警示义务；事后义务是指市场管理者在收到侵权警告函之后采取“有效或合理措施”防止侵权行为进一步发生的义务。如果以“是否有效阻止侵权行为的发生”并采取“实际效果”的客观归责标准，是否对市场管理者科以了过高的注意义务？这里介绍两种不同观点，你怎么看？

（一）“措施有效性”的结果判断标准

羿丰公司（甲方）与承租人（乙方）签订《广州市白云区白云世界皮具贸易中心商铺租赁合同》，约定羿丰公司将位于广州市白云区解放北路 1356 号、1358 号广州市白云区白云世界皮具贸易中心商铺出租给乙方入场经营使用。合同的第 5 条第 1 款第 7 项约定：甲方作为市场开办者有权也有责任依照有关法规和市场管理规定对场内经营者（乙方）的经营活动进行监督管理，乙方若因同一类经营违法行为被执法机关查处两次的，甲方有权即时解除本合同收回乙方经营的商铺，并有权要求乙方按合同约定承担违约责任。第 2 款第 1 项约定：乙方保证具有独立完全的民事权利和民事行为能力，是合法的合同主体。乙方须依据国家有关法律规定，独立办理经营所需的工商、税务等有效证照，守法、诚信、合法经营。第 5 项约定：乙方独立自主经营、自负盈亏，一切债权债务和法律责任须自行承担，与甲方及物业管理公司无关。双方就该合同还签署了三份附件，即《市场管理规定》《安全责任书》和《防火责任书》。其中，《市场管理规定》第 1 条第 9 款规定，自觉遵守国家有关知识产权保护方面的法规，依法保护自身的知识产权不受侵犯，也不侵犯他人合法的知识产权权益。

羿丰公司在市场多处设置了整顿规范市场经营秩序宣传栏，张贴了《关于严禁经销假冒伪劣商品的公告》《商品管理补充规定》等通知，该《补充规定》载明：第一，本商场严格禁止经销假冒伪劣商品，一经发现本商场即予以没收，被工商部门查处的，本商场还将责令档口停业整改三天；档口合同档主（承租人）及经营者均须向商场作出书面检讨，保证改过，经本商场批准后方某再开档营业；被本商场或工商部门第三次查处的档口，本商场将取消合同到期后档口承租人的续租权；对屡教不改，被本商场或工商部门三次查处后，又被发现经销假冒伪劣商品的，本商场将立即终止承租人的档口承租权，即时收回档口，没收档口押金及其他预缴费用，责令其限期离场。第二，羿丰公司组建了规范市场经营秩序领导小组，下设打假组和支援组，主要工作内容包括积极配合政府有关部门开展打假工作、对经销假冒“BURBERRY”等国际知名品牌的商户进行耐心细致的说服教育，对说服教育仍不加改正的商户严格按公司商场管理规定及补充规定进行处罚以及每日不少于两次的例行巡查，对商场内的售假侵权行为予以警告或处罚等。

一审法院认为，被控侵权商品的销售价格明显偏低，无证据证明侵权商品的销售者是勃贝雷公司授权的零售商或批发商，故认定被控侵权商品属于假冒勃贝雷公司涉案注册商标的侵权商品。羿丰公司市场内相关商铺销售假冒勃贝雷公司注册商标商品的行为属于侵害勃贝雷公司注册商标专用权的行为。该案系商标侵权诉讼，确定主体间的权责不能仅依据合同约定，而应侧重于分析主体行为的主客观状态以及与损害后果的因果关系；租赁合同的内部约定并不能对抗外部权利人。勃贝雷公司认为通过先后两次公证行为表明，羿丰公司在明知或应知涉案商铺存在侵权行为的情况下，仍为涉案商铺提供经营场所和市场管理服务，其采取的措施也不足以有效制止侵权行为的发生，故应当为其间接性的侵权行为承担责任。

该案中羿丰公司是否承担间接侵权责任，应视其作为专业市场开办方和管理方是否履行了对权利人的承诺和法定的管理义务，而衡量的标准应看是否有效阻止了侵权行为的发生。在羿丰公司与商铺档主签署的市场管理规定中，明确规定了商铺承租人不得侵犯他人合法的知识产权。虽然羿丰公司举证了对前后两次公证均出现的商铺出具了停业整顿通知，但没有举证该停业整顿实际执行的情况，也没有举证与其终止租赁合同的情况。

在承租的商铺发生违法行为后，羿丰公司虽然更换了部分涉案商铺的承租人、在市场的宣传栏张贴了《关于严禁经销假冒伪劣商品的公告》《商品管理补充规定》，成立市场经营秩序领导小组和打假办公室，对市场内的商铺进行巡查等措施，但如果不以实际效果进行衡量，任何措施均容易流于形式……羿丰公司所在的区域系商标侵权的高发地早已众所周知，原审法院早已明确了作为专业市场管理者的羿丰公司负有管理市场经营活动的义务，其管理义务在标准的把握上应较一般人基于诚实信用原则而应有的注意义务更高。①

（二）"措施有效性"的过程判断标准

南京中院在淘淘巷案中指出，只要市场管理者采取了召集商铺开会、告知其相关侵权后果、进行教育批评等行为之后，就应当认为已经采取了合理措施，不能要求市场管理者一律断电、断水、终止合同等。② 江苏高院进一

① 广州市白云山区人民法院（2012）穗云法知民初字第114号判决书；广州知识产权法院（2015）粤知法商民终字第174号民事判决书。

② 南京中院（2012）宁知民初字第457号民事判决书。

步指出，市场管理者通过场地租赁集中众多商户各自经营的，其有义务引导、督促商户守法经营，并采取合理、必要措施制止商标侵权行为。市场管理者能够证明其收到商标权人警告函后即对被控侵权行为采取合理、必要措施的，应当认定其主观上没有放任侵权行为，客观上业已尽到管理、监督、检查等义务，市场管理者不应对商户的商标侵权行为承担连带责任。①

2011 年 6 月，王某与淘淘巷公司签订《淘淘巷管理服务合同》，经营期限自 2011 年 10 月 5 日至 2012 年 10 月 4 日，管理服务费为 34900 元 / 年。约定双方的权利义务包括：甲方淘淘巷公司作为管理经营者，对各经营商户进行统一经营管理和服务；经双方协商确定乙方王某经营的商品种类为箱包；甲方安排现场管理人员应通过店区内的各商户商铺进行统一管理，确保公平竞争、守法经营，为店区创造良好的经营环境、秩序以及良好的商业形象；甲方有权制定各项管理制度并向乙方公布，对乙方的经营活动实行统一管理、监督、检查，有权按规定对乙方违反各项管理制度的行为作出批评、处以违约金、解除合同等处理；甲方有义务按法律规定、本合同约定及“淘淘巷”各项管理制度的规定，对“淘淘巷”内各商铺的经营商户违法、违约、违反“淘淘巷”管理制度的行为进行制止及处理，为店区创造良好的经营环境；乙方在经营中必须严格遵守国家有关法规政策、本合同的规定、《淘淘巷商户经营手册》以及其他淘淘巷各项管理制度；乙方接受甲方的管理，并接受根据合同约定、管理制度规定对违约及违反制度的行为所作出的处理决定；乙方违反甲方的有关管理规定，后果严重或经甲方警告后再次发生的，因乙方的过错给甲方造成重大经济损失或严重商誉损害的，乙方除应依法或按约定承担违约责任外，甲方有权立即解除本合同，如甲方解除合同的，乙方还应另行支付相当于三个月管理服务费的违约金；乙方已通读了上述条款及《淘淘巷商户经营手册》等附件的内容，对所有内容无异议。《淘淘巷商户经营手册》规定，承租人不得销售任何假冒伪劣商品，不得销售无厂名、无厂址、无合格证等任何“三无”产品。

① 江苏高院（2013）苏知民终字第 0059 号民事判决书。

2011年12月1日，路易威登马利蒂向淘淘巷公司邮寄《关于要求你公司制止侵犯注册商标专用权行为的警告函》，函中列明包括王某在内的10家商铺存在销售假冒路易威登马利蒂注册商标商品的行为，要求淘淘巷公司采取有效措施制止前述商户的售假行为。2011年12月27日，淘淘巷公司召开会议，其提供了召集包括王某在内的相关商户召开会议的会议记录、《关于重申不得销售假冒、伪劣及三无产品的重要通知》及各商户的签收单。王某等商户在会议记录上签字。淘淘巷公司还提交了向包括王某在内的经营户所发的“警告函”及淘淘巷公司工作人员每日巡查表及巡场照片光盘，用以证明淘淘巷公司在路易威登马利蒂提起该案诉讼后，不计成本地加大了管理力度。之后路易威登马利蒂仍然发现王某存在售假行为。

王某在淘淘巷公司收到路易威登马利蒂邮寄的警告函前发生的侵权行为，系其独立违法经营的结果。淘淘巷公司通过与王某签订《淘淘巷管理服务合同》以及通过制定《淘淘巷商户经营手册》等尽到了引导、督促等前期管理义务……在路易威登马利蒂发函告知王某的侵权行为后，淘淘巷公司召开了会议、发出了通知，参加会议的人员、通知的对象均包括王某。在会议和通知中，淘淘巷公司均指出了相关商户存在销售假冒路易威登马利蒂注册商标商品的行为，重申禁止销售假冒注册商标商品的行为，相关商户也承诺不再销售假货。淘淘巷公司主观上没有放任侵权行为，客观上业已尽到管理、监督、检查、批评等义务，不存在过错。淘淘巷公司在此时没有解除与王某之间的租赁和管理合同，不能视为其为王某持续的商标侵权行为提供了帮助和便利条件。

第八节　其他商标侵权行为

问题：知识产权法定原则背景下，为什么要规定商标侵权行为的“兜底款项”？在解释适用本项规定时，应当遵循什么原则？如何将本项中的商标侵权行为与不正当竞争行为区分开来？

《商标法》第 57 条第 7 项规定了“给他人的注册商标专用权造成其他损害的”行为，即其他商标侵权行为。本项属于兜底条款，在实践中究竟怎么适用，不无疑问。比如我国一些法院采取宽泛的解释立场，依此项规定对注册商标的质量保证功能、广告功能等提供保护，究竟有无正当性？是否应当遵从体系解释的方法，认为本项规定对注册商标的保护程度不应超出本条前 6 项，也即仍然应当在混淆机制的框架中提供保护？

《最高人民法院关于审理商标民事纠纷案件适用法律若干问题的解释》（以下简称《商标民事案件司法解释》）（2002 年）第 1 条规定，下列行为属于商标法第 52 条第 5 项规定的给他人注册商标专用权造成其他损害的行为：（一）将与他人注册商标相同或者相近似的文字作为企业的字号在相同或者类似商品上突出使用，容易使相关公众产生误认的；（二）复制、模仿、翻译他人注册的驰名商标或其主要部分在不相同或者不相类似商品上作为商标使用，误导公众，致使该驰名商标注册人的利益可能受到损害的；（三）将与他人注册商标相同或者相近似的文字注册为域名，并且通过该域名进行相关商品交易的电子商务，容易使相关公众产生误认的。

上述三种行为中，第二种行为已经在 2013 年修订《商标法》时成为第 13 条的一种情形，是一种典型的淡化驰名商标的行为；其他两种行为分别是将注册商标作为企业字号、域名，用于相关商品的交易并具有混淆可能性，对这两种行为的禁止并未超出混淆机制的框架。本部分着重介绍后两种类型的商标侵权行为。这两种行为具有严格的构成要件，情形稍有不同则可能构成不正当竞争行为，而不再由商标法评价。

一、突出使用字号的商标侵权行为

（一）“突出使用”及其他因素

上述司法解释第 1 条规定的第一种情形要求“突出使用注册商标”，是“不规范使用注册商标”的一种类型。只有在“突出使用等不规范使用”情形下才可能构成商标侵权行为。在商标法与反不正当竞争法中，“突出使用字号”“单独简化使用字号”都是典型的“不规范使用”的样态，产生了企业名称意义以外的商标意义，强化字号对于标识商品来源的作用，性质上是在商标意义上的使用，与商品或服务结合时属于商标侵权行为，在主观上并不要求行为人的主观故意，也无需考虑注册商标的知名度。“登记、使用企业名称的行为本身不具有恶意，仅在实际使用过程中，因企业名称的简化使用、突出使用等不规范使用行为，导致相关公众将其与他人注册商标产生混淆误认的，属于侵害商标权的行为，应判令相关企业规范使用其企业名称。”①

但在实践中究竟是否构成商标侵权行为，有些法院还考察原告注册商标的知名度，被告登记并使用该字号的背景和理由，被告使用相关商品或服务的“相同或类似”情况等。如最高法院在“王将饺子”案中认为，尽管李某廷的“王将”商标注册在先，但其仅在黑龙江省哈尔滨市实际使用，在王将公司注册登记企业名称时并未具有较高知名度，加之王将公司是日本王将株式会社投资成立的，其以王将为字号注册其企业名称具有一定的合理性，因此王将公司注册使用企业名称本身并不违法，后续规范使用其企业名称即可。② 你认为这种做法是否合理？

（二）“规范使用”及不正当竞争

在“规范使用注册商标”的情形下，行为人意图利用商标注册和企业名称登记的“双轨制”审查现状，登记与他人注册商标相同或近似的企业字号，如果其在完整、正常使用企业名称等“规范使用”情形下，仍有可能造成市场混淆的，此时行为人的目的在于攀附他人注册商标的商誉，可构成不正当

---

① 四川省高级人民法院（2014）川知民终字第5号民事判决书，四川省成都市中级人民法院（2013）成民初字第415号民事判决书。

② 最高人民法院（2010）民提字第15号民事判决书。

竞争行为，[①] 依照《商标法》第 58 条处理。[②] 此时需要考察原告商标的知名度及被告的主观状态，“登记、使用企业名称的行为本身缺乏正当性，不正当地将他人具有较高知名度的在先注册商标作为字号注册登记为企业名称，即使规范使用仍足以产生市场混淆的，属于不正当竞争行为，应判令停止使用或者变更企业名称”。[③]

实践中常常有分歧的地方在于原告商标知名度的认定，进而影响到被告的主观状态认定。比如在“和睦家”案中，一审法院和再审法院就产生了分歧。

和睦家公司是国内最早提供国际高端水平医疗服务的民营医疗机构之一，自 1996 年 3 月北京和睦家公司成立以来，至 2010 年 7 月期间，北京、上海、天津、广州陆续成立了七家和睦家医疗机构，均使用“和睦家”作为企业字号。和睦家公司在第 44 类医院、保健、医药咨询等服务上的第 4182278 号“和睦家”图文组合商标、第 4182184 号“和睦家”图形商标获准注册。福州和睦佳成立于 2011 年 4 月和 6 月，经营范围包括妇产科、内科等。福州和睦佳在实际经营中有突出使用“和睦佳”字样的行为。一审法院认为，和睦家公司的商标虽然注册在先，但未在福州乃至福建省内设立“和睦家”有关医疗机构或开展与“和睦家”有关的医疗服务，和睦家公司企业字号不具有较高知名度，福州和睦佳企业名称的注册使用本身并不违法，判令福州和睦佳规范使用企业名称、停止突出使用行为。[④] 最高法院改判认为，“‘和睦家’字号在福州和睦佳成立前具有一定市场知名度，为相关公众所知悉。福州和睦佳作为同业竞争者仍将与‘和睦家’呼叫完全相同、用字基本一致

① 参见曹建明：《求真务实　锐意进取　努力建设公正高效权威的知识产权审判制度——在第二次全国法院知识产权审判工作会议上的讲话》（2008 年 2 月 19 日）；还可参见孔祥俊：《商标与不正当竞争法》，法律出版社 2009 年版，第 551 页、第 556 页、第 562 页。

② 第 58 条　将他人注册商标、未注册的驰名商标作为企业名称中的字号使用，误导公众，构成不正当竞争行为的，依照《中华人民共和国反不正当竞争法》处理。

③ 四川省高级人民法院（2014）川知民终字第 5 号民事判决书，四川省成都市中级人民法院（2013）成民初字第 415 号民事判决书。

④ 福州中院（2016）闽 01 民初 597 号民事判决书。

的‘和睦佳’作为医疗服务企业的字号，其主观上具有攀附和睦家公司商誉的故意，也易造成相关公众的混淆误认，并且这种混淆误认无论其是否突出使用均难以避免”。[①]

二、使用域名进行商品交易的商标侵权行为

《商标民事案件司法解释》第 1 条规定的第三种情形是将他人注册商标用作域名的行为，这种行为在法律适用上也具有不同的“去向”，可能构成商标侵权，也可能构成不正当竞争。

（一）使用域名的商标侵权行为

根据 2002 年《商标民事案件司法解释》的规定，因域名抢注行为侵犯商标专用权的，应当以“注册商标与域名构成相同或近似”（a）“将域名用于电子商务”（b）为构成要件。且由于该项规定从属于商标侵权的构成要件，应当认为包含了“商标使用”的要求（c），即在识别商品来源意义上的使用域名。此外，还应考察使用域名的行为是用于何种业务的电子商务，即使用人从事何种商品的出售或服务的提供行为，以满足所谓的“相关商品交易”条件（d）。

实践中还有判决认为必须存在实际商品交易，否则在事实上不会产生“混淆可能性”（e），如：涉案网站既无产品规格、型号、外观图片、价格等具体的产品信息，也无可以通过点击相关网页内容就可以在网站上进行商品交易的功能及设置，相关公众不能通过该网站直接与上海某某公司进行商品交易活动，原告也未举证证明上海某某公司直接通过该网站进行了商品的交易活动，故难以认定上海某某公司利用该网站实际进行了商品交易的电子商务，不存在易使相关公众对其商品来源产生误认后果的事实基础。上述网站上虽有“WAM 产品配件”字样，但该文字在整体上系对产品类别名称的表述，且

① 最高人民法院（2018）最高法民再 428 号民事判决书。

未突出使用“WAM”字样，故该“WAM”字样不具有商标标识作用。因此，上海某某公司注册涉案域名、经营涉案网站的行为不构成侵害原告的商标排他使用权。[①]

只有在上述五个条件都满足的情况下，才可能构成商标侵权行为。对于实践中认为“必须存在商品交易才可能使相关公众产生混淆误认”的观点，你认为合理吗？比如将原告的注册商标登记为域名，准备用于相关商品的电子商务活动，原告可否禁止这种行为？在传统的商标侵权案件中，假设被告在商品上完成了相同或近似商标的贴附行为，这些准备投入市场的商品在仓库中被查获，被告的行为是否构成商标侵权行为？未进入市场流通或未进行电子商务，是否构成认定“混淆可能性”的障碍，是否足以影响被告行为的性质？

（二）使用域名的不正当竞争行为

如果不满足以上构成条件，则可在反不正当竞争法的框架下做出评价，区别点主要在于对主观状态的要求。根据《域名不正当竞争司法解释》第 4 条规定：“人民法院审理域名纠纷案件，对符合以下各项条件的，应当认定被告注册、使用域名等行为构成侵权或者不正当竞争：（一）原告请求保护的民事权益合法有效；（二）被告域名或其主要部分构成对原告驰名商标的复制、模仿、翻译或音译；或者与原告的注册商标、域名等相同或近似，足以造成相关公众的误认；（三）被告对该域名或其主要部分不享有权益，也无注册、使用该域名的正当理由；（四）被告对该域名的注册、使用具有恶意。”第 5 条规定：“被告的行为被证明具有下列情形之一的，人民法院应当认定其具有恶意：（一）为商业目的将他人驰名商标注册为域名的；（二）为商业目的注册、使用与原告的注册商标、域名等相同或近似的域名，故意造成与原告提供的产品、服务或者原告网站的混淆，误导网络用户访问其网站或其他在线

① 上海市浦东新区人民法院（2013）浦民三（知）初字第 67 号民事判决书。该案支持了原告以域名为基础的不正当竞争请求，但未支持商标侵权。

站点的；（三）曾要约高价出售、出租或者以其他方式转让该域名获取不正当利益的；（四）注册域名后自己并不使用也未准备使用，而有意阻止权利人注册该域名的；（五）具有其他恶意情形的。”

关于以上构成要件的展开，可参见本书第八章第三节。

第六章
商标侵权及赔偿抗辩

本部分主要介绍我国《商标法》明确规定或在司法上得到普遍认可的抗辩类型。被告在商标侵权诉讼中的抗辩事由主要分为商标侵权抗辩和商标侵权赔偿抗辩，被告对这些抗辩事由承担证明责任。本章主要介绍商标侵权抗辩，基于《商标法》明文规定了两处免除赔偿抗辩，本章专设一节讨论商标侵权赔偿抗辩。在比较法上，除了本章介绍的侵权抗辩类型之外，还有一些情形，比如美国法上区别标识意义上的使用和表达意义上的使用，后者不构成描述性使用和指示性使用，但是通常被认为并非来源意义上的使用而不侵权，如被告在文学和艺术作品中使用原告商标，法院认为，这些案件中不能适用商标或不正当竞争法，或者必须严格适用，因为被告并未在来源意义上使用商标。①

第一节　通用名称抗辩

问题：“通用名称”的认定标准是什么？如何证明原告的商标已经构成通用名称？如何防止公司的商标被“通用化”？

我国《商标法》第 59 条第 1 款规定了商标的正当使用抗辩。正当使用，是指经营者为了说明自己所提供的商品或服务，便于消费者辨认，可以对他

① Mary LaFrance, Understanding Trademark Law, LexisNexis 2009, P. 260.

人注册商标中所包含的信息依法不经注册商标权人许可而使用。[①] 我国《商标法》上的正当使用抗辩，包含通用名称抗辩和描述性使用抗辩两种类型，均体现在本款的规定中：注册商标中含有的本商品的通用名称、图形、型号，或者直接表示商品的质量、主要原料、功能、用途、重量、数量及其他特点，或者含有的地名，注册商标专用权人无权禁止他人正当使用。本条第 2 款规定了三维标志的正当使用抗辩，即他人有权不经许可正当使用三维标志中的功能性形状。由于功能性形状处于公有领域的范畴，因此，第 2 款在性质上应当属于通用名称抗辩，而不是描述性使用抗辩。本节介绍通用名称抗辩。

一、基本含义

（一）类型

《最高人民法院关于审理商标授权确权行政案件若干问题的规定》第 10 条第 1 款规定，诉争商标属于法定的商品名称或者约定俗成的商品名称的，人民法院应当认定其属于《商标法》第 11 条第 1 款第 1 项所指的通用名称。依据法律规定或者国家标准、行业标准属于商品通用名称的，应当认定为通用名称。相关公众普遍认为某一名称能够指代一类商品的，应当认定为约定俗成的通用名称。被专业工具书、辞典等列为商品名称的，可以作为认定约定俗成的通用名称的参考。依照上述司法解释的规定，通用名称可以分为法定的通用名称和约定俗成的通用名称，类型不同会导致举证方法不同，但不论哪种通用名称，均应当由被告完成举证，且举证责任的要求都很高。一旦法院认可此项举证责任已经完成，则对权利人及相关行业产生较大影响，被告乃至行业中的相关竞争者均可提起针对此商标的无效宣告程序。也正因如此，实践中对通用名称抗辩倾向于严格把握。

---

① 郎胜主编：《中华人民共和国商标法释义》，法律出版社 2013 年版，第 112 页。

（二）特征

司法实践中，被告要证明原告的注册商标或其要素是商品的通用名称，可以往法定和约定通用名称的路径提出相应的证据材料，但都要求证明该名称具有广泛性和规范性，不仅要求在全国范围和行业范围内广泛认同，而且要求足以清晰指代和体现一类商品与另一类商品之间的根本区别。这一要求为多个典型判决明确指出。如北京市高级人民法院(2006)高行终字第188号行政判决指出：通用名称应具有广泛性、规范性的特征。就通用名称的广泛性而言，其应该是国家或者某一行业所共用的，仅为某一区域所使用的名称，不具有广泛性；就通用名称的规范性而言，其应该符合一定的标准，反映一类商品与另一类商品之间根本区别，即应指代明确。

有时候，较高的商标知名度是该商标成为通用名称的“前站”，对公司来说是必须控制的风险。例如，“优盘”“阿司匹林”等商品通用名称曾经都是知名的商品商标。与一种独特或专利产品或服务相联系，或者经过强大广告宣传的商标，具有成为通用商标的危险。因为在这些情况下，消费者往往容易看到商标就想到商品或服务，从而成为后者的指代。① 但是，很多商标也往往在危险境地被挽救，权利人通过使用其他更方便替代的通用词汇，使商标免于通用化。②还有人将商标使用的商品范围扩大，从而避免通用化的危险。③如下三个案件中，“状元红”“泥人张”“盲公饼”在有关行业和区域内都具有较高品牌知名度，被告都提出了通用名称抗辩，法院认为尚不满足广泛性特征而均未认定为通用名称。

北京市第一中级人民法院（2006）一中行初字第195号行政判决阐述了“广泛性”特征。根据原告提交的证据所证明的事实，在争议商标注册之前，确有浙江省4家企业的黄酒等酒类产品的包装上使用了“状元红”的名称，在相关词典、文学作品和酒行业书籍中也有“状元红”名称渊源的记载。但

① See Dresser Indus., Inc. v. Heraeus Engelhard Vacuum, Inc., 395 F.2d 457 (3d Cir), cert. denied, 393 U.S. 934 (1968).

② Ty, Inc. v. Softbelly’s Inc., 353 F.3d 528, 532 (7ht Cir. 2003).

③ Mary LaFrance, Understanding Trademark Law, LexisNexis 2009, P. 60.

商品的通用名称应当具有广泛性、规范性的特征，即应当具有在国家区域范围内或者某一行业范围内的共用性，仅为国家部分区域或部分企业所使用的名称不具有通用名称的广泛性。原告的证据所证明的上述事实不能证明“状元红”的使用已经达到了国家区域或行业程度上的广泛性并足以形成通用名称。

最高人民法院(2010)民提字第113号民事判决也阐述了通用名称的广泛性特征。具有很高知名度、承载着极大商业价值的特定人群的称谓，应当受到法律保护；该特定人群所传承的特定技艺或者作品的特定称谓用作商品名称时，可作为反不正当竞争法上知名商品（包括服务）的特有名称受到法律保护……本案中的“泥人张”显然并非法定的通用名称。判断其是否为约定俗成的通用名称时，应当以全国范围内的相关公众的通常认识为标准，因为泥塑行业和商品在全国范围内均有分布……通用称谓不具有识别特定商品来源即商品提供者的功能，在判断“行业（或商品）+姓氏”的称谓是否属于通用称谓时，应当考虑该称谓是否属于仅有的称谓方法、该称谓所指的人物或者商品的来源是否特定、该称谓是否使用了文学上的比较手法等因素……从日常生活经验出发，“行业+姓氏”或者“商品+姓氏”确实是社会大众特别是北京人对民间艺人的一种称谓方法。但是，这种方法并不是仅有的一种称谓方法，而且，这也不意味着根据这种方法产生的称谓就必然是相关商品的通用名称，是人人可以自由使用的称谓。“泥人+姓氏”并非是对泥塑艺人的通用称谓，被申请人提供的证据不能证明全国范围内的张姓泥塑艺人均被普遍称为“泥人张”。

最高人民法院（2011）民提字第55号民事判决在阐述通用名称的规范性和广泛性时，涉及品牌名称和产品名称混合时的政策取向。根据查明的事实可以看出，盲公饼是有着200多年历史的一种佛山特产，有着特定的历史渊源和地方文化特色。虽然香记公司主张“盲公饼”是通用名称，但未能举出证据证明在我国内地还有其他厂商生产“盲公饼”，从而形成多家主体共存的局面。虽然有些书籍介绍“盲公饼”的做法，我国港澳地区也有一些厂商生产各种品牌的“盲公饼”，这些客观事实有可能使得某些相关公众会认为“盲公饼”可能是一类产品的名称，但由于特定的历史起源、发展过程和长期唯一的提供主体以及客观的市场格局，我国内地的大多数相关公众会将“盲公饼”认知为某主体提供的某种产品。因此，在被诉侵权行为发生时，盲公饼仍保持着产品和品牌混合的属性，具有指示商品来源的意义，并没有通用化，不属于通用名称……对于这种名称，给予其较强的保护，禁止别人未经许可使用，有利于保持产品的特点和文化传统，使得产品做大做强，消费者也能真正品尝到产品的风味和背后的文化；相反，如果允许其他厂家生产制造“盲公饼”，一方面权利人的权益会受到损害；另一方面也可能切断了该产品所承载的历史、传统和文化，破坏了已有的市场秩序。

二、通用名称的证明

《商标法》第 49 条还规定了商标退化为通用名称时的撤销制度，对通用名称的认定标准与本条相同。商标及商品、服务的营销特别成功时容易造就一个驰名的品牌，但有时候也容易被业界竞争者广泛用于指代商品或服务本身而退化为通用名称，这中间的标准很难把握，但公司严格、规范的商标使用和管理实践对权利人有利。比如京东主张“双十一”商标在注册后经过其他电商平台的使用，使其演变为“其核定服务的通用名称”。商标局认为，“双十一”商标为阿里所独创，并进行了持续使用及宣传，具有独创性。阿里通过其旗下淘宝网与天猫长期对“双十一”商标的使用，积累了较高的声誉，在其核定的第 35 类服务上，可以起到区分服务来源的作用，具有商标的显著性，未构成《商标法》第 49 条规定的成为其核定使用的服务的通用名称之情形。你认为“双十一”商标通用化了吗？

通用名称的认定，一般以商标申请注册时为准。《最高人民法院关于审理商标授权确权行政案件若干问题的意见》（法发〔2010〕12 号）第 8 条规定：“人民法院审查判断诉争商标是否属于通用名称，一般以提出商标注册申请时的事实状态为准。如果申请时不属于通用名称，但在核准注册时诉争商标已经成为通用名称的，仍应认定其属于本商品的通用名称；虽在申请时属于本商品的通用名称，但在核准注册时已经不是通用名称的，则不妨碍其取得注册。”这里以“银骏眉”案[①]为例对通用名称的证明进行说明。

（一）主要事实

第5936209号“银骏眉”商标，由正山公司于2007年3月9日申请，指定使用商品为第30类3002类似群组的茶、冰茶、茶饮料、茶叶代用品。国家工商行政管理总局商标局（以下简称商标局）经审查，于2009年6月23日作出《商标驳回通知书》，被异议商标不予核准注册。正山公司不服，向商标评审委员会提出复审。2009年12月7日，商标评审委员会认定被异议商标可以起到区分商品来源的作用，不会误导公众，予以初步审定。在公告期内桐木公司向商标局提出异议申请，商标局经审查作出（2012）商标异字第42910号《“银骏眉”商标异议裁定书》（以下简称第42910号裁定），认为“银骏眉”不是红茶的品种名称，亦未直接表示商品的主要原料、特点，不会导致消费者的误认，裁定被异议商标予以核准注册。桐木公司不服商标局的第42910号裁定，向商标评审委员会提起复审。2013年1月4日，商标评审委员会作出商评字（2012）第53056号《关于第5936209号“银骏眉”商标异议复审裁定书》（以下简称第53056号裁定），裁定：被异议商标予以核准注册。

（二）一审判决

一审法院认为，根据正山公司向商标评审委员会提交的证据可以确定，正山公司地处福建省武夷山国家自然保护区内，这里是“正山小种红茶”的发源地，正山公司的法定代表人江元勋先生是“正山小种红茶”的世家传人。从2004年开始，正山公司开始对“正山小种红茶”的制茶工艺进行探索研究，将茶芽用红茶的制作工艺进行制作，其干茶条型似眉毛状，且该茶芽取自武夷山桐木关的崇山峻岭中，因其制作茶师中有三人的名字中都带有“骏”字，故正山公司将此茶取名为“骏眉”。同时，又根据茶叶的品质及采摘标准的不

---

① 最高人民法院（2013）高行终字第1766号民事判决书。

同，分为金、银、铜三个等级，故正山公司将此类茶叶命名为金骏眉、银骏眉、铜骏眉。之后，正山公司开始使用“银骏眉”，获得消费者的广泛认可，并很快成为正山公司生产的一种高端红茶的品牌。而且，中国茶叶流通协会、海峡茶业交流协会、武夷山市茶业局等出具的文件也能够证明正山公司于 2005 年在原正山小种传统工艺的基础上研制开发出了高品质红茶，根据口感分为三个档次，分别命名为“金骏眉”“银骏眉”“铜骏眉”。因此，正山公司于 2007 年 3 月 9 日在“茶”等商品上申请注册“银骏眉”商标，是为了标示该商品的提供者属于正山公司。

2004 年 6 月 1 日实施的《中华人民共和国农业行业标准 NY / T780—2004》适用于各类红茶产品，规定的范围包括红茶的术语和定义、规格、要求、试验方法、检验规则、标签、包装、运输和贮存。红茶是用新梢的芽、叶、嫩茎经过萎凋、揉捻（切碎）、发酵、干燥等工艺加工，表现红色特征的茶。从规格上分为工夫红茶、红碎茶、小种红茶、名优红茶。根据 2008 年 10 月 1 日实施的《中华人民共和国国家标准 GB / T13738.1—2008》中指出红茶分类为红碎茶、工夫红茶、小种红茶三种。其中红碎茶产品分为大叶种红碎茶和中小叶种红碎茶两个品种。2011 年 12 月 31 日福建省质量技术监督局发布的 DB35 福建省地方标准《地理标志产品武夷红茶》，其中将武夷红茶产品分为：正山小种、小种、烟小种、奇红。上述国家标准、地方标准、行业标准均未将“银骏眉”作为商品的通用名称予以收录，因此，“银骏眉”不是茶叶的法定通用名称。

约定俗成的通用名称是经过大家共同长期的社会实践而确定形成的事物名称，属于事先商定的名称。根据桐木公司和正山公司提交的证据，在行业协会中，均没有将“银骏眉”作为红茶的一种约定俗成的通用名称。而且，有关茶叶的国家标准、行业标准以及专业书籍、辞典和茶史记载中均没有记载“银骏眉”为茶叶的品种的内容。中国茶叶流通协会、海峡茶业交流协会、武夷山市茶业局等出具的文件也能够证明正山公司将其在正山小种的传统工艺的基础上研制开发的高品质红茶命名为“金骏眉”“银骏眉”“铜骏眉”。“银骏眉”品牌由正山公司创立并申请注册在茶商品上。在没有获得注册之前，正山公司一直将“金骏眉”与其已经注册的“元正”“正山堂”商标一并使用，这些事实足以证明正山公司并没有将“银骏眉”作为商品名称使用的意愿。所以，桐木公司主张“银骏眉”属于约定俗成的茶叶名称的内容缺乏事实依据……

（三）二审判决

二审法院指出，被异议商标于2007年3月9日申请注册，指定使用在“茶、冰茶、茶饮料、茶叶代用品”等商品上，现有证据不能证明此日之前除正山公司外，其他市场主体使用“银骏眉”这一名称指代某一类茶商品，也未能证明茶商品领域中的相关公众将“银骏眉”作为商品名称加以识别和对待。因此，依据现有在案证据，不能证明在被异议商标申请注册时，“银骏眉”已被相关公众作为茶等商品的通用名称加以识别和对待，故不能认定在被异议商标申请注册时，“银骏眉”属于茶等商品的通用名称。

但是，被异议商标是否构成其指定使用商品的通用名称、其申请注册是否违反了《商标法》第11条第1款第1项的规定，亦应当考虑商标评审委员会于2013年1月4日作出第53056号裁定时的实际情况。

正山公司向商标评审委员会提交的证据中，证据2即中国茶叶流通协会于2011年7月29日出具的中茶协字（2011）51号《证明》、证据11即海峡茶叶交流协会于2009年7月22日出具的《证明》、证据13即武夷山市茶叶局于2009年7月31日出具的《证明》等证据，均载明正山公司“于2005年在原正山小种红茶传统工艺的基础上研制开发了高品质红茶，并根据口感品质，首次按三个档次分为金骏眉、银骏眉和铜骏眉，并在此工艺基础上开发了妃子笑、百年老枞等正山堂系列高端红茶”。从上述证明的具体内容看，中国茶叶流通协会、海峡茶叶交流协会和武夷山市茶叶局等行业协会、主管机关均将“银骏眉”作为正山公司研制的某一档次的红茶品种名称使用。证据15即“陆羽奖”颁奖典礼现场文字整理及视频截图，显示“金骏眉”和“银骏眉”系武夷名茶。

桐木公司向商标评审委员会提交的证据材料中，证据3、4、5显示相关公众是将“银骏眉”作为一种红茶的商品名称加以识别和对待的。而结合桐木公司在诉讼过程中补充提交的武夷山市人民政府于2010年8月4日向国家质量监督检验检疫总局做出的《武夷山市人民政府关于将福建武夷山市武夷红茶列为地理标志产品保护的请示》、武夷山市星村镇桐木村委会于2012年9月28日出具的《关于“金骏眉”茶叶的情况说明》等证据，相关公众系将“银骏眉”作为一种红茶商品的通用名称加以识别和对待的。尤其是《武夷山市人民政府关于将福建武夷山市武夷红茶列为地理标志产品保护的请示》，更是明确指出，“武夷红茶按照品质特征和加工工艺，可分为正山小种、小种、烟小种、奇红品种……‘奇红’是近年出现的一些武夷红茶新品种，如金骏眉、银骏眉、小赤甘、妃子笑等品种”，同时以其中的“金骏眉”为例明确记载了相关茶叶的制作工艺。

正山公司和桐木公司在诉讼期间补充提交的相关证据，如正山公司补充提交的海峡茶叶交流协会于2013年9月29日出具的《证明》和桐木公司补充提交的各项证据，进一步印证了双方当事人在商标评审期间提交的证据所证明的上述事实。

因此，综合正山公司和桐木公司提供的相关证据，足以证明在第53056号裁定作出时，“银骏眉”已作为一种红茶的商品名称为相关公众所识别和对待，成为特定种类的红茶商品约定俗成的通用名称。因此，基于第53056号裁定作出时的实际情况，应当认定被异议商标的申请注册，违反了《商标法》第11条第1款第1项的规定。第53056号裁定和原审判决的相关认定错误，本院予以纠正。桐木公司的相关上诉理由成立，本院予以支持。

第二节　描述性使用抗辩

问题：如何判断商标的描述性使用？描述性使用是商标法意义上的使用吗？其与商标的指示性使用之间是什么关系？

《商标法》第59条第1款规定，注册商标中含有的本商品的通用名称、图形、型号，或者直接表示商品的质量、主要原料、功能、用途、重量、数量及其他特点，或者含有的地名，注册商标专用权人无权禁止他人正当使用。可见本款规定的是“正当使用抗辩”，包括被告在通用名称意义上的使用行为以及在描述性意义上的使用行为。为了便于与“通用名称抗辩”“指示性合理使用抗辩”相区分，本书采取“描述性使用抗辩”的称谓，仅仅是指与描述性标志相对应的概念，即第 59 条第 1 款中除“通用名称抗辩”之外的情形。

我国法律界在不同背景下对描述性使用抗辩给出不同“称谓”。孔祥俊先生在其著作中称为“法定的合理使用”或“描述性合理使用”；① 浙江省高级人民法院在一份规范性意见中使用“正当使用抗辩”：② 审查正当使用抗辩是否成立，应从被告的使用意图、使用方式和使用效果等方面，结合注册商标的显著性和知名度进行全面审查，必要时还应考察注册商标以及被告使用标识的历史因素。北京市高级人民法院使用“正当使用抗辩”，其认为构成正当使用商标标识的行为应当具备以下要件：（1）使用出于善意；（2）不是作为自己商品的商标使用；（3）使用只是为了说明或者描述自己的商品。③ 虽然说法不同，但这些情形应该都是指在描述商品特点意义上使用商标。

一、基本含义

如果商标仅仅被用于说明商品的特点、含量、成分、性能，或者仅仅被当成商品或服务本身的名称、组成部分、装饰，由于是对商品或服务特点的直接描述，因而不构成商标意义上的使用，不认为构成商标侵权行为。描述性使用的判断与前述描述性标志的判断方法有交叉，问题的难点往往在于如何判断《商标法》第 12 条中的“直接表述”。但是又不限于判断“描述性标志”，在我国司法实践中，法官通常还会结合使用人的主观意图和使用行为的客观效果，对描述性抗辩进行综合判断，可能的解释是“词语的直接表述性”

① 孔祥俊：《商标与反不正当竞争法——原理与判例》，法律出版社 2009 年版，第 333 页、第 336 页。

② 《浙江省高级人民法院民事审判第三庭关于商标侵权抗辩事由审查综述》第 2 条、第 3 条。

③ 《北京市高级人民法院关于审理商标民事纠纷案件若干问题的解答》第 26 点。

与“使用人的主观意图”“使用行为的效果”三者之间相互验证。

美国《兰哈姆法》(Lanham Act)第33(b)(4)条就是规定商标侵权的正当使用抗辩：Use of the name，term，or device charged to be an infringement is a use，otherwise than as a mark… of a term or device which is descriptive of and used fairly and in good faith only to describe the goods or services of such party，or their geographic origin. 美国法的上述条文规定了“直接描述”和“正当善意使用”两个要件，没有规定“使用效果”要件，可能的解释是“直接描述”和“正当善意使用”情况下不可能产生混淆可能性，即便有，美国最高法院在判决中指出，合理使用应当容忍一定程度的混淆。①描述性使用的判断与商标使用的判断之间常常相互印证。在Beer Nuts案件中，原告主张被告将Brews Nuts使用在啤酒杯的行为构成商标侵权。上诉法院认为，如果描述性使用事实上是一种商标使用，则上述正当使用抗辩不能成立。当商标被用于吸引公众注意，是一个包装上最显著的要素并作为整体支配一个包装时，它就是一个“标识”。本案中的Brews Nuts就是这种情形②，被告的使用构成商标使用，因而被告无法主张正当使用抗辩。

二、构成判断

司法实践中，法官在判断“正当善意使用”时常常需要考虑诉请保护商标的知名度、被告使用该商标是否符合行业惯例或惯常做法。下面摘取武汉市中级人民法院审理的“如果爱”商标侵权案件判决。

法院认为，叙述性使用的认定应从三个方面加以判断：使用必须是直接表示商品或服务的特点的使用，使用必须是善意的使用也即正当、诚实的使用，使用不会根本上损害商标指示功能。被告湖北电视台辩称其在电视栏目中使用“如果爱”文字只是作为栏目名称，反映的是节目整体属性，并不发挥

---

① KP Permanent Make-Up，Inc. v. Lasting Impression I，Inc.，543 U.S. 111 (2004)，121-122.

② Beer Nuts，Inc. v. Clover Club Foods Co.，711 F.2d 934，938(1983).

区别商品或服务的功能。被告的主要辩称观点实质上是认为其使用“如果爱”文字属于叙述性使用。现结合相关案件事实，从上述三个方面对被告湖北电视台使用“如果爱”作为电视栏目名称是否构成叙述性合理使用进行分析。

《如果爱》是被告湖北电视台推出播放的恋爱真人秀节目，其节目形式为将六位单身男女明星进行配对，两人通过约会中各种不同任务，确认对方是否是自己心中的 Mr / Mrs Right，节目组全程记录他们浪漫初见、甜蜜约会、彼此动情触电的每一个瞬间，随着剧情的变化，每隔一段时间就会有新的明星加入节目，在不断地选择和考验中，12 期节目后，明星们能否获得最真挚的爱情。虽然每期节目的场景不同、情节不同、甚至人物不同，每期节目都可以独立成章，但其具有共同的主体思想、明确的情节主线，“如果爱”正是对节目整体婚恋情感主题，明星参与、情爱发展情节的叙述，直接体现了电视节目内容的风格特点。

原告注册商标使用的“如果爱”属任意性标志，显著性不高。原告提交了许可使用涉案注册商标的合同，但数量非常有限，并且其没有提交合同已经得以履行的证据，也没有证据证明商标已为被许可方真正使用在商品或服务上。原告提交的使用涉案注册商标的证据证明主要是在摄影类别上的使用，摄影类别与被告湖北电视台使用涉案商标的服务类别存在较大差别。原告提交的视频证据，虽属在影视制作上使用商标，但视频内容、数量、播放的平台决定了商标并未因使用而获得知名度。原告虽然申请了电视文娱节目的服务项目，但基于该项服务资质法定许可的要求，其不可能开展这项服务，也不可能在该项服务上使用注册商标。可以认定，原告的注册商标并不具有知名度，被告将“如果爱”作为电视栏目名称并不存在不当利用原告注册商标商誉的故意。被告湖北电视台使用“如果爱”文字作为电视栏目（节目）名称在电视屏幕上的使用方式包括艺术化处理的“梦金园如果爱”节目名称在片头、播放页面右下角使用，“如果爱”文字作为节目提示在播放广告页面左上角、右下角使用，在含有被告湖北电视台台标的网页广告中使用艺术化处理的“如果爱”文字与红色心形图形一起作为广告图案，在介绍节目时使用“如果爱”的文字。被告湖北电视台使用“如果爱”文字的形式样态符合电视台使用节目名称的通常样式。虽然被告湖北电视台在以“如果爱”文字作为电视节目名称时没有进行是否存在相同或类似注册商标的检索，但在电视栏目或节目名称中使用与注册商标相同的文字，与直接在相关商品或服务上使用相关文字毕竟存在一定差别。在抢注商标比较普遍的情况下，即使电视台等媒体经最高的谨慎注意义务，也无法避免确定节目或栏目名称时无词可用的尴尬状态。对电视台等媒体科以过高的注意义务，并不利于文化产业的发展繁荣。综合考虑，可以认定被告湖北电视台在电视栏目（节目）中使用“如果爱”文字是正当的、合理的。

叙述性使用注册商标的文字是对注册商标权利人权利的限制，这或多或少会妨碍注册商标功能的实现，因此，叙述性使用是否构成对商标的合理使用还应进一步考虑使用方式对注册商标妨碍的程度。这需要结合原告注册商标通常的使用方式，从相关公众的视野加以判断。原告赵某辉获准注册第5036861号“如果爱”商标，核定服务项目为第35类，包括：人事管理咨询；商业管理辅助；广告代理；演员的商业管理等。虽然被告湖北电视台播放“如果爱”节目也播放了广告，但从相关公众即电视观众了解、观看电视节目的习惯看，电视观众应该很容易辨别“如果爱”是电视栏目名称，而不会认为“如果爱”是标注广告服务的标识。结合前文关于“如果爱”描述性特征的分析，可以认定，被告湖北电视台使用“如果爱”作为电视栏目名称并不会从根本上损害原告注册商标的功能。①

第三节　指示性合理使用抗辩

问题：如何判断商标的指示性合理使用？指示性合理使用是在商标法意义上的使用吗？销售正品的过程中是否可以使用商标？是否销售正品的行为均不涉及侵犯商标权？

① 武汉市中级人民法院（2015）鄂武汉中知初字第00253号民事判决书。二审维持，见湖北省高级人民法院（2016）鄂民终108号民事判决书。

一、基本含义

合理使用制度是一种平衡机制，是为了平衡商标专用权与社会公共利益，后者包含使用共有领域词汇的利益，也包含言论自由的利益等。指示性合理使用，就是基于言论自由的需要，虽然在性质上仍然属于商标意义上的使用，但使用人不做这种使用，就无法向相关公众真实告知商品或服务的来源信息。如果不使用这个商标，就无法完成比较、评论、称呼或其他目的。[①] 美国联邦第九巡回法院在一个案件中认为，为了确立叙述性合理使用，被告必须：（1）如果不使用原告的商标，原告的产品或服务就无法区分出来；（2）被告仅仅在合理的范围内使用商标以表示原告的产品或服务；（3）被告的行为不会暗示赞助或背书关系。[②]

我国《商标法》并未明确规定指示性合理使用制度。《北京市高级人民法院关于审理商标民事纠纷案件若干问题的解答》第 27 点明确了这一抗辩事由：在销售商品时，为说明来源、指示用途等在必要范围内使用他人注册商标标识的，属于正当使用商标标识的行为。

从以上关于指示性合理使用规则的目的可以看出，使用他人商标是否“必须”，是此项抗辩可否成立的一个重要判断因素。超出“必要”程度，使用行为往往就会“滑入”到商标侵权的范畴。指示性合理使用的经典例子是零配件销售商为了说明其商品或服务的对象。商品的经销商、零配件销售商或产品维修商、下游产品的制造商，通常用商标权人的商品指示自己零配件的适用对象、表明维修服务内容或者将带有商标权人商标的商品用于生产加工另一产品。他们对商标的使用也发挥了商标的来源识别功能，是商标使用行为，但这种使用是为了必要地向消费者告知商品或服务的必要信息，如果不这么使用的话，就无法向消费者告知相关必要信息。这就是说，商标权最终还是要服务于商品流通的目的，不能成为商标流通的阻碍。问

---

① New Kids on the Block v. News America Publishing, Inc., 971 F.2d 302 (9th Cir. 1992).

② Cairns v. Franklin Mint Co, 292 F.3d 1139, 1151.

题的关键在于，使用人是否依照通常的商业惯例、是否在必要的限度内使用该商标？换句话说，这种使用方式是否足以向消费者告知相关必要信息而又不会导致消费者混淆误认？这就需要在商标权保护与商品流通之间做出恰当微妙的平衡。

二、案件类型和构成判断

指示性合理使用抗辩案件在事实上呈现出两种倾向：在类似商品上使用他人的商品商标，以及在正品的宣传推广等服务上使用他人的商品商标。第一种类型的案件涉及对商品商标的使用，即使用他人商标用于说明商品特点或来源时是否必需，第二种类型的案件常常牵涉服务商标，即使用他人商标用于说明商品来源时是否超出必要范围而产生了识别服务来源的功能。在这个问题上，商品商标与服务商标有所不同，被告使用原告的商标转售或再售正品，与使用原告的商标推广自己的商品或服务，显然具有不同的法律性质。美国法院在一个案件中指出，被告使用原告商标的用途并非再售（resell）原告售出的正品，而是使用该商标来推广被告自己的健身服务；区别于商品可以在出售和再售的时候不改变其性质、质量和品质(genuineness)，类似健身塑形指导的服务非常取决于究竟谁在提供此类服务。①

（一）在类似商品上使用商品商标

北京知识产权法院（2015）京知民初字第 1944 号民事判决对指示性合理使用的概念和判断做出了精彩的阐述。

法院认为，商标法上的合理使用主要包括两种情形：描述性使用与指示性使用。描述性使用是指生产经营者使用他人的商标对自己生产经营的商品予以叙述性描述。指示性使用是指为指明产品、服务的种类而使用他人的商标。必须承认，如果是为了描述、指明商品的基本信息，应当允许他人在不

① Tumblebus Inc. v. Cranmer, 399 F.3d 754 (2005), 766.

引起消费者混淆、误认或联想的情况下，正常、合理地使用权利人的商标。可见，区分商标合理使用和侵权使用的界限应该是：这种使用不致引起一般消费者或相关公众对商品来源的混淆或误认，也不应使消费者对该商品与使用的商标间产生不恰当联想。具体到本案，涉案产品上虽然印有“老干妈味”字样，涉案产品也确实添加了“老干妈”牌豆豉，但不同于“原味”“香辣”“黑胡椒”等口味，“老干妈”在现实生活中并非任何一种口味，也不是任何一种原料，而是原告所拥有的驰名商标，具有强烈的显著性，与原告具有唯一对应关系。因此，不能将“老干妈”视为一个描述性标志运用在涉案产品之上，被诉侵权行为不符合《商标法》第59条第1款的规定。同时，关于商标的指示性使用，现实生活中指示性使用多出现在零配件贸易、维修服务行业以及其他消耗性产品的销售领域，用以表示自己所生产的产品或提供的服务与商标权人的产品相适配，目的在于将商品与有关商品相匹配的信息传达给潜在消费者。我国法律对此没有直接规定，但在实践中，商标指示性使用即在销售商品时，为说明来源、指示用途等在必要范围内使用他人注册商标标识的行为，属于正当使用商标标识的行为。可见，认定被诉侵权人的使用行为是否构成指示性使用需要衡量其使用他人商标的必要性，即是否为说明或传达真实信息所必需。判断“必要性”需要满足两个条件，其一，若不使用商标标识便难以描述商品或服务的性质或范围；其二，不得大量使用商标权人的商标标识。本案中，涉案产品配料中添加了“老干妈”牌豆豉，但标注“老干妈味”字样并非描述涉案产品之必需，被告永红公司可以直接采取标注“麻辣味”“豆豉味”等字样来说明涉案牛肉棒的口味，而非替代性地直接借用涉案驰名商标。因此，被诉侵权行为易引起消费者将涉案产品与原告老干妈公司之间搭建不恰当的联系，将涉案“老干妈”商标所享有的优良商誉投射到涉案产品之上，故不属于合理使用的范畴。

（二）在正品的宣传推广等服务上使用他人的商品商标

古乔公司系涉案四个“GUCCI”注册商标的权利人，依法享有注册商标专用权。古乔公司指控的涉案商标侵权行为包括：涉案店铺招牌上先后突出使用“GUCCI”和“OUTLETGUCCI”；店内装潢中先后突出使用“GUCCI”和“OUTLETGUCCI”，并认为上述使用行为均构成对古乔公司四个商标的侵害。涉案四个商标标识相同，均为“GUCCI”，但同时注册为商品商标（一个商标注册于第18类、两个商标注册于第25类）和服务商标（注册于第35类），涉案店铺由盼多芙公司和兴皋公司先后经营，盼多芙公司、兴皋公司虽然未获得古乔公司的商标授权，但其销售的商品并无证据表明属于假冒商品，古乔公司在本案中亦不主张其销售的是侵权商品。

原审法院认为，古乔公司指控盼多芙公司、兴皋公司侵犯古乔公司商品商标专用权，不能成立。关于盼多芙公司、兴皋公司是否侵犯古乔公司的服务商标专用权，商标权人无权禁止他人在销售商品过程中对其商品商标的指示性使用，即使是同时注册了与商品商标标识相同的服务商标，也不能禁止他人对商品商标的指示性使用。因此，本案中需对盼多芙公司、兴皋公司在销售并非假冒“GUCCI”商标的商品过程中的商标使用行为，系属于为指示所销售商品而使用商标，还是属于用以标识服务来源而使用商标进行判断。如果对商标的使用超出了为指示所销售商品所必需的方式，并且足以产生标识服务来源的效果，则构成对服务商标的侵权。盼多芙公司、兴皋公司在涉案店铺招牌上先后使用“GUCCI”和“OUTLETGUCCI”，在店内装潢中先后使用“GUCCI”和“OUTLETGUCCI”，且该装潢位于店铺的醒目位置、面积较大；除“GUCCI”外，其他标识均系“OUTLET”和“GUCCI”的组合，而“OUTLET”一词在英文中的意思为“品牌折扣店”或“工厂店”，中文音译为“奥特莱斯”，是行业公认并为消费者所熟知的一种折扣销售模式；盼多芙公司、兴皋公司在使用上述标识的同时，并没有附加其他标识用以区分服务来源，故上述标识的使用已经超出了指示所销售商品所必需使用的范围，具备了表示服务来源的功能，足以使相关公众误认为销售服务系商标权人（古乔公司）提供或者与商标权人（古乔公司）存在商标许可使用等关联关系。因此，原审法院认为盼多芙公司、兴皋公司先后使用上述标识的行为，均已构成对古乔公司“GUCCI”服务商标的侵犯。

上诉法院认为，在销售他人商品时，属于正当使用他人商标标识的行为，一般情况下应当同时满足以下条件，即(1)使用商标标识系出于善意；(2)未将商标标识作为自己商品或服务的商标使用；(3)仅是在说明或者描述自己经营的商品等必要范围内使用他人商标标识。而本案中，盼多芙公司、兴皋公司系在涉案店铺招牌上先后使用“GUCCI”和“OUTLETGUCCI”；在店铺内的醒目位置，使用较大面积的“GUCCI”和“OUTLETGUCCI”作为店内的装潢。盼多芙公司、兴皋公司的上述使用方式，足以使相关公众认为涉案店铺的经营者、经营涉案店铺商品的服务者、涉案店铺货品展出服务的提供者是古乔公司或者与古乔公司存在商标许可使用等关联关系。显然，盼多芙公司、兴皋公司的上述使用方式已经超出了说明、描述自己经营的商品的必要范围，而产生了对涉案店铺经营者、涉案店铺所提供的服务来源的标识作用。①

第四节　在先使用抗辩

问题：如何判断商标在先使用抗辩？怎么理解“在先”的时间点？如何判断使用人已经突破“原有范围”？突破了“原有范围”的法律后果是什么？

一、基本含义和主要问题

《商标法》第59第3款规定，商标注册人申请商标注册前，他人已经在同一种商品或者类似商品上先于商标注册人使用与注册商标相同或者近似并有一定影响的商标的，注册商标专用权人无权禁止该使用人在原使用范围内继续使用该商标，但可以要求其附加适当区别标识。本款规定即为商标在先使用抗辩，是2013年修订《商标法》时为了平衡商标在先使用人和注册商标专用权人之间的利益而新增加的内容，主要目的是保护那些已经在市场上具有一定影响但未注册的商标所有人的权益。②《商标法》第32条后段只是在商

① 上海知识产权法院（2015）沪知民终字第185号民事判决书。

② 郎胜主编：《中华人民共和国商标法释义》，法律出版社2013年版，第113页。

标授权确权阶段对未注册商标提供保护，本款则在商标侵权阶段对满足特定条件的未注册商标持有人提供了一项积极抗辩。

为了避免对商标注册制度造成冲击，本条严格限定了在先使用抗辩的成立条件。立法机关指出，首先，在先使用的未注册商标必须是具有一定市场影响的商标；其次，在先使用的未注册商标只能在原使用范围内继续适用；最后，注册商标专用权人可以要求在先使用的未注册商标附加适当区别标识，以免发生混淆，造成消费者误认。[①]上述第一个限定是从此项抗辩构成的角度，后两个限定是当抗辩成立之后的效果的角度。

就第一项限定而言，“未注册商标的在先使用”，要求先于“注册商标的申请”和“注册商标的使用”。就后两项效果限定而言，究竟怎么理解“原有范围”？如果使用人扩大生产销售规模，是不是突破了“原有范围”？如果使用人做出新的使用许可，是否突破了“原有范围”？如果使用人改变销售方式，是否突破了“原有范围”？最高人民法院指出，确定商标先用权抗辩中的“原有范围”，应主要考虑商标使用的地域范围和使用方式。在商标注册人申请或实际使用商标后，在原实体店铺影响范围之外增设新店或拓展互联网经营方式的，应当认定已经超出了原有范围。[②]下面的“启航考研案”判决指出：使用的主体是否仅限于“在先使用人”本人及在先已获授权许可的“被许可使用人”，这是否过于绝对？在先使用主体是否还应包括在先使用人的继受者？一旦突破原有范围，商标权利人可否诉请认定使用人构成商标侵权？其所能主张的损害赔偿数额，是超出原有范围部分的使用行为吗？

本条还涉及与《反不正当竞争法》第 6 条之间的协调，主要体现为两个问题。第一，在同一标识上存在注册商标权和名称包装装潢权益时，权益人该如何选择请求权基础？可以自由选择其一，还是应当释明优先选择注册商标权？这涉及《商标法》与《反不正当竞争法》之间的关系问题。第二，当被告就同一标识享有注册商标权并规范使用的情形下，原告以在先使用的名

① 郎胜主编：《中华人民共和国商标法释义》，法律出版社 2013 年版，第 114 页。

② 最高人民法院（2018）最高法民再 43 号。

称包装装潢权益为基础请求被告停止使用，可否支持？如果答案肯定的话，是否超出了《商标法》第59条第3项的制度本意？是否使名称包装装潢权益的性质绝对化了？上海市浦东新区人民法院指出："'有一定影响的商品装潢'系《反不正当竞争法》明确规定的受保护权益，其与注册商标权分属彼此独立的知识产权类型。相关司法解释也明确在先取得的合法权益包括商标权、知名商品特有装潢等。商标权与'有一定影响的商品装潢'在构成要件、形成时间、权利客体、保护范围及期限等方面均不同。特别是根据《商标法》第三十六条规定，经审查异议不成立而准予注册的商标，商标注册申请人取得商标专用权的时间自初步审定公告三个月期满之日起计算。自该商标公告期满之日起至准予注册决定做出前，对他人在同一种或者类似商品上使用与该商标相同或相近似的标志，无法通过商标侵权进行法律救济。因此，在被诉侵权行为可能同时构成商标侵权及不正当竞争时，属于请求权竞合。在涉及请求权竞合的案件中，权利人可以明确择一法律关系对涉案行为进行主张。""纽巴伦公司使用的斜杠N标识虽系其注册商标，但原告的鞋两侧N字母装潢使用在先。""被控侵权行为是否为注册商标的使用行为，不构成不正当竞争案件的抗辩事由。只要被告在后的标识使用行为与他人在先有一定影响的商品装潢构成近似，容易导致消费者混淆的，就构成不正当竞争。"①

你怎么看待这个判决？

二、典型案例

本部分截取（2015）京知民终字第588号民事判决，该案判决对在先使用抗辩的制度价值、适用要件、与保护未注册商标的其他条文之间的关系，以及抗辩效果等做了精彩阐述。

法院认为，本案焦点在于被上诉人在经营活动中使用"启航考研"商标的行为是否符合《商标法》第59条第3款的规定。判断该行为是否符合《商

① 上海市浦东新区人民法院（2017）沪0115民初1798号民事判决书。

标法》第59条第3款的规定，既需要准确把握该条款规定的制度价值及其具体适用要件，又需要对该行为是否符合该条规定的构成要件进行具体分析。

（一）《商标法》第59条第3款的制度价值。

《商标法》第4条第1款规定："自然人、法人或者其他组织在生产经营活动中，对其商品或者服务需要取得商标专用权的，应当向商标局申请注册……"第3条第1款规定："经商标局核准注册的商标为注册商标……商标注册人享有商标专用权，受法律保护。"《商标法》的上述规定确立了商标注册原则，只有注册商标享有商标专用权。

《商标法》第59条第3款规定："商标注册人申请商标注册前，他人已经在同一种商品或者类似商品上先于商标注册人使用与注册商标相同或者近似并有一定影响的商标的，注册商标专用权人无权禁止该使用人在原使用范围内继续使用该商标，但可以要求其附加适当区别标识。"据此规定，我国《商标法》同时也给予已经使用的未注册商标一定程度的保护，赋予了商标在先使用人针对他人注册商标的在先使用抗辩权。

根据《商标法》规定的注册制度，商标专用权仅基于注册产生，与商标是否使用无关。但商标作为一种商业符号，其价值本质上仍源于商标在经营活动中的实际使用，只有经过实际使用的商标才可能发挥标识功能。一个已经实际使用的商标，即使未经注册，但由于其已负载了一定的商誉，业已产生应予保护的正当利益，商标注册人不能剥夺商标在先使用人经过正当、合法的投资和使用而产生的商誉和利益。《商标法》第59条第3款的规定赋予商标在先使用人针对他人注册商标的在先使用抗辩权，便是在注册原则作为基本原则之外，为商标在先使用人提供的补充保护。该规定"是本次修改商标法时为了平衡商标在先使用人和注册商标专用权人之间的利益而新增加的内容，主要目的在于保护那些已经在市场上具有一定影响但未注册的商标所有人的权益"。

但是，商标在先使用抗辩制度的引入并不意味着在《商标法》框架下，未注册商标与注册商标可以获得同等的保护。我国仍是"以商标注册制度为主，虽然法律上有必要给予在先使用的未注册商标一定保护，但保护水准不宜过高，以免冲击到注册制度这一商标管理中的基本制度”。

（二）《商标法》第59条第3款的适用要件。

依据《商标法》第59条第3款的规定，先用抗辩的适用需要符合如下要件：他人在注册商标申请日之前存在在先使用商标的行为；该在先使用行为原则上应早于商标注册人对商标的使用行为；该在先使用的商标应具有一定影响；被诉侵权行为系他人在原有范围内的使用行为。

1. 他人在注册商标“申请日”之前存在在先使用商标的行为

该要件是对在先使用行为时间点的限定。《商标法》第59第3款规定只有在注册商标“申请日”之前使用商标的行为才属于“在先”使用行为，并非因为注册商标自申请日起便成为受《商标法》保护的注册商标，而是因为在我国采用商标注册制度而非商标使用制度的情况下，商标法各具体制度的设置应尽可能保障注册制度的正常运转。而以“申请日”作为在先使用行为的起算点，显然比以“注册日”作为起算点更有利于维护商标注册人的合法预期利益，并有利于维护商标注册制度。

将在先使用行为的时间点确定为“申请日”还是“注册日”，取决于立法者如何确定从“申请日”到“注册日”这一期间内产生的商标使用行为的后续法律后果。如以“申请日”作为时间点，则该期间内的使用行为将无法使得使用人在商标注册后的后续使用行为具有合法性。但以“注册日”为时间点，则其后续使用行为只要在原有范围内，注册商标人将无法要求他人停止在原有范围内的后续使用行为。前者有利于商标申请人，后者有利于商标使用人。目前采用的以申请日为时间点的做法，其目的在于引导社会公众将其商标进行注册，而非仅仅进行使用，从而更好地维护注册制度。

2. 该在先使用行为原则上应早于商标注册人对商标的使用行为

依据《商标法》第59条第3款的规定，在先使用人行使在先使用抗辩权的条件之一是其“先于”商标注册人使用了与注册商标相同或者近似并有一定影响的商标。也就是说，在先使用人的使用行为不仅需要早于注册商标的注册申请日，在商标注册人于申请日之前已经使用该商标的情况下，在先使用人的使用行为还必须早于商标注册人对该商标的使用时间。

《商标法》贯彻诚实信用原则，保护公平竞争，平衡商标注册人和在先使用人的利益，保护善意使用。《商标法》对在先使用抗辩规定在先使用人的使用行为必须早于商标注册人对该商标的使用时间的主要原因在于：如果商标注册人在申请注册前使用了商标，使得商标发挥了标识作用，使相关公众建立起了标识与商品的联系，则有必要禁止在后使用人再行使用，以排除相关公众的混淆误认。但是需要指出的是，商标注册人在申请日前的使用属于对未注册商标的使用，相比于注册商标，法律上对未注册商标的保护设定了一定程度和条件的限制。例如，按照《商标法》第 32 条的规定，未注册商标的使用人欲制止他人抢注其商标，前提是其在先使用了商标并有一定影响，而要求有一定影响的目的正是排除抢注人的恶意。根据《反不正当竞争法》第 5 条第 2 项，保护商品特有的名称、包装、装潢的条件之一是该商品在中国境内有一定的市场知名度，并为相关公众所熟知。《最高人民法院关于审理不正当竞争民事案件应用法律若干问题的解释》第 1 条第 2 款特别指出："在不同地域范围内使用相同或者近似的知名商品特有的名称、包装、装潢，在后使用者能够证明其善意使用的，不构成《反不正当竞争法》第 5 条第 2 项规定的不正当竞争行为……"

据此规定，对知名商品的名称、包装、装潢的保护，受到了使用地域和在后使用者主观过错的限制，只有恶意在后使用行为才可能构成不正当竞争行为。而《反不正当竞争法》所指的商品的名称、包装、装潢，实际上就是未注册商标。

基于此，在《商标法》第 59 条第 3 款的适用中，虽然从字面含义上，在先使用行为应早于商标注册人对商标的使用行为，但是因该要求的实质是要通过这个要件排除在先使用人具有恶意的情形，故在把握这个要件时应把在先使用是否出于善意作为重要的考量因素，而不应拘泥于条款本身关于时间点先后的字面用语。"在先善意地在同一种或类似商品或服务上使用与他人注册商标相同或相近似并有一定影响的商标，在先使用人有权在原有范围内继续使用该商标，而不应被认定为侵犯他人注册商标专用权。”

具体而言，并非只要商标注册人早于在先使用人对商标进行了使用便当然认定先用抗辩不成立。如商标注册人虽存在在先使用行为，但在先使用人对此并不知晓，且亦无其他证据证明在先使用人存在明知或应知商标注册人对注册商标的“申请意图”却仍在同一种或类似商品或服务上使用相同或相近似的商标等其他恶意情形的，即不能仅因商标注册人具有在先使用行为而否认先用抗辩的成立。

3. 该在先使用的商标应具有一定影响

《商标法》第 59 条第 3 款系为未注册商标提供保护的条款，其主要目的在于保护那些已经在市场上具有一定影响但未注册的商标所有人的权益，其解决的是在先使用人对其未注册商标进行后续使用行为的合法性问题。《商标法》为未注册商标提供保护的前提在于在先使用人基于其对未注册商标的使用已产生了需要商标法保护的利益，而此种利益的产生原则上不需要该商标具有较高知名度，亦不要求其知名度已延及较大的地域范围。因此，通常情况下，如果使用人对其商标的使用确系真实使用，且经过使用已使得商标在使用地域内起到识别作用，则该商标便具有了保护的必要性。相应地，该商标便已达到该规定中“一定影响”的要求。

4. 被诉侵权行为系他人在原有范围内的使用行为

因《商标法》对第 59 条第 3 款的“原有范围”并无细化规定，故对该条款中的“原有范围”的要求应结合该条款的立法目的、商标本身的特性以及经营活动的特点等因素综合分析。商标使用同时涉及“商标”“商品或服务”“使用行为”及“使用主体”等要素，对原有范围的理解也应从上述要素着手。

（1）在后使用的“商标”及“商品或服务”应与在先使用的商标及商品或服务“相同”或“基本相同”

在先使用人后续使用行为的合法性源于其在先的商标使用行为，因此，后续使用行为只能限于在先使用的商标及商品或服务，而不能延及未使用过的类似商品或服务上的近似商标。

需要指出的是，先用抗辩中的这一限定与注册商标的保护规则有所不同，不同之处体现在注册商标的保护范围不仅包括相同商标以及相同商品或服务，亦包括近似商标以及类似商品或服务，但先用抗辩则并不延及近似商标及类似商品或服务。存在上述区别主要源于二者性质不同。先用抗辩制度的目的在于通过限制商标专用权以保护商标在先使用人的正当利益，其主要解决的是商标自用行为的合法性问题（在先使用人后续使用该商标的行为是否具有合法性的问题），而不是为商标在先使用人设定等同于商标专用权的权利。但对于注册商标的保护则解决的是禁用问题（注册商标权人可以在多大范围内禁止他人使用其注册商标）。因在先使用人自用行为的合法性来源于其在先商标使用行为，故在其并未在类似商品或服务上使用过近似商标的情况下，后续使用行为显然无法延续到上述范围。但商标注册人禁用权的主要作用在于如何避免混淆误认的产生，而混淆误认既可能来源于他人在相同商品或服务上使用相同商标，亦可能来源于他人在类似商品或服务上使用近似商标，因此，禁用权的范围可以延及类似商品或服务上的近似商标。

（2）商标在后使用行为的规模不受在先使用规模的限制

本判决所称的“使用规模”是指在先使用人自身的经营规模，不包括许可他人使用的情形。

《商标法》第59条第3款的规定目的在于保护那些已经在市场上具有一定影响但未注册商标的所有人的权益，该保护应是实质性的，而非仅仅是一种无实际价值和意义的形式上的保护。如果对在后使用行为的使用规模进行限制，会在很大程度上消减《商标法》第59条第3款为在先使用人所提供的应有的保护，使该条款规定失去本来要达到的目的，则对在后使用行为的使用规模不应有所限制。

从经营者对商标的发展空间的需求角度出发，虽然一些经营者使用商标的目的仅限于在本地小规模经营，但亦具有相当比例的经营者希望将其商标发展壮大。对此部分经营者而言，其商标在可预见的未来是否具有合理发展空间，决定了经营者是否有动机将其继续用于经营活动。如果该商标只能在一定规模范围内使用，超出范围将可能构成侵权，则对于经营者来说，该商标不仅不可能为其带来更多的市场价值，反而需要增加成本以确保其经营规模控制在一定范围内以避免侵权风险，这一结果很可能会使得相当一部分的经营者难有继续使用其商标的动机。相应地，其已获得商誉亦必将难以延续，其基于商誉已获得或可能获得的利益将难以得到维护。

此外，如果对使用规模进行限制，则必须考虑时间点问题，亦即在哪一时间点之前的使用规模属于原有范围内。对使用规模予以限制通常可能涉及的时间点无非是申请日、注册日或注册公告日。但无论以哪个时间点作为确定原有规模的时间点，所面临的共同问题在于，在具体案件中，原告的起诉时间距离上述时间均有相当长一段期限。以本案为例，起诉时间与申请日（2001 年）相差 13 年，与注册日（2003 年）相差 11 年，与注册公告日（2010 年）相差 4 年。这一情形意味着在先使用人如想继续使用其商标将不得不退回到某一时间点之前的经营规模。这一结果一方面会使得在先使用人已实际取得的市场利益被剥夺；另一方面在先使用人又不得不花费成本去确定其在该时间点的经营规模，并将其后续的使用行为控制在该规模内，如此很有可能会导致在先使用人难以再有继续使用其商标的动机。

对于在先使用人的后续使用规模不作限制虽会使商标权人的利益受到一定影响，但因为《商标法》为注册商标提供的保护力度仍远大于对未注册商标的保护力度，故这一做法并不会动摇现有的商标注册制度。比如，注册商标的禁用权范围既包括相同商品或服务上的相同商标，亦包括类似商品或服务上的近似商标，商标注册人可以禁止他人在上述范围内使用商标并可以获得相应赔偿。但在先使用人的先用抗辩则仅限于在相同或基本相同的商品或服务上使用相同或基本相同的商标的行为，且该抗辩亦不会产生如同商标权一样的对世权，依据《商标法》不具有对他人行为的阻却力，等等。《商标法》的上述制度设计足以使商标使用人在权衡利弊的情况下选择商标注册而非商标使用，以保护其正常的经营行为。因此，对原有范围的上述限定既实现了《商标法》为在先使用提供实际保护的意图，又不会对商标注册制度产生实质影响。

（3）使用的主体仅限于“在先使用人”本人及在先已获授权许可的“被许可使用人”

在先使用人本人对商标的后续使用不属于超出原有范围的情形，自不待言。在先已获授权许可的“被许可使用人”的使用亦不超出原有范围。

《商标法》实行注册制，因此在对在先使用行为人的利益予以保护时，应避免对商标注册人的利益产生不合理影响。通常情况下，在先使用人通过自身经营扩大经营规模，一般需要一段时间的努力和积累，较难在短时间内达到较大规模。因此，即便不对在先使用人的经营规模进行限制，其对商标注册人利益的影响亦相对有限。但是因为发放许可相对于自身经营规模的扩大更为容易，且被许可人的整体数量较难控制，故如无条件地允许在先使用人通过发放许可进行经营规模的扩张，对商标注册人利益造成的影响将难以预料。因此，基于对商标注册人利益的考虑，对于被许可使用人的使用，原则上应加以限制。

第五节　不承担赔偿责任的抗辩

问题：《商标法》第 64 条第 1 款和第 2 款分别规定了不承担赔偿责任的两种抗辩事由。三年不使用免除赔偿抗辩中，起算点应当是提起诉讼之日，还是侵权行为发生之日？

一、三年不使用免赔抗辩

《商标法》第 64 条第 1 款规定，注册商标专用权人请求赔偿，被控侵权人以注册商标专用权人未使用注册商标提出抗辩的，人民法院可以要求注册商标专用权人提供此前三年内实际使用该注册商标的证据。注册商标专用权人不能证明此前三年内实际使用过该注册商标，也不能证明因侵权行为受到其他损失的，被控侵权人不承担赔偿责任。本条是在 2013 年修改《商标法》时增加的条文，通过强调商标使用的地位以缓和注册商标制度的绝对性所带来的弊端。

从第 64 条的文义看，被告只要提出“未使用抗辩”的主张，法院则要求原告证明此前三年的商标使用情况，或者其所遭受的其他损失。可见，立法者在立法技术上明确规定了举证责任倒置，举证责任由原告承担。如果原告未能完成了举证责任，则被告不承担赔偿责任，但仍然因成立商标侵权行为而承担停止侵权责任。被告还可向商标局提出因三年不使用而撤销原告注册商标的请求。根据《商标法》第 49 条第 2 款规定，注册商标成为其核定使用的商品的通用名称或者没有正当理由连续三年不使用的，任何单位或者个人可以向商标局申请撤销该注册商标。

本条规定与第 49 条第 2 款之间具有目的和价值的一致性。但是在字面上，两处规定却不尽一致。比如后者规定“没有正当理由”连续三年不使用，前者只是规定“连续三年不使用”，在解释上应当允许权利人参照第 49 条第 2 款提出“正当理由”抗辩。《商标法实施条例》第 67 条规定，下列情形属于《商标法》第 49 条规定的正当理由：（一）不可抗力；（二）政府政策性限制；（三）破产清算；（四）其他不可归责于商标注册人的正当事由。

此外，如何计算“三年”的起算点呢？是从提起诉讼之日起算还是侵权行为发生之日起算？《商标法实施条例》第 66 条规定，有《商标法》第 49 条规定的注册商标无正当理由连续 3 年不使用情形的，任何单位或者个人可以向商标局申请撤销该注册商标，提交申请时应当说明有关情况。商标局受理后应当通知商标注册人，限其自收到通知之日起 2 个月内提交该商标在撤销申请提出前使用的证据材料或者说明不使用的正当理由；期满未提供使用的证据材料或者证据材料无效并没有正当理由的，由商标局撤销其注册商标。可见，在撤销注册商标的程序中，撤销申请人只需要说明有关情况，商标注册人应当提交其使用商标的证据材料或说明不使用的正当理由，而且本条规定了使用商标的起算点是从“撤销申请提出前”三年。那么，在三年不使用免除赔偿抗辩中，是否也应以提起诉讼之日作为计算三年不使用的起点？

在一些涉及商标转让的案件中，受让人受让商标后并未使用商标而提起商标侵权之诉，被控侵权人主张其连续三年未使用商标、不应当承担赔偿责任，受让人提出证据证明让与人实际使用的情形，此时让与人的商标使用证据是否具有相关性？笔者持否定见解，本条是为鼓励商标实际使用，因实际使用享有商誉的主体是让与人，受让人并非实际使用主体，其对转让之前的商标不享有实体利益，自然也无诉权；相反，如果承认其对转让之前的商标也享有诉权，则变相地认可诉权的单纯让与，违反诉讼法的基本原理。当然，如果让与人仅仅是在象征意义上少量使用商标，则让与人的实际使用行为不产生商誉，也无权主张相关利益。

二、合法来源抗辩

（一）内涵

《商标法》第 64 条第 2 款规定，销售不知道是侵犯注册商标专用权的商品，能证明该商品是自己合法取得并说明提供者的，不承担赔偿责任。本款与第 1 款一样，是针对损害赔偿请求的抗辩，但本款的举证责任由被告承担。从体系上看，本款抗辩是针对《商标法》第 57 条第 3 项规定的销售商侵权行为，销售商只有满足本款规定的条件，才能免除损害赔偿责任。这些条件包括：第一，销售商证明其“不知道”是侵权商品；第二，销售商证明其获取该侵权商品的合法性并说明提供者（资质审核）。

如何理解上述条文中的“不知道”？经营者是否需要在从事商品销售或服务提供之前委托律师做商标检索报告甚至侵权风险分析，才能证明其“不知道”？按照损害赔偿法的基本原理，主观过错是侵权人承担损害赔偿责任的前提条件，主观过错通常的表述是“明知（故意）或应知（过失）”，这里的“不知道”，应当理解为行为不具有主观过错。但是本条的主观过错要件与商品获取途径的合法性之间究竟是什么关系？是相互补充、缺一不可吗？还是相互印证，购买途径的合法性即可推定行为人主观上的“不知情”？前者可能更合理。因为销售商获得侵权商品的行为即便具有合法性，其在主观上可能也未必“善意”，比如明明知道该商品的价格远低于市场，极有可能是侵权商品，但仍然购买该商品；反过来，有时候销售商确实不知情，但是其购买途径未必合法。

《商标法实施条例》第 79 条规定，下列情形属于《商标法》第 60 条规定的能证明该商品是自己合法取得的情形：（一）有供货单位合法签章的供货清单和货款收据且经查证属实或者供货单位认可的；（二）有供销双方签订的进货合同且经查证已真实履行的；（三）有合法进货发票且发票记载事项与涉案商品对应的；（四）其他能够证明合法取得涉案商品的情形。这里的“供货清单和货款收据”分别作为交易文件和履行文件，之间能够形成证据链条。对于单纯的“履行证明”或“交易证明”，司法实践中比较谨慎。如《浙江省高级人民法院民事审判第三庭关于商标侵权抗辩事由审查综述》第23条规定，销售者提供的证明被诉商品具有合法来源的各类证据，只要能形成足以证明被诉商品具有合法来源的证据链即可，而无需要求销售者穷尽所有的证据。销售者仅提供供货单位证明、供货单位经办人证言等证据的，不宜直接认定被诉商品具有合法来源。

《浙江省高级人民法院民事审判第三庭关于商标侵权抗辩事由审查综述》第21条规定，销售者在取得被诉商品时尽到了合理注意义务的，可认定其不知道被诉商品是侵权商品。销售者是否尽到了注意义务，可根据商品的进货渠道、进货价格、商标知名程度、销售者经营规模和专业化程度等因素综合认定。第22条规定，有下列情形之一的，不能认定销售者对被诉商品已尽到了合理注意义务：（1）被诉商品存在未标明生产者、包装粗制滥造等明显瑕疵的；（2）销售者收到商标权人的侵权警告函后仍继续销售被诉商品的；（3）销售者因曾销售相同商品被人民法院生效判决确认侵权或被行政执法管理部门处罚的；（4）销售者未履行法律法规规定的对被诉商品的审查义务的；（5）其他能证明销售者知道或应当知道被诉商品是侵权商品的情形。

（二）适用案例

这里以广州知识产权法院审理的欧莱雅案为例，本案被告提供了提单、装箱单、进口关税单等证据，但二审法院仍然未适用合法来源抗辩，主要理由在于被告与前手之间是关联公司，被告还应提供前手获取商品的途径；此外，被告是品牌运营商，应当负有更高的注意义务。你赞同二审判决吗？对药品、酒类、化妆品等涉及消费者生命健康的商品，你是否赞同要提高销售商的注意义务？对具有较强审核能力的公司和日常的普通商户，你是否赞同要区分不同的注意义务？

欧莱雅案的一审法院认为，欧莱雅公司抗辩涉案被控侵权产品来源于 prestige&collectionsinternational，并提供了多式联运提单、装箱单、提单、海关进口货物报关单、出入境检验检疫、入境货物检验检疫证明以及海关进口关税专用缴款书等予以证明；上述证据相互印证，构成严密的证据链，足以证明欧莱雅公司销售的涉案被控侵权产品从日本进口，来源于 prestige&collectionsinternational，具有合法来源。

二审法院认为，对于善意销售者的判断，该条规定了两个要件，一是主观上不知道销售的是侵权商品，二是能证明合法取得并说明提供者。这两个要件相互作用，要件二对要件一起到支撑和证明的作用，如果销售者不能证明合法取得并说明提供者，其主张主观上对侵权不知情就没有任何说服力。要件一对要件二起到限制的作用，虽然销售者能证明合法取得并说明提供者，但如果有证据显示其知道或应当知道销售的是侵权商品，其也不是善意销售者。本案中，被诉产品来源于 prestige&collectionsinternational。欧莱雅公司对此进行了说明并提供了相关证据。但该公司与欧莱雅公司同为欧莱雅集团的子公司。对于商标权利人而言，两者实为一体，具有相同的主观心理状态。故欧莱雅公司主张是善意销售者，不能仅证明被诉产品是从 prestige&collectionsinternational 合法取得，还必须证明后者也是合法取得并说明提供者。否则任何一个恶意的销售者都可能通过关联公司的内部交易，制造合法取得的事实，从而逃避赔偿责任。而且，如果欧莱雅公司确属善意销售者，要求其进一步提供关联公司合法取得被诉产品的证据，也不会超出欧莱雅公司的举证能力。由于欧莱雅公司不能证明其关联公司合法取得被诉产品并说明提供者，故不能证明其是善意销售者。另外，根据欧莱雅集团 2014 年度财务报告上对相关品牌的展示、欧莱雅公司的陈述以及其作为 www.helanarubinstein.cn 网站主办方的事实，足以认定欧莱雅公司是被诉产品所标注的 hr 品牌的运营商。本院认为，品牌运营商不仅销售产品，还负责产品相关品牌的拓展和扩张，相比销售者其对是否侵犯他人商标权负有更高的注意义务，故也不能适用销售者的合法来源抗辩。综上，欧莱雅公司的合法来源抗辩不能成立，应当承担赔偿责任。[①]

第六节　权利用尽抗辩

问题：商标权权利用尽的法理基础是什么？要考虑哪些公共政策因素？如何判断商标权权利用尽？是不是所有销售正品的行为均构成权利用尽？销售商改变商品状况的宽容度有多大？我国一些法院将旧手机翻新的行为认定为刑事犯罪行为，[②]你觉得合理吗？

一、构成及例外

（一）构成

知识产权权利用尽抗辩（exhaustion defense），又被称为“首次销售原则”（The first-sale doctrine），通常都是为了平衡商品所有权与有关知识产权之间的冲突。在商标法领域，载有商标的商品一经售出，商标专用权人便无权控制后续商品所有权人对该商品的进一步销售，对商品的进一步销售是商品所有权人处分权的范畴，只要商品及商标的状况不发生变化，消费者也不会因为商品的再次销售受到来源欺诈。我国《商标法》没有条文明确规定商标权的权利用尽抗辩，但从《商标法》第 57 条第 3 项的反面解读可知，销售正品的行为不构成商标侵权。

1924 年美国法院的 Coty 案中，被告购买了一种搽粉的正品，加压后添加

① 广州知识产权法院在 (2015) 粤知法商民终字第 357 号判决书。

② 如 (2018) 粤 0305 刑初 1364 号刑事判决书、(2018) 粤 03 刑终 3224 号刑事判决书：被告人从华强北手机店以每台 100–180 元不等的价格回收旧的 OPPO、VIVO、华为品牌手机，并在其位于福田区华强北赛格科技园的一出租屋里将旧手机更换假的手机外壳、屏幕后进行翻新，翻新后其通过货运把手机销售到新疆地区。

黏合剂，再放入金属盒销售；被告还购买了一种瓶装香水的正品，再以更小瓶子销售。地方法院要求被告在瓶子上加贴标签：Prestonesttes，not connected with Coty，states that the contents are Coty's independently rebottoled in New York. 霍姆斯法官代表美国最高法院出具意见指出，被告只是在行使所有权及告知真相，原告不能阻止被告告知商品组成的性质及来源。如果被告使用"Coty"文字的方式与其他文字不同，则可能会产生欺诈。[①] 该案100年后的一份判决指出，如果购买者仅仅使用生产者的商标存储(stock)、展示(display)和再售（resell）了生产者的产品，这不会侵犯商标权，因为当零售商（retailer）仅仅以生产者的商标再售一个真正的（genuine）、未改变（unaltered）的商品时，零售商对生产商商标的使用不会就产品的性质、质量和来源欺骗或混淆公众。[②]

（二）质量控制例外及信息披露例外

需要注意的是，商标权权利用尽规则的适用对象是"合法售出的、未经改变的真品"。如果载有商标的商品并非"合法售出"，比如反向假冒情形，商标权利人并未通过此次销售行为收回必要的商业回报；即便载有商标的商品是合法售出的，但销售商改变了商标或商品的形态，对商标功能的发挥形成障碍，消费者的利益受到损害，这些情形下，销售商都无法主张权利用尽规则。一些国家或地区对此有基本共识，美国称之为"质量控制例外"。《欧盟商标指令》第7条第2款规定，商标专用权人有正当理由对抗商品的进一步商业流通，尤其是商品状况在投放市场后遭到改变或损坏时，不适用第1款规定。我国台湾地区"商标法"第30条第2项规定，附有注册商标之商品，由商标权人或经其同意之人于市场上交易流通，或经有关机关依法拍卖或处置者，商标权人不得就该商品主张商标权。但为防止商品变质、受损或其他正当事由者，不在此限。

但是究竟怎么理解"商品状况在投放市场后遭到改变或损坏"，不同法院

① Prestonettes，Inc.，v. Coty，264 U.S. 359，368 (1924).

② Tumblebus Inc. v. Cranmer，399 F.3d 754，766–77 (6th Cir. 2005).

可能存在不同尺度的把握。1998 年美国发生过一起更换商品包装的案件。原告通过“Precious Moments”商标销售瓷璧俑商品。由于商品本身的易碎特征，原告对商品的包装有严格的质量控制，日积月累，该商标在市场上具有较高的美誉度。被告未经许可，以不同包装销售从原告购买的这些商品。原告认为这种销售行为无法控制商品质量，因此被告重新包装的商品不属于“正品”；此外按照 Coty 案要求的信息披露原则，被告未能在产品上披露重新包装行为是由被告实施的。法院支持第二项主张，认为被告未能披露重新包装的信息，会导致相关公众对被告在重新包装（不充分的透明塑料包装）中的角色产生混淆，法院为此发布禁令，要求被告在包装上加贴适当的“重新包装通知”。关于第一项主张，法院追溯了第二巡回法院对质量控制理论的发展。“如果销售的产品不符合商标权人关于质量控制的标准，则会导致对商标形象的贬低。”“《兰哈姆法》提供的最为珍贵和重要的保护是控制权利人商标名下（无论是生产还是销售）的商品的质量。”“如果这种情况发生了，则非标准商品（the non-conforming product）不应被认定为正品，其销售行为构成商标侵权。”当产品本身存在缺陷或潜在缺陷而消费者却没能力发现（not be readily able to detect）时，[①] 法院通常接受质量控制理论。原告在本案中主张，即便被告自包装中披露信息，被告也无法控制商品的质量，被告这种不充分的保护性包装会使商品破碎或剥落，消费者在商场中对此无法检查和处理，最终会对商品质量感到失望。原告的这项主张似乎走得太远了，会超出质量控制理论的边界，该项理论的核心在于相关公众是否可能因为质量控制的缺失而产生混淆，上面回顾的所有案件都涉及产品本身存在缺陷或可能缺陷且消费者无力察觉。如果消费者被充分告知这经过了被告的重新包装，即便之后商品发生了破碎，消费者也不可能因商品破碎而产生混淆。鉴于不可能发生消费者混淆，首次销售原则的质量控制例外不能适用于本案。[②]

---

① 如：*Shell Oil Co. v. Commercial Petroleum, Inc.*, 928 F.2d 104 (4th Cir.1991)——壳牌公司关于清洗水槽泵的严格要求没有被遵守；*El Greco*, 806 F.2d 392——被告销售的鞋子没有经过原告质量检查；*Adolph Coors*, 486 F.Supp. 131——分销商对啤酒没有保持规定的冷藏标准。

② Enesco Corp. v. Price/Costco Inc., 146 F.3d 1083, 1086–87(9th Cir. 1998).

二、典型案例

权利用尽抗辩通常发生在商品销售环节，比如美国执业者梳理了这些案件类型：在二手或翻新的商品上使用他人商标、覆盖或抹去他人商标、使用他人商标销售替代品、产品的重新包装或重新标签、使用他人商标销售尚未检测或不达标的商品、截取他人广播电视信号后在自己的酒店播放等。① 这些案件类型涉及滥用他人商标与权利用尽之间的边界，下面根据我国情况介绍三类案件。

（一）平行进口

我国法院总体对平行进口持开放态度。这里以北京市高级人民法院审理的一个平行进口案件为例。

四海致祥公司销售的啤酒系来自于库斯亭泽公司或者与库斯亭泽公司相关联的企业，并非假冒“KÖSTRITZER”商标的侵权产品。大西洋C贸易公司认为，即使四海致祥公司销售的啤酒是正品，但其没有得到授权在中国销售，亦侵犯了涉案商标的专用权。

一审法院认为，首先，商标权对于其权利人的意义在于保护权利人的投资，在商标权人同意首次投放市场之后，其已经获得足额的回报，在商标权人许可使用其商标的商品出售后，他人再如何转售该商品，该商标权人无权过问；其次，商标是区分商品来源的标志，保护商标的目的在于避免消费者对商品来源发生混淆，商标权人首次使用商标并将商品投放市场足以避免消费者发生混淆。因此，鉴于四海致祥公司销售的“KÖSTRITZER”啤酒系来自于库斯亭泽公司或者与库斯亭泽公司相关联的企业，可以认定库斯亭泽公司在商品首次投放市场过程中已经获得了与其商标权相对应的足额的回报，同时也足以避免消费者对商品来源产生混淆。据此，四海致祥公司的销售行为不构成对涉案商标专用权的侵犯。二审法院指出，是否禁止商标平行进口，

① Charles E. McKenney and George F. Long III, Federal Unfair Competition: Lanham Act 43(a) § 3:34, February 2020 Update.

应当依据我国现行法律法规的规定予以确定。由于我国《商标法》及其他法律并未明确禁止商标平行进口，因此，四海致祥公司将欧洲市场上合法流通的“KÖSTRITZER”系列啤酒进口到我国进行销售，并不违反我国《商标法》及其他法律的规定。大西洋 C 贸易公司认为商标平行进口违反我国法律的主张缺乏法律依据。①

（二）分装行为

销售商对商品进行分装销售的行为，也是经典的涉及权利用尽抗辩案件。一些法院通过质量控制例外原则判决被告的行为构成侵权，如第一章第三节提及的“不二家”案，但有些法院认为只要被告作出了充分的信息披露，就不会导致消费者混淆误认，这里以江苏省盐城市中级人民法院审理的中华铅笔案为例。②美国法院以“商品本身的质量是否存在缺陷或潜在缺陷且消费者无力察觉”来限制质量控制理论的适用，避免过分扩大商标权的范围，你认为合理吗？

文兴公司从老凤祥公司处购入 10 支装的中华铅笔后，将其更改为 4 支装。在该 4 支装分包装中，附有一个吊牌，吊牌上标注了老凤祥的注册商标和商品基本信息。此外，文兴公司在标签反面添加了本公司的信息，并标明其为供应商。盐城市中级人民法院认为，文兴公司对商品进行分装并加注供应商信息的行为并不构成对老凤祥商标权的侵害。法院认为：

首先，从涉案商标在被诉侵权商品上的使用方式看，虽然被控侵权商品使用了老凤祥的注册商标，但是，其一，分包装使用涉案注册商标的形式与老凤祥正品包装装潢上使用形式一致，不存在对涉案商标的贬损；其二，分包装并未对显示商品来源的生产者信息进行更改；其三，分包装并未对商品本身即铅笔的独立消费性做任何改变，商品质量或消费安全未受影响；其四，苏果的销售模式系超市，在所售商品上附着吊牌标签符合一般商业惯例。

---

① 北京市高级人民法院（2015）高民（知）终字第 1931 号民事判决书。

② 江苏省淮安市中级人民法院（2014）淮中知民初字第 0007 号民事判决书。

其次，从被诉侵权行为是否会使相关公众对商品来源产生混淆、误认角度分析。本案中，被诉侵权商品包装上使用老凤祥涉案商标的目的在于，客观如实地向消费者说明商品的品牌，而且，分包装保留了商品生产者的相关信息，能够充分说明商品的来源，加之，作为独立消费单位的铅笔本身也标明了生产者名称。故该商标指示性使用，并未使得涉案商标与老凤祥商品的对应性受到影响，没有损害商标的识别功能。

最后，从被诉侵权行为是否造成老凤祥涉案商标合法权益损害方面考虑，本院认为，作为商标权人的老凤祥将合法附有商标的商品首次投入市场后，商品物权即已转移，其意图通过该商品及所附商标获取经济利益的目的便已实现。老凤祥不应再以对商品上的商标享有专用权为由阻碍商品的进一步流通，否则就直接损害了商品在市场自由流转这一市场经济赖以存在的基本原则，构成对商标权的滥用。

（三）翻新行为

前面介绍“Precious Moments”案时提到一个规则，如果销售商再售商品的过程中对商品状况做出了变动，销售商应当对这些变动做出充分的披露，但是当即便做出充分披露都无法避免消费者的混淆可能时，也即无论如何销售商销售的商品都不能作为“正品”了，则销售商的行为构成商标侵权，“商品再造”就涉及这种情形。很多商品翻新或维修案件，就涉及“不可再造”因素。针对翻新或维修的产品，只要零售商在商品上做出充分披露，由于消费者对此类商品的预期不像全新商品那么高，对这些产品的维修通常不至于引起消费者混淆误认；但如果修改幅度过大，以至于让消费者觉得这是一个全新的产品，此时如果再使用原有商标，则极有可能使消费者产生混淆。

在美国最高法院1947年审理的“冠军”案中，原告是“冠军牌”火花塞的生产者。被告收集并修理二手的火花塞，然后再次售出。被告在二手的火花塞上保留了“冠军”字样，外包装上也有“冠军”字样，每个火花塞及其小包装上印有标签载明本火花塞已经再次翻新过（renewed）。但是被告公司的名称或地址信息均未印在外包装的盒子上。地区法院和上诉法院都认为被告构成侵权并发布禁令，但在是否要求被告去除二手火花塞上的“冠军”字样时产生了分歧。上诉法院修改了地区法院的禁令内容，拒绝去除二手火花塞上的“冠军”字样，同时要求以清晰、显著可见、对比颜色的方式打上“二手”或“修理”字样。

美国最高法院认为，有些情形下如果翻新或修理过于频繁或过于基础，以至于使用初始名字来称呼该商品，都有点用词不当，即使使用 used or repaired 等字样，也是不恰当的。本案并不涉及这种情形。被告的修理行为没有赋予火花塞新的造型设计，只不过是对原始状况的复位（restoration）。……在案证据表明重修的火花塞在质量上更低劣，但是在多数二手商品上都有这个问题，同时降低了消费者的成本。只要这个二手商品是在信息充分披露情况下售出的，质量低劣并不是一个问题……完全地披露能够给予生产者所有应得之保护。上诉法院的禁令内容就是根据这个原则作出的。①

第七节　其他抗辩

问题：我国《商标法》采取商标注册制度，商标一旦注册则推定在全国范围内受到法律保护，任何人不得以其不知情为由侵犯商标专用权。但是，对于以恶意抢注的方式获得的商标权，是否应当为其提供保护？如果不应当，如何寻找法律基础？

除《商标法》明确规定的抗辩类型之外，商标侵权及赔偿抗辩还可能有其他类型。这里介绍三种主要的抗辩类型。

一、时效抗辩

（一）含义

《商标民事纠纷司法解释》第 18 条规定，侵犯注册商标专用权的诉讼时

---

① Champion Spark Plug Co. v. Sanders，331 U.S. 125，129–130 (1947).

效为二年，自商标注册人或者利害权利人知道或者应当知道侵权行为之日起计算。商标注册人或者利害关系人超过二年起诉的，如果侵权行为在起诉时仍在持续，在该注册商标专用权有效期限内，人民法院应当判决被告停止侵权行为，侵权损害赔偿数额应当自权利人向人民法院起诉之日起向前推算二年计算。由此可见，如果原告未能及时维权，被告可提出两年诉讼时效的抗辩；即便侵权行为仍在持续，被告还可提出限制损害赔偿金的抗辩。

有疑问的在于，《民法总则》第 188 条第 1 款规定，向人民法院请求保护民事权利的诉讼时效期间为三年。法律另有规定的，依照其规定。那么，知识产权专门法是否属于此处的“另有规定”？商标权属纠纷、停止侵害请求权是否适用诉讼时效的规定？这些问题有待进一步澄清。

在美国法上，与时效抗辩相近的一个概念是懈怠抗辩。当权利人未能积极行使其权利时，懈怠抗辩就会产生，这源于“睡于权利之上者，将失权。”的基本法理。① 被告在此类案件中应证明：请求人不合理的延迟提起诉讼；作为延迟的结果，被告遭受了损失。② 它通常发生在原告故意拖延诉讼、致使被告产生信赖进而扩大商业投资的情形。我国有法院认为如果因为权利人的懈怠导致信赖利益受损和证据受损，则权利人要求侵权人停止侵权、赔偿损失等权利亦应受到限制。③ 这是否源于懈怠抗辩？在诉讼时效期间的起诉，不应当允许提出懈怠抗辩。超过两年诉讼时效针对持续侵权行为的诉讼，上述司法解释认为可以限制损害赔偿金的计算期间，这是否源于懈怠抗辩的法理？是否可以进一步理解为，针对非持续侵权行为，如果权利人超过两年诉讼时效，则不应支持其停止侵权和损害赔偿请求权。

（二）“五粮液”案④

本案涉及五粮液公司就本案向法院提起诉讼是否超过诉讼时效期间的问

① Hot wax，Inc v. Turtle wax，inc.，191 F.3d 813，820 (7th Cir. 1999).

② Tillamook Country Smoker，Inc. v. Tillamook County Creamery Ass’n，311 F. Supp.2d 1023，1030.

③ 上海知识产权法院（2016）沪 73 民终 44 号民事判决书。

④ 重庆市高级人民法院（2014）渝高法民终字第 00075 号民事判决书。

题。现摘取重庆高院的部分判决内容如下。

根据《民法通则》第135条、第137条、第140条的规定，向人民法院请求保护民事权利的诉讼时效期间为2年，法律另有规定的除外。诉讼时效期间从知道或者应当知道权利被侵害时起计算。诉讼时效因提起诉讼、当事人一方提出要求或者同意履行义务而中断。从中断时起，诉讼时效期间重新计算。《最高人民法院关于审理民事案件适用诉讼时效制度若干问题的规定》第15条规定，权利人向公安机关、人民检察院、人民法院报案或者控告，请求保护其民事权利的，诉讼时效从其报案或者控告之日起中断。上述机关决定不立案、撤销案件、不起诉的，诉讼时效期间从权利人知道或者应当知道不立案、撤销案件或者不起诉之日起重新计算；刑事案件进入审理阶段，诉讼时效期间从刑事裁判文书生效之日起重新计算。

2010年12月7日，五粮液集团指派两名技术鉴定人员应邀参与了荣昌县工商行政管理局在雷某德经营的“法国皇家雨果酒庄”的执法行动，并于当日作出了相关酒品属假冒该公司五粮液牌、五粮春牌注册商标产品的《鉴定证明书》。根据以上事实，本院确认五粮液集团于2010年12月7日已经知道了雷某德的侵权事实。虽然五粮液集团和五粮液公司是两个独立的法人，但两者就涉案商标是独占使用许可关系，在许可人已经知道侵权事实的情况下，被许可人也应当知道侵权事实的发生。一审法院认为五粮液公司对雷某德行使民事请求权的诉讼时效自此起算的观点正确，本院予以支持。本案中，虽然权利人未主动向公安机关、人民检察院、人民法院报案或者控告，但在诉讼时效起算的次日，重庆市荣昌县工商行政管理局就将该案移送重庆市荣昌县公安局。根据该《案件移送函》关于“本局于2010年12月7日依法对王某敏销售侵犯他人注册商标专用权的商品的行为进行调查时发现该案王某敏、胡某等人涉嫌构成犯罪”的表述，可以推定五粮液公司据此合理信赖公安机关能够运用公权力保护其民事权利，与该公司主动向公安机关、人民检察院、人民法院报案或者控告请求保护其民事权利的效果一样，即自此诉讼时效中断。在诉讼时效中断之后，雷某德如主张诉讼时效重新计算，就有责任对五粮液公司知道或者应当知道相关机关不立案、撤销案件或者不起诉的事实提供证据加以证明。在雷某德未提供相应证据的情况下，应承担举证不能的不利后果。重庆市荣昌县人民法院于 2012 年 5 月 12 日作出（2011）荣法刑初字第 00341 号刑事判决，可以推定五粮液公司应当于 2012 年 5 月 12 日之后知道相关情况，该公司于 2013 年 5 月 14 日向法院起诉，未超过 2 年的诉讼时效期间。至于王某敏在刑事案件中的具体身份问题，不影响诉讼时效的中断和重新计算。综上，五粮液公司就本案向法院提起诉讼未超过诉讼时效期间。

二、商标共存抗辩

（一）基本问题

申请注册的商标与在先商标近似，但在先商标权人明确同意申请人申请注册该商标，即双方达成了共存协议，商标局是否应当允许核准商标的注册？实践中类似案例争议较大，即绝对尊重商标共存协议，还是可以从保护消费者、防止混淆的角度禁止注册？是否区分核定商品为药品、食品等作出不同判断？

中国和美国商标法都存在共存使用（concurrent use）。当申请商标与已经注册或使用的商标近似，审查员可以认定如果对每个商标的使用附加合适条件或限制则允许共同注册不会导致混淆、误解或欺骗。[①] 我国法院通常认可共存协议的效力，但不接受附条件或附期限的共存协议。[②] 我国很多共存案件涉及历史因素，[③] 最高法院指出：对于使用时间较长、已建立较高市场声誉和形成相关公众群体的诉争商标，应当准确把握商标法有关保护在先商业标志权益与维护市场秩序相协调的立法精神，充分尊重相关公众已在客观上将相关商业标志区别开来的市场实际，注重维护已经形成和稳定的市

① Mary LaFrance，Understanding Trademark Law，Carolina Academic Press 2016 (Third Edition)，P.114.

② 《北京市高级人民法院商标授权确权行政案件审理指南》第 15.10 条。

③ 可参考黄武双、刘维等编著:《商标共存：原理与判例》，法律出版社 2013 年版。

场秩序。[①]

（二）典型案件

在张小泉商标侵权案中，杭州张小泉剪刀厂于1964年8月1日经中央注册取得张小泉文字与剪刀图形组合的张小泉牌注册商标，核定使用商品为日用剪刀。之后逐步取得“张小泉牌”注册商标（被认定为驰名商标）和“张小泉”文字商标。上海张小泉刀剪总店（以下简称刀剪总店，后被授予中华老字号）成立于1956年1月6日，开业之后一直在产品及外包装上突出使用“上海张小泉”或“张小泉”字样，后取得“泉字牌”商标。杭州张小泉剪刀厂诉称刀剪总店构成商标侵权和不正当竞争。

法院认为：“‘张小泉’品牌的形成已有数百年历史，其品牌知名度和声誉的产生有着长期的历史原因。原告与被告均对‘张小泉’品牌声誉的形成作出过一定的贡献。因此，应当在考虑特定的历史背景的前提下，根据公平、诚实信用以及保护在先取得的合法权利的原则来处理本案。”“‘刀剪总店’并非在原告的商标驰名后，为争夺市场才故意在产品及包装上突出使用‘张小泉’，并且行政法规、规章允许企业使用简化名称和字号。特别是被告‘刀剪总店’被评为中华老字号的事实，证明了‘刀剪总店’使用‘张小泉’字号已被广大消费者认同，且使用已长达数十年之久，在相关消费群体中形成了一定的知名度。因此，‘刀剪总店’突出使用‘张小泉’不具有主观恶意。考虑到原告的注册商标与‘刀剪总店’的企业名称产生时的特定历史背景，从公平和诚信原则出发，不认定被告‘刀剪总店’突出使用“张小泉”或‘上海张小泉’的行为构成对原告的注册商标的侵犯和不正当竞争。”[②]

---

① 《最高人民法院关于审理商标授权确权行政案件若干问题的意见》（法发〔2010〕12号）第1条。

② 上海市第二中级人民法院（1999）沪二中知初字第13号民事判决书；上海市第二中级人民法院（2004）沪高民三（知）终字第27号民事判决书。

三、权利滥用抗辩

在商标侵权诉讼中，被告抗辩称原告的注册商标系恶意抢注取得，不应受到保护。我国已有多个判决基于《商标法》第4条支持这种抗辩。除此之外，我国法院还支持实际权利人以《反不正当竞争法》第2条为依据，针对“通过侵害他人在先权利而恶意取得、行使商标权的行为”提起诉讼。①

（一）“歌力思”案

指导案例“歌力思”案的裁判要旨指出，当事人违反诚实信用原则，损害他人合法权益，扰乱市场正当竞争秩序，恶意取得、行使商标权并主张他人侵权的，人民法院应当以构成权利滥用为由，判决对其诉讼请求不予支持。在本案判决中，王某永取得和行使“歌力思”商标权的行为难谓正当。“歌力思”商标由中文文字“歌力思”构成，与歌力思公司在先使用的企业字号及在先注册的“歌力思”商标的文字构成完全相同。“歌力思”本身为无固有含义的臆造词，具有较强的固有显著性，依常理判断，在完全没有接触或知悉的情况下，因巧合而出现雷同注册的可能性较低。作为地域接近、经营范围关联程度较高的商品经营者，王某永对“歌力思”字号及商标完全不了解的可能性较低。在上述情形之下，王某永仍在手提包、钱包等商品上申请注册

① 杭州市余杭区人民法院（2017）浙0110民初18627号民事判决书：（1）李庆存在接触拜耳关爱公司的产品和作品的可能，其也并未就涉案商标标识的来源进行举证或合理说明，因此，可以认定李庆注册的涉案商标构成对拜耳关爱公司作品主要部分的抄袭，侵犯了拜耳关爱公司对涉案图案所享有的著作权。（2）李庆注册涉案商标的动机并非利用涉案商标开展正常的经营活动，而欲通过投诉、售卖等方式进行获利；李庆的大量注册行为并非为正常经营活动或维护自身的知识产权所需，而是一种明显的囤积商标牟利的行为。综上，李庆明知原告对涉案图案享有在先权利以及在先使用于涉案产品上，仍然利用原告未及时注册商标的漏洞，将其主要识别部分申请注册为商标，并以该恶意抢注的商标针对涉案产品发起投诉以谋取利益，以及欲通过直接售卖商标以获得暴利。李庆的获利方式并非基于诚实劳动，而是攫取他人在先取得的成果及积累的商誉，属于典型的不劳而获行为，该种通过侵犯他人在先权利而恶意取得、行使商标权的行为，违反了诚实信用原则，扰乱了市场的正当竞争秩序，应认定为《反不正当竞争法》第二条规定的不正当竞争行为。

“歌力思”商标，其行为难谓正当。王某永以非善意取得的商标权对歌力思公司的正当使用行为提起的侵权之诉，构成权利滥用。[①]

（二）“优衣库”案

指南针公司、中唯公司一审共同诉称，其系第 10619071 号注册商标的共有人，共同享有注册商标专用权。该注册商标的核定使用商品为第 25 类的服装、鞋、帽等，使用期限自 2013 年 6 月 21 日至 2023 年 6 月 20 日。优衣库公司与优衣库光启城店未经许可，在相同商品上及相关网络推广宣传中使用与涉案注册商标相同的标识，侵犯了指南针公司、中唯公司享有的注册商标专用权，故诉至一审法院，请求判令优衣库公司、优衣库光启城店：1. 立即停止侵犯商标专用权的行为；2. 共同赔偿经济损失人民币 15 万元以及为制止侵权所支付的合理费用 12498 元，共计 162498 元；3. 共同在《上海日报》上就商标侵权行为刊登声明及连续 30 日在优衣库光启城店入口处显著位置张贴启事，排除妨碍、消除影响。

一审法院认为被告的行为构成商标侵权，但不支持原告的损害赔偿请求。优衣库公司、优衣库光启城店未经指南针公司、中唯公司许可，在互联网宣传中使用了与原告注册商标相同的被诉侵权标识，并销售带有该标识的商品，其行为均属于侵害指南针公司、中唯公司注册商标专用权的行为，依法应承担相应的民事责任……原告注册商标并非为了使用，而是以商标注册并转让为其经营模式……指南针公司、中唯公司未能成功转让涉案注册商标，即分别以优衣库公司、迅销公司及其各自门店侵害该商标专用权为由，就基本相同的事实展开系列诉讼。值得注意的是，指南针公司、中唯公司在每个案件中均以优衣库公司或迅销公司及作为其门店的一家分公司作为共同被告起诉，利用优衣库公司或迅销公司门店众多的特点，形成全国范围内的批量诉讼。原告所采用的诉讼方式使案件数量、诉讼成本均明显上升。此举是正

① 浙江高院（2013）浙知终字第 222 号民事判决书、最高人民法院（2014）民提字第 24 号民事判决书。

当维权还是期望通过诉讼达到将该商标高价转让的目的则不无疑问。综上所述，指南针公司、中唯公司的前述行为明显不符合鼓励商标使用、激活商标资源的原则，而系利用注册商标不正当获利，将商标作为索赔的工具。鉴于指南针公司、中唯公司的商标并未实际使用，该商标并不产生商品来源的区分功能，亦未产生相应的市场价值，故指南针公司、中唯公司并无商标使用价值的损失，其要求被告承担赔偿经济损失的诉讼请求，无事实和法律依据，不予支持。

最高法院采取了与“歌力思”案相同的立场，认为原告构成权利滥用。指南针公司、中唯公司以不正当方式取得商标权后，目标明确指向优衣库公司等，意图将该商标高价转让，在未能成功转让该商标后，又分别以优衣库公司、迅销公司及其各自门店侵害该商标专用权为由，以基本相同的事实提起系列诉讼，在每个案件中均以优衣库公司或迅销公司及作为其门店的一家分公司作为共同被告起诉，利用优衣库公司或迅销公司门店众多的特点，形成全国范围内的批量诉讼，请求法院判令优衣库公司或迅销公司及其众多门店停止使用并索取赔偿，主观恶意明显，其行为明显违反诚实信用原则，对其借用司法资源以商标权谋取不正当利益之行为，本院依法不予保护；优衣库公司关于指南针公司、中唯公司恶意诉讼的抗辩成立，予以支持。二审法院虽然考虑了指南针公司、中唯公司之恶意，判令不支持其索赔请求，但对其是否诚实信用行使商标权，未进行全面考虑，适用法律有所不当。[①]

① 最高人民法院（2018）最高法民再390号民事判决书。

第七章 驰名商标及其特殊保护

由于各国历史传统、语言表述等的差异，关于驰名商标的称谓，英文世界存在 well known trademark、famous trademark、marks with a reputation、notorious、highly renowned 等相关表述，中文及日文世界存在驰名商标、著名商标等相关表述。驰名商标法律制度较之于普通商标的保护正当性更为特殊、保护范围更为宽泛，也即国际上都普遍接受了驰名商标反淡化理论，但在驰名商标的门槛、是否区分注册驰名商标和未注册驰名商标、淡化行为的类型等具体制度方面存在差异。驰名商标保护的正当性来源于其本身蕴含的财产价值以及避免对驰名商标显著性的损害。我国驰名商标反淡化保护机制的发展主要源于对国际条约的遵守，在实践中受欧盟法的影响更大。

第一节　驰名商标保护的国际规定及我国的移植

问题：驰名商标保护机制与普通商标保护机制有何不同？驰名注册商标与驰名未注册商标的保护条件是否相同？如何认定驰名商标的淡化行为？

一、国际上的规定

对驰名商标提供禁止淡化的特殊保护是国际通例。

（一）国际条约的规定

Article 6–bis (1) of the Paris Convention (1967): The countries of the Union undertake, ex officio if their legislation so permit, or at the request of an interested party, to refuse or to cancel the registration, and to prohibit the use, of a trademark which constitutes a reproduction, an imitation, or a translation, liable to create confusion, of a mark considered by the competent authority of the country of registration or use to be well known in that country as being already the mark of a person entitled to the benefits of this convention and used for identical or similar goods. These provisions shall also apply when the essential part of the mark constitutes a reproduction of any such well–known mark or an imitation liable to create confusion therewith.

从《巴黎公约》的上述条文可以看出，已经注册或已经使用的驰名商标所有人有权请求拒绝或撤销，或者请求禁止他人在该国申请注册、使用复制、模仿或翻译该驰名商标及其必要组成部分的标识，只要这种注册或使用行为可能导致在相同或近似商品上产生混淆。从字面上看，《巴黎公约》的上述规定只是为未注册的驰名商标提供了禁止混淆的保护，对已经注册的驰名商标并未提供特殊保护机制。直到 TRIPS 协议第 16 条第 2 款规定的生效，注册驰名商标的反淡化保护机制才成为一种国际认可的制度：

Article 6bis of the Paris Convention (1967) shall apply, mutatis mutandis, to goods or services which are not similar to those in respect of which a trademark is registered, provided that use of that trademark in relation to those goods or services would indicate a connection between those goods or services and the owner of the registered trademark and provided that the interests of the owner of the registered trademark are likely to be damaged by such use.

TRIPs 协议并没有新增法律规定，而是在上述规定中采取了“准用”技术，使《巴黎公约》第 6 条之二的规定对已经注册的驰名商标提供特殊保护，即在不类似的商品或服务上的跨类保护，只要在这些商品或服务上的使用行为会与该已经注册的驰名商标之间产生一种联系，且可能损害该驰名商标所有人的利益。

这就说明国际条约呈现出保护驰名商标的差异化结构，即针对未注册驰名商标适用禁止混淆机制，针对注册驰名商标则适用禁止淡化机制。当然，这只是国际条约层面上做出的最低保护要求。欧美做出了不同的选择。欧洲遵循国际条约对驰名商标保护的差异化结构，即只为注册驰名商标提供反淡化保护，美国则超出国际条约要求的保护水平、一律为所有的驰名商标提供反淡化保护。

（二）美国和欧盟的主要规定

1. 美国

1927 年商标从业者 Frank Schechter 在哈佛法律评论上的一篇文章[①]强调要保护商标的显著性，这成为美国后来的驰名商标反淡化制度的源头。这篇文章发表后没有被立即引起重视，1946 年《兰哈姆法》并未引入反淡化制度。但随后被美国法院逐渐接受，各州开始制定反淡化法。驰名商标保护从此开始突破传统的消费者混淆，被作为一种财产受到保护。

美国联邦和州法院在 20 世纪中叶开始接受驰名商标反淡化制度。这些案例法上的发展集中体现在《反不正当竞争法重述（第三次）》第 25 条中，该条有两款。这两款一方面强调了商标法只存在混淆禁止和淡化禁止机制，行为人不可能在没有混淆可能性又不构成淡化行为的情况下还承担商标侵权责任；一方面重述了美国反淡化的案例法只承认弱化和丑化这两种行为，不接受搭便车作为一种淡化行为；此外，本条还为驰名商标的淡化提供了言论自由抗辩。

第一款：模仿（resembles）他人商标、商号、集体商标或证明商标的行为，在缺乏混淆可能性证据的情况下，只有在可适用反淡化法时才在商标法下承担责任。行为人承担责任的条件是：如果行为人以可能将他人商标与行为人的具体商品、服务或营业联系起来的方式使用该标识（is likely to associate the other's mark with the goods, services, or business of the actor）：（a）他人的商标具有

---

① Schecter, The Rational Basis of Trademark Protection, 40 Harv. L. Rev. 813, 825 (1927).

较强显著性，且该商标与行为人的商品、服务或营业之间的联系可能降低了该商标的显著性；或者（b）该商标与行为人的商品、服务或营业之间的联系，或者行为人使用行为的性质，可能贬低他人商品、服务或营业，或者玷污他人商标的形象。第二款：模仿他人商标、商号、集体商标或证明商标的行为，如果并不是以可能将他人商标与行为人的商品、服务或营业联系起来的方式使用，而是为了评论、批判、讥讽、戏仿或者贬低他人商品、服务、营业或商标，在缺乏混淆可能性证据的情形下只有当该行为满足诽谤、侵犯隐私或致害诋毁的情况下才承担责任。

在联邦层面，1995 年通过的《联邦商标反淡化法案》（FTDA）第 3 条规定禁止商业性使用他人商标：如果这种使用是在该商标成为驰名（famous）之后且淡化该商标显著特征的条件下，而不论是否存在竞争关系或者混淆可能性。该法案的立法历史指出，其目的是防止后续使用行为弱化驰名商标的显著性或者丑化、贬低该商标，即便缺乏混淆可能性时。① “禁止利用商誉进而淡化商标的显著性特征。”②2006 年，美国国会出台《商标反淡化修正案》（TDRA），对 1995 年制定法中的若干条款进行了修正。2006 年修正案第 2 条进一步明确了淡化行为的两种类型：“通过弱化进行淡化——商标或商号与驰名商标之间的相似所产生的联系导致驰名商标显著性受损”以及“通过玷污进行淡化——商标或商号与驰名商标之间的相似所产生的联系导致驰名商标的商誉受损”。

美国制定法未区分驰名商标是否注册与否而提供不同程度的保护，美国案例法上有所谓的“驰名商标原则”。美国有法院（第九巡回区）认为，由于国际旅行和国际商务很容易实现，国家之间的商业纽带超过地理边界，“驰名商标原则”在如今时代非常重要。根据“驰名商标原则”，即便驰名商标在美国境内没有使用或注册……驰名商标也受到保护。其背后的原理是保护企业

① H.R.Rep.No. 374, 104th Cong., 1st Sess. 3 (1995); 1995 U.S. Code Cong. & Admin. News 1029, 1030. Also see Mary LaFrance, Understanding Trademark Law, LexisNexis 2009, p.213.

② Peter S. Menell, Mark A. Lemley, Robert P. Merges, Intellectual Property in the New Technological Age: 2019, Clause 8 Publishing, P.1037.

的商誉不被商标刺客在他国抢先注册。[①] 这是对商标地域性原则的例外。[②] 当然，美国有些法院（第二巡回区）并不接受驰名商标原则，认为驰名商标原则在《兰哈姆法》中没有一席之地。[③]

2. 欧盟

有学者将欧洲对驰名商标的保护归纳为三个层次：第一，在相同或类似商品和服务上对未注册驰名商标的保护，以混淆可能性为条件；这对应于《巴黎公约》第6条之二和TRIPs协议第16条第2款；第二，超出特定原则（principle of speciality）对注册声誉商标提供保护，这对应于TRIPs协议第16条第3款；第三，超出特定原则对驰名商标提供保护，且不以注册为条件。

欧洲的驰名商标反淡化制度集中体现在《欧盟商标协调指令》第5条第2款，任何第三人未经商标权人同意不得在商业中，将与注册商标相同或近似的标记使用在不类似的商品或服务上，只要商标在成员国享有声誉且这种标记的使用行为无正当理由不当利用，或损害商标的显著性特征或声誉。本款将反淡化保护限定在注册驰名商标上，包含三种类型：弱化、丑化、搭便车。从欧洲法院的案例法看，[④]“弱化”和“丑化”的内涵与美国法一致。所谓“不当利用商标的显著性特征或声誉”或“搭便车”(free-riding)，这种行为无关对商标的损害，而关乎第三方由于使用相同或近似标记为其带去竞争优势。[⑤] 只要在先驰名商标与被诉商标之间建立了“联系可能性”，那么在先驰名商标的竞争优势就可能被借用或“输送”到被诉商标上，至于最终是否构成“搭便车”，则还需结合使用人的主观状态及客观效果等综合考量。在立法理念上，欧洲立法者表现出对权利人更强势的保护立场，美国立法者则表现出对自由竞争的谨慎干预。

---

① De Beers LV Trademark, Ltd. v. DeBeers Diamond Syndicate, Inc., 04 Civ. 4099 (DLC), 2005 U.S. Dist. LEXIS 37827, at *1 (S.D.N.Y. Dec. 29, 2005).

② 4 J. Thomas McCarthy, McCarthy on Trademarks & Unfair Competition § 29:61 (4th ed. 2006).

③ Almacenes Exito S.A. v. El Gallo Meat Mkt. Inc., 381 F. Supp. 2d 324 (S.D.N.Y. 2005).

④ See Case C–252/07 Intel, paragraph 29(ECJ 2008).

⑤ Case C–487/07 L'Oréal SA, paragraph 41(ECJ 2009).

二、我国驰名商标反淡化制度的移植

（一）历史过程

我国 2001 年《商标法》首次引入了驰名商标保护的特殊机制。参照国际条约和欧盟法的规定，注册驰名商标和未注册驰名商标在我国依照不同款项受到不同程度的保护。《商标法》第 13 条第 2 款是对未注册驰名商标的规定，就相同或者类似商品申请注册的商标是复制、模仿或者翻译他人未在中国注册的驰名商标，容易导致混淆的，不予注册并禁止使用。本款对未注册商标的保护程度与《巴黎公约》第 6 条之二规定持平，即对未注册驰名商标提供禁止混淆保护。《商标法》第 13 条第 3 款规定对注册驰名商标提供跨类保护：就不相同或者不相类似商品申请注册的商标是复制、模仿或者翻译他人已经在中国注册的驰名商标，误导公众，致使该驰名商标注册人的利益可能受到损害的，不予注册并禁止使用。这种保护也超过了普通注册商标的保护程度。

有疑问的在于，如何理解《商标法》第 13 条第 3 款规定中的“误导公众、致使该驰名商标注册人的利益可能受到损害”？“误导公众”，在我国商标与反不正当竞争法的语境中通常认为是“混淆可能”的“同义词”，经典的驰名商标反淡化制度不可能使用“混淆可能”的概念，而通常会指商标权人的利益受到损害（或者商誉被不当利用，或者商誉被丑化，或者显著性被弱化），如上述 TRIPS 协议第 16 条第 2 款规定、美国法和欧盟法中的用语。在这里，我们当然更愿意相信这是立法技术上的瑕疵。

可能的解释是，我国立法者试图融合《巴黎公约》第 6 条之二的规定以及 TRIPS 协议第 16 条第 2 款的规定，所以既保留了前者中的“误导公众”（混淆可能性），又吸收了后者中的“致使该驰名商标注册人的利益可能受到损害”。尽管 2001 年之后的司法实践中不乏依据该款项为注册驰名商标提供反淡化保护的案例，但直到 2009 年《最高人民法院关于审理涉及驰名商标保护的民事纠纷案件应用法律若干问题的解释》第 9 条第 2 款的规定，最高法院才正式澄清理论和实践中的各种解读，从而更明确地展现了中国注册驰名商标的反淡化保护规则，表现出借鉴欧洲法及保护权利人的倾向：足以使相关公众认为被诉商标与驰名商标具有相当程度的联系，而减弱驰名商标的显著性、贬损驰名商标的市场声誉，或者不正当利用驰名商标的市场声誉的，属于《商标法》第 13 条第 3 款规定的“误导公众，致使该驰名商标注册人的利益可能受到损害”。

（二）未注册驰名商标保护的未来

既然驰名商标保护的基本原理都是为了保护商誉避免损害商标显著性，为什么要区分对待注册驰名商标和未注册驰名商标的保护？考虑如下因素的情形下，我国是否需要调整《商标法》第 13 条的规定？

1. 是否要高于普通未注册商标的保护程度？

从我国《反不正当竞争法》第 6 条看，尚未达到驰名程度但已有一定影响的普通未注册商标，可以阻止他人进行混淆性使用，这与《商标法》第 13 条中未注册驰名商标的保护强度相当。

2. 是否要注意欧洲部分成员国的保护情况？

欧洲有些成员国已经做出突破，认为不应该区分注册与否对驰名商标提供不同程度的保护，它们将未注册商标的保护范围也扩展到禁止淡化，比如斯洛伐克（商标法第 4 条）、捷克（商标法第 7 条）、波兰（知识产权法第 132 条第 2 款）、爱沙尼亚（商标法第 10 条）、拉脱维亚（商标法第 8 条）、丹麦（商标法第 4 条）、罗马尼亚（商标与地理标记法第 6 条）、法国（知识产权法第 L713-5 条）。[①] 同样还应注意到，1999 年 WIPO《关于保护驰名商标的联合备忘录》第 3（1）条指出，商标只要在成员国驰名则受到保护，没有将已经使用的商标是否驰名、商标是否已经注册或者申请注册作为条件。[②]

---

① Danguole Klimkeviciute, The Legal Protection of Well-known Trademarks and Trademarks with a Reputation: The Trends of the Legal Regulation in the EU Member States, Social Science Studies, 2010, 3(7).

② Joint Recommendation Concerning Provisions on the Protection of Well-Known Marks.

3. 是否要注意公共政策的调整？

如今随着国际交往之间的密切程度加剧、互联网技术和电子商务的兴起，各国（尤其是活跃经济体）商品或服务市场之间的关联性增强，在一些国家驰名的商标比以往时代更容易在其他国家的相关公众群体中驰名，即便该商标尚未在其他国家注册或使用，也可能被其他国家相关公众所接受为“驰名”。基于公共政策的考虑，随着我国对“走出去”战略和“品牌强国”战略的鼓励，以及我国从商标大国走向商标强国的转变，[①] 对未注册驰名商标提供禁止淡化保护的需求可能比以往时代更强。

第二节　我国驰名商标淡化行为的构成

一、使用行为

（一）我国法院的理解

《商标法》第 13 条第 3 款规定了“使用行为”，这里的“使用行为”不应该按照《商标法》第 48 条规定来理解，即本款不要求被控行为是在“识别商品来源意义上的使用”。实践中，使用者在产品、包装、广告宣传中使用他人驰名商标，其目的不是以此表明产品或服务的来源，相反，使用者可能会同时在产品或宣传文件中突出表明自己的注册商标或其他标识，使消费者知道商品或服务真正的来源而不至于产生混淆，使用他人驰名商标是在发挥商标广告功能。因此，从这个角度理解，驰名商标淡化中的“使用行为”内涵非常宽泛，不要求来源意义上的使用。是否只是要求商业中使用即可，仍然存疑。

我国有法院创设了广告性商标使用的概念，认为识别性商标使用与广告性商标使用均属于商标使用。如有判决指出，随着经济发展和实践积累，驰

① 《2020 年全球品牌财富 500 报告》，按照国家对品牌价值的排名指标中，中国仅次于美国位居全球第二。https://brandirectory.com/rankings/global/table，2020 年 4 月 20 日访问。

名商标侵权的前提条件不再仅仅是识别性商标使用行为，还包括了广告性商标使用行为，两者区别主要体现在：在识别性商标使用行为中，被诉侵权人是将权利人的商标当作“识别标识”来使用，目的是使消费者对来源产生混淆，属于混淆式侵权；而在广告性商标使用行为中，被诉侵权人并没有把权利人的驰名商标当作识别标识使用，而是将其用于包装、宣传中，起到广告作用，甚至被诉侵权人在其商品或服务中还标注了自己的商标以表明其正确来源，后果在于淡化驰名商标的显著性，属于淡化式侵权。①

（二）美国法院的理解

在美国法上，淡化案件中的使用行为只是被要求发生在“商业中”。2006TDRA 第 2 条第 1 款只是规定了“在商业中”（in commerce），该条第 3 款反面规定了三大类除外情形（exclusions）。下列行为不属于本条中的淡化行为：（A）合理使用，包括对驰名商标的描述性使用（discriptive）或指示性 (normative) 合理使用，并非用于指示行为人商品或服务的来源，这包括：（i）允许消费者比较商品或服务的广告或促销；（ii）指示及戏仿、批判或者评论驰名商标所有人或其商品、服务。（B）任何形式的新闻报道及新闻评论。（C）任何非商业性的使用商标。在这些除外情形中，“描述性使用”是为了允许他人真实描述商品或服务的特点；“新闻报道”“批判评论”等是为了鼓励商业交易以外的言论自由。有疑问的在于，如何理解其中第一种类型“指示性使用”作为淡化行为的例外？为什么要强调这种类型的例外？“来源意义上的使用行为”与淡化行为之间是什么关系？美国学者的解释是，这仅仅表明国会试图将淡化的例外限定在“描述性使用和指示性使用”，而不是要创设一个更宽泛的“非来源使用”的例外。②既然如此，这个例外规定是不是“多此一举”？

“花花公子”案表明，指示性使用并不是因为其属于“非来源使用”性

① 北京知识产权法院（2015）京知民初字第 1944 号民事判决书。

② Mary LaFrance, Understanding Trademark Law, LexisNexis 2009, p.216.

质而被作为例外，而是因为这些使用行为真实指向了驰名商标所有人的商品或服务，这种使用不会在商标与商品或服务之间产生不当联系。被告是1981年原告花花公子的封面女郎并被选为1981年“花花公子年度女郎”。被告在其网站中使用了“1981年度花花公子女郎”，她在其网站上发布自己照片的信息，为这些照片的销售做宣传，推出其照片俱乐部的会员制度，促进发言人服务。原告指控被告在其网站使用其商标的行为构成商标侵权和淡化：（1）在其网站的元标签（metatags）使用“花花公子”和“女郎”；（2）在网站顶栏位置使用“1981年度女郎”；（3）在各种横幅广告（banner ads）中使用“1981年度女郎”和“1981年度花花公子女郎”；（4）在网页中重复使用“PMOY81”作为水印。

一审和二审法院都认为被告的上述使用行为构成指示性使用（nominative use）。在传统意义上，法院认可两种形式的淡化行为：弱化(burring)和丑化（tarnishment）。当他人使用商标的行为制造了如下可能性时，弱化就发生了：该商标丧失其作为识别原告商品的独特指示器的能力。丑化则在一个驰名商标不当地与一种劣质或冒犯性的商品或服务联系在一起时产生。淡化行为的损害并非通过对商品或服务来源产生消费者混淆的方式而出现，而是在消费者印象中通过制造该商标与其他商品或服务之间联系的方式产生。第一巡回法院曾经指出，淡化行为无关来源指示功能而是为了禁止利用或搭商标所有人的商誉便车。[①] 如果使用者不会在商标与新商品之间产生不当联系，而只是指向商标所有人的商品，那么这种行为就不构成淡化行为，因为不会有任何损害。反淡化法认可这个原则，并明确排除商标使用者在商业广告和促销活动中为比较其商品而指向驰名商标所有人的竞争性商品或服务行为的责任。基于同样的原因，指示性使用行为也应被排除在外。指示性使用指向商标所有人的商品，它并没有在消费者印象中对新商品及商标所有人的商标之间创设不当联系。当本案被告指出她的“头衔”时，她实际是在指向原告的一种商品。她真实地指出她曾经的荣誉，就像乔丹指出他曾是公牛队的队员，或

① *I.P. Lund Trading ApS v. Kohler Co.*, 163 F.3d 27, 50 (1st Cir.1998).

者两次金像奖得主一样，不构成淡化行为。一项荣誉不会因为过去被颁发而被减损或淡化，也不会因为过去的获得者真实指出他们是得主而被减损或淡化。当然，荣誉的颁发者可以通过合同限制得主使用这项头衔。但只要是指示性的，商标法就无法涉足。至于简称“PMOY”，它不是指示性使用，需要发回重审以判断是否值得保护。①

我国《商标法》并未专门规定驰名商标反淡化制度的例外情形，你认为美国法上的例外规定对我国是否具有借鉴意义？

二、驰名

（一）“驰名”的证明

构成淡化驰名商标的行为，需要以请求保护的注册商标具有驰名为条件。《商标法》第14条第1款规定了认定商标驰名的考虑因素：（一）相关公众对该商标的知晓程度；（二）该商标使用的持续时间；（三）该商标的任何宣传工作的持续时间、程度和地理范围；（四）该商标作为驰名商标受保护的记录；（五）该商标驰名的其他因素。除这些明确规定的因素之外，《最高人民法院关于审理涉及驰名商标保护的民事纠纷案件应用法律若干问题的解释》第5条还规定了如下因素：（一）使用该商标的商品的市场份额、销售区域、利税等；（五）该商标享有的市场声誉。最高法院列出的第5个因素似乎表明中国法院倾向只保护具有美誉度的驰名商标，而不保护“臭名昭著”的商标。

我国上述关于商标驰名认定因素的规定，并未严格限定为“全国范围”的驰名。2006年美国TDRA第2条第2款规定，一个商标在如下情形下为驰名，它被美国普遍消费者公众（general consuming public of the United States）广泛接受为商标所有人商品或服务来源的指代。在认定一个商标是否拥有足够的认知程度时，法院可考虑如下相关因素：（i）该商标进行广

① Playboy Enterprises, Inc. v. Welles, 279 F.3d 796 (2002), 805–806.

告及推广的持续时间、程度和地理范围；（ii）该商标名下的商品或服务的销售数量、金额及地理范围；（iii）该商标被实际认知的程度；（iv）该商标是否被注册。驰名商标认定门槛的高低，在体系上与混淆可能性的扩张有"此消彼长"的关系，特别是在突破"商品类似表"认定"相关商品或服务"时（关联混淆）。在认可关联混淆的情况下，提高驰名商标的认定门槛以限缩淡化理论的适用范围似乎更为合理。这涉及商标驰名认定的被动性原则，留待下一节讨论。

（二）国内驰名

《最高人民法院关于审理涉及驰名商标保护的民事纠纷案件应用法律若干问题的解释》第 8 条：对于在中国境内为社会公众广为知晓的商标，原告已提供其商标驰名的基本证据，或者被告不持异议的，人民法院对该商标驰名的事实予以认定。其中"在中国境内"既修饰"实际使用"，又修饰"为一定范围的相关公众所知晓"，即"国内使用 + 国内知名"双重地域限定。[①] 工商总局《驰名商标认定和保护规定》第 2 条规定，驰名商标是在中国为相关公众所熟知的商标。最高人民法院在"無印良品"案认为：一系列证据……只能证明"無印良品"商标在日本、中国香港地区等地宣传使用的情况以及在这些地区的知名度情况，并不能证明在中国大陆境内实际使用并具有一定影响的事实。[②]

然而随着互联网经济和全球传媒发展，商标使用的事实与知名度所及的地域可能发生分离的情况，出现了未在一国境内实际使用（或大量使用）者却已被该国或该区域潜在相关公众广为知晓的情形……他们通过认知一个商标而对商品或服务的提供者产生认知，并对商品的质量产生信赖，使商标的来源识别功能得以实现，这种现象可称为"商誉溢出"。[③]《关于驰名商标保

① 杨静:《商标授权确权中地域性原则的重构——基于中美实践的比较》,《知识产权》2020 年第 3 期。

② 最高人民法院（2012）行提字第 2 号行政判决书。

③ 杨静:《商标授权确权中地域性原则的重构——基于中美实践的比较》,《知识产权》2020 年第 3 期。

护规定的联合建议》第3条认为不应当区分国内使用和国外使用，“成员国不得将下列因素作为认定驰名商标的条件：（1）该商标已在该成员国中使用，或获得注册，或提出注册申请；（2）该商标在除该成员国以外的任何管辖范围内驰名，或获得注册，或提出注册申请；或（3）该商标在该成员国的全体公众中驰名。”

三、联系

从前述国际及美国、欧洲、我国的规定看，“相关消费者的联系”是适用驰名商标淡化制度的前提，美国商标法权威学者麦卡锡先生指出，如果一个理性的消费者不可能在脑海中将两种使用联系起来，则不可能有“淡化”……只有当一个理性的消费者对当事人之间的标志使用行为产生某种联系时，淡化理论才能成立。[①] 但是这里“联系”的内涵究竟是什么，似乎有不同的规定。

《巴黎公约》的前述规定含有“驰名商标所有人与被控使用的商品或服务之间的联系”，《美国反不正当竞争法重述（第三次）》的相关规定也是这么规定的。我国最高法院的前述解释则规定了“注册驰名商标与被诉商标之间的联系”。我国法院有时候也认可前种立场，比如就“中信”商标的跨类保护，法院认为被异议商标核定使用的商品为玻璃钢容器、非金属容器等虽与金融类服务存在差异，但在引证商标为驰名商标的情况下，被异议商标的使用仍会降低引证商标的显著性，模糊该驰名商标与其核定使用服务之间的唯一特定联系，进而弱化驰名商标的区别特征，损害中信集团的利益。[②]2006年美国TDRA第2条第2款（B）也规定，“弱化”源于商标或商号与驰名商标之间的相似性所产生的联系以致损害驰名商标的显著性。TDRA第2条第2款（C）规定，“丑化”源于商标或商号与驰名商标之间的相似性所产生的联系以致损害驰名商标的商誉。如果对比混淆可能性的概念进行理解，那么商标与商标

① J. Thomas McCarthy, McCarthy on Trademarks and Unfair Competition, Fourth Edition, § 24.13.

② 北京市第一中级人民法院（2014）一中知行初字第236号行政判决书。二审维持，见北京市高级人民法院（2014）高行（知）终字第2227号行政判决书。

之间的“联系”或“近似”应该只是最终导致弱化或丑化驰名商标与相关商品或服务之间联系的一个“桥梁”，也即这个认定过程有两个“联系”，但在损害驰名商标显著性的结果意义上的“联系”是指驰名商标与相关商品或服务之间的联系。而“驰名商标与商标之间的联系”，只是体现在工具或方法意义上，商标之间存在“联系”或“近似”通常导致损害，却未必总是有损害，其他因素在个案中可能具有支配力。

四、损害

（一）保护范围

“损害”是否发生，各国都采取综合判断的方法，参考因素大体相同。

《最高人民法院关于审理商标授权确权行政案件若干问题的规定》第 13 条规定，当事人依据《商标法》第 13 条第 3 款主张诉争商标构成对其已注册的驰名商标的复制、模仿或者翻译而不应予以注册或者应予无效的，人民法院应当综合考虑如下因素，以认定诉争商标的使用是否足以使相关公众认为其与驰名商标具有相当程度的联系，从而误导公众，致使驰名商标注册人的利益可能受到损害：（一）引证商标的显著性和知名程度；（二）商标标志是否足够近似；（三）指定使用的商品情况；（四）相关公众的重合程度及注意程度；（五）与引证商标近似的标志被其他市场主体合法使用的情况或者其他相关因素。我国有法院指出，商标法对驰名商标提供强于一般商标的保护，本意在于保护该驰名商标所具有的强显著性及良好的市场声誉。但需要注意的是，驰名商标的知名度处于不断积累、且会根据市场的变化而变化的动态过程；同时，驰名商标的显著性亦存在差异……通常而言，驰名商标保护范围及保护强度与其知名度及显著性成正比，即知名度越高、显著性越强，其保护范围越宽、保护强度越强。对于驰名商标跨类保护的范围应当综合考虑驰名商标的显著程度、诉争商标的相关公众对驰名商标的知晓程度以及使用驰名商标的商品与诉争商标指定或核定使用商品之间的关联程度，以是否“误导公众，致使该驰名商标注册人的利益可能受到损害”为判断标准。[①]

2006年美国TDRA第2条第2款（B）规定，在认定商标或商号是否可能产生弱化时，法院可考虑如下因素：(i) 商标或商号与驰名商标之间的相似性；（ii）驰名商标固有或获得显著性的强弱；（iii）驰名商标所有人排他性使用驰名商标的程度；（iv）驰名商标的知名度；(v) 商标或商号所有人是否有意制造与驰名商标之间的联系；（vi）商标或商号与驰名商标之间的实际联系。

（二）损害类型

根据我国最高法院司法解释的规定，基于上述“联系”所产生的损害有三种类型，即“减弱驰名商标的显著性、贬损驰名商标的市场声誉，或者不正当利用驰名商标的市场声誉的”。

1. 弱化

这里试举“YKK”案来说明“弱化”是否产生的综合因素判断。该案的焦点问题是，基于在“拉链”商品上驰名的事实，申请人可否获得在“车辆内装饰品”上的保护？二审法院和再审法院的观点截然相反，似乎表明这一综合判断过程，如同混淆可能性判断一样充满主观色彩。

北京市高级人民法院认为，驰名商标仅仅是具有较高知名度的商标，即使被认定为驰名商标也不必然给予其全类保护。驰名商标在保护权利人利益的同时，也应当为社会公众的自由模仿留有余地。对于已经在我国注册的驰名商标，在不相类似商品上确定其保护范围时，应与其驰名程度相适应。如果驰名商标使用的商品与被异议商标使用的商品距离过于遥远，可不将该驰名商标的保护范围扩展到被异议商标使用的商品上……被异议商标指定使用的“气泵（车辆附件）、车辆减震器、车辆内装饰品、汽车”等商品与YKK株式会社“YKK”商标所使用的“拉链”等商品在功能、用途、生产部门、销售渠道、消费群体等方面差距甚远，相关公众看到被异议商标一般不会认为其与YKK株式会社使用在拉链商品上的“YKK”商标存在关联，通常也不

① 北京市高级人民法院（2013）高行终字第210号行政判决书。

会产生误导公众并使 YKK 株式会社利益受到损害的后果。①

首先，最高人民法院对请求保护的商品做了进一步区分后认为，YKK 株式会社的在案证据可以证明，拉链可以用于车辆内装饰品，两者属于上下游产品关系。对此，被申请人商标评审委员会亦予以认可。其次，“YKK”属臆造词，本身显著性较强，在 YKK 商标于拉链商品上已经具有很高知名度的情况下，基于“车辆内装饰品”与“拉链”具有上下游产品关系，故可以认定两者具有较强的商品关联性。因此，YKK 商标可以基于在“拉链”商品上驰名的事实获得在“车辆内装饰品”上的保护。②

2. 丑化

“丑化”的发生，多与行为人使用的商品或服务相关。美国法院在一个案件中指出，当一个商标与某种低劣品质的产品联系起来，或者在一种不健康或令人生厌的背景下描述该商标，并导致了相关公众将被告产品的低劣品质与原告的不相关商品联系起来时，就产生了“丑化”。③ 在中国，某酒吧使用“路易威登”作为企业字号、使用“LV”宣传其酒吧为“欧洲顶级夜店品牌 CLUBLV”并在微信公众号的链接中使用带有色情内容的照片和描写，法院认为这构成对驰名商标的丑化。④

3. 搭便车

驰名商标权利人为创建和维持商标形象付出了较大的努力，当他人试图通过使用驰名商标并从其吸引力和声誉中受益，然而却不对驰名商标权利人支付任何经济补偿时，这就构成不正当利用驰名商标的声誉。这种情形在欧洲被称为“搭便车”。

我国法院在“清华”商标案指出，清华大学作为一所众所周知的综合性大学，其对理工科领域的人才培养及科研贡献尤为突出，拥有多项国家级科研项目，获得多项国家技术发明奖并申请专利，旗下设有同方公司等企业。

---

① 北京市高级人民法院（2013）高行终字第 1275 号行政判决书。

② 最高人民法院（2016）最高法行再 67 号行政判决书。

③ *New York Stock Exchange, Inc. v. New York, New York Hotel, LLC*, 293 F.3d 550, 557 (2d Cir.2002).

④ 惠州市中级人民法院（2017）粤 13 民初 113 号民事判决书。

“清华”作为清华大学的简称，在“学校（教育）、教育、培训”等服务领域为一般公众广为知晓且享有极高声誉。学校、教育、培训服务与使用被诉标识的空气能热水器分属不同领域，两者在商品/服务性质、消费对象等方面虽然存在差异，但基于清华大学具有众所周知的知名度及其在理工科领域享有的极高声誉，并结合聚阳公司在经营过程中对“清华太阳能集团”“清華企業”等字样的使用情况等综合考虑，相关公众容易误认为标有被诉标识的商品来源于清华大学或其关联企业，或聚阳公司在经营活动中使用“清华”二字得到了清华大学的许可，或聚阳公司与清华大学之间存在参股控股、关联企业等特定联系。概言之，聚阳公司使用被诉标识的行为容易使相关公众误以为其与清华大学具有相当程度的联系，从而不当利用了清华大学驰名商标的声誉，损害了清华大学的利益。①

第三节　驰名商标的认定途径及原则

问题：认定驰名商标有哪些途径？如何防止当事人之间窜通认定驰名商标？有权机关认定驰名商标时，应当遵循什么原则？

一、驰名商标认定的途径

《商标法》第 14 条第 2 款、第 3 款、第 4 款规定了驰名商标认定的三种不同途径。

（一）商标注册审查及违法查处程序

第一种途径是在商标注册审查及违法查处程序中，这虽然涉及两种程序，但都是由商标局对商标是否驰名作出认定，且均规定在一个条款中，因而这里放在一起介绍。

① 广东省高级人民法院（2016）粤民终 1734 号民事判决书。

《商标法》第 14 条第 2 款规定，在商标注册审查、工商行政管理部门查处商标违法案件过程中，当事人依照本法第 13 条规定主张权利的，商标局根据审查、处理案件的需要，可以对商标驰名情况作出认定。需要注意的是，工商行政管理部门有权查处侵犯注册商标专用权的案件，但是无权对商标驰名情况作出认定，当事人提出认定申请的，应当转交商标局认定。[①] 比如 2010 年 9 月 15 日，国家商标局在商标驰字（2010）第 180 号《关于认定“BMW”商标为驰名商标的批复》中认定，“宝马公司注册并使用在商标注册用商品和服务国际分类第 12 类机动车辆、摩托车及其零件商品上的“BMW”注册商标为驰名商标”。

（二）商标争议程序

第二种途径是在商标异议、无效等争议程序中，权利人依照《商标法》第 13 条规定请求认定驰名商标，由商标评审委员会进行认定，并宣告相关注册商标无效。《商标法》第 14 条第 3 款规定，在商标争议处理过程中，当事人依照本法第 13 条规定主张权利的，商标评审委员会根据处理案件的需要，可以对商标驰名情况作出认定。

比如在“美图秀秀”案中，第 12454059 号“美图秀秀 MEITUXIUXIU”商标，由贝某雄于 2013 年 4 月 19 日申请注册，注册公告日期为 2014 年 9 月 28 日，核定使用的商品为第 3 类的洗发液；洗洁精；鞋油；研磨膏；玫瑰油；化妆品；牙膏；干花瓣与香料混合物（香料）；动物用化妆品；空气芳香剂（截止）。专用期限至 2024 年 9 月 27 日。

第 7099841 号“美图秀秀”商标（以下简称引证商标，见本判决附件），由美图网公司于 2008 年 12 月 8 日申请注册，注册公告日期为 2010 年 10 月 14 日，核定使用的商品为第 9 类的磁数据媒介；电脑软件（录制好的）；电子字典；计算机；计算机程序（可下载软件）；已录制的计算机程序（程序）；信息处理机（中央处理装置）；光盘；网络通信设备；带有图书的电子发声装置（截

① 郎胜主编:《中华人民共和国商标法释义》，法律出版社 2013 年版，第 38 页。

止）。专用期限至 2020 年 10 月 13 日。

美图网公司于 2015 年 7 月 24 日向商标评审委员会提出对争议商标的无效宣告请求。2016 年 8 月 1 日，商标评审委员会作出裁定：在争议商标申请注册前，美图网公司主营业务已涉及多个省市地区，美图网公司通过期刊、报纸及网络宣传等形式对引证商标及其产品进行广泛宣传。经多年的宣传、使用，美图网公司的引证商标及产品已获得多项荣誉，在相关公众中已具有较高知名度。商标评审委员会认为在争议商标申请注册前，引证商标在第 9 类已录制好的计算机程序（程序）、计算机程序（可下载软件）、电脑软件（录制好的）商品上已为相关公众广为知晓并享有较高声誉，依据 2013 年《商标法》第 14 条认定驰名商标所应考虑因素的要求，引证商标可以认定为使用在“已录制的计算机程序（程序）、计算机程序（可下载软件）、电脑软件（录制好的）”商品上的驰名商标。争议商标中文部分“美图秀秀”为该商标的显著识别部分之一，与引证商标“美图秀秀”文字构成完全相同，已构成对引证商标的复制、模仿。争议商标在化妆品、牙膏等商品上的使用，不正当地借用了引证商标的知名度，易使相关公众混淆或认为与美图网公司之间存在某种关联，致使美图网公司的利益可能受到损害，故争议商标已构成 2013 年《商标法》第 13 条第 3 款规定所指的“复制、摹仿或者翻译他人已经在中国注册的驰名商标，误导公众，致使该驰名商标注册人的利益可能受到损害”的情形。[①]

（三）商标民事侵权或行政诉讼程序

第三种途径是在司法程序中，由审理有关案件的人民法院予以认定，并要求有关当事人停止使用该商标，或者宣告注册商标无效。[②]《商标法》第 14 条第 4 款规定，在商标民事、行政案件审理过程中，当事人依照本法第 13 条规定主张权利的，最高人民法院指定的人民法院根据审理案件的需要，可以

① 商评字 [2016] 第 68468 号《关于第 12454059 号“美图秀秀 MEITUXIUXIU”商标无效宣告请求裁定书》；北京高院（2017）京行终 3764 号行政判决书。

② 郎胜主编：《中华人民共和国商标法释义》，法律出版社 2013 年版，第 39 页。

对商标驰名情况作出认定。本章摘录的多数判决都涉及司法认定驰名商标，这里不再举例。

二、驰名商标认定的原则

驰名商标不是一种“荣誉称号”，驰名商标保护制度设立的目的，主要是为弥补商标注册制度的不足，对相关公众所熟知的商标在其未注册的部分领域提供保护（对未注册驰名商标提供保护，扩大已经注册的驰名商标的保护范围）。[①] 为了避免将驰名商标作为促销手段，《商标法》第 14 条第 5 款规定，生产、经营者不得将“驰名商标”字样用于商品、商品包装或者容器上，或者用于广告宣传、展览以及其他商业活动中。同时，为了尊重驰名商标保护制度的设立初衷，关于驰名商标的认定应当遵守三个原则。

（一）被动认定

被动认定又称为事后认定，是在发生商标侵权行为，或者商标争议，或者商标注册申请之后，主管部门或人民法院根据权利人的请求，对商标是否驰名进行认定。商标局、商标评审委员会、人民法院不得主动对商标驰名情况作出认定，只有当事人依照本法第 13 条规定主张权利……时，商标局、商标评审委员会、人民法院才可以对商标驰名情况作出认定。[②]

（二）按需认定

1. 有关规定

只有对商标驰名情况作出认定是处理涉及商标案件需要认定的事实时，商标局、商标评审委员会、人民法院才可以对商标驰名情况作出认定。[③] 最高人民法院通过司法解释的方式从正面和反面的角度规定了驰名商标认定的

① 郎胜主编:《中华人民共和国商标法释义》，法律出版社 2013 年版，第 33 页。

② 郎胜主编:《中华人民共和国商标法释义》，法律出版社 2013 年版，第 39 页。

③ 郎胜主编:《中华人民共和国商标法释义》，法律出版社 2013 年版，第 39 页。

这一原则。这些规定通常是在构成要件层面进行规定，即如果不对商标是否驰名作出认定，就无法通过其他途径保护权利人。至于有时候权利人基于诉讼策略、从获取高额赔偿的角度请求法院认定驰名商标，法院是否应当认定，下文的“索菲亞”案[①]涉及这个问题。

《最高人民法院关于审理涉及驰名商标保护的民事纠纷案件应用法律若干问题的解释》第3条第1款规定，在下列民事纠纷案件中，人民法院对于所涉商标是否驰名不予审查：（一）被诉侵犯商标权或者不正当竞争行为的成立不以商标驰名为事实根据的；（二）被诉侵犯商标权或者不正当竞争行为因不具备法律规定的其他要件而不成立的。前者如，基于《商标法》第57条、第58条或者《反不正当竞争法》第6条等即可处理的商标侵权或不正当竞争纠纷；后者如，不满足“驰名”“联系”“损害”等驰名商标淡化行为的构成要件。

《最高人民法院关于审理涉及驰名商标保护的民事纠纷案件应用法律若干问题的解释》第2条规定，在下列民事纠纷案件中，当事人以商标驰名作为事实根据，人民法院根据案件具体情况，认为确有必要的，对所涉商标是否驰名作出认定：（一）以违反《商标法》第13条的规定为由，提起的侵犯商标权诉讼；（二）以企业名称与其驰名商标相同或者近似为由，提起的侵犯商标权或者不正当竞争诉讼；（三）符合本解释第6条规定的抗辩或者反诉的诉讼。本条第二种情形与《商标法》第58条衔接，第三种情形则与该解释第6条衔接：原告以被诉商标的使用侵犯其注册商标专用权为由提起民事诉讼，被告以原告的注册商标复制、模仿或者翻译其在先未注册驰名商标为由提出抗辩或者提起反诉的，应当对其在先未注册商标驰名的事实负举证责任。

2. 典型案例

这里以“索菲亞”案为例。

（1）基本案情

2002年5月7日，汇高公司的“索菲亞”商标，经国家工商行政管理局商标局授权为注册商标，核定使用的商品为第20类“餐具柜；非金属门装置；

① 浙江高院（2016）浙民终794号民事判决书。

家具；家具门；家具用非金属附件；镜子；衣帽架（家具）”，商标注册证号为第 1761206 号。注册有效期限：自 2002 年 5 月 7 日至 2012 年 5 月 6 日，后经核准续展至 2022 年 5 月 6 日。2003 年 7 月 28 日，该商标转让于宁基公司；2006 年 9 月 28 日，该商标转让于广州索菲亚公司；2010 年 8 月 6 日，该商标转让于宁基股份公司；2012 年 2 月 14 日，该商标注册人变更为索菲亚公司。2003 年 12 月以来，索菲亚公司的前身宁基公司开始在第 20 类商品上使用“索菲亞”商标。2014 年 8 月 14 日，索菲亚公司的“索菲亞”商标，经国家工商行政管理总局商标局授权为注册商标，核定使用的商品为第 6 类“金属门（滑门、拉门）；金属门；金属隔板；金属门板；金属建筑挡板”，商标注册证号为第 4287169 号。注册有效期限自 2014 年 8 月 14 日至 2024 年 8 月 13 日。

南阳索菲亚公司成立于 2014 年 3 月 31 日，法定代表人为吕某林，股东为吕某林、尹某荣，注册资本 60 万元，经营范围为：照明灯具、金属吊顶材料、集成吊顶灯、换气扇、浴霸销售及售后服务。2015 年 8 月 7 日，吕某林的第 14504404 号“sofyell”商标，经国家工商行政管理局商标局授权为注册商标，核定使用的商品为第 11 类“照明器械及装置；烹调用装置和设备；空气调节设备；厨房用抽油烟机；龙头；太阳能热水器；淋浴热水器；浴霸；水净化设备和机器；电暖器”；期限为 2015 年 8 月 7 日至 2025 年 8 月 6 日。同日，吕某林的第 14504405 号“sofyell”商标，经国家工商行政管理局商标局授权为注册商标，核定使用的商品为第 6 类“金属支架；金属片和金属板；管道用金属接头；金属天花板；金属屋顶；金属地板；金属建筑材料；铝塑板；金属螺母；家具用金属附件”；期限为 2015 年 8 月 7 日至 2025 年 8 月 6 日。

本案争议的第一个焦点问题是是否需要认定第 1761206 号“索菲亞”注册商标为驰名商标。

（2）判决内容

一审法院认为，索菲亚公司明确主张以其注册在第 20 类商品上的第 1761206 号“索菲亞”商标主张权利。经查，索菲亚公司在第 6 类商品上亦注册了第 4287169 号“索菲亞”注册商标，故本案中其完全可以以第 4287169 号“索菲亞”注册商标为基础主张商标专用权，而无须以其注册在第 20 类商品上的第 1761206 号“索菲亞”注册商标主张商标专用权。故该院认为本案无必要对第 1761206 号“索菲亞”注册商标是否驰名作出认定。

二审法院认为，商标禁用权的范围具有不确定性，企业为了有效维护自身商誉，往往通过注册系列商标的方式明晰、巩固其权利范围。一旦发生侵权纠纷，商标权人有权根据自身的商标体系和诉讼策略选择对其最为有利的商标作为诉讼的权利基础。本案中，根据索菲亚公司在二审庭审中的陈述，该公司并不生产、销售集成吊顶，故第 4287169 号“索非亞”商标属于防御性商标。此类商标因未经长时间实际使用，往往显著性和知名度较低，法律对其保护力度相对较弱，即便商标侵权行为成立，权利人也难以获得较高的赔偿数额以弥补其损失。司法认定驰名商标的本意在于更好地保护驰名商标，在权利人享有多个商标权的情况下，如果法院为避免认定驰名商标，不允许权利人选择以驰名商标跨类保护的方式寻求更为有利的救济，则商标权人的合法利益就难以得到充分保障，与司法认定驰名商标制度的初衷亦背道而驰。因此，本院认为，索菲亚公司以第 1761206 号“索菲亞”商标主张权利系对其商标权的正当行使，因该商标的核定使用商品类别为第 20 类“餐具柜；非金属门装置；家具；家具门；家具用非金属附件；镜子；衣帽架（家具）”，与被诉侵权产品集成吊顶（包括扣板与电器模块）在功能、用途、生产部门、销售渠道方面均存在差异，不属于相同或类似商品，故在权利人请求驰名商标保护的情况下，法院有必要根据《最高人民法院关于审理涉及驰名商标保护的民事纠纷案件应用法律若干问题的解释》第 2 条之规定，对涉案商标是否驰名作出认定。

（三）个案认定

立法者在阐释《商标法》第 14 条的含义时对个案认定原则作出了精彩的阐述：商标驰名情况不是固定不变的，原本不驰名的商标可能通过长时间的使用、广告宣传而变得驰名，原本驰名的商标也可能因为市场的发展变化而变得不再驰名。因此，商标是否驰名，应当在个案中作出认定，有关主管机关在特定案件中认定的驰名商标，也仅在该案件中具有意义，一个商标在一个案件中被认定驰名，并不必然表明其在另一个案件中也会被认定驰名。[①]最高法院的上述司法解释第13条规定，在涉及驰名商标保护的民事纠纷案件中，人民法院对于商标驰名的认定，仅作为案件事实和判决理由，不写入判决主文；以调解方式审结的，在调解书中对商标驰名的事实不予认定。

前述"美图秀秀"案的二审过程中，有一种意见就认为，美图网公司提交的销售数据审计报告显示，该公司2010年净利润为145.65万元，2011年净利润为-299.99万元，2012年净利润为-962.49万元，2013年净利润为43.56万元，2014年净利润为2626.23万元。美图网公司在2010年至2013年期间的净利润数额较低，不能认定其商标为驰名商标。尽管法院未能支持，但确实反映出公司经营状态的动态性，驰名商标认定也绝非一成不变。该案二审法院认为，净利润数额只是引证商标商标知名度和美誉度的判断因素之一，对引证商标是否达到驰名的程度仍应以该商标在核定使用的商品上的显著性和知名程度为判断标准，并应考虑到互联网行业的经营特点，即软件开发和市场推广阶段的资金投入可能会大于短期内的利润回报。综合全案证据可以证明，在争议商标申请日之前，通过美图网公司长期、广泛、持续地宣传和使用，核定使用在已录制的计算机程序（程序）、计算机程序（可下载软件）、电脑软件（录制好的）商品上的引证商标在图片处理类软件中占据了较大的市场份额，具有较广的销售区域，已经在中国境内为相关公众广泛知晓并享有较高的声誉，构成驰名商标。

第四节 驰名商标保护与注册商标保护之间的冲突

问题：注册商标专用权与驰名商标权之间是否为排斥关系，还是允许一定范围的重叠？比如是否只允许驰名商标权利人主张跨类保护，还是允许其也可在相同或类似商品上得到保护？再比如，当注册商标与驰名商标分属不

① 郎胜主编：《中华人民共和国商标法释义》，法律出版社2013年版，第36页。

同权利人享有而标识相同时，如何处理市场竞争冲突？

对驰名商标的特殊保护，时常遇到的一个问题是其是否违反了知识产权保护政策？知识产权保护遵循法定主义，信奉“以公有领域为原则，以知识产权保护为例外”的原则，以确保强健的自由竞争和宽容的创新环境，只有在法律有专门授权时，权利人才能行使其专有权利。因此，前述美国《反不正当竞争法重述（第三次）》提及商标法律不能在混淆保护机制和淡化保护机制以外再提供额外的保护。但是，在混淆保护机制与淡化保护机制之间，存在一些交叉性的法律问题，涉及注册商标专用权与驰名商标权利（暂且称为）之间的边界和冲突。

一、注册商标的禁止使用

（一）基本立场

我国法院强调在实质意义上解决商业标识之间的民事侵权冲突纠纷，“已经合法注册为商标”并非商标侵权或不正当竞争的合法抗辩，《最高人民法院关于审理注册商标、企业名称与在先权利冲突的民事纠纷案件若干问题的规定》第 1 条第 1 款规定，原告以他人注册商标使用的文字、图形等侵犯其著作权、外观设计专利权、企业名称权等在先权利为由提起诉讼，符合《民事诉讼法》第 108 条规定的，人民法院应当受理。

但是，针对注册商标之间的冲突纠纷，由于《商标法》规定了相对完善的争议处理程序、行政与司法部门之间主管范围的分工，我国法院长期以来持保守立场，认为应当先由行政主管部门处理注册商标的有效性问题之后再由人民法院处理民事侵权纠纷。上述司法解释第 1 条第 2 款规定，原告以他人使用在核定商品上的注册商标与其在先的注册商标相同或者近似为由提起诉讼的，人民法院应当告知原告向有关行政主管机关申请解决。当然，在司法实践中，大量的案件涉及被告不规范使用其注册商标的情形，此时并非典型的注册商标专用权之间的冲突，而仍然属于传统的商标侵权或不正当竞争冲突纠纷。

那么，如果在后注册商标是复制、模仿、翻译他人在先驰名商标，驰名商标权利人可否请求注册商标权利人停止使用或者宣告该注册商标无效呢?《最高人民法院关于审理涉及驰名商标保护的民事纠纷案件应用法律若干问题的解释》第6条和第11条就涉及这种情形，第11条规定："被告使用的注册商标违反商标法第十三条的规定，复制、摹仿或者翻译原告驰名商标，构成侵犯商标权的，人民法院应当根据原告的请求，依法判决禁止被告使用该商标……"

（二）典型案例

这里以"阿里斯顿"案为例。

马奇公司于1997年8月19日获准注册ARISTON图文组合商标，核定使用商品类别为第11类，包括排气罩、煤气灶、淋浴隔间、空气调节装置、加热板、淋浴桶、散热器、浴用热水器和热水器、浴盆等；于1999年3月14日获准注册"阿里斯顿ARISTON"中英文字商标，核定使用商品类别为第11类，包括：炉灶、电饭锅、排油烟机、淋浴单间、取暖用锅炉、洗涤槽、散热器、加热元件、热水器、浴缸、浴室装置等。阿里斯顿中国公司是这两个商标的非独占许可使用人。

嘉兴阿里斯顿公司于2005年1月设立。该公司于2005年委托顾某明注册了alisidun.com域名。2008年，顾某明获准注册第11类商品上的"ALSDON"图文组合商标，核定使用商品包括小型取暖器、消毒碗柜、浴用加热器、电加热装置、风扇（空气调节）、冰柜、煤气灶、汽灯、太阳能热水器、厨房用抽油烟机；第5093449号"ALSDON"商标，核定使用商品包括灯、煤气灶、冰柜、风扇（空气调节）、厨房用抽油烟机、电加热装置、暖气装置、太阳能热水器、消毒碗柜、小型取暖器。后上述商标均转让给嘉兴阿里斯顿公司。

马奇公司、阿里斯顿中国公司主张嘉兴阿里斯顿公司、蒋某军在生产、销售的金属天花板模块上使用"阿里斯顿"中文标识、"ALSDON"标识侵犯其商标专用权。

法院认为，根据驰名商标司法解释的规定，司法认定驰名商标实行个案认定和被动认定原则，因而之前的行政争议和司法诉讼不予认定驰名商标，并不必然导致本案亦不能根据个案情况作出个案认定……金属天花板与马奇公司、阿里斯顿中国公司上述两商标核定使用商品分属不同类别，马奇公司、阿里斯顿中国公司请求对其商标进行跨类保护，此种保护必须以该商标是驰名商标为前提。嘉兴阿里斯顿公司在第6类商品上有第8199907号“ALSDON”注册商标、第8199995号“阿里斯顿”注册商标，此外，第5298482号“阿里斯顿”商标虽然仍在异议程序阶段，但嘉兴阿里斯顿公司确实持有该商标的商标注册证……针对注册商标之间的冲突，在驰名商标司法解释施行之后区分两种情况进行处理，对于普通注册商标之间的冲突，仍按权利冲突司法解释规定，通过行政途径予以解决；对于驰名商标与注册商标之间的冲突，法院可以直接判决构成侵权的被告禁用其注册商标。本案马奇公司、阿里斯顿中国公司未经行政途径，直接诉请法院判令嘉兴阿里斯顿公司禁用其注册商标。马奇公司、阿里斯顿中国公司的商标必须是驰名商标其请求方有可能获得法院支持……嘉兴阿里斯顿公司立即停止侵犯马奇公司、阿里斯顿中国公司第1255550号、第G684565号注册商标专用权的行为；立即停止在企业名称中使用“阿里斯顿”字号，停止在其英文企业名称中使用“ALISIDUN”，并办理名称变更登记；立即停止“alisidun.com”域名的使用；赔偿马奇公司、阿里斯顿中国公司包括制止侵权的合理费用在内的经济损失200万元等。[①]

二、相同或类似商品上的禁止使用

（一）基本立场

《商标法》第13条第3款为注册驰名商标提供跨类保护，那么注册驰名

① 江苏省南京市中级人民法院（2014）宁知民初字第1号民事判决书。二审维持，见江苏省高级人民法院（2015）苏知民终字第00211号民事判决书。

商标权利人可否禁止他人在相同或类似商品上申请或使用相同或近似的注册商标？美国权威学者麦卡锡教授在批评欧洲法院 Davidoff 判决和 Adidas 判决时指出，“反淡化法特别地为驰名商标提供一种特殊和额外的救济，这种额外的保护只能限于传统混淆理论的扩张版都不能涵摄的情形”；①“淡化理论和混淆理论并非相同铁轨上的不同站台，由于具有相互独立的判断标准，它们是相互独立的铁轨”。②你觉得有道理吗？

在欧洲法院审理的 Davidoff 诉 Gofkid 案中，被告在男士化妆品等相同或类似商品上使用 Durffee 商标。欧洲法院面临的第一个问题是，《商标指令》第 4(4)(a) 条和第 5(2) 条是否可以被解释为，可以为注册驰名商标提供在相同或类似商品上的保护？欧洲法院认为，尽管根据《商标指令》序言 10，如果一种行为损害商标的一种功能时，第 5(1)(a) 条授予一项绝对权的保护（Case C–206/01 Arsenal Football Club [2002] Ecr I–10273，paragraph 50 and 51）；而第 5(1)(b) 条的适用则取决于混淆可能性的存在（Case C–425/98 Marca Mode [2000] ECR I–4861，paragraph 34）。本院还在 SABEL 案指出（C–251/95 SABEL [1997] ECR I–6191，paragraph 20，21），指令第 5(2) 条不应在字面上被解释为仅适用于非类似商品或服务上。当不存在混淆可能性时，驰名商标所有人不应依据第 5(1)(b) 条以禁止损害商标的显著性或商誉。③

根据商标法原理，普通注册商标和驰名商标保护机制具有不同的保护基础。商标法基于欺诈理论通过反混淆机制保护普通注册商标，基于财产理论对驰名商标提供反淡化保护机制；“传统商标侵权法主要关注保护消费者对产品或服务的来源的正确认识、不被欺诈，而淡化法则保护商标所有人凝结在

---

① J. Thomas McCarthy，Dilution of A Trademark：European and United States Law Compared，94 TMR 1163，1178 (2004). 欧洲法院在这两个判决中均将淡化机制适用于竞争性商品或服务案件中。麦卡锡教授指出，“混淆理论可用于解决竞争性或类似商品案件，没必要再启动淡化机制”。（p.1178）“如果将淡化机制也适用于竞争性产品案件，那么必将损害自由公平竞争并扭曲反淡化机制。”（p.1180）

② J. Thomas McCarthy，Dilution of A Trademark：European and United States Law Compared，94 TMR 1163，1177 (2004).

③ Davidoff & Cie SA and Zino Davidoff SA v Gofkid Ltd.，Case C–292/00，paragraph 26，28，29 (2003).

商标中商誉的投资”。[①] 因此，“混淆”意味着商标权的效力限定于“相同或类似商品”上，因为在不类似商品上使用相同或近似商标通常不会使消费者产生混淆误认。如果商标权人要控制“跨类”商品上的商标使用行为，则意味着商标权的理论基础应延展至财产权，即通过驰名商标的淡化保护机制来实现。但是，反过来，淡化保护机制中的“联系”具有宽泛的内涵。按照通常的理解，行为人的行为如果已经具有使消费者对商品或服务来源产生混淆可能，那么当然可以在驰名商标与行为人使用的商品或服务之间制造“联系”，从而发生淡化意义上的损害。跨类保护只是赋予驰名商标权利人额外的特殊保护，并不排斥在需要的情况下提供其在相同或类似商品或服务上的保护。根据“举重以明轻”的解释方法，驰名商标尚且可以在跨类商品或服务上享受保护，当然也就可以在相同或类似商品或服务上享受保护。

（二）典型案例

以“宝洁”商标行政争议纠纷案为例。[②]

1. 基本案情

争议商标系第 1904474 号“威仕达玉兰”商标，其申请日为 2001 年 5 月 15 日，核准注册日为 2002 年 8 月 21 日，核定使用在第 3 类“洗发液、香皂、洗面奶、浴露、化妆品、皮肤增白霜、香水、防晒剂、喷发胶、爽身粉”商品上，专用权至 2022 年 8 月 20 日，现商标权人为威仕达公司。引证商标一系第 380392 号“玉兰”商标，申请日为 1990 年 1 月 1 日，申请人为宝洁公司，核定使用在第 3 类“雪花膏、爽身粉、玫瑰蜜、雀斑净”商品上，经续展商标专用权期限至 2023 年 2 月 28 日。引证商标二系第 1684381 号“玉兰油”商标，其申请日为 1999 年 7 月 1 日，申请人为宝洁公司，核定使用在第 3 类“香皂、浴液、泡沫浴液、化妆品、牙膏、护肤用化妆剂、个人用除臭剂、洗澡用化妆品、防晒剂、洗面奶”商品上，经续展商标专用权期限至 2021 年 12 月 20 日。

① Mary LaFrance, Understanding Trademark Law, LexisNexis 2009, P.205.

② 最高人民法院（2016）最高法行再 13 号行政裁定书。

本案焦点问题是：争议商标的注册是否违反了《商标法》第 13 条第 3 款以及第 41 条第 2 款的规定。

2. 判决内容

二审法院认为，由于宝洁公司未能提供在争议商标申请日前合理期限内，引证商标一、二使用商品的销售范围、经济指标、广告范围、广告投入、市场排名等证据，故在案证据不足以证明在争议商标申请注册前引证商标一、二已经成为驰名商标。《商标法》第 41 条第 2 款规定："已经注册的商标，违反本法第 13 条、第 15 条、第 16 条、第 31 条规定的，自商标注册之日起五年内，商标所有人或者利害关系人可以请求商标评审委员会裁定撤销该注册商标。对恶意注册的，驰名商标所有人不受五年的时间限制。"首先，争议商标核准注册日为 2002 年 8 月 21 日，宝洁公司提起撤销争议商标的申请日为 2010 年 8 月 4 日，已经超过五年的法定期限。其次，如上所述，宝洁公司不属于驰名商标所有人，其在争议商标核准注册之日起五年届满后提起撤销申请，不符合法律规定。

再审法院指出，《商标法》第 13 条的规定旨在给予驰名商标较之于一般注册商标更强的保护，一般注册商标权利人享有专用权以及禁止他人在相同或者类似商品上使用相同或者近似商标的权利，驰名商标权利人除享有上述权利外，还享有禁止他人在不相同或者不相类似商品上使用相同或者近似驰名商标的权利。因此，虽然《商标法》第 13 条第 3 款仅规定对"不相同或者不相类似商品申请注册的商标是复制、摹仿或者翻译他人已经在中国注册的驰名商标"之行为予以禁止，根据商标法对驰名商标强保护的立法本意，在"不相同或者不相类似商品"上复制、模仿、翻译他人已经在中国注册的驰名商标申请注册商标的行为，亦属该条所调整的对象。本案争议商标与引证商标一、二核定使用的商品，在功能、用途、销售渠道、消费对象等方面基本相同，属于类似商品，故本案可以适用《商标法》第 13 条第 3 款的规定。威仕达公司关于《商标法》第 13 条第 3 款只能适用于"不相同或者不相类似"商品的主张，属于对法律的错误理解，本院不予支持。

再审法院认定引证商标一已经构成驰名商标，其知名度可延及引证商标二，同时认定争议商标的注册行为具有恶意。关于威仕达公司申请注册争议商标是否具有恶意的问题。本院认为，根据《商标法》第41条第2款“对恶意注册的，驰名商标所有人不受五年的时间限制”的规定，判断争议商标的注册是否具有恶意，不能仅仅考虑商标是否已经达到驰名的程度，即只要是驰名商标，就推定申请注册人具有恶意，而应该根据案件具体情节，从主观意图、客观表现等方面综合判断。本案中，威仕达公司与宝洁公司同为洗化行业经营者，引证商标一、二在争议商标申请注册日前已经具有很高知名度，威仕达公司应当知晓宝洁公司的引证商标一、二而申请注册争议商标。此外，威仕达公司在实际使用争议商标的过程中具有攀附宝洁公司商标商誉的意图之行为，亦进一步佐证该公司申请注册争议商标具有恶意。

第八章
其他商业标志保护

只要满足特定构成要素，商业标志通常可基于相应的条件，享受商标法和反不正当竞争法的保护。本章主要介绍四种类型商业标志的法律保护，即地理标志、商号、域名、未注册商标的法律保护。

第一节　地理标志的保护①

问题：地理标志与商标有何联系及区别？通过什么程序认定地理标志？地理标志的保护，有何特殊之处？地理标志证明商标权利人的商标专用权，与经营者真实表明产品或服务来源地名的利益之间，如何平衡？

一、地理标志的性质

地理标志是纯粹对产品（农产品或食品，没有保护期限）品名的保护，确保商品特定品质与地理标志指示的区域之间的联系，区别于商标权对产品或服务来源的保护。比如百度百科关于“香槟酒”的介绍中指出，只有在法国香槟区，选用指定的葡萄品种，根据指定的生产方法流程所酿造的气泡酒，

① 还可结合第二章第二节的内容。

才能称得上是香槟酒。[①]“香槟”就是一种地理标志，向消费者表明了该种气泡酒的特定产区，并代表着特定品质。国家质量监督检验检疫总局2013年第51号“关于批准对香槟实施地理标志产品保护的公告”称，由法国农业、食品、渔业、农村事务及土地整治部推荐，法国香槟酒行业委员会提出的香槟在中华人民共和国境内注册地理标志保护产品的申请，经国家质检总局按照《地理标志产品保护规定》及相关规则要求，组织专家技术审查合格，现批准自即日起在中华人民共和国境内对香槟（Champagne）实施地理标志产品保护。该公告中同时附有一份“香槟质量技术要求”。但是，不同商家可以使用不同商标表明不同口感、不同甜度香槟酒的提供者，如酩悦香槟、凯歌香槟、玛姆香槟等。

二、地理标志产品及其专用标志的认定

我国质量监督检验部门、工商部门和法院都有权对地理标志做出认定，对相关违法或侵权行为进行查处。

（一）质监部门对地理标志及相关违法行为的认定

根据我国《地理标志产品保护规定》，国家质量监督检验检疫总局统一管理全国的地理标志产品保护工作。国家质量监督检验检疫总局负责地理标志产品保护申请的审核和注销，质量技术监督部门和出入境检验检疫部门将依法监督和查处地理标志产品专用标志的违法使用行为。《地理标志产品保护规定》第21条列举的违法使用行为有：擅自使用或伪造地理标志名称及专用标志；不符合地理标志产品标准和管理规范要求而使用该地理标志产品的名称；使用与专用标志相近、易产生误解的名称或标识及可能误导消费者的文字或图案标志，使消费者将该产品误认为地理标志保护产品的行为。

---

① [香槟酒]，https：//baike.baidu.com/item/香槟酒/409598，2019年10月11日访问。

（二）工商及司法部门对地理标志的认定

在商标法已经对地理标志作出明确定义的情况下，商标注册主管机关有权在商标申请注册及后续程序中依法认定相关标志是否属于地理标志。但是，商标注册主管机关作出上述认定，应当有充分的事实依据并通过相应证据予以证明。[①] 在这些程序中，地理标志往往是集体商标或证明商标，适用《商标法》的有关规定。法院在商标行政案件中基于保护地理标志的需要，也有权对地理标志进行认定，如法院认为："Margaux"已经构成标示葡萄酒来源于法国特定地区，且其葡萄酒商品的特定质量等特征主要是由该地区的自然因素或者人文因素所决定的标志，即《商标法》第 16 条所指的应予保护的地理标志。[②]

三、商标授权审查过程中的地理标志保护

（一）《商标法》第 16 条第 1 款的证明责任分配

地理标志不仅可代表某地区特定产品或服务的品质，也可以作为一种商业标记使用。当事人可以将地理标志作为商品或服务的来源标记，申请其为集体商标或证明商标。就含有地理标志要素的商标申请的审查标准，《商标法》第 16 条第 1 款作出了明确规定，商标中有商品的地理标志，而该商品并非来源于该标志所标示的地区，误导公众的，不予注册并禁止使用；但是，已经善意取得注册的继续有效。就地理标志与申请商标之间冲突的审查，《最高人民法院关于审理商标授权确权行政案件若干问题的规定》第 17 条作了明确规定：地理标志利害关系人依据《商标法》第 16 条主张他人商标不应予以注册或者应予无效，如果诉争商标指定使用的商品与地理标志产品并非相同商品，而地理标志利害关系人能够证明诉争商标使用在该产品上仍然容易导致相关

① 北京市高级人民法院（2016）京行终 1872 号行政判决书。

② 北京市高级人民法院（2017）京行终 4481 号行政判决书。

公众误认为该产品来源于该地区并因此具有特定的质量、信誉或者其他特征的，人民法院予以支持。如果该地理标志已经注册为集体商标或者证明商标，集体商标或者证明商标的权利人或者利害关系人可选择依据该条或者另行依据《商标法》第 13 条、第 30 条等主张权利。

根据上述规定，商标中包含商品的地理标志的，只有在该商品来源于该地理标志所标示的地区且不会误导公众的情形下，才可以注册并使用。商标注册人应当就上述要件事实承担举证责任。这里以陈某华与国家工商行政管理总局商标评审委员会关于“西山焦 xishanjiao”商标争议纠纷案[①]为例。

1. 基本案情

第 7795912 号“西山焦枣”地理标志证明商标的申请注册日为 2009 年 10 月 30 日，申请注册人为富硒焦枣协会，指定使用的商品为第 29 类枣。该商标的初审公告日为 201[illegible] 年 12 月 13 日。2013 年 11 月 25 日，商标评审委员会作出商评字〔2013〕第 110521 号《关于第 4417386 号“西山焦 xishanjiao”商标争议裁定书》（以下简称第 110521 裁定）。该裁定认为：“西山焦枣”符合《商标法》第 16 条第 2 款关于地理标志的定义，构成地理标志。争议商标“西山焦 xishanjiao”注册并使用在干枣商品上，包含了地理标志“西山焦枣”。陈某华未提交证据证明使用争议商标的干枣商品来源于地理标志“西山焦枣”所标示的地区，因此，争议商标的注册和使用容易误导公众。争议商标在干枣商品上的注册已构成《商标法》第 16 条第 1 款所指情形，争议商标在此项商品上的注册应予撤销。

2. 判决内容

本案二审法院认为，《商标法》第 16 条第 1 款的规定旨在避免并非来源于地理标志所标示的地区的使用包含地理标志的商标的商品误导公众，从而保证使用包含地理标志的商标的商品，具有的特定质量、信誉或者其他特征主要由该地理标志所标示地区的自然因素或者人文因素决定。就法律条款的表述方式看，《商标法》第 16 条第 1 款是从消极的、否定的方面作出规定的，

---

① 北京市高级人民法院（2015）高行（知）终字第 1568 号行政判决书。

“并非来源于”和“不予注册并禁止使用”的双重否定所表达的是一种肯定的内容，即商标中包含商品的地理标志的，只有在该商品来源于该地理标志所标示的地区且不会误导公众的情形下，才可以注册并使用。同时，商标注册虽然不以商标已实际使用为前提条件，但《商标法》所鼓励和倡导的是真实、公开、合法的商标使用行为，避免因单纯注册而不加以实际使用的商标注册行为，造成商标资源的浪费以及给其他经营者造成商业标志使用上的障碍。因此，判断诉争商标的注册是否违反了《商标法》第 16 条第 1 款的规定，亦应当从上述法律规定的精神实质出发，合理确定举证责任的分配，由商标注册申请人或者商标注册人承担举证责任，证明使用诉争商标的商品来源于地理标志所标示的地区且不会误导公众。如果商标注册申请人或者商标注册人不能提供证据证明使用诉争商标的商品来源于地理标志所标示的地区且不会误导公众，包括诉争商标未实际使用因而没有实际使用该商标的商品的情形，均应当认定该诉争商标的申请或者注册违反了《商标法》第 16 条第 1 款的规定。

（二）外文地理标志与中文商标申请的冲突

外文标志的显著性审查，在商标法的实践中已经形成相对成熟的标准。《最高人民法院关于审理商标授权确权行政案件若干问题的规定》第 8 条规定，诉争商标为外文标志时，人民法院应当根据中国境内相关公众的通常认识，对该外文商标是否具有显著特征进行审查判断。可见，应当以“相关公众”的认识作为判断外文标志显著性及保护范围的标准。外文地理标志的保护，也应当按照这种标准进行审查，正如“圣玛歌”案二审判决指出：地理标志本质上是能够体现来自于特定地区且具有特定品质的商品与该地区自然或人文因素之间的关联关系的标志，因此，无论该标志以何种具体形式呈现出来，只要其能够体现出商品品质与自然人文因素之间的关联关系，就可以作为地理标志予以保护。相应地，在不同语言文字相互转换的环境下，亦应当承认和尊重地理标志的不同表现形式。对于来自于其他国家并以中文以外的其他语言文字表现的地理标志，如果中国相关公众已经将其与特定的中文标志建立起稳定的对应关系，则对该中文标志的保护当然亦属于对该地理标志予以保护的应有之义。

这里以吉马公司等与国家工商行政管理总局商标评审委员会关于“圣玛歌”商标争议纠纷[①]案为例。

1. 基本案情

2006年12月29日，吉马公司向中华人民共和国国家工商行政管理总局商标局提出第5816341号“圣玛歌”商标（以下简称争议商标）的注册申请并于2009年10月21日获准注册，核定使用在第33类“果酒（含酒精）、烧酒、蒸馏酒精饮料、葡萄酒、酒（饮料）、威士忌酒、酒精饮料（啤酒除外）、米酒、清酒、黄酒”等商品上，专用权期限至2019年10月20日。2014年11月26日，法国名称局及波尔多委员会针对争议商标向中华人民共和国国家工商行政管理总局商标评审委员会（以下简称商标评审委员会）提出无效宣告请求申请。

2. 判决内容

本案二审法院认为：法国名称局及波尔多委员会在商标评审程序中提交的法国官方公报、国家图书馆相关检索报告和相关书籍等证据，能够证明“Margaux”符合2001年《商标法》第16条第2款的规定，属于葡萄酒商品上的地理标志。法国名称局及波尔多委员会在商标评审程序中提交的相关证据能够证明“Margaux”与中文“玛歌”之间存在一定的对应关系，其在二审期间补充提交的国家质量监督检验检疫总局《关于批准对波尔多（Bordeaux）45个附属产区实施地理标志保护的公告》进一步佐证了“Margaux”与中文“玛歌”之间的对应关系。因此，在中文“玛歌”与“Margaux”地理标志存在稳定对应关系的情形下，“玛歌”亦应作为葡萄酒商品上的地理标志予以保护。

争议商标由中文“圣玛歌”构成，核定使用在“果酒（含酒精）、烧酒、蒸馏酒精饮料、葡萄酒、酒（饮料）、威士忌酒、酒精饮料（啤酒除外）、米

① 北京市高级人民法院（2017）京行终4490号行政判决书。

酒、清酒、黄酒”等商品上。虽然争议商标并未直接包含“Margaux”地理标志，但其完整包含了与“Margaux”具有稳定对应关系的中文标志“玛歌”，因此，争议商标在葡萄酒商品上的注册违反了2001年《商标法》第16条第1款的规定。争议商标核定使用的“葡萄酒”商品以外的其他商品，与“葡萄酒”商品虽然并非相同商品，但均属于含有酒精成分的饮料，与“葡萄酒”商品存在较为密切的关联，因此，将与“Margaux”地理标志存在对应关系的“玛歌”使用在上述商品上，亦容易导致相关公众误认为该产品来源于该地区并因此具有特定的质量、信誉或者其他特征的，属于《最高人民法院关于审理商标授权确权行政案件若干问题的规定》第17条第1款规定的应予无效的情形。

四、商标侵权认定过程中的地理标志保护

（一）对使用含有地理标志的证明商标的不当使用

这里以五常市大米协会与李某同等侵害商标权纠纷案[①]为例。

1. 基本案情

五常市大米协会经核准在第30类商品上注册了第1607996号五常组合商标和第5789043号“五常大米”文字商标，两商标为证明商标，核定使用商品为大米、大米制品。五常市大米协会制定的《“五常大米”证明商标使用管理规则》对“五常大米”证明商标的使用条件、使用申请程序、管理、保护等进行了明确。其中，该管理规则第5条规定使用“五常大米”证明商标的产品的生产地域范围为：五常市境内“C”字开口盆地以内，龙凤山水库或拉林河、溪浪河水系浇灌的水田。具体地域范围是：溪浪河、拉林河流域至红旗乡西城子村以东，苇沙河以西，磨盘山以北，硕大户山以南。第9条规定申请使用“五常大米”证明商标的使用者应向五常市大米协会递交《证明商标使用申请书》。第11条规定符合“五常大米”证明商标使用条件的，应办

① 北京市朝阳区人民法院（2016）京0105民初1686号民事判决书。

理如下事项：1. 双方签订《证明商标许可使用合同》；2. 申请领取《证明商标准用证》；3. 申请领取证明商标标识；4. 申请人交纳管理费。此外，上述管理规则还对使用“五常大米”证明商标的产品的品质特征、申请程序、被许可使用者的权利和义务等内容进行了规定。被告商品外包装正面最上方中间位置突出标注有“五常”字样，该字样左侧标注有源京达及拼音和图形商标，“五常”字样下方依次显示有“自然香生态米”“金虎长粒香”和老虎图案，包装底部显示有“黑龙江五常香米基地”和“金利兴盛公司”字样。

2. 判决内容

李某同销售的涉案大米包装袋上标有“五常”字样，上述使用方式足以起到标识商品来源的作用，属于商标性使用行为。因涉案大米产品与涉案五常组合商标和“五常大米”证明商标核定使用的商品为同一种类商品，涉案大米包装上的“五常”字样与涉案两项注册商标中的主要识别部分“五常”字样相同，基于涉案注册商标的知名度和显著性，涉案大米包装上的上述使用方式足以使相关公众误认为该产品与涉案两项证明商标标识的商品来源相同或者存在特定联系，故涉案大米产品上使用的“五常”标识与涉案注册商标构成近似商标。

对于李某同提出涉案大米产品上同时还使用了源京达汉字及英文组合商标以及“五常”系地名的辩称，一审法院认为，含有地理标志的证明商标的功能在于证明所标识的商品来源于特定区域及具有相应的品质特征。在相应证明商标被在先核准注册的情况下，注册人即取得了对该商标的专用权。虽然“五常”属于黑龙江省五常市的简称，但在五常市大米协会将含有该地理标志的标识在大米产品上注册为证明商标的情况下，任何能够标识某大米产品来源于该地区的商标性使用行为均应符合涉案证明商标的使用管理规则并征得五常市大米协会的许可，否则，该证明商标将无法正常发挥其标识功能。①

① 北京市朝阳区人民法院（2015）朝民（知）初字第4613号民事判决书。二审维持，见北京知识产权法院（2015）京知民终字第1180号民事判决书。

3. 案件评析

地理标志的持有人，通常会将其地理标志注册为集体商标或证明商标。地理标志经核准成为集体商标或证明商标后，权利人可基于商标权制止他人未经许可的商标侵权行为。来自于相同产区的商家可以要求使用集体商标或证明商标，但同时，证明商标持有人会就产品的品质特征、申请程序、使用者的权利和义务等内容进行规定。使用人一旦申请使用证明商标，则必须满足有关行业协会规定的质量要求。对于不符合集体商标或证明商标管理规则的使用人，未经许可在核定产品上使用与其相同或近似标识的行为，且容易导致相关公众混淆误认的，权利人有权依法追究其侵害商标权的责任。

本案的特殊之处在于，被告来自地理标志所标识的地域，有权向消费者表明产品或服务的真实产区，其是否构成对地名的合理使用？这可能取决于被告的使用方式和意图。如果被告在包装袋上使用“来自五常市的大米”，这应该属于对地名的合理使用；如果被告使用“五常大米”地理标志字样，且被告提供的大米并不符合行业协会的质量、加工、包装等要求，基于对地理标志证明商标商誉信赖功能的保护，可能更适合认定为商标侵权。本案中，你认为被告使用“五常”字样，是故意搭便车还是真实告知产区？

（二）对含有地理标志的证明商标的正当使用

这里以江苏省盱眙龙虾协会与南京鸡头土菜馆侵害商标权纠纷[①]案为例。

1. 基本案情

2004年12月28日，国家工商主管部门核准盱眙龙虾协会享有“盱眙龙虾”汉字、图形和拼音组合的证明商标，注册号为第3739968号，核定使用商品为第31类：龙虾（活），有效期已续展至2024年12月27日。2009年4月24日，国家工商主管部门认定盱眙龙虾协会享有的“盱眙龙虾 XUYILONGXIA 及图”

① 南京市玄武区人民法院（2016）苏0102民初4297号民事判决书；南京市中级人民法院（2017）苏01民终2202号民事判决书。

注册商标为驰名商标。被告在“鸡头大排档欢迎您”的店面门头旁边，同时悬挂内容为“盱眙龙虾”和“正宗盱眙龙虾”的灯箱。

2. 判决内容

一审法院认为，盱眙龙虾协会系“盱眙龙虾 XUYILONGXIA 及图”注册商标的所有权人，可以自己的名义就侵犯商标权的行为提起诉讼。商标法规定，未经商标注册权利人的许可，在同一种商品上或者类似商品上使用与其注册商标相同或者近似的商标的，属于侵犯商标专用权的行为，而销售侵犯注册商标专用权的商品的，同样构成违法侵权。关于鸡头土菜馆在餐饮经营中使用“盱眙龙虾”字样的行为是否构成侵权问题。首先，涉案商标是以“盱眙龙虾”地理标志进行注册的证明商标，在比较被控侵权标识与涉案商标是否相同或者近似时，应以普通公众的一般注意力为审查标准，包括整体和商标主要组成两方面的比对和判断。涉案商标的图形为圆形，是由“盱眙龙虾”的文字、拼音以及图案三部分要素构成，文字和拼音环绕于龙虾图案的外圈。被告在餐饮经营中使用于店头灯箱中的“盱眙龙虾”字样，仅有文字部分与涉案商标相同，在整体上与涉案商标差异较大，不易造成混淆、导致普通公众产生错误认知。

证明商标应不同于商品或者服务商标，证明商标是用以证明商品或者服务的原产地、原料、制造方法、质量或者其他特定品质的标志，使用涉案商标的龙虾，不仅应来源于盱眙县辖区内的特定水域，同时龙虾本身以及加工过程也有特殊要求。鸡头土菜馆在餐饮经营中使用“盱眙龙虾”字样对外宣传，仅属于向普通公众传递其提供的龙虾原料与盱眙存在关联，至于龙虾是否真正来自于盱眙县辖区内的水域，以及龙虾加工方法是否来源于盱眙正规渠道，从上述字样中无法得出确定结论，不会使得相关公众错误认为鸡头土菜馆提供的龙虾符合涉案商标所要求的龙虾品质。同时，证明商标的意义在于保证使用其商品的特定品质，既有利于企业的市场推广，也有利于消费者行使选择权。在证明商标中使用地理标志的目的，是保证特定产地出产商品的特殊品质，不是垄断性地使用该地理标志，在涉案商标中虽然也使用了地理标志，但是仅占涉案商标的较小部分，在涉案商标中具有显著性和识别性的部分应为龙虾图案，盱眙龙虾协会获准涉案商标的注册登记，并不代表其同时获得地理标志的商标专用权利，以及获得禁止其他商事主体在商品或服务中使用地理标志的权利。

3. 案件评析

如同上述五常大米案，法官在判断使用含有地理标志的证明商标的行为正当性时，也遵循了传统商标侵权的认定思路。同样是来自相应产地的商户使用证明商标，为何本案的行为是一种正当使用行为？该如何平衡地理标志证明商标专用权与正当使用地名之间的关系？

《商标法实施条例》第 4 条第 2 款规定，以地理标志作为证明商标注册的，其商品符合使用该地理标志条件的自然人、法人或者其他组织可以要求使用该证明商标，控制该证明商标的组织应当允许。以地理标志作为集体商标注册的，其商品符合使用该地理标志条件的自然人、法人或者其他组织，可以要求参加以该地理标志作为集体商标注册的团体、协会或者其他组织，该团体、协会或者其他组织应当依据其章程接纳为会员；不要求参加以该地理标志作为集体商标注册的团体、协会或者其他组织的，也可以正当使用该地理标志，该团体、协会或者其他组织无权禁止。根据《集体商标、证明商标注册和管理办法》第 18 条第 1 款规定，凡符合证明商标使用管理规则规定条件的，在履行该证明商标使用管理规则规定的手续后，可以使用该证明商标，注册人不得拒绝办理手续。可见，只要符合使用地理标志条件，有关主体即可使用该地理标志；此外，还可依照《商标法》第 59 条第 1 款的规定“正当使用地名”，正当使用含有地理标志的证明商标的范围仅限于“地名”。

被告的龙虾虽然来自盱眙，但无直接使用“盱眙龙虾”地理标志。如果被告使用“正宗盱眙龙虾”，[①] 或者使用“盱眙产龙虾”“龙虾来自盱眙”“龙虾产自盱眙”等，行为性质是否相同？

---

① 参见江苏省高级人民法院（2016）苏 01 民终 10680 号民事判决书。

第二节　企业名称和商号的保护

问题：《民法通则》中的企业名称权是何种性质的权利？《反不正当竞争法》中的企业名称具有何种性质？两者受保护的法理依据和保护条件分别是什么？企业名称、企业名称的简称及商号的反不正当竞争保护，需要满足什么条件？

一、企业名称的性质

商号、企业名称都属于营业标识，它们是区分生产经营主体即营业主体（经营者）的标识，是生产经营者的表征或者标识。[①]《民法总则》第110条第2款规定，法人、非法人组织享有名称权、名誉权、荣誉权等权利。可见，法人的企业名称权在我国民法中属于人身权的范畴。法人在登记主管机关辖区内对企业名称享有支配权和排斥权，根据《企业名称登记管理规定》第6条第1款规定，企业只准使用一个名称，在登记主管机关辖区内不得与已登记注册的同行业企业名称相同或者近似。该条乃基于企业名称权的人身属性出发作出的规定，根据该条规定，企业名称权的排斥范围限定在名称的登记主管机关辖区内。

在企业名称的登记主管机关辖区之外，为防止他人攀附市场声誉或者造成市场混淆，可以排斥他人注册、使用相同或者近似的企业名称。这种情况通常是该企业名称（包括企业名称中的字号）具有较高的知名度，他人为攀附其市场声誉（搭便车）而注册、使用相同或者近似的企业名称，足以使相关公众产生市场混淆。[②]这种情况下，企业名称是作为商业标识受到反不正当竞争法的保护，是在财产权属性的框架内受到保护。比如有判决明确指出：

① 孔祥俊：《商标与反不正当竞争法——原理与判例》，法律出版社2009年版，第22页。

② 孔祥俊：《商标与反不正当竞争法——原理与判例》，法律出版社2009年版，第25页。

受反不正当竞争法保护的企业名称，特别是字号，不同于一般意义上的人身权，是区别不同市场主体的商业标识。[①]

二、在先商号权益的商标法保护

商号是企业名称中最具识别力的部分，又称字号。经过使用具有一定知名度的商号，能够指向特定的营业来源，蕴含着营业主体的商誉，他人为攀附商誉而使用相同或近似的商号并导致市场混淆的行为，受到反不正当竞争法禁止；在商标注册程序中，如果他人采用相同或近似的商号申请商标，那么符合一定条件的商号可以作为阻止他人商标申请的在先事由。

（一）依据及构成

权益持有人可依照《商标法》第32条后段规定，即不得以不正当手段抢先注册他人已经使用并有一定影响的商标，行使其在先商号权益。

第一，在先实际使用了该商号，即使用人通过实际使用在该商号中具有在先保护的利益。具体而言，该商号经过使用之后已经具有“一定影响”，即该商号是承载了财产利益的商业标识，根据《最高人民法院关于审理商标授权确权行政案件若干问题的规定》第23条第2款规定，在先使用人举证证明其在先商标有一定的持续使用时间、区域、销售量或者广告宣传的，人民法院可以认定为有一定影响。

第二，他人以不正当手段抢先将相同或近似的商号作为商标申请注册。根据《最高人民法院关于审理商标授权确权行政案件若干问题的规定》第23条第1款规定，在先使用人主张商标申请人以不正当手段抢先注册其在先使用并有一定影响的商标的，如果在先使用商标已经有一定影响，而商标申请人明知或者应知该商标，即可推定其构成“以不正当手段抢先注册”，但商标申请人举证证明其没有利用在先使用商标商誉的恶意的除外。

① 最高人民法院（2005）民三监字第15-1号民事裁定书。

第三，核定使用的商品与商号持有人经营的商品或服务构成相同或类似，根据《最高人民法院关于审理商标授权确权行政案件若干问题的规定》第23条第3款规定，在先使用人主张商标申请人在与其不相类似的商品上申请注册其在先使用并有一定影响的商标，违反《商标法》第32条规定的，人民法院不予支持。

第四，如果核准该商标的注册申请，容易导致相关公众混淆误认。是否在个案中足以导致“混淆误认”，则可参照《商标法》第57条的相关规则进行判断。

（二）基本案情

这里以欧美公司与埃克森美孚公司、国家工商行政管理总局商标评审委员会商标争议纠纷案为例。

争议商标系第4340354号“美孚美斯克”商标，由美斯克石油公司于2004年11月2日向商标局提出注册申请，并于2008年1月14日获准注册，核定使用的商品为国际分类第4类润滑油、润滑剂、轻油、齿轮油、汽油、柴油、引火剂、除尘制剂、照明用蜡、蜡（原料）。该商标专用权期限为2008年1月14日至2018年1月13日。现争议商标权利人已经变更为欧美投资公司。2011年9月14日，埃克森美孚公司向商标评审委员会提出撤销争议商标的申请。其中一个理由是争议商标的注册损害了埃克森美孚公司的在先商号权，并属于“以不正当手段抢先注册他人在先使用并有一定影响的商标”的情形，违反《商标法》第31条的规定。

（三）判决内容

将与他人在先登记、使用并具有一定知名度的商号相同或者基本相同的文字申请注册为商标，容易导致相关公众混淆，致使在先商号权人的利益可能受到损害的，构成对他人在先商号权的损害，该商标应当不予核准注册。本案中，埃克森美孚公司已经提交证据证明在争议商标申请注册之前，埃克森美孚公司及其中国关联公司的商号“美孚”在中国大陆地区经过长期大量地宣传和使用，具有较高知名度。争议商标“美孚美斯克”与埃克森美孚公司的商号“美孚”文字接近，其核定使用的润滑油等商品与埃克森美孚公司所经营并据以知名的润滑油等商品构成相同或类似商品，因此，争议商标的注册容易导致相关公众混淆，损害了埃克森美孚公司的在先商号权。①

三、企业名称简称的反不正当竞争保护

基于与企业名称、商号相同的保护逻辑，企业名称的简称在满足特定条件的情况下也可以受到反不正当竞争法保护。这里以天津青旅诉天津国青国际旅行社不正当竞争纠纷案为例。

（一）基本案情

天津中国青年旅行社于 1986 年 11 月 1 日成立，是从事国内及出入境旅游业务的国有企业，直属于共青团天津市委员会。共青团天津市委员会出具证明称，“天津青旅”是天津中国青年旅行社的企业简称。天津国青国际旅行社于 2010 年 7 月 6 日成立，是从事国内旅游及入境旅游接待等业务的有限责任公司。2010 年底，天津中国青年旅行社发现通过 Google 搜索引擎分别搜索“天津中国青年旅行社”或“天津青旅”，在搜索结果的第一名并标注赞助商链接的位置，分别显示“天津中国青年旅行社网上营业厅 www.lechuyou.com 天津国青网上在线营业厅，是您理想选择出行提供优质、贴心、舒心的服务”或“天津青旅网上营业厅 www.lechuyou.com 天津国青网上在线营业厅，是您理想选择出行提供优质、贴心、舒心的服务”，点击链接后进入网页是标称天津国青国际旅行社乐出游网的网站，网页顶端出现“天津国青国际旅行社—青年旅行社青旅 / 天津国旅 / 三源电力 / 金龙旅行社 / 大亚旅行社—最新报价”字样，网页内容为天津国青国际旅行社旅游业务信息及报价，标称网站版权所有：乐出游网—天津国青 / 北京捷达假期；并标明了天津国青国际旅行社的联系电话和经营地址。

① 最高人民法院（2016）最高法行申 319 号行政裁定书。

（二）判决内容

《最高人民法院关于审理不正当竞争民事案件应用法律若干问题的解释》第 6 条第 1 款规定，企业登记主管机关依法登记注册的企业名称，以及在中国境内进行商业使用的外国（地区）企业名称，应当认定为《反不正当竞争法》第 5 条第 3 项规定的“企业名称”。具有一定的市场知名度、为相关公众所知悉的企业名称中的字号，可以认定为《反不正当竞争法》第 5 条第 3 项规定的“企业名称”。“天津中国青年旅行社”是天津中国青年旅行社的企业名称，天津中国青年旅行社享有企业名称权，依法应受到法律保护。

天津中国青年旅行社于 1986 年即开始经营境内外旅游业务，经过多年的经营宣传，已为相关公众所知悉，并具有相应的市场知名度。“天津青旅”是天津中国青年旅行社在 2007 年时就已在日常经营活动中普遍使用的企业简称，相关报道和客户亦以“天津青旅”指代天津中国青年旅行社，该企业简称已为相关公众所认可，并在相关公众中建立起与天津中国青年旅行社稳定的关联关系，已产生识别经营主体的商业标识意义，他人在后擅自使用该企业简称，足以使特定区域内的相关公众发生市场主体的混淆，故“天津青旅”应视为天津中国青年旅行社的企业名称，应受法律保护。

天津国青国际旅行社通过在相关搜索引擎中设置与天津中国青年旅行社企业名称有关的关键词并在网站源代码中使用等手段，使相关公众在搜索“天津中国青年旅行社”和“天津青旅”关键词时，直接显示天津国青国际旅行社的网站链接，从而进入天津国青国际旅行社的网站联系旅游业务，主观上具有使相关公众产生误认的故意，客观上不恰当地利用了天津中国青年旅行社的企业信誉，损害了天津中国青年旅行社的合法权益，该行为违反我国《反不正当竞争法》第 5 条第 3 项的规定，构成不正当竞争。[①]

---

① 天津市第二中级人民法院（2011）二中民三知初字第 135 号民事判决书。天津市高级人民法院（2012）津高民三终字第 3 号民事判决书。

（三）案件评析

《商标法》第 32 条的规定只是保障了在先商号权利人阻止他人抢注商标，不可以作为该权利人在其主动提起的诉讼案件中予以援引的依据。但是，商号作为一种未注册商业标识，受到《反不正当竞争法》的保护，持有人可以依据相关条款禁止他人作混淆性使用，从而主动地维护自己的商业权益。《反不正当竞争法》第 6 条第 2 项规定，经营者不得擅自使用他人有一定影响的企业名称（包括简称、字号等）、社会组织名称（包括简称等）、姓名（包括笔名、艺名、译名等），引人误认为是他人商品或者与他人存在特定联系。由此可见，在先商号权利人、企业简称权利人等都可以依据该条规定主张他人构成不正当竞争行为。

本案是以竞价关键词通过干扰搜索排名的方式所实施的不正当竞争行为，一审判决展现了在先企业简称受反不正当竞争法保护的条件。第一，被告的使用属于“擅自使用”，指应知或者明知是他人的商业标记而予以使用；第二，原告对企业简称经过在先使用之后已经具有一定影响，并且相关公众已经能够稳定地将该企业简称与相应的企业主体之间对应起来；第三，他人商业性使用与该企业简称相同或近似的商业标识；第四，被告的该使用行为，容易导致相关公众混淆误认。

实践中有两个具有争议的问题。

1. 是否要求商品或服务类别

实践中，究竟是否要求被告使用的商品或服务与原告经营的商品或服务构成相同或类似，存在争议。比如有观点认为应当作出如此要求，因为《商标法》第 32 条后段对在先商业标识的保护规定和《商标法》第 57 条对注册商标的保护规定都有如此限制，这里对未注册商业标识的保护也应设定如此限制。典型的立法例，如台湾地区“公平交易法”第 22 条对仿冒行为均限定了“于同一或类似之商品或服务为相同或近似之使用”。

但是也有观点认为，我国《反不正当竞争法》第 6 条规定的“混淆”不仅包括“来源混淆”，也包括“关联混淆”，后者常常是指类似或者相关商品或服务之间所产生的混淆类型。我国司法实践虽然坚持“相同或类似”的限定，但是凡消费者能够将其联系到一起的商品（认为有一定联系的商品），可以视情况纳入类似商品的范围。[①] 还有观点认为应当放弃商品或服务类别的限制，彰显反不正当竞争法作为行为法的本色。[②]

2. 是否要求主观状态

仿冒行为的构成中，是否要求对“攀附商誉的主观恶意”进行考察，也有争议。假冒之诉源于普通法的欺骗侵权（tort of deceit），顾名思义，早期案例法均认为“欺诈故意”是假冒之诉的构成要件。直到假冒之诉的客体在20世纪初被归结为“原告的商誉”之后，由于假冒之诉被认为是保护原告的财产权，被告的主观状态才不被认为具有必要性[③]，如今，被告善意地认为其使用行为不会带来混淆，或者误认为他有权使用这个名称或标记，都不是合法抗辩。[④] 对主观状态的不作要求使假冒之诉成为英美法系经济侵权（economic tort）行为类型中的特殊种类或例外情形。在后者的框架内，主观状态的要求被认为是平衡行为自由与法益保护这两个基本价值的缓冲器。[⑤]

但也有观点认为，《反不正当竞争法》对于“擅自使用”的要求，可以解释为知道他人的企业名称而予以使用，因而可以说具有恶意的要求。[⑥] 司法实践中，法官常常会考察被告的主观状态。如“在御生堂肠清茶产品已构成在先知名商品且其装潢为其特有装潢的情况下，康士源公司作为同行业经营者，其采用上述相近似的装潢，借靠他人知名商品声誉以获取不正当竞争优势的

---

① 孔祥俊：《商标与反不正当竞争法——原理与判例》，法律出版社2009年版，第738页。

② 孔祥俊：《论反不正当竞争法的新定位》，载《中外法学》2017年第3期。

③ Christopher Wadlow, The Law of Unfair Competition (fourth edition), Sweet & Maxwell (2011), p.328. 通常认为“假冒之诉”这一诉因是在1842年得到认可，但将商誉中的财产作为保护客体的观点是在1915年得到承认。Ian Tregoning, What's in a Name? Goodwill in Early Passing-off Case, 34 Monash U.L. Rev. 75, 76(2008).

④ Christopher Wadlow, The Law of Unfair Competition (fourth edition), Sweet & Maxwell (2011), pp.328–329.

⑤ 英美法系上所谓economic torts，由其名称可知在于保护经济利益，并有多数个别侵权行为，包括false deceit, passing off…此等侵权行为均以故意或恶意为要件。参见王泽鉴：《侵权行为法（第一册）》，中国政法大学出版社2001年版，第178页。

⑥ 孔祥俊：《商标与反不正当竞争法——原理与判例》，法律出版社2009年版，第756页。

意图明显”。[①]“千橡互联公司作为互联网业界具有一定影响力的公司，在明知开心人公司通过‘开心网’（kaixin001.com）提供的社会性网络服务已构成知名服务的情况下，自2008年10月开始使用该知名服务的特有名称‘开心网’作为网站名称，在相同行业和领域中向公众提供社会性网络服务……具有主观过错。”[②]

第三节　域名的保护

问题：域名的法律性质是什么？持有人可否排斥第三人登记或使用相同或近似的域名？针对域名的商标法保护与反不正当竞争法保护，在构成上有什么区别？

一、域名的概念与性质

在互联网经济环境中，域名是经营者重要的经济资源，我国新修订的《反不正当竞争法》第6条明确将域名规定为一种商业标识。根据《互联网域名管理办法》第55条第1项规定，域名是指互联网上识别和定位计算机的层次结构式的字符标识，与该计算机的IP地址相对应。企业域名既展示经营主体，又展示其商品或者服务，是一种经营活动的虚拟场所，也是从事经营活动的重要渠道和窗口。[③]通常，域名与企业主体之间具有一一对应的关系，它指向特定的经营主体，是一种独立的商业标识，因此，当域名与他人的商业标识（如他人的商标、企业名称或商号）相同或近似时，可能会使相关公众对商品或服务提供主体的来源产生混淆误认，从而受到商标法与反不正当

① 最高人民法院（2011）民提字第60号民事判决书。

② 北京市第二中级人民法院（2009）二中民初字第10988号民事判决书。二审维持，见北京市高级人民法院（2011）高民终字第846号民事判决书。

③ 孔祥俊：《商标与反不正当竞争法——原理与判例》，法律出版社2009年版，第28页。

竞争法保护。域名持有人对于域名不享有支配力，其不能基于域名权益排斥第三人的任何使用，只能基于商标法与反不正当竞争法所规定的特定条件享受保护。

二、在先域名权益的商标法保护

以“19 楼论坛 WWW.19FLOOR.NET”商标注册争议纠纷案为例。

（一）基本案情

商标评审委员会依据《商标法》第 33 条、第 34 条的规定，作出商评字〔2013〕第 67009 号《关于第 5412076 号“19 楼论坛 WWW.19FLOOR.NET”商标异议复审裁定书》，裁定：第 5412076 号“19 楼论坛 WWW.19FLOOR.NET”商标（以下简称被异议商标）予以核准注册。十九楼公司不服，提起行政诉讼。十九楼公司明确表示其主张在先使用并有一定影响的商标为“19floor.net”，本案的争议焦点为被异议商标的申请注册是否损害了十九楼公司的在先域名权益，是否构成以不正当手段抢先注册他人在先使用并有一定影响的商标，从而违反《商标法》第 31 条的规定。

（二）判决内容

二审法院认为，19floor.net 作为一家大型生活类论坛，在被异议商标申请日前其开设有“快振美食俱乐部”“美食家”“快报咖啡教室”“拉风大本营”“拉风北约”“旅游先遣队”“孩子爸孩子妈聊天室”等服务板块，同时，在《都市快报》中，亦显示在先商标 19floor.net 或“19 楼论坛”曾在“美食坊”“汽车拉风”“亲子”“旅游攻略”等服务板块上使用过，而且，上述服务项目与被异议商标指定使用的酒吧、餐馆、饭店、咖啡馆、汽车旅馆、日间托儿所服务项目在服务的目的、内容、对象等方面构成相同或类似，二者存在较为密切的关联性。在先商标 19floor.net 通过在报纸及网络上的大量使用，在被异议商标申请日前已具备较高知名度，为相关公众所知晓。

被异议商标为“19 楼论坛 WWW.19FLOOR.NET”，而十九楼公司主张的在先商标为“19floor.net”，二者相比较，域名组成部分相同，且“19floor”具有“19楼”之含义，两商标构成近似商标。19floor.net 作为大型生活类网络论坛，在浙江地区具有较高的知名度，施某辉与十九楼公司同处一地，在申请被异议商标时理应知晓在先商标 19floor.net 已存在，其申请注册被异议商标难谓正当，上述两商标若并存，易使相关公众对两商标的服务项目提供者产生混淆误认，或认为两者存在某种关联，因此，施某辉申请注册被异议商标属于“以不正当手段抢先注册他人在先使用并有一定影响的商标”的情形，从而违反了《商标法》第 31 条的规定。①

（三）案件评析

与商号一样，既然是一种独立的商业标识，域名持有人则可基于《商标法》第 32 条的规定，在商标争议程序中主张在先权益以阻止他人的商标注册申请。《商标法》第 32 条后段保护在先域名权益，并非旨在提供对域名标识的绝对、排他保护，而在于保护经过使用的在先域名与特定商品或服务来源之间的联系，避免因在后商标的注册、使用而可能引起的相关公众混淆误认的后果。②因此，域名持有人必须严格按照该条规定的要件行使在先域名权益。

本案完整展现了在商标争议程序中行使在先域名权益应当满足的条件：第一，在先使用该域名，即主张之人具有值得保护的在先利益。第二，该域名经过使用之后已经具有一定影响，即该域名是承载了财产利益的商业标识，根据《最高人民法院关于审理商标授权确权行政案件若干问题的规定》第 23 条第 2 款规定，在先使用人举证证明其在先商标有一定的持续使用时间、区域、销售量或者广告宣传的，人民法院可以认定为有一定影响。第三，他人以不正当手段抢先将相同或近似的域名作为商标申请注册，根据《最高人民

① 北京市高级人民法院（2014）高行终字第 1161 号行政判决书。

② 北京市高级人民法院（2016）京行终 2444 号行政判决书。

法院关于审理商标授权确权行政案件若干问题的规定》第 23 条第 1 款规定，在先使用人主张商标申请人以不正当手段抢先注册其在先使用并有一定影响的商标的，如果在先使用商标已经有一定影响，而商标申请人明知或者应知该商标，即可推定其构成“以不正当手段抢先注册”，但商标申请人举证证明其没有利用在先使用商标商誉的恶意的除外。第四，核定使用的商品与域名持有人经营的商品或服务构成相同或类似，根据《最高人民法院关于审理商标授权确权行政案件若干问题的规定》第 23 条第 3 款规定，在先使用人主张商标申请人在与其不相类似的商品上申请注册其在先使用并有一定影响的商标，违反《商标法》第 32 条规定的，人民法院不予支持。第五，如果核准该商标的注册申请，容易导致相关公众混淆误认。

三、在先域名权益的反不正当竞争法保护

以“去哪儿网”的不正当竞争纠纷案为例。

（一）基本案情

去哪公司网站 www.quna.com、www.mquna.com 首页的左上角、网站 www.123quna.com 首页的左上角和右下角均使用了“去哪？ Quna.com 众里寻它千百度”的标识，其中包含了“去哪”和“Quna.com”的字样。上述各网站网页中还分别使用了“去哪网航协官方代理资质验证”“去哪网重视任何建议与投诉，请联系我们”“去哪网提供商链接”“去哪机票预约”“去哪机票状态查询”“去哪机票走势”“去哪酒店直销注册”等文字。网站 www.123quna.com 网页中还使用了“手机版（m.quna.com）”“去哪酒店”“去哪机票搜索”“去哪开心”“去哪 BBS”“关于 Quna.com”“去哪酒店搜索”的文字。其中均包含了“去哪”“quna.com”的字样。另外，去哪网（www.quna.com）首页源代码中有〈metaname=“keyword” content=“去哪、去哪儿……”〉字样。趣拿公司主张去哪公司的上述行为构成对“去哪儿”或“Qunar”的仿冒，构成不正当竞争行为。

（二）判决内容

二审法院认为，根据《最高人民法院关于审理不正当竞争民事案件应用法律若干问题的解释》第1条、第2条的规定，在中国境内具有一定的市场知名度，为相关公众所知悉的服务，应当认定为知名服务；具有区别服务来源的显著特征的服务的名称，应当认定为特有的名称。趣拿公司经营的网站"去哪儿"网，于2005年6月以域名qunar.com上线运营，并自2005年起使用"去哪儿"或"Qunar"作为趣拿公司的代称对外签署合作协议、网络服务合同或进行宣传。2005年至2009年期间，"去哪儿""qunar.com""去哪儿网"等服务标识通过较大范围的网络宣传、传播、长期使用，在中国境内具有一定的市场知名度，为相关公众所知悉。公司主营收入2007年度为285万余元，2008年度为380万余元，2009年度攀升为1078万余元，2010年度更达到2129万余元，间接证实"去哪儿""qunar.com""去哪儿网"等服务标识知名度的提升，因此上述服务应当认定为知名服务。"去哪儿""qunar.com""去哪儿网"等服务标识不属于通用名称，而是具有区别服务来源的显著特征的服务名称，应当认定为反不正当竞争法规定的知名服务的特有名称。

去哪公司对域名"quna.com"享有合法权益，使用该域名有正当理由，去哪公司不构成不正当竞争行为。理由是1. 2003年6月6日，"quna.com"域名初次登记注册。而"qunar.com"域名被注册并创建网站的时间是2005年5月9日，较"quna.com"域名初次登记注册的时间要晚将近两年。因此，"quna.com"域名的注册是正当的。"quna.com"域名后经多次转让，于2009年5月9日由苑某恩（去哪公司的法定代表人）受让取得，2009年7月3日由去哪公司受让取得，这种转让行为亦不违反法律规定。去哪公司使用合法受让的"quna.com"域名，法律不应干涉。

2. 2010年8月27日，趣拿公司曾就去哪公司的"quna.com"域名向亚洲域名争议解决中心北京秘书处提交投诉书，请求移转去哪公司名下的上述域名给趣拿公司。专家组认为，投诉人不能同时满足相关《统一域名争议解决政策》规定的三个条件，从而缺乏理由支持"裁决被投诉人将争议域名转移给投诉人”的请求。进一步证明去哪公司使用“quna.com”域名有正当理由。

3. 趣拿公司的“qunar.com”域名与去哪公司的“quna.com”域名因仅相差一个字母“r”，构成相近似，在使用过程中不免会产生混淆，双方对此均有容忍的义务。如果以两个域名在使用过程中产生混淆的结果，反推去哪公司使用“quna.com”域名存在恶意，进而推定去哪公司取得“quna.com”域名没有正当理由，因此构成不正当竞争行为，不符合推理逻辑。①

（三）案件评析

1. 依据及构成

《商标法》第32条的规定只是保障了在先域名权益人阻止他人抢注商标，不可以作为该权益持有人在其主动提起的诉讼案件中予以援引的依据。但是，域名作为一种未注册商业标识，可以受到反不正当竞争法保护，持有人可以依据相关条款禁止他人作混淆性使用，从而主动地维护自己的商业权益。新修订的《反不正当竞争法》第6条第3项规定，经营者不得擅自使用他人有一定影响的域名主体部分、网站名称、网页等，引人误认为是他人商品或者与他人存在特定联系。

本案的价值在于，其提供了一个非常好的机会给法院阐明反不正当竞争法为保护在先域名权益所设置的条件，以及如何审查被告享有的合法抗辩。根据《反不正当竞争法》第6条第3项规定，原告应当就如下要件事实承担举证责任。第一，被告的使用属于“擅自使用”，指应知或者明知是他人的商业标记仍然予以使用，以此证明被告具有借用或攀附原告商业标记的商誉的主观意图。第二，原告对其域名经过在先使用之后已经具有一定影响，并且相关公众已经能够稳定地将该企业简称与相应的企业主体之间对应起来。第三，他人商业性使用与该域名相同或近似的商业标识。第四，被告使用的商品或服务与原告经营的商品或服务构成相同或类似。第五，被告的该使用行

① 广东省高级人民法院（2013）粤高法民三终字第565号民事判决书。

为，容易导致相关公众混淆误认。

最高人民法院曾经在2001年发布《关于审理涉及计算机网络域名民事纠纷案件使用法律若干问题的解释》(《域名不正当竞争司法解释》)，该解释第四条就域名权益的不正当竞争保护作出了明确规定，与上述要件基本相同："人民法院审理域名纠纷案件，对符合以下各项条件的，应当认定被告注册、使用域名等行为构成侵权或者不正当竞争：（一）原告请求保护的民事权益合法有效；（二）被告域名或其主要部分构成对原告驰名商标的复制、模仿、翻译或音译；或者与原告的注册商标、域名等相同或近似，足以造成相关公众的误认；（三）被告对该域名或其主要部分不享有权益，也无注册、使用该域名的正当理由；（四）被告对该域名的注册、使用具有恶意。"

2. 需要说明的问题

第一，关于"域名"中的合法权益。

禁止域名抢注行为以保护某种合法的市场利益为前提条件。在注册商标的情况下，新反不正当竞争法虽然尝试切割注册商标和未注册商标的保护，但是并不绝对排斥注册商标的保护，注册商标的性质在不正当竞争的语境下是作为一种法益、而不是作为一种专用权利存在，否则就构成商标侵权。《反不正当竞争法》即便在特定情形下对注册商标提供保护，也不是基于注册商标作为绝对权的排斥力。在涉及域名保护的情况下，则需要考察域名在性质上是否具有法益。

一种新类型权利的确立必须经法律的公示，由于目前尚无法律法规作出明确规定，不宜将"域名"称为"域名权"。但"域名"作为一种受到法律保护的利益，应无疑义。正如其他商业标记，域名本身只是一个符号，不具有法律保护的财产价值，所谓"域名"在性质上是一种受法律保护的利益，必须以"真实使用意图"和"实际使用行为"为条件。如果一个市场主体只是注册了该域名，但没有利用这个域名从事电子商务或营销，该域名能否受到保护？答案是否定的。这种情形不能类推适用商标法关于注册商标专用权的规定，因为商标注册行为会带来了一个法定商标权，但域名注册行为不会带来一个法定域名权。就任何未注册商标的权益形成而言，只有经使用行为才能在该商业标识上创造权益，注册行为带来的域名仅仅为注册主体预留了特定利益空间。因此，反不正当竞争法所保护的“域名”应该是发生实际使用的“域名”，而不仅仅是完成注册但未投入实际使用的域名。

第二，关于“擅自使用”与“恶意”。

《域名不正当竞争司法解释》第4条特意增加“恶意”的主观要件，与《反不正当竞争法》第6条中的“擅自使用”异曲同工。《域名不正当竞争司法解释》第5条第1款对“恶意”进行了界定：被告的行为被证明具有下列情形之一的，人民法院应当认定其具有恶意：（1）为商业目的将他人驰名商标注册为域名的；（2）为商业目的注册、使用与原告的注册商标、域名等相同或近似的域名，故意造成与原告提供的产品、服务或者原告网站的混淆，误导网络用户访问其网站或其他在线站点的；（3）曾要约高价出售、出租或者以其他方式转让域名获取不正当利益的；（4）注册域名后自己并不使用也未准备使用，而有意阻止权利人注册该域名的；（5）具有其他恶意情形的。

司法实践中，相同行业的经营者注册相同或近似域名的行为通常也是认定主观恶意的一个因素，这里面的推理逻辑是从“同行业知道或应当知道”推导“无正当理由”再推导“攀附商誉的主观恶意”。如易某波作为房地产行业从业人员，知道或者应该知道福房传媒设立的以提供房地产信息为主的网站名称为“福房网”、域名为ffw.com.cn，但其仍注册与ffw.com.cn相近似的域名fzffw.com，且易某波个人对该域名并无注册、使用该域名的正当理由。易某波为商业目的使用fzffw.com域名，还将网站名称起名为“福房网”，提供房地产方面的信息，故意造成与福房传媒的网站混淆，引导网络用户访问其网站。[①]

第三，关于“正当理由”的具体情形。

司法实践中的大多数案件中，被告通常都会解释其使用的“正当性”，实质上是在行使其抗辩权。在《最高人民法院公报》刊载的一个案例中，被告称philip是其英文名，sc是其居住地的缩写，is是互联网系统或伺服器的缩写，

① 福建省高级人民法院（2010）闽民终字第193号民事判决书。

所以新注册的域名 philipscis.com 具有正当理由，不构成对飞利浦公司的 Philips 商标的侵犯。法院认为："为何要将英文名、居住地与互联网系统或伺服器的缩写连在一起注册为域名，蒋某新不能作出解释。因此蒋某新的解释过于牵强，不具有说服力。"①

"在先使用且能与原告的商业识标相区分"抗辩的成立机会要大。如在"四季沐歌"案中，被告以其域名能够与原告域名相区分、不存在攀附原告商标的商誉为由提出了抗辩，二审法院支持。北京四季沐歌公司（原告）成立于 2000 年 12 月 15 日，分别于 2001 年 4 月、2004 年上半年申请注册了 www.sijimicoe.com 及 www.micoe.com 两个域名，两个域名均在使用。嘉兴四季沐歌公司（被告）于 2005 年 11 月 17 日申请注册注册了 www.sijimuge.cn 域名。2008 年 4 月 9 日，国家工商行政管理总局商标局认定"四季沐歌"商标为驰名商标。原告认为被告使用的域名系"四季沐歌"的汉语拼音，该使用行为侵犯了原告的驰名商标权益，构成了不正当竞争。一审法院认为被告注册使用 www.sijimuge.cn 域名的行为构成商标侵权行为。二审法院认为北京四季沐歌公司提供的证据尚不足以证明"四季沐歌"商标在 2005 年时就已达到驰名的程度，一般消费者仅依据域名可以将两者相区别。②

如果被告已经在先申请商标——尽管尚未获得有关部门的核准，以此抗辩自己注册域名的行为具有正当理由，能否成立？如有法院判决认为，布莱迪公司对于"Brady"字号尚未形成反不正当竞争法所保护的合法利益。商务印书馆印刷的《英语姓名译名手册》显示"Brady"为普通姓氏，没有证据证明该姓氏为布莱迪公司所独创。同时，贝迪公司已在第 9 类个人用防事故装置、防护面罩等商品上申请注册"Brady 及图"商标……虽然上述商标尚未被核准注册，贝迪公司对其不享有合法权利，但可以表明贝迪公司以"chinabrady"作为争议域名有一定的合法理由。③

---

① 《最高人民法院公报》2004 年第 9 期（总 95 期）。

② 江苏省高级人民法院（2012）苏知民终字第 0237 号民事判决书。

③ 北京市高级人民法院（2012）高民终字第 2518 号民事判决书。

由于域名本身并不具有绝对排斥力，有法院认为同行业竞争对手注册近似域名的行为具有正当理由，如：华秋公司享有的中心域名为 ccmetro，系“中国”英文单词“China”“城市”英文单词“city”的首字母以及“轨道”英文单词的简单组合，其显著性程度不高，且天凯公司、张某栋、赵某涛对 www.cnmetro.net 域名注册理由的解释基本合理，华秋公司不能禁止他人以与其域名相似的字母组合注册域名并进行使用，故华秋公司主张天凯公司和张某栋注册并使用 www.cnmetro.net 域名构成不正当竞争，无事实和法律依据。[①]但是，如果域名本身经过使用具有较高的显著性，同行业竞争对手注册近似域名在可能造成消费者混淆误认的情形下，域名持有者通过禁止不正当竞争行为的方式，可以禁止被告注册使用近似域名。

第四节　未注册商标的反不正当竞争法保护

问题：我国商标法与反不正当竞争法中有哪些条款涉及对未注册商标的保护？我国《反不正当竞争法》第 6 条第 1 项规定了哪些构成要素？如何分析娱乐影视行业作品标题或角色名称中的权益与著作权权益之间的区别？电影名称《人在囧途》是否具有商标法意义上的来源指示功能？电影名称的显著性是指向电影作品的内容还是电影作品的制片人？

本书多处涉及未注册商标的保护，比如在商标注册程序中，《商标法》第 32 条后段是对未注册商标权益的保护；比如在商标侵权程序中，《商标法》第 59 条第 3 项是对未注册商标权益的保护。在这些场景中，未注册商标经过实际使用而形成了具有一定影响的商誉，这些受到保护的未注册商标产生了识别商品或服务来源的功能。当竞争者使用相同或近似的未注册商标导致市场混淆时，未注册商标持有人还可基于《反不正当竞争法》第 6 条第 1 项制止他人的混淆行为（“仿冒行为”）。根据该项规定，经营者不得擅自使用对他人

① 北京市第一中级人民法院（2011）一中民终字第 5743 号民事判决书。

有一定影响的商品名称、包装、装潢等相同或者近似的标识，引人误认为是他人商品或者与他人存在特定联系。本项在原理上与域名、企业名称等其他商业标识的保护相同。需要说明的是，因本项保护对象“名称、包装、装潢”使用在“商品或服务上”，是用于识别商品或服务的来源，因而本节称之为“未注册商标”。

一、《反不正当竞争法》第 6 条第 1 项的构成

本项在构成上需要重点解释“有一定影响”“特有”“名称、包装、装潢”“混淆”。这里以中国法院第 47 号指导案件“费列罗”案予以说明。[①]

（一）基本案情

费列罗公司于 1946 年在意大利成立，1982 年其生产的费列罗巧克力投放市场，曾在亚洲多个国家和地区的电视、报纸、杂志发布广告。在我国台湾和香港地区，费列罗巧克力取名“金莎”巧克力，并分别于 1990 年 6 月和 1993 年在我国台湾和香港地区注册“金莎”商标。1984 年 2 月，费列罗巧克力通过中国粮油总公司采取寄售方式进入了国内市场，主要在免税店和机场商店等当时政策所允许的场所销售，并延续到 1993 年前。1986 年 10 月，费列罗公司在中国注册了“FERRERO ROCHER”和图形（椭圆花边图案）以及其组合的系列商标，并在中国境内销售的巧克力商品上使用。费列罗巧克力使用的包装、装潢的主要特征是：1. 每一粒球状巧克力用金色纸质包装；2. 在金色球状包装上配以印有“FERRERO ROCHER”商标的椭圆形金边标签作为装潢；3. 每一粒金球状巧克力均有咖啡色纸质底托作为装潢；4. 若干形状的塑料透明包装，以呈现金球状内包装；5. 塑料透明包装上使用椭圆形金边图案作为装潢，椭圆形内配有产品图案和商标，并由商标处延伸出红金颜色的绶带状图案。费列罗巧克力产品的 8 粒装、16 粒装、24 粒装以及 30 粒装立体

① 最高人民法院（2006）民三提字第 3 号民事判决书。

包装于1984年在世界知识产权组织申请为立体商标。费列罗公司自1993年开始，以广东、上海、北京地区为核心逐步加大费列罗巧克力在国内的报纸、期刊和室外广告的宣传力度，相继在一些大中城市设立专柜进行销售，并通过赞助一些商业和体育活动，提高其产品的知名度。2000年6月，其“FERRERO ROCHER”商标被国家工商行政管理部门列入全国重点商标保护名录。我国广东、河北等地工商行政管理部门曾多次查处仿冒费列罗巧克力包装、装潢的行为。

蒙特莎公司是1991年12月张家港市乳品一厂与比利时费塔代尔公司合资成立的生产、销售各种花色巧克力的中外合资企业。张家港市乳品一厂自1990年开始生产金莎巧克力，并于1990年4月23日申请注册“金莎”文字商标，1991年4月经国家工商行政管理局商标局核准注册。2002年，张家港市乳品一厂向蒙特莎公司转让“金莎”商标，于2002年11月25日提出申请，并于2004年4月21日经国家工商管理总局商标局核准转让。由此蒙特莎公司开始生产、销售金莎巧克力。蒙特莎公司生产、销售金莎巧克力产品，其除将“金莎”更换为“金莎 TRESOR DORE”组合商标外，仍延续使用张家港市乳品一厂金莎巧克力产品使用的包装、装潢。被控侵权的金莎 TRESOR DORE巧克力包装、装潢为：每粒金莎 TRESOR DORE巧克力呈球状并均由金色锡纸包装；在每粒金球状包装顶部均配以印有“金莎 TRESOR DORE”商标的椭圆形金边标签；每粒金球状巧克力均配有底面平滑无褶皱、侧面带波浪褶皱的呈碗状的咖啡色纸质底托；外包装为透明塑料纸或塑料盒；外包装正中处使用椭圆金边图案，内配产品图案及金莎 TRESOR DORE商标，并由此延伸出红金色绶带。以上特征与费列罗公司起诉中请求保护的包装、装潢在整体印象和主要部分上相近似。

（二）判决内容

最高人民法院认为：本案主要涉及费列罗巧克力是否为在先知名商品，费列罗巧克力使用的包装、装潢是否为特有的包装、装潢，以及蒙特莎公司生产的金莎 TRESOR DORE巧克力使用包装、装潢是否构成不正当竞争行为等争议焦点问题。蒙特莎公司在其生产的金莎 TRESOR DORE 巧克力商品上，擅自使用与费列罗公司的费列罗巧克力特有的包装、装潢相近似的包装、装潢，足以引起相关公众对商品来源的混淆、误认，构成不正当竞争。

第一，关于商品的知名度。根据费列罗巧克力进入中国市场的时间、销售情况以及费列罗公司进行的多种宣传活动，认定其属于在中国境内的相关市场中具有较高知名度的知名商品。

第二，关于包装的特有性。盛装或者保护商品的容器等包装，以及在商品或者其包装上附加的文字、图案、色彩及其排列组合所构成的装潢，在其能够区别商品来源时，即属于反不正当竞争法保护的特有包装、装潢。费列罗公司请求保护的费列罗巧克力使用的包装、装潢系由一系列要素构成。如果仅仅以锡箔纸包裹球状巧克力，采用透明塑料外包装，呈现巧克力内包装等方式进行简单的组合，所形成的包装、装潢因无区别商品来源的显著特征而不具有特有性；而且这种组合中的各个要素也属于食品包装行业中通用的包装、装潢元素，不能被独占使用。但是，锡纸、纸托、塑料盒等包装材质与形状、颜色的排列组合有很大的选择空间；将商标标签附加在包装上，该标签的尺寸、图案、构图方法等亦有很大的设计自由度。在可以自由设计的范围内，将包装、装潢各要素独特排列组合，使其具有区别商品来源的显著特征，可以构成商品特有的包装、装潢。费列罗巧克力所使用的包装、装潢因其构成要素在文字、图形、色彩、形状、大小等方面的排列组合具有独特性，形成了显著的整体形象，且与商品的功能性无关，经过长时间使用和大量宣传，已足以使相关公众将上述包装、装潢的整体形象与费列罗公司的费列罗巧克力商品联系起来，具有识别其商品来源的作用，应当属于《反不正当竞争法》第 5 条第 2 项所保护的特有的包装、装潢。

第三，关于混淆可能性。对商品包装、装潢的设计，不同经营者之间可以相互学习、借鉴，并在此基础上进行创新设计，形成有明显区别各自商品的包装、装潢。这种做法是市场经营和竞争的必然要求。就本案而言，蒙特莎公司可以充分利用巧克力包装、装潢设计中的通用要素，自由设计与他人在先使用的特有包装、装潢具有明显区别的包装、装潢。但是，对他人具有识别商品来源意义的特有包装、装潢，则不能作足以引起市场混淆、误认的全面模仿，否则就会构成不正当的市场竞争。我国反不正当竞争法中规定的混淆、误认，是指足以使相关公众对商品的来源产生误认，包括误认为与知名商品的经营者具有许可使用、关联企业关系等特定联系。本案中，由于费列罗巧克力使用的包装、装潢的整体形象具有区别商品来源的显著特征，蒙特莎公司在其巧克力商品上使用的包装、装潢与费列罗巧克力特有包装、装潢，在视觉上又达到非常近似的程度。即使双方商品存在价格、质量、口味、消费层次等方面的差异和厂商名称、商标不同等因素，也未免使相关公众易于误认金莎 TRESOR DORE 巧克力与费列罗巧克力存在某种经济上的联系。

二、作品保护与商业成果保护

著作权法与商标法交织的一个重要领域是娱乐产业中成果的保护。娱乐产业中的智力创造成果具有作品属性，在符合著作权法有关条件的情况下可作为作品受到保护，但同时又具有商品的属性，在符合商标与反不正当竞争法有关条件的情况下可作为商标受到保护。中美两国都有一些案件涉及在作品中使用他人商标，以及影视公司改编他人作品的情形，出现了著作权法与商标法的交织。

（一）作品的知名度和有关元素的显著性

作品权利人在很多情形下会考虑主张商标法或反不正当竞争法禁止他人对作品元素的使用，作品或作品元素的知名度和显著性成为保护前提。对文学作品而言，其知名度的产生往往通过打造系列作品的方式而形成，系列作品的标题持续在有关读者群中产生影响力，渐渐形成品牌效应；对影视作品而言，则可能具有“一夜成名”的可能，也可能因为特定“网红”明星的“流量”在播出之前就走红，因此影视作品的标题更可能短时间内在相关收视群体中形成较强的显著性。

比如有法院对网络游戏作品知名度的认定。菲音公司开发《斗破乾坤网页游戏系统 V1.0》、维动公司运营网页游戏《斗破乾坤》与页游公司开发《斗破苍穹网页游戏软件 V1.0》、泽洪公司运营网页游戏《斗破苍穹》相比较，游戏名称中“斗破”二字相同，“乾坤”与“苍穹”的意思相近，游戏部分角色及境界名称相同，游戏角色争夺的物品“异火”名称相同，容易使消费者将网页游戏《斗破乾坤》误认为是页游公司开发、泽洪公司运营的网页游戏《斗破苍穹》，而页游公司、泽洪公司提交的广告服务合同、广告费发票、百度品牌专区广告页面截屏可以证实其为网页游戏《斗破苍穹》进行了较大的宣传投入，该游戏具有较高知名度，属于知名商品，菲音公司、维动公司的行为已构成《反不正当竞争法》第 5 条第 2 项规定的不正当竞争行为，依法应承担停止侵权、赔偿损失的民事责任。①

“鬼吹灯”案则涉及系列文学作品的知名度认定，一审法院指出，随着“鬼吹灯”系列小说的知名度和影响力不断攀升，“鬼吹灯”标识作为知名小说名称也逐渐具备了区分不同小说的显著性。时至今日，《鬼吹灯》系列小说已在相关公众间具备了极高的知名度和影响力，“鬼吹灯”作为小说名称亦同时与权利人的《鬼吹灯》（盗墓者的经历）、《鬼吹灯 II》作品建立起了稳定的对应关系，具备了区别商品来源的显著特征，构成了《反不正当竞争法》第 5 条第 2 项所规定的“特有名称”。②

（二）区分创作行为和商业经营行为

对角色名称或标题等作品元素的利用行为，究竟作者还是影视公司有权利禁止，取决于针对著作权侵权还是仿冒行为，行为性质的不同导致有关权益的归属也不同。

在鬼吹灯案中，玄霆公司是知名文学作品《鬼吹灯 I》《鬼吹灯 II》（以下简称《鬼吹灯》系列作品）的著作权及相关的衍生权利所有人。张牧野是《牧

---

① 广州知识产权法院 (2015) 粤知法著民终字第 30 号民事判决书。

② 徐州中院 (2017) 苏 03 民初 27 号民事判决书。

野诡事》小说作品的作者，在授权东阳公司、爱奇艺公司将《牧野诡事》文字作品改编成涉案影视剧的过程中，在《牧野诡事》作品前冠之以“鬼吹灯”标识。玄霆公司认为，爱奇艺公司、东阳公司作为涉案影视剧的制片者，在影视剧的名称中使用“鬼吹灯”标识、在涉案影视剧的先导介绍片中使用“《鬼吹灯》金晨被赞是中国版盖尔加朵”“《鬼吹灯》剧组伙食棒王大陆吃小孩发胖”“《鬼吹灯》主创采访鬼吹灯片场欢乐多”“《鬼吹灯》导演谈角色不一样的鬼吹灯”等用语，侵害了玄霆徐州分公司的知名商品特有名称权益，张牧野同时作为涉案影视剧的编剧和监制，亦构成侵权。

法院认为，在对“鬼吹灯”一词进行单独评价时，因该词过于简短，高度抽象，很难表达出具体的思想内容，而思想外显的方式就是表达，因此仅凭“鬼吹灯”一词无法成为具体思想的表达，更无法构成我国著作权法保护的具有独创性的表达，故“鬼吹灯”一词不构成著作权保护的对象。任何人使用“鬼吹灯”一词都不会受到我国著作权法的苛难，各方当事人对此并无异议，本院亦以为然。但这并不意味着“鬼吹灯”作为商品名称使用时，在满足一定条件的情况下，不具有任何值得法律保护的利益，无法得到其他法律的保护。

法院认为，对于创作行为而言，法律对“具有独创性并能以某种有形形式复制”的创作成果赋予著作权，并在一定时间内通过赋予著作权人控制作品使用、传播的方式，来保护这种创作成果，因此创作行为直接产生的是著作权。同时，经营者在从事商品交换的过程中，经过长期、广泛、持续、规模地销售、使用、宣传、推广等行为后，商品可能成为知名商品，商品的名称可能具有区别商品来源的显著特征，此时经营者对该商品名称就具有了不同于其他经营者的利益，法律对这种利益也没有漠视，而是通过禁止他人擅自使用该知名商品特有名称的方式来保护该种利益，因此知名商品特有名称权益来源于经营者长期、广泛、持续、规模地使用，来源于经营者对该商品知名度、名称特有性地培育、贡献。综上，创作行为的结果是产生著作权，但因著作权与知名商品特有名称权益产生方式的不同，创作行为本身并不能产生知名商品特有名称权益。而作品构思的巧妙、语言的优美、情节的曲折、内容的引人入胜均来自于创作行为，因此具备上述特征的作品不能当然产生知名商品特有名称。作品创作完成后，对作品进行长期、广泛、持续、规模的使用、宣传才是作品知名度、作品名称识别程度从无到有、从弱到强、从低到高的实质原因。对于已经构成知名商品的特有名称而言，对商品知名、商品名称特有是否进行了长期、广泛、持续、规模的使用、宣传，应当成为判断其是否为该权益主体的标准。对商品知名、商品名称特有做出贡献的主体享有该权益，反之则不应成为该权益的主体……张牧野的创作行为产生的后果是，使《鬼吹灯》系列小说、“鬼吹灯”首次作为小说名称从“无”到“有”；玄霆公司对《鬼吹灯》系列小说长期、广泛、持续、规模地宣传、运营产生的后果是，使《鬼吹灯》系列小说从“非知名商品”到“知名商品”“鬼吹灯”作为小说名称从“不具有显著特征”到“具有显著特征”……张牧野没有对《鬼吹灯》系列小说进行长期、广泛、持续、规模的宣传、运营。玄霆公司才是知名商品特有名称的贡献主体，“鬼吹灯”作为小说名称的知名商品特有名称应归属于玄霆公司。[①]

（三）在他人作品中使用商标

一些影视公司常在电影或电视剧的标题或内容中使用他人商标，也是一类重要的案件。本书第五章第六节中提及的美国最高法院 Dastar 案，通过严格解释商标法的“混淆来源”，尝试廓清著作权法与商标法边界的案件。第九巡回法院也提到，内容使用行为的合法性是版权法而不是兰哈姆法上的问题，[②] 后者只解决有形产品的来源混淆问题，诸如作品内容来源等类型的混淆在兰哈姆法中不具有可诉性。但是，麦卡锡教授认为：角色名称和形象可以识别来源；在现实生活和虚拟电影中使用角色形象，可以同时受版权法和商标法禁止。[③]

---

① 徐州市中级人民法院（2017）苏 03 民初 27 号民事判决书。

② Sybersound Records, Inc. v. UAV Corp., 517 F.3d 1137, 1144 (9th Cir. 2008).

③ J. Thomas McCarthy, McCarthy on Trademarks and Unfair Competition § 10:43 (5th ed.), June 2020 Update.

美国还有案件提到，当商标是在表达价值的意义上使用（for their expressive value）而不是在来源识别意义上使用时，需要平衡公众言论自由的利益和公众不受混淆的利益。[①]Rogers 案为分析这种利益平衡提供了法律框架：在表达性作品中使用商标的行为不具有可诉性，除非这种使用与所涉作品之间不具有艺术相关性，或者尽管具有一定相关性，但如此使用明显对作品来源或内容产生混淆。[②]一些案件认为这种“艺术相关性”只是不能为零即可，“即便最轻微的艺术相关性也足够，法院不应施加严格的艺术分析”[③]，即便原告提供的调查报告显示被告在网络游戏使用原告肖像的行为使多数消费者产生混淆，法院仍然认为这种混淆的风险应让步于艺术表达的利益。[④]

2017 年，加州南区法院受理了 Seuss 案。[⑤]原告 Dr. Seuss 撰写和插图的 Oh the Places You'll Go! (GO!) 图书在美国非常畅销，大学毕业和高中毕业时常被作为赠送礼物，多年在纽约时报畅销书排名中位列第一。被告制作了《星际迷航》科幻影视系列电视剧，在封面或首页上使用 Oh The Places You'll Boldly Go! 原告认为被告使用相同的标题、字体和插图风格侵犯了其版权和商标权。其中 Oh the Places You'll Go! 是原告的注册商标，任何经过原告授权使用该注册商标的封面都会伴随有与相似的插图和字体，被告未经授权的使用会使得消费者误以为其经过了原告授权，原告为此还提交了消费者混淆的市场调查报告。在版权侵权方面，地区法院认为被告将 Oh the Places You'll Go! 与《星际迷航》电视剧（franchise）的混合使用具有高度转换性，不会对原告作品市场造成损害，构成合理使用。在商标侵权方面，地区法院认为适用了上述 Roger 案的规则，只有没有任何艺术相关性的使用商标行为才不受宪法第一修正案保护，而被告在本案中对原告商标的使用与其电视剧作品之间具有艺术相关性；此外，被告的版权页明确声明：“这是滑稽模仿，与 CBS 工作室或

① Twentieth Century Fox TV v. Empire Distribution, Inc., 875 F.3d 1192, 1196 (9th Cir. 2017).

② Rogers v. Grimaldi, 875 F.2d 994, 999 (2d Cir. 1989).

③ Brown v. Elec. Arts, Inc., 724 F.3d 1235, 1243, 1245 (9th Cir. 2013).

④ Brown v. Elec. Arts, Inc., 724 F.3d 1235, 1246 (9th Cir. 2013).

⑤ Dr. Seuss Enterprises L.P. v. ComicMix LLC, 300 F.Supp.3d 1073 (2017).

Dr.Seuss之间不具有任何联系或背书”，被告还在封面注明：“Dr.Seuss未经授权”，因此也不存在明确的混淆可能性。

三、仿冒条款的中立性

本书在讨论《商标法》第10条中的公序良俗条款时，曾经涉及竞争中性和内容审查的问题，商标法的适用需要尊重商业自治和言论自由。[①]《反法》本项所保护的“商誉”，与该问题也有相关性，即通过实际使用，是否都能产生受保护的商誉？如果不是，又该如何判断？企业的违法行为与企业的标志之间有什么关系？否定违法行为，是否一定要否定标志的合法性？违法行为通常会导致相关公众标志的评价下降，这是否纯粹属于市场调节的范围？如果“臭名昭著”的商标或者违法使用所产生的商誉不能受到保护，那么会不会动摇仿冒条款的中立性？

（一）“鬼吹灯”案

在前述“鬼吹灯”案中，商标局认为“鬼吹灯”带有封建迷信色彩，用于商标易产生不良影响。徐州中院认为，本条规定的意旨在于，即使商品属于知名商品、商品名称具备区别商品来源的显著特征，但如该商品名称属于《商标法》中不得作为商标使用之情形，当事人无权依照知名商品特有名称获得保护……某些标识在某一或某些商品类别上申请注册，具有不良影响，但在其他类别的商品上申请注册则不会产生不良影响，同一标识在申请商标注册时，是否具有不良影响，有时与商品类别有关。因此商标局的驳回通知不能当然成为本案认定是否构成知名商品特有名称的依据。“鬼吹灯”标识作为小说名称是否具有封建迷信色彩，仍应从“鬼吹灯”一词的起源、作者在创作时使用“鬼吹灯”一词的目的、相关公众的一般认知、“鬼吹灯”标识作为涉案小说名称是否会对社会公共利益和公共秩序造成消极、负面的影响等方

---

① 还可参照第二章第一节（一）。

面予以综合判定……“鬼吹灯”一词在古籍、古诗中没有明显的封建迷信色彩，而从张牧野创作时使用“鬼吹灯”的主观目的、相关公众的一般认知以及对社会公共利益和公共秩序造成的影响看，“鬼吹灯”作为涉案小说名称使用并不带有封建迷信色彩。[①]

（二）“叫了个鸡”案[②]

1. 基本案情

2016年，原告通过招揽加盟商的方式，将“叫了个鸡项目”许可他人使用，加盟费分别为5.98万元、4.98万元和3.98万元不等，并收取管理费。原告将“叫了个鸡”文字标识和“小鸡”图案使用于其官方网站、微信公众号的宣传推广中，并授权合作门店使用于其店招和对应的网络外卖平台店铺中。原告自称，截止到2018年3月底，其在全国范围内的合作门店有800余家。

2016年11月21日，《新闻晨报》刊载《“叫了个鸡”外卖平台菜单已改名：避免三俗》报道。2016年11月25日，网易新闻频道转发《“叫了个鸡”所有分店都在整改》报道。两篇新闻主要报道原告在2016年11月19日《新闻晨报》刊登《这家店在卖低俗和下流》的新闻之后，采取了撤换宣传语和菜单等措施。

2017年3月15日，上海市工商行政管理局检查总队对原告作出行政处罚，认为原告使用“叫了个鸡、没有性生活的鸡、和她有一腿、真踏马好翅”等宣传用语的行为违背社会良好风尚，违反了《广告法》的规定，责令原告停止发布广告并罚款50万元。处罚作出之后，原告缴纳了罚金并作出相应整改，撤换了其官网、微信公众号、合作门店及其对应的网络外卖平台店铺中的不良菜单产品名称和宣传语。部分地区的合作门店应当地监管部门的要求将使用于店招中的“叫了个鸡”文字标识改为“叫了个炸鸡”，合

① 徐州市中级人民法院(2017)苏03民初27号民事判决书。

② 上海市浦东新区人民法院（2017）沪0115民初74401号民事判决书。

作门店在“饿了么”网络外卖平台上的店铺名称也改为“叫了个炸鸡”。

原告认为，被告擅自使用原告知名服务的“叫了个鸡”名称进行经营，造成了与原告的知名服务相混淆，使消费者产生了误解，误以为被告的服务来源于原告而进行消费，其行为违反了诚实信用的原则，违背了公认的商业道德，严重损害了原告的合法权益，扰乱了正常的社会经济秩序，构成不正当竞争行为。

2. 判决内容

反不正当竞争法作为一部调整、规范市场竞争行为和竞争秩序的法律，其精髓在于维护商业伦理道德，制止经营者滥用竞争自由实施不道德的竞争行为，不正当地损害其他经营者和消费者的利益，从而破坏市场竞争的伦理道德和健康秩序。为此，《反不正当竞争法》第 1 条即开宗明义地彰显了其立法宗旨为“鼓励和保护公平竞争，制止不正当竞争行为，保护经营者和消费者的合法权益”，以“促进社会主义市场经济健康发展”。该法第 2 条第 1 款又明确规定了“经营者在生产经营活动中，应当遵循自愿、平等、公平、诚信的原则，遵守法律和商业道德”等竞争原则。可见，反不正当竞争法如同其他知识产权法一样具有社会公益性，并只保护具有合法性、正当性的利益。同时，其要求经营者应当遵法、信法、守法，依法从事生产经营活动，依法维护自身合法权益。

本案中，原告主张被告擅自使用原告知名服务特有的名称，造成和原告的知名服务相混淆，导致消费者的误认。本院认为，根据相关法律规定，被告因使用商业标识而应承担不正当竞争责任的构成要件应为：一是原告拥有受法律保护的商业标识；二是被告使用与原告相同或相近的商业标识，容易使相关公众产生混淆和误认；三是被告存有过错。因此，原告的诉讼请求能否得到支持，首先需要考察的是，原告是否拥有受法律保护的商业标识，换言之，原告主张保护的商业标识是否具有合法性、正当性。所谓合法性，即该商业标识不得违反法律的禁止性规定。所谓正当性，应当包含两个要素，一是显著性，即该商业标识可以区分或识别商品或者服务的来源；二是影响力，即该商业标识在相关市场上为相关公众所知悉。

*** 关于“叫了个鸡”知名服务特有名称的认定。

原告主张保护的涉案服务名称“叫了个鸡”，由谓语动词“叫”、助词“了”、量词“个”和名词“鸡”四个汉字组成，“鸡”本身的含义为一种家禽，但在“叫了个”+“鸡”的特殊构词方式形成的语境下，容易使人将“鸡”与民间约定俗成的隐晦含义相联系，从而容易使人产生购买色情服务的低俗联想。原告在创业之初为博取消费者和合作伙伴的关注，通过官网、微信公众号、合作门店等，对外发布并大量使用“叫了个鸡”“没有性生活的鸡”“和她有一腿”等广告宣传语，并将“叫了个鸡”文字和“小鸡”图案组合使用于店招等处。作为以广大普通公众为消费群体、向其提供快餐服务的服务名称，如此意图迎合低级趣味、有伤社会风化的不良商业标识，严重违背了社会公序良俗。事实上，在案证据显示，原告的该行为的确引起了社会公众的哗然和不满，多家媒体纷纷给予谴责和批评。工商行政机关以原告的上述行为违反《广告法》为由给予其行政处罚并责令整改。此后，即便原告的相关广告宣传语已被撤换，但“叫了个鸡”标识给相关公众带来的不良联想依旧存在。原告亦曾就“叫了个鸡”“叫了个鸡炸鸡店”的文字标识申请商标注册，皆因其易产生不良社会影响而被国家工商行政管理总局商标局驳回并被禁止使用，故该文字标识为禁用标识，与该标识相关的服务名称不受反不正当竞争法保护。同理，原告通过将该禁用标识与“小鸡”图案组合的方式继续在商业经营中加以使用并不断宣传、推广的行为，亦不能因此又产生一个新的、合法的商业标识利益，原告的行为违背了经营者应当守法的竞争原则，应予禁止。

反不正当竞争法追求健康、公正的市场竞争秩序，判断竞争行为的是非和商业伦理标准的价值取向，必然表现为既高度重视竞争自由，也充分贯彻必要的、谨慎的有限干预，相关市场行为的竞争自由不得与社会公序良俗相违背。另外，关于知名度的认定标准，《反不正当竞争法司法解释》第 1 条规定的、认定“知名商品”的考量因素之一“作为知名商品受保护的情况”，在实践中通常表现为相关商品或服务在权威性评奖评优中的获奖记录、媒体的赞誉报道等，是一种承载商誉的积极影响，而非基于社会负面评价而产生的消极影响，这也与我国民法、知识产权法一直以来所秉持的诚实信用、尊重和维护社会公序良俗等基本原则相一致。本案原告对“叫了个鸡”服务名称的使用的确承载了一定的社会评价、造成了一定的社会影响，但因该种评价、影响均为基于前文所述之违法行为而获取的负面、消极的市场声誉，并非源自优质服务所产生的市场美誉，故不能归入商誉范畴，亦不能被理解为《反不正当竞争法》第 5 条规定的“知名服务”的应有之义。

第九章 商标侵权的法律责任类型

第一节 侵害商标权的民事责任

问题：权利人为什么要申请诉前禁令？禁令的功能与损害赔偿有何区别？发布诉前禁令的条件有哪些？什么是“无法挽回的损失”？什么情况下可以适用“侵权不停止侵害”？

商标侵权民事责任的主要形式有禁令和损害赔偿，在一些案件中会涉及销毁侵权商品、消除影响。基于体例上的考虑，本节介绍禁令救济、侵权不停止侵害、销毁侵权商品、消除影响等四种民事责任，下一章专门介绍损害赔偿。还需要指出是，如果不适合或不成比例地采取停止侵权的方式，则可以考虑要求被告通过附加区别标识以减少混淆。孔祥俊先生认为，“如果因商业标识的权利冲突导致客观上的市场混淆，即使不构成侵权行为或者不正当竞争，在先的权利人仍然可以请求在后的权利人附加区别性标识。在不构成侵权或者不正当竞争时，附加区别性标识是一种法律上的负担。”①

① 孔祥俊著：《商标与不正当竞争法：原理和判例》，法律出版社2009年版，第638页。

一、诉前禁令

《商标法》第56条规定，商标注册人或者利害关系人有证据证明他人正在实施或者即将实施侵犯其注册商标专用权的行为，如不及时制止将会使其合法权益受到难以弥补的损害的，可以依法在起诉前向人民法院申请采取责令停止有关行为和财产保全的措施。

《民事诉讼法》第101条第1款规定，利害关系人因情况紧急，不立即申请保全将会使其合法权益受到难以弥补的损害的，可以在提起诉讼或者申请仲裁前向被保全财产所在地、被申请人住所地或者对案件有管辖权的人民法院申请采取保全措施。申请人应当提供担保，不提供担保的，裁定驳回申请。

这里以中国好声音案为例。①

（一）基本案情

Talpa公司独创开发了“TheVoiceof...”节目并在中国注册了第G1098388号图形商标、第G1089326号“TheVoiceof”图形商标。根据Talpa公司授权，灿星公司制作了第1–4期“中国好声音”节目并在2012–2015年期间播出。2016年前述授权到期后，Talpa公司将第5–8季“中国好声音”的节目模式及相关知识产权［包括注册商标第G1098388号、第G1089326号；节目名称英文“TheVoiceofChina”、中文“中国好声音（ZhongGuoHaoShengYin）”相关标识等］独占授权给唐德公司。然而，灿星公司认为“中国好声音”节目名称属于浙江卫视并已得到授权，和世纪丽亮公司继续举行“2016中国好声音”节目并进行相关宣传。唐德公司主张灿星公司和世纪丽亮公司的行为侵害了其享有独占许可使用权的注册商标专用权、未注册驰名商标权，并构成擅自使用知名服务特有名称的不正当竞争行为，向北京知识产权法院提出诉前保全申请，要求灿星公司和世纪丽亮公司立即停止相关涉嫌侵权行为。

---

① 北京知识产权法院（2016）京73行保1号民事裁定书。

（二）判决内容

北京知识产权法院认为：一、唐德公司作为涉及 Talpa 公司相关知识产权的独占许可使用合同的被许可人，属于利害关系人，应有权提出包括本案申请在内的保全申请。二、被申请人灿星公司存在使用第 G1098388 号、第 G1089326 号注册商标及构成侵权的可能性。“中国好声音”和“TheVoiceofChina”名称已具有较高的知名度和识别度，其被认定为电视文娱节目及其制作服务类的知名服务特有名称，存在较大可能性。根据 Talpa 公司与相关公司就制作播出第 1–4 季“中国好声音”的授权协议的约定来看，Talpa 公司拥有有关“中国好声音”和“TheVoiceofChina”节目名称权益的可能性较大。综上，申请人在本案中存在胜诉可能。三、申请人提交的材料显示“2016 中国好声音”节目将于 2016 年 6 月录制、7 月播出，时间紧迫，而可以预见的是该节目一旦录制完成并播出，将会产生较大范围的传播和扩散，对申请人享有的权利造成损害，如不责令灿星公司和世纪丽亮公司立即停止涉案行为，将可能对唐德公司的权益造成难以弥补的损害，因此具有紧迫性。四、本案保全申请仅涉及停止对包含“中国好声音”“The Voice of China”字样的节目名称及有关标识的使用，并不影响更名后节目的制作和播出，损失数额是可以预见的。而如不责令灿星公司和世纪丽亮公司停止涉案行为，其制作的“2016 中国好声音”歌唱比赛选秀节目一旦制作完成并公开播出，对唐德公司造成的损失难以计算。因此进行诉前保全符合损害平衡性。五、没有证据表明本案责令被申请人停止相关行为会损害社会公共利益。六、申请人提供了相应的担保。

灿星公司不服上述裁定，向北京知识产权法院申请复议。复议的争议焦点有四点：一是有关程序等问题，包括本案是否属于法院主管、是否属于本院管辖、是否超范围审理、是否进行了实体审理以及是否具有采取保全措施的法律依据等；二是唐德公司是否具有主张“中国好声音”节目名称权益的基础以及是否具有胜诉可能性；三是本案是否具有紧迫性、是否符合损害平衡性、是否损害社会公共利益等问题；四是本案担保金额、形式是否适当以及是否可以适用反担保形式解除保全的问题。

北京知识产权法院复议认为：一、关于程序问题。1.基于诉前保全行为的临时性、紧急性和程序性特点，由原合议庭继续进行复议审查并无不当；2.本案属于法院主管；3.本院对本案具有管辖权；4.本院的审理并未超出唐德公司的请求范围；5.原裁定仅是基于现有证据作出了初步判断，这是采取临时保全措施的必要基础，并未是针对诉讼案件的实体审理；6.原裁定具有法律依据。二、根据现有证据判断，唐德公司具有主张“中国好声音”节目名称权益的基础且具有胜诉可能性，被申请人有成立侵害注册商标专用权的可能性和构成不正当竞争行为的可能性。三、本案采取诉前行为保全措施符合民事诉讼法所规定的“情况紧急”情形，且复议申请人关于本案采取行为保全措施将会损害社会公共利益的主张，缺乏事实和法律依据。四、复议申请人未提交证据证明本案中的担保形式和金额将最终导致其可能造成的损失无法获得赔偿，因此对于复议申请人关于担保金额、形式不适当的主张不予支持。适用反担保将可能有违利害关系人提出诉前行为保全申请的目的，且反担保在行为保全中的适用也不符合相关法律原则，因此本案不宜适用因复议申请人提出反担保而解除保全。

（三）案件评析

我国的诉前禁令制度最早出现在《海事诉讼特别程序法（1999）》中规定的海事强制令，而知识产权领域内的诉前禁令制度的源头则是TRIPS协议（世界知识产权组织与贸易有关的知识产权协定）。TRIPS协议第50条规定，权利人为保护其权利而采取的临时措施包括临时禁令、财产保全和证据保全，其中临时禁令包括诉前禁令和诉中禁令。我国加入WTO（世界贸易组织）为满足TRIPS协议的要求，2001年10月修订的《商标法》新增了诉前禁令制度。之后，最高人民法院在2002年制定了《关于诉前停止侵犯注册商标专用权行为和保全证据适用法律问题的解释》，对诉前禁令制度作了进一步的细化，对诉前禁令的管辖、申请人条件、证据、担保、时限、复议等问题进行了明确。《专利法》《著作权法》也引入了诉前禁令制度。2012年修订的《民事诉讼法》

第101条规定了诉前行为保全制度[①]，把诉前禁令的适用范围从原先海事诉讼、知识产权诉讼领域拓展至其他民事纠纷领域，不仅可以适用于侵权之外的知识产权合同、权属纠纷，也可以适用于不正当竞争和商业秘密纠纷。根据《商标法》及《关于诉前停止侵犯注册商标专用权行为和保全证据适用法律问题的解释》的相关规定，商标诉前禁令的适用要件有：1.申请人为权利人或利害关系人；2.胜诉可能性，即有初步证据证明侵权行为可能成立；3.不立即采取措施可能使申请人的合法权益受到难以弥补的损害；4.申请人需提供相应担保；5.诉前禁令不得违反社会公共利益。在"中国好声音"案中，法院除了审查上述要件之外，还特别考虑当事人间的损害平衡性，即不责令被申请人停止相关行为对申请人造成的损害大于责令被申请人停止相关行为对被申请人造成的损害。损害平衡性要件源自民法中的利益平衡原则，该要件在法院审查诉前禁令案件的司法实践中得到广泛认可。

2018年最高人民法院制定了《关于审查知识产权纠纷行为保全案件适用法律若干问题的规定》(以下简称《知识产权保全规定》)，该规定既总结和吸收了知识产权领域长期司法实践的经验，同时在审查要件上作了进一步的改进。该规定与原诉前禁令制度相比主要存在以下不同：1.将原来的"胜诉可能性"要件修改为"事实基础和法律依据"标准，即审查"申请人的请求是否具有事实基础和法律依据，包括请求保护的知识产权效力是否稳定"这样的表述既赋予了解释弹性，又强调了要件实质；2.吸收了司法实践中的"损害平衡性"要件；3.将紧迫性要件中的"难以弥补的损害"完善为"难以弥补的损害或者造成案件裁决难以执行等损害"；4.对何为"情况紧急"和"难以弥补的损害"进行了进一步的明确；5.明确了采取诉前行为保全时应询问

① 《民事诉讼法》第101条规定，利害关系人因情况紧急，不立即申请保全将会使其合法权益受到难以弥补的损害的，可以在提起诉讼或者申请仲裁前向被保全财产所在地、被申请人住所地或者对案件有管辖权的人民法院申请采取保全措施。申请人应当提供担保，不提供担保的，裁定驳回申请。人民法院接受申请后，必须在48小时内作出裁定；裁定采取保全措施的，应当立即开始执行。申请人在人民法院采取保全措施后30日内不依法提起诉讼或者申请仲裁的，人民法院应当解除保全。

当事人，仅在例外情形下不询问；6. 对不同类型的知识产权区别对待，如关于实用新型专利和外观设计专利的诉前禁令需要更进一步的证据，防止权利滥用。通过以上修改和完善，2018 年《知识产权保全规定》确立的知识产权诉前禁令制度对相关要件的规定更加细致和完善，更具可操作性，凸显诉前禁令制度最重要的效率优势，同时有助于平衡当事人利益，防止权利滥用。此次修改最显著的变化是将以往司法实践中所考量的"胜诉可能性"标准修改为"具有事实基础和法律依据"，这种转变对于司法实践具有重要的意义。当申请人在申请诉前禁令时，尚不满足很高的胜诉可能性标准，但却可能会因被控侵权行为造成难以弥补的损害，且没有其他救济途径时，此时排除诉前禁令的救济将使申请人陷入困境。

司法实践中，行为保全对被申请人所造成的影响远大于财产保全，是否准许申请人的诉前禁令，既要考虑制度的及时性和便捷性，又要防止行为保全申请被滥用，在具体的判断上，应当很据个案情况，动态的考量各种因素，平衡当事人之间的利益以及公共利益。

二、侵权不停止侵害

这里以"星河湾"案[①]为例。

（一）基本案情

宏富公司拥有第 1946396 号和第 1948763 号"星河湾"组合商标，分别核定使用在第 36 类"不动产出租、不动产管理"等以及第 37 类"建筑"等服务项目，后转让给星河湾公司。宏兴公司在其建设的"星河湾花苑"小区入口标示小区名称为"星河湾"，并在 2004 年 5 月 20 日获批使用"星河湾花苑"这一地名。2011 年，宏富公司和星河湾公司以商标侵权和不正当竞争为由，将宏兴公司诉至天津市第一中级人民法院。

① 最高人民法院（2013）民提字第 102 号民事判决书。

（二）判决内容

天津市第一中级人民法院认为，宏兴公司的行为未侵犯星河湾公司的商标专用权，亦未构成不正当竞争。原告不服一审判决，上诉至天津市高级人民法院，二审法院认为，消费者能区分商品来源不发生混淆，宏兴公司不构成商标侵权，维持一审判决。之后最高人民法院再审，在 2015 年 2 月 26 日作出判决。最高院认为，宏兴公司未经授权，擅自将“星河湾花苑”作为楼盘标识使用，侵害了星河湾公司的商标专用权、企业名称权和宏富公司对该“星河湾”楼盘名称的知名商品特有名称的权利，构成侵犯商标权及不正当竞争。同时考虑到包含“星河湾”字样的小区名称是经过民政部门批准且小区居民业已入住多年，如果判令停止使用该小区名称，会导致商标权人与公共利益及小区居民利益的失衡，故不再判令停止使用该小区名称，但在尚未出售的楼盘和将来拟开发的楼盘上不得使用相关“星河湾”名称作为其楼盘名称。

（三）案件评析

本案中最高人民法院在商标领域以公共利益为由，不判令被告停止使用该小区名称，开启了商标侵权不停止侵害的先例。

1. 专利和著作权侵权案件

对知识产权侵权不停止侵害的突破首先出现在专利领域，在我国早期的相关典型案例中，法院判决不停止侵害的主要理由有公共利益、利益平衡、履行不能，典型案例有 2004 年广州中院判决的“广州新白云机场幕墙专利侵权纠纷[①]”案，2007 年上海二中院判决的“紧固件[②]”案，2008 年福建高院判决

① 广州市中级人民法院（2004）穗中法民三知初字第 581 号民事判决书。法院认为被告新白云机场的幕墙侵犯了原告的实用新型专利权，但拆除幕墙会造成社会资源的严重浪费，故未支持原告停止侵权的诉请，变通为判令被告支付赔偿金及专利使用费。

② 一审：上海市第二中级人民法院（2006）沪二中民五（知）初字第 12 号民事判决书；二审：上海市高级人民法院（2007）沪高民三（知）终字第 12 号民事判决书。一审法院认为“由于该批侵权产品已全部用于新虹桥大厦的墙体内并交付，故原告要求该被告停止侵权行为及销毁库存产品已无可能”。二审法院维持一审判决。

的“烟气脱硫专利权侵权[①]”案。2006 年美国 e–Bay 案也对我国产生了较大的影响，在该案中，美国联邦最高法院确定了排除禁令救济适用时所遵循的“四要素测试法”，即不可弥补的损害规则、不充分规则、相对损害规则和公共利益因素。

从法律规定来看，当前我国法律并未规定构成知识产权侵权的，当然适用停止侵权。作为上位法的《民法通则》第 118 条、第 134 条、第 179 条、《侵权责任法》第 15 条，都只是将停止侵害作为承担民事责任的一种方式，可以选择适用，而非当然适用。而作为特别法的《专利法》第 60 条、《商标法》第 60 条、《著作权法》第 47 条、第 48 条亦均未明确规定停止侵权的当然适用。

关于知识产权停止侵害请求权的性质，一般认为其为类物权请求权，为绝对权，若构成侵权即应适用停止侵害，此为“停止侵害当然论”。虽然在商标侵权案件中，法院认定成立侵权的，几乎都会判令被告停止侵害，但是这并不代表“停止侵害当然论”得到了广泛的认同。相反，众多学者认为，无论是从知识产权创设的功利说（激励创新论）出发，还是从知识产权与公共利益的冲突出发，均应该考虑对知识产权停止侵害请求权进行一定的限制，不能当然适用停止侵害。[②]

在司法政策上，最高院 2009 年发布了《关于当前经济形势下知识产权审判服务大局若干问题的意见》(以下简称《意见》)，其中第 15 条规定：“……如果停止有关行为会造成当事人之间的重大利益失衡，或者有悖社会公共利益，或者实际上无法执行，可以根据案件具体情况进行利益衡量，不判决停止行为，而采取更充分的赔偿或者经济补偿等替代性措施了断纠纷。权利人长期放任侵权、怠于维权，在其请求停止侵害时，倘若责令停止有关行为会在当事人之间造成较大的利益不平衡，可以审慎地考虑不再责令停止行为，

---

① 一审：福建省高级人民法院（2001）闽知初字第 4 号民事判决书；二审：最高人民法院 (2008) 民三终字第 8 号民事裁定书。一审法院认为被告侵犯了原告专利，但停止烟气脱硫设备的使用，将对当地经济和民生产生不良的效果，为平衡权利人利益及社会公众利益，法院不支持原告的停止侵权诉请，改为判令被告支付相应专利使用费。最高院二审中维持了一审法院的前项判决。

② 李扬、许清：《知识产权人停止侵害请求权的限制》，载《法学家》2012 年第 6 期，第 75–9292 页。

但不影响依法给予合理的赔偿。"在《意见》之后，2016 年最高院发布的《关于审理侵犯专利权纠纷案件应用法律若干问题的解释（二）》[①] 则进一步确定，可以在专利侵权案件中限制停止侵害的适用。

除了专利领域，在著作权领域亦有不少成立侵权不停止侵害的典型案例，基于公共利益考虑的有 2012 年山东高院判决的"中国科学院海洋研究所等诉刘某谦等侵犯著作权纠纷[②]"案，2014 年浙江高院判决的"杭州聚合诉浙江移动等侵害计算机软件著作权纠纷[③]"案，而 2013 年深圳中院判决的"奥雅公司诉长城公司侵害著作权纠纷[④]"案，2016 年杭州中院判决的"大头儿子"案[⑤]则同时考虑了当事人之间的利益平衡和公共利益。

2. 商标侵权案件

相较专利侵权案件、著作权侵权案件，商标侵权案件中判决侵权但不停止侵害的案件较少，理由大致有两方面：1. 商标具有和专利、著作权的不同特点。商标作为一种标识，很多时候可以从产品中剥离，而不影响产品本身的实体价值或者服务本身的继续提供，因此难以认定停止侵害会造成损害公共利益或当事人利益失衡。2. 商标停止侵权请求的被请求人通常是侵害商标专用权的商品生产者、销售者或服务的提供者，不包括产品的买受人（消费者）。停止侵害一般指不得继续生产、销售侵害商标专用权的商品或在提供服务、进行广告宣传时使用侵权商标，通常也不会涉及已经售出的侵权商品[⑥]。而专利或著作权停止侵权有可能涉及侵权产品的买受人（使用人）及已经售出的侵权产品，因此更有可能出现停止侵害会损害公共利益和造成当事人利

---

① 该解释第 26 条规定："被告构成对专利权的侵犯，权利人请求判令其停止侵权行为的，人民法院应予支持，但基于国家利益、公共利益的考量，人民法院可以不判令被告停止被诉行为，而判令其支付相应的合理费用。"

② 山东省高级人民法院（2012）鲁民三终字第 33 号民事判决书。

③ 浙江省高级人民法院（2013）浙知终字第 289 号民事判决书。

④ 深圳市中级人民法院（2013）深中法知民终字第 290 号、第 291 号民事判决书。

⑤ 杭州市中级人民法院（2015）浙杭知终字第 356 号、第 357 号、第 358 号民事判决书。

⑥ 虽然在售后混淆中，出售后的商品可以在旁观者当中造成混淆亦会构成商标侵权，但是承担侵权责任的还是侵权产品的出售者或生产者。

益失衡的情况。“星河湾”案的特别之处在于，一方面商品房楼盘不同于别的商品，虽已售出，其名称依旧会显著地对外发挥标识作用，因此该案中权利人会请求涉案楼盘停止使用相关名称；另一方面涉案楼盘既已出售，小区的名称即与众多小区业主利益相关，因此法院会认为小区名称构成公共利益，判决不停止侵权。但是一般的商品并不具有同样的特征，因此目前仅有“星河湾”此一例商标侵权不停止侵害的判例[①]。但即使对于“星河湾”案也存在不同观点，认为楼盘名称作为地名使用在该案中并不构成公共利益[②]。

商标与专利、著作权的不同也体现在法律的规定上。《专利法》第 60 条规定，管理专利工作的部门在处理专利侵权纠纷时“可以责令侵权人立即停止侵权行为……”，《著作权法》第 47 条、第 48 条规定构成著作权侵权的，“应当根据情况，承担停止侵害、消除影响、赔礼道歉、赔偿损失等民事责任”。前述《专利法》和《著作权法》的相关规定均可以明确解读为，停止侵权的适用为选择适用，而非当然适用。1982 年《商标法》第 39 条、1993 年《商标法》第 39 条的规定也是一样，有关工商行政管理部门在处理商标侵权纠纷时“有权责令侵权人立即停止侵权行为……”。2001 年《商标法》第 53 条及 2013 年《商标法》第 60 条则变更了表述，工商行政管理部门处理商标侵权纠纷时，“认定侵权行为成立的，责令立即停止侵权行为”，没有明确表述是“可以”还是“应当”，但是按文义解释，应理解为“应当”适用停止侵权。事实上，《商标法》第三次修订时，曾在修订草案征求意见稿中将该表述修改为“工商行政管理部门处理时，认定侵权行为成立的，可以责令立即停止侵权行为”[③]，但是“可以”二字最终被删去，这表明立法者对于在商标侵权是否当然适用停止侵害亦存争议，于是采用模糊的表述来回避争论。但是最高院在此问题上

① 该案为系列案件，两原告在多地相继提起类似诉讼，最终判决结果类似。

② 陈爱碧：《商标法领域“侵权不停止”适用的正当性及其界限——兼评“星河湾”商品房商标侵权纠纷案》，载《政治与法律》2015 年第 12 期，第 144–152 页。

③ 参见 2011 年 9 月国务院法制办公布的《中华人民共和国商标法（修订草案征求意见稿）》第 64 条，载中国新闻网，2011 年 9 月 2 日，http://www.chinanews.com/fz/2011/09-02/3302769.shtml，2019 年 8 月 3 日访问。

的意见可谓一以贯之，无论是2009年的《意见》第15条，还是更早于2002年发布的《商标民事案件司法解释》第21条，均明确规定了停止侵害为选择适用。《商标民事案件司法解释》第21条的规定为，人民法院审理商标侵权案件时根据相关法律规定和案件具体情况，“可以判决侵权人承担停止侵害、排除妨碍、消除危险、赔偿损失、消除影响等民事责任”。

关于在商标侵权不停止侵害的考量因素，当前最直接的依据为《意见》第15条。根据该规定，可以判决不侵权的情形有：1.造成当事人之间重大利益失衡；2.损害公共利益；3.履行不能；4.权利人怠于行使权利。在此基础之上，有学者[①]认为还应该考虑：双方竞争关系，双方存在的商业竞争关系越强，越应该强化停止侵害救济方式的适用力度；商标的知名度和影响力，商标使用的范围越大、知名度越强，越应当慎重适用停止侵害之排除；侵权人的恶意；双方的许可历史，被许可人在使用商标过程中也会对商标的声誉产生贡献，侵权人与诉争商标的联系也不能被简单忽视。

三、销毁侵权商品

2013年《商标法》第60条第1款、第2款规定，有本法第57条所列侵犯注册商标专用权行为之一，引起纠纷的，由当事人协商解决；不愿协商或者协商不成的，商标注册人或者利害关系人可以向人民法院起诉，也可以请求工商行政管理部门处理。

工商行政管理部门处理时，认定侵权行为成立的，责令立即停止侵权行为，没收、销毁侵权商品和主要用于制造侵权商品、伪造注册商标标识的工具，违法经营额五万元以上的，可以处违法经营额五倍以下的罚款，没有违法经营额或者违法经营额不足五万元的，可以处25万元以下的罚款。对五年内实施两次以上商标侵权行为或者有其他严重情节的，应当从重处罚。销售不知道是侵犯注册商标专用权的商品，能证明该商品是自己合法取得并说明

① 曹月明：《论停止侵害民事责任的适用变迁——以楼盘商标侵权案为背景》，载《中国房地产》2018年第30期，第56–64页。

提供者的，由工商行政管理部门责令停止销售。

2019 年《商标法》第 63 条第 4 款规定，人民法院审理商标纠纷案件，应权利人请求，对属于假冒注册商标的商品，除特殊情况外，责令销毁；对主要用于制造假冒注册商标的商品的材料、工具，责令销毁，且不予补偿；或者在特殊情况下，责令禁止前述材料、工具进入商业渠道，且不予补偿。

这里以“阿尔卑斯”案为例。①

（一）基本案情

原告不凡帝意大利公司和不凡帝中国公司享有“阿尔卑斯 Alpenliebe”注册商标、知名商品“阿尔卑斯 Alpenliebe”草莓牛奶糖特有装潢的专用权和独占许可使用权，不凡帝中国公司自 1996 年 10 月起使用上述注册商标和商品装潢生产、销售“阿尔卑斯 Alpenliebe”系列奶糖，包括“阿尔卑斯 Alpenliebe”高级牛奶糖和草莓牛奶糖。被告许福记公司成立于 1996 年 10 月，自 1999 年 11 月起生产、销售“珠穆郎玛 Zomliamma”高级牛奶糖和草莓牛奶糖。2000 年 6 月 5 日，晋江市工商局作出《行政处罚决定书》，认定许福记公司在“珠穆郎玛 Zomliamma”系列奶糖包装袋和包装纸上使用的装潢与“阿尔卑斯 Alpenliebe”系列奶糖包装袋和包装纸上的装潢整体上近似，足以造成购买者误认；许福记公司的商品使用与知名商品近似的装潢，造成与他人知名商品相混淆。2003 年 2 月至 3 月，原告在市场上购买“珠穆郎玛 Zomliamma”高级牛奶糖和草莓牛奶糖进行取证并诉至上海市第二中级人民法院。

（二）判决内容

法院认为，许福记公司在 2000 年 6 月 5 日晋江市工商局作出行政处罚决定后继续生产、销售使用侵权标识和侵权装潢的“珠穆郎玛 Zomliamma”草莓牛奶糖的行为以及被告土特产商店、永金批发部销售该侵权商品的行为，共同侵犯了原告的注册商标专用权和知名商品特有装潢权。因此，判决被告

① 上海市第二中级人民法院（2003）沪二中民五（知）初字第 80 号民事判决书。

从市场上撤回使用侵权标识的商品包装、销毁库存的使用侵权标识的商品包装、销毁印制侵权标识的印刷制版并赔偿原告的经济损失。

（三）案件评析

1. 主要规定及不同做法

关于销毁商标侵权商品的规定最早出现在2001年《商标法》第53条，该条规定工商行政管理部门处理时，认定侵权行为成立的，责令立即停止侵权行为，没收、销毁侵权商品和专门用于制造侵权商品、伪造注册商标标识的工具，并可处以罚款。2002年《商标民事案件司法解释》规定了法院可以在民事案件中收缴侵权产品。[①] 上述规定的渊源是TRIPS协议第46条有关销毁侵权商品规定。[②]

我国为加入世界贸易组织，满足TRIPS协议的要求，在立法上作了相应的修改。商标法及司法解释仅赋予行政机关、司法机关销毁或收缴侵权商品的权力，并未明确在民事诉讼中商标权人是否有权主张被告销毁侵权商品。2019年新修订的《商标法》中，首次明确对于假冒注册商标的行为，商标权人在民事诉讼中可以请求法院判令被告销毁侵权商品，以及专门用于制造侵权商品的材料和工具。在2019年《商标法》上述条款修订之前，对于权利人

① 《商标民事案件司法解释》第21条规定，人民法院在审理侵犯注册商标专用权纠纷案件中，依据《民法通则》第134条、《商标法》第53条的规定和案件具体情况，可以判决侵权人承担停止侵害、排除妨碍、消除危险、赔偿损失、消除影响等民事责任，还可以作出罚款，收缴侵权商品、伪造的商标标识和专门用于生产侵权商品的材料、工具、设备等财物的民事制裁决定。罚款数额可以参照《商标法实施条例》的有关规定确定。工商行政管理部门对同一侵犯注册商标专用权行为已经给予行政处罚的，人民法院不再予以民事制裁。

② TRIPS协议第46条其他救济。为了对侵权活动造成有效威慑，司法当局应有权在不进行任何补偿的情况下，将已经发现的正处于侵权状态的商品排除出商业渠道，排除程度以避免对权利持有人造成任何损害为限，或者，只要不违背现行宪法的要求，应有权责令销毁该商品。司法当局还应有权在不进行任何补偿的情况下，责令将主要用于制作侵权商品的原料与工具排除出商业渠道，排除程度以尽可能减少进一步侵权的危险为限。在考虑这类请求时，应顾及第三方利益，并顾及侵权的严重程度和所下令使用的救济之间相协调的需要。对于假冒商标的商品，除了个别场合，仅将非法附着在商品上的商标拿掉，尚不足以允许这类商品投放商业渠道。

在民事诉讼中主张被告销毁侵权商品、侵权标识或含有侵权标识的包装物，司法实践中的处理并不统一。

如本案即判决被告销毁库存的使用侵权标识的商品包装、销毁印制侵权标识的印刷制版。但也有判决认为，判令被告承担停止使用侵权标识，并停止销售侵权商品足以制止侵权行为，不再支持有关销毁侵权商品的诉请。

在商标侵权案件中不判处销毁侵权产品除缺乏明确的法律依据之外，主要理由有以下两个方面：首先，如果被告已经停止销售侵权商品，有关侵权商品不会再进入流通领域，因此不会对商标权人利益造成损害，没有必要再行判决销毁侵权商品。其次，侵权商品虽破坏了商标的识别功能，但其本身有经济价值，通过去除侵权商品上的商业标识，这些商品再行进入流通领域，并不侵害商标权的利益，基于节约资源的原则，可以采取销毁以外的处理方式，销毁侵权商品从经济角度并非最优的承担侵权责任的方式。在行政执法领域，国家工商行政管理总局亦认为，“销毁”应为处理被没收的商标侵权商品的一种方式，但并非唯一方式。对依法予以没收的商标侵权商品，如具有使用价值且侵权商标与商品可以分离的，可以采取“销毁”以外的其他处理方式加以处置①。

2. 新规定及后续问题

2019 年《商标法》第 63 条新增了两款关于假冒注册商品销毁的特别规定，其中第 4 款规定：“人民法院审理商标纠纷案件，应权利人请求，对属于假冒注册商标的商品，除特殊情况外，责令销毁；对主要用于制造假冒注册商标的商品的材料、工具，责令销毁，且不予补偿；或者在特殊情况下，责令禁止前述材料、工具进入商业渠道，且不予补偿。”该条第 5 款规定：“假冒注册商标的商品不得在仅去除假冒注册商标后进入商业渠道。”本次商标法的修改背景是进一步优化营商环境，加大商标专用权保护力度。对于上述条款的修改，国家知识产权局认为假冒注册商标行为极大地侵害了消费者利益，严重干扰了市场环境，长期受到全社会的关注。这两款规定将销毁和禁止进入

① 国家工商行政管理总局：《关于如何理解〈商标法〉第 53 条有关规定问题的答复》，2002-10-01。

商业渠道作为最主要的处置手段，大幅度提高了假冒注册商标行为人的违法成本，对其形成了有效威慑。同时，增加的规定与商标法现行规定的行政机关的处理手段相平衡，使商标权的保护更加全面[①]。

此次立法修改显然更倾向于强化商标权人利益保护的角度，实施最严格的知识产权保护，上述条款有效执行将会增加侵权成本。但在立法技术上，该条款在法律适用上仍然存在诸多不确定之处。首先，该条规定中的“假冒注册商标的商品”应作何理解。《商标法》第 67 条第 3 款规定：“销售明知是假冒注册商标的商品，构成犯罪的，除赔偿被侵权人的损失外，依法追究刑事责任。”依据我国《刑法》第 214 条“销售假冒注册商标的商品罪”的规定，假冒注册商标的商品系指在相同商品上使用与注册商标相同的商品。同时，《商标法》第 60 条规定工商部门可以销毁侵权商品，此处并未限定为假冒注册商标的商品。因此，对于该条款中“假冒注册商标的商品”概念，如果严格遵循刑法中相关概念的内涵进行界定，将会导致《商标法》第 60 条与第 63 条所规定的销毁对象不一致，这一问题还有待在司法实践中进一步观察。其次，“特殊情况”判断标准。该条款中两次使用了“特殊情况”的表述，但未提示有关“特殊情况”判断可能考量的要素，某一情形是否满足“特殊情况”尚需在司法实践中进一步的类型化。

四、消除影响

最高人民法院《关于审理商标民事纠纷案件适用法律若干问题的解释》第 21 条规定，法院在审理侵犯注册商标专用权纠纷案件中，可以判决侵权人承担停止侵害、排除妨碍、消除危险、赔偿损失、消除影响等民事责任。与《民法总则》第 179 条相比，上述司法解释没有包含赔礼道歉，司法实践中多认为“赔礼道歉”仍可适用于商标侵权案件。与“赔礼道歉”并列，《民法总

---

① 《国家知识产权局 商标法修改相关问题解读》，2019–05–09，http：//www.sipo.gov.cn/zcfg/zcjd/1139030.htm。

则》第179条规定了“消除影响、恢复名誉”。从逻辑上看，“消除影响”应当可涵盖“赔礼道歉”和“恢复名誉”。有观点认为，“知识产权侵权民事责任中，如果侵权行为造成权利人（法人或者自然人）名誉或者商业信誉受损，权利人得请求消除影响，从而恢复名誉或者商业信誉；如果侵权行为造成权利人（自然人）‘名誉感’受损，权利人得请求赔礼道歉。消除影响可采取登报声明的方式进行，赔礼道歉则不要求公开进行。”①

商标侵权案件中能否适用赔礼道歉的民事责任，司法实践中有不同做法，主流意见认为不可适用。如“由于赔礼道歉的主要功能在于使受害人的精神得到安抚，仅适用于自然人人身权利或者精神权利受到侵害的情形，不适用于财产权受到侵害的情形，本案属于商标侵权纠纷，涉及的是财产性权益，因此，原告要求被告公开赔礼道歉缺乏法律依据。”②“李某廷诉请王将公司赔礼道歉，因李某廷享有的商标权系一种财产权利，不具有人身或精神权利的内容，且也没有证据证明王将公司前述侵权行为损害了李某廷的人身或精神权利，故对李某廷的该项请求，亦不予支持。”③“因被告侵犯原告的商标专用权，并不涉及人格利益，故原告要求被告赔礼道歉的诉讼请求，不予支持。”④

第二节　侵害商标权的刑事责任

问题：《刑法》中有哪些涉及注册商标的罪名？这些罪名的构成要件分别有哪些？

---

① 张晓都：《知识产权侵权民事责任中消除影响与赔礼道歉责任方式的确定》，《中国专利与商标》2004年第4期。

② 上海市浦东新区人民法院(2012)浦民三(知)初字第563号民事判决书。

③ “王将”商标案一审判决，可见最高人民法院(2010)民提字第15号民事判决书。

④ 衣念公司诉淘宝公司、杜某发侵害商标权纠纷案，载《最高人民法院公报》2012年第1期(总第183期)。

一、假冒注册商标罪

《刑法》第213条（假冒注册商标罪）规定，未经注册商标所有人许可，在同一种商品上使用与其注册商标相同的商标，情节严重的，处三年以下有期徒刑或者拘役，并处或者单处罚金；情节特别严重的，处三年以上七年以下有期徒刑，并处罚金。

下面以宗某贵等假冒注册商标罪案为例。

（一）基本案情

2017年11月，被告人宗某贵、黄某安共同出资成立郑州鼎鼎油脂有限公司，自2008年8月、9月至2011年9月4日期间雇用多名工人生产假冒金龙鱼、鲁花注册商标的食用油并销售。在明知宗某贵、黄某安组织生产的食用油系假冒金龙鱼、鲁花注册商标的商品的情况下，被告人陈某孝等人仍接受雇用生产、销售假冒金龙鱼、鲁花注册商标的食用油。被告人宗某贵、黄某安等人自2009年11月至2011年9月非法经营数额为1924万余元。另有被告人李某、翟某等人从鼎鼎公司处购买假冒金龙鱼注册商标的相关标识，用于生产假冒注册商标的食用油并对外销售。被告人刘某、张某、刘某1等在明知鼎鼎公司生产的金龙鱼、鲁花食用油系假冒注册商标的商品的情况下，仍多次从该公司购进假冒的金龙鱼、鲁花食用油分别在郑州市、平顶山地区、洛阳地区、西安市等地区进行销售。

（二）判决内容

郑州中院认为宗某贵、黄某安成立假冒注册商标罪、销售非法制造的注册商标标识罪，数额巨大，情节特别严重，数罪并罚，判处宗某贵有期徒刑12年6个月，并处罚金1050万元，判处黄某安有期徒刑11年6个月，并处罚金1050万元。其余26人因分别犯假冒注册商标罪、销售非法制造的注册商标标识罪、销售假冒注册商标的商品罪，分别被判拘役至有期徒刑8年不等，并处罚金共计694万元。一审宣判后，20名被告人提起上诉。河南省高院二审裁定驳回上诉，维持原判。

（三）案件评析

该案是商标侵权犯罪的典型案例，判决后在全国引起轰动，被最高法院列入 2013 年全国知识产权八大典型案例。最高法院称，该案的犯罪数额之高、危害之深、影响之广、判处的罚金之高，在全国知识产权审判领域罕见。该案判决中特别注重财产刑的运用，28 名被告人在全部被追究刑事责任时，同时被判处罚金刑，罚金总额达 2704 万元，有力地震慑了侵犯知识产权犯罪行为。

1. 主要规定

我国刑法中关于侵犯知识产权犯罪的规定，早在 1979 年刑法中就已经出现了，不过 1979 年刑法只规定了假冒注册商标罪，并未规定侵犯专利或著作权的相关罪名。我国在 1997 年重新修订《刑法》时，为了符合 TRIPS 协议第 61 条关于刑事程序的规定，专门在第三章第七节中规定了 7 种侵犯知识产权犯罪，其中前 3 种均为侵犯商标权的犯罪，分别为假冒注册商标罪、销售假冒注册商标的商品罪、非法制造、销售非法制造的注册商标标识罪。从 7 个与知识产权相关的刑事罪名中和商标有关的占了 3 个来看，商标犯罪是知识产权犯罪的主要类型，也是重点打击对象。之后，为了应对实践中处理知识产权刑事案件出现的问题，加强对知识产权的刑事保护，我国先后制定了一系列司法解释，包括 2004 年 12 月《关于办理侵犯知识产权刑事案件具体应用法律若干问题的解释》（以下简称《知识产权刑案解释》）、2007 年 4 月《关于办理侵犯知识产权刑事案件具体应用法律若干问题的解释（二）》（以下简称《知识产权刑案解释（二）》）以及 2011 年 1 月《关于办理侵犯知识产权刑事案件适用法律若干问题的意见》（以下简称《知识产权刑案意见》）。《知识产权刑案解释》明确了商标侵权犯罪的成立标准以及“相同的商标”“使用”“明知”等概念，《知识产权刑案解释（二）》主要明确了知识产权刑事案件的缓刑、罚金标准、自诉、单位犯罪的相关问题，《知识产权刑案意见》则对知识产权刑事案件的管辖、取证相关的一些问题，“同一种商品”“与其注册商标相同的商标”的认定，以及尚未附着侵权标识、尚未销售或部分销售的侵权商品的量刑问题进行了明确。

2. 假冒注册商标罪

《刑法》第 213 条规定：“未经注册商标所有人许可，在同一种商品上使用与其注册商标相同的商标，情节严重的，处三年以下有期徒刑或者拘役，并处或者单处罚金；情节特别严重的，处三年以上七年以下有期徒刑，并处罚金。”

第一，对于上述规定中的“未经许可”，一般观点认为除了通常意义上的未经许可，也包括虽然获得了注册商标专用权人的许可，但是超出许可范围（包括商品种类、时间、地域）使用注册商标的行为。

第二，对于“同一种商品”的理解，《知识产权刑案意见》第 5 条规定：“名称相同的商品以及名称不同但指同一事物的商品，可以认定为‘同一种商品’。‘名称’是指国家工商行政管理总局商标局在商标注册工作中对商品使用的名称，通常即《商标注册用商品和服务国际分类》中规定的商品名称。‘名称不同但指同一事物的商品’是指在功能、用途、主要原料、消费对象、销售渠道等方面相同或者基本相同，相关公众一般认为是同一种事物的商品。认定‘同一种商品’，应当在权利人注册商标核定使用的商品和行为人实际生产销售的商品之间进行比较。”因此，是否为同一种商品的比较对象为被控侵权商品与权利人注册商标核定使用的商品，行为人假冒的商品在权利人核准使用的商品范围内，但权利人未实际在该种商品上使用相同商标，仍可以认定《刑法》第 213 条规定的“在同一种商品上使用与其注册商标相同的商标”[①]。但权利人超过注册商标核定使用范围使用注册商标的，行为人在该种商品上使用相同商标的，不构成“在同一种商品上使用与其注册商标相同的商标”[②]。

---

① 李振林：《假冒注册商标罪之“同一种商品”认定》，载《法律适用》2015 年第 7 期，第 65–70 页。

② 2013 年 10 月 18 日苏高法〔2013〕275 号，《江苏省高级人民法院、江苏省人民检察院、江苏省公安厅关于知识产权刑事案件适用法律若干问题的讨论纪要》。

第三，对于“相同的商标”，《知识产权刑案解释》第 8 条规定：“刑法第二百一十三条规定的‘相同的商标’，是指与被假冒的注册商标完全相同，或者与被假冒的注册商标在视觉上基本无差别、足以对公众产生误导的商标。”《知识产权刑案意见》第 6 条对其进行了更细致的规定：“具有下列情形之一，可以认定为‘与其注册商标相同的商标’：（一）改变注册商标的字体、字母大小写或者文字横竖排列，与注册商标之间仅有细微差别的；（二）改变注册商标的文字、字母、数字等之间的间距，不影响体现注册商标显著特征的；（三）改变注册商标颜色的；（四）其他与注册商标在视觉上基本无差别、足以对公众产生误导的商标。”从前述规定可以看出，认定“相同的商标”和核心在于视觉基本无差别、足以对公众产生误导，两个要素都需要满足，缺一不可。对于其中的“外观上基本无区别”不应该作出过于宽泛的理解，例如《知识产权刑案意见》第 6 条列举的前三种情形都没有改变原商标的文字内容，只是在字体、大小写、排列和颜色等外观上的因素作出了调整，如果对原商标的文字内容作出了改变，可能就不能认定为“相同的商标”①。而不改变原商标文字，只对原商标的字体、大小写、排列或颜色作出调整，也可能不构成“相同的商标”，只要这种调整达到了外观上有明显差别的程度②。

第四，假冒注册商标罪的入罪标准，即法规规定中的“情节严重”及“情节特别严重”的标准，规定在《知识产权刑案解释》第 1 条。假冒注册商标构成“情节严重”的情形有：（一）非法经营数额在五万元以上或者违法所得数额在三万元以上的；（二）假冒两种以上注册商标，非法经营数额在三万元以上或者违法所得数额在二万元以上的；（三）其他情节严重的情形。假冒注册商标“情节提别严重”的情形有：（一）非法经营数额在 25 万元以上或者违法所得数额在 15 万元以上的；（二）假冒两种以上注册商标，非法经营数额在 15 万元以上或者违法所得数额在 10 万元以上的；（三）其他情节特别严重的情形。

---

① 武汉市中级人民法院（2016）鄂 01 刑终 1394 号裁定书。

② 南京铁路运输法院（2015）宁铁知刑初字第 00004 号判决书。

3. 销售假冒注册商标的商品罪

《刑法》第214条规定："销售明知是假冒注册商标的商品，销售金额数额较大的，处三年以下有期徒刑或者拘役，并处或者单处罚金；销售金额数额巨大的，处三年以上七年以下有期徒刑，并处罚金。"销售假冒注册商标的商品罪侵犯的客体为国家商标管理秩序和他人的注册商标专用权。

第一，销售假冒注册商标的商品罪的主观故意在于"明知"，即明知是假冒注册商标的商品仍进行销售，刑法中的故意可分为直接故意和间接故意。对于行为人销售假冒注册商标的商品时是否明知的认定，应当根据案件的客观事实，只要能证明其知道或应当知道销售的是假冒注册商标的商品的，即可以认定为明知。例如在实践中，行为人在购进假冒注册商标的商品时，进价一般明显偏低，进货渠道一般也不正当，行为人对此应当能够认识到，但为了销售此类假冒商品获取高额利润，对其行为采取放任态度，在此情形下即使行为人以事前不知作为抗辩理由，也应认定为行为人在主观方面存在间接故意。①

第二，是对于"销售"的理解。通常意义上销售即卖出货物，包括自产自销和购进后卖出，但是自产自销假冒注册商标的商品的应构成假冒注册商标罪，因此销售假冒注册商标的商品罪中的销售应单指购进后卖出的行为，包括批发、零售、代销，可以是对外销售，也可以是对内销售。此外，搭赠假冒注册商标的商品或者以假冒注册商标的商品支付债务的行为也可以认定为本罪中的销售行为。以一般的无偿赠送不构成销售，但是搭赠行为以购买销售方指定的其他商品为前提条件，是整体销售行为的组成部分，表面上是免费赠送，实则包含了隐形的对价。而以商品支付债务的行为应属于广义的销售行为，从侵害法益角度看，用假冒注册商标的商品支付债务的行为与本罪中的其他销售行为，在侵犯他人的注册商标专用权这一法益上没有本质的区别。

第三，假冒注册商标罪的入罪标准，规定在《知识产权刑案解释》第2条，

---

① 柏浪涛：《销售假冒注册商标的商品罪研究》，载《刑事法判解》2005年第8期，第19页。

销售明知是假冒注册商标的商品，销售金额在五万元以上的，属于“数额较大”，销售金额在25万元以上的，属于“数额特别巨大”。

4. 关于非法制造、销售非法制造的注册商标标识罪

该罪可以进一步拆分为非法制造注册商标标识罪和销售非法制造的注册商标标识罪。非法制造注册商标行为包括未经委托或许可制造他人注册商标标识的行为，亦包括虽然接受了商标权人委托，但是超出委托的数量制造注册商标标识的行为。一般而言，成立该罪的行为人应具有非法营利目的。

伪造、擅自制造他人注册商标标识或者销售伪造、擅自制造的注册商标标识，构成“情节严重”的情形有：（一）伪造、擅自制造或者销售伪造、擅自制造的注册商标标识数量在二万件以上，或者非法经营数额在五万元以上，或者违法所得数额在三万元以上的；（二）伪造、擅自制造或者销售伪造、擅自制造两种以上注册商标标识数量在一万件以上，或者非法经营数额在三万元以上，或者违法所得数额在二万元以上的；（三）其他情节严重的情形。伪造、擅自制造他人注册商标标识或者销售伪造、擅自制造的注册商标标识，构成“情节特别严重”的情形有：（一）伪造、擅自制造或者销售伪造、擅自制造的注册商标标识数量在十万件以上，或者非法经营数额在25万元以上，或者违法所得数额在15万元以上的；（二）伪造、擅自制造或者销售伪造、擅自制造两种以上注册商标标识数量在五万件以上，或者非法经营数额在15万元以上，或者违法所得数额在10万元以上的；（三）其他情节特别严重的情形。

二、销售假冒注册商标的商品罪

《刑法》第214条（销售假冒注册商标的商品罪）规定，销售明知是假冒注册商标的商品，销售金额数额较大的，处三年以下有期徒刑或者拘役，并处或者单处罚金；销售金额数额巨大的，处三年以上七年以下有期徒刑，并处罚金。

下面以章某、胡某某销售假冒注册商标的商品罪案为例。

（一）基本案情

2013年10月，被告人章某、胡某某共同租赁、经营本市南京西路×××号上海韩城服饰礼品广场（淘宝城）3楼59C号店铺，在未经注册商标所有人许可的情况下，从他人处购进假冒注册商标的手提包、钱包等商品进行销售。2014年12月29日，上海市公安局对该店铺进行搜查，查获涉嫌使用他人注册商标的商品共计116件。经相关注册商标所有人或其授权的代理人鉴别，上述查获的商品中有78件均系假冒CHANEL、CHRISTIANDIOR、PRADA、CELINE、GIVENCHY、LOUISVUITTON、MICHAELKORS、BOTTEGAVENETA注册商标的商品。经上海市价格认证中心鉴定，上述假冒注册商标的商品市场（零售）中间价合计人民币1034330元。2015年2月6日，被告人章某、胡某某经电话通知主动至公安机关投案，如实供述相关犯罪事实。

（二）判决内容

本案一审法院上海市第三中级人民法院认为被告人章某、胡某某明知是假冒注册商标的商品，仍共同非法予以销售，尚未销售假冒注册商标的商品的货值金额达103万余元，数额巨大，其行为均已构成销售假冒注册商标的商品罪，依法应予惩处。因查获的假冒注册商标的商品尚未销售，系犯罪未遂，可以比照既遂犯从轻或者减轻处罚。章某、胡某某犯罪后能自动投案，如实供述自己的罪行，系自首，可以从轻或者减轻处罚。综合具体案情及社会危害性，决定对章某、胡某某减轻处罚并适用缓刑。一审法院以销售假冒注册商标的商品罪分别判处被告人章某有期徒刑一年二个月，缓刑一年二个月，并处罚金人民币一万二千元；判处被告人胡某某有期徒刑一年二个月，缓刑一年二个月，并处罚金人民币一万二千元；查获的假冒注册商标的商品予以没收。

章某、胡某某以其具有犯罪未遂、自首等从轻、减轻处罚情节，原判量刑主刑过重、罚金刑过重为由，上诉至上海高级人民法院请求从轻判处。二审法院认为一审判决已经考虑了犯罪未遂和自首情节作了从轻判处，符合罪刑相适应原则，因此维持原判。

（三）案件评析

本案涉及销售假冒注册商标的商品罪，且涉案的假冒注册商标的商品尚未销售的情形。

对于假冒注册商标的商品，尚未销售的，按照犯罪未遂处理。关于尚未销售的假冒注册商标的商品，最早规定在2010年5月最高人民检察院、公安部印发的《关于公安机关管辖的刑事案件立案追诉标准的规定（二）》第70条规定：“销售明知是假冒注册商标的商品，涉嫌下列情形之一的，应予立案追诉：（一）销售金额在五万元以上的；（二）尚未销售，货值金额在十五万元以上的；（三）销售金额不满五万元，但已销售金额与尚未销售的货值金额合计在十五万元以上的。”在此之前，法院在处理此类情形时亦是认定为销售假冒注册商标的商品罪犯罪未遂，只是在对于不同案值的处理上没有确立统一标准。2011年1月出台的《知识产权刑案意见》第8条在吸收了前述《关于公安机关管辖的刑事案件立案追诉标准的规定（二）》第70条的基础上，对尚未销售的假冒注册商标的商品处理作出了更加明确细致的规定：“销售明知是假冒注册商标的商品，具有下列情形之一的，依照刑法第二百一十四条的规定，以销售假冒注册商标的商品罪（未遂）定罪处罚：（一）假冒注册商标的商品尚未销售，货值金额在十五万元以上的；（二）假冒注册商标的商品部分销售，已销售金额不满五万元，但与尚未销售的假冒注册商标的商品的货值金额合计在十五万元以上的。假冒注册商标的商品尚未销售，货值金额分别达到十五万元以上不满二十五万元、二十五万元以上的，分别依照刑法第二百一十四条规定的各法定刑幅度定罪处罚。销售金额和未销售货值金额分别达到不同的法定刑幅度或者均达到同一法定刑幅度的，在处罚较重的法定刑或者同一法定刑幅度内酌情从重处罚。”

根据《知识产权刑案解释》第2条规定，已销售假冒注册商标商品的金额达到5万元即为“数额较大”，构成销售假冒注册商标商品罪犯罪既遂。而已销售金额不足5万元的，根据前述《知识产权刑案意见》第8条第1款和第2款，无论未销售部分案值达到多少均为销售假冒注册商标的商品罪犯罪未遂。

关于罚金刑的标准。《知识产权刑案解释（二）》第4条规定："对于侵犯知识产权犯罪的，人民法院应当综合考虑犯罪的违法所得、非法经营数额、给权利人造成的损失、社会危害性等情节，依法判处罚金。罚金数额一般在违法所得的一倍以上五倍以下，或者按照非法经营数额的50%以上一倍以下确定。"

本案中，章某和胡某某尚未销售的假冒注册商标商品货值为103万元，为数额巨大，法定刑为三年以上七年以下有期徒刑，并处罚金。考虑到未遂和自首情节，法院最终判决为有期徒刑一年二个月，缓刑一年二个月，并处罚金人民币一万二千元，已经在法定刑内作了减轻处理，故并无不当。

三、"贴标型"假冒注册商标罪

非法制造、销售非法制造的注册商标标识罪，是涉及注册商标犯罪的另一罪名。《刑法》第215条规定，伪造、擅自制造他人注册商标标识或者销售伪造、擅自制造的注册商标标识，情节严重的，处三年以下有期徒刑、拘役或者管制，并处或者单处罚金；情节特别严重的，处三年以上七年以下有期徒刑，并处罚金。

本书不单独对该罪名举例。这里介绍"贴标型"假冒注册商标罪。

（一）基本案情

经查，被告人与其丈夫王某迪（另案处理）于2014年开始销售硒鼓，收购惠普牌空硒鼓在店为灌粉加工包装后加价出售。其销售的硒鼓分成三类：一是收来空的惠普牌硒鼓由店员灌粉，涂掉原有标识后贴上京惠商标，盖住惠普商标，包上京惠纸盒子出售。二是同前面一类相似，但没有包装纸盒子，直接裸鼓销售。三是假冒的惠普牌硒鼓，其买来惠普防伪标、带有惠普标识的充气袋、拉环、纸盒子，按照客户需求进行生产。客户需要质量好的，其就用收购来的部分惠普牌拆机鼓重新包装发给客户；客户需要便宜的，就用收购来的空鼓灌粉后包装惠普充气袋出售。2016 年 7 月 25 日公安机关到被告人叶某娜的经营场所和出租屋内查获假冒惠普牌硒鼓 648 个（不包括未完成灌粉的硒鼓、回收空鼓、已贴京惠标签的硒鼓、惠普品牌测试硒鼓等其他硒鼓）及惠普牌防伪标、气泡袋、包装盒、碳粉等物品，价值共计人民币 624961 元。根据前述犯罪情况，北京市海淀区人民检察院将被告人诉至海淀区人民法院。

（二）判决内容

审理中，辩护人提出扣押在案的这些灌装完成的硒鼓中还有可能被作为京惠品牌出售的相关辩护意见，对此，法院认为根据被告人供述和已查明事实，被告人涂改惠普标识是在灌粉之前实施，从现场起获的硒鼓情况看，已经涂改惠普标识和贴了京惠标识的硒鼓只占小部分，且大部分被涂改的硒鼓上仍能轻易识别出惠普标识，其所粘贴的京惠标识简单粗糙，只是对原有惠普标识的简单覆盖，很多标签未对惠普标签进行实质覆盖，包括其已经封口包装好的贴了京惠标签的待出售硒鼓上，均能轻易地发现惠普标识，这种简单的贴标行为，足以使消费者对产品来源的评判指向知名的惠普品牌，误导消费者。另外，现场还起获了部分封装进入带有惠普标识的气泡袋及包装盒的重新灌粉的硒鼓，与扣押在案的其他未包装但已灌装完成的硒鼓在外观特征及做工上基本一致，同时结合现场起获了大量带有惠普标识的假冒硒鼓拉条或拉环、气泡袋、包装盒，足以认定叶某娜等人用这些产品假冒惠普品牌商品出售的故意和行为。叶某娜等人用京惠标识简单覆盖惠普标识，只是掩盖其造假售假的一种手段，并不影响对其假冒他人注册商标的行为定性，也不影响对扣押在案的假冒硒鼓数量认定。

最终，法院判决：一、被告人叶某娜犯假冒注册商标罪，判处有期徒刑三年，罚金人民币 40 万元。二、起获扣押的假冒惠普牌注册商标的硒鼓、包装材料及作案工具等依法予以没收。

（三）案件评析

本案为 2017 年度北京法院知识产权司法保护十大典型案例之一。“贴标”

可以说是最典型的假冒注册商标侵权方式，行为人在并非源自注册商标权利人的产品（通常是较为低价的同类产品）上贴上注册商标，用以假冒注册商标产品，高价出售获益的行为。当前，很多假冒商标违法犯罪分子，为了逃避打击和逃避责任，不再明目张胆地打着名牌旗号对外销售假冒产品，而往往会采取一些遮挡伎俩，变着花样地偷偷销售，本案即为一例。本案中，法院对简单涂改，遮盖品牌标识，虚假贴标行为的定性均进行了深入剖析和认定，可以作为同类案件查处判决的参考。

需要注意的是认定假冒注册商标并不以“贴标”为唯一认定依据。无论是否重新贴标，将商品翻新后以原品牌产品名义重新出售的行为均构成假冒注册商标商品，因为比种行为损害了注册商标所有人控制商品质量的专有权利，导致消费者对产品的来源产生混淆，属于在同一种商品上使用与注册商标相同商标的行为。本案中，保留原有惠普商标或未完全覆盖原有惠普商标的重新灌粉硒鼓就属于假冒注册商标商品。构成此类假冒注册商标行为的一个常见类型为旧手机或故障手机的翻新出售，已有多个司法判例对此类翻新手机或手机配件的行为作出了构成假冒注册商标罪的判决。[①]

对于尚未附着假冒注册商标标识的侵权产品，《知识产权刑案意见》第7条作了规定，“在计算制造、储存、运输和未销售的假冒注册商标侵权产品价值时，对于已经制作完成但尚未附着（含加贴）或者尚未全部附着（含加贴）假冒注册商标标识的产品，如果有确实、充分证据证明该产品将假冒他人注册商标，其价值计入非法经营数额”。本案中，虽然行为人在部分硒鼓上涂改了原有惠普标识并粘贴京惠标识，但是还有很多重新灌装但是未变更标识的惠普硒鼓，结合被告人供述和涉案证据，依然可以认定被告人用这些产品假冒惠普品牌商品出售的故意和行为，这些涉案产品属于《知识产权刑案意见》第7条规定的“已经制作完成但尚未附着（含加贴）或者

---

① 深圳市中级人民法院（2011）深中法知刑终字第207号判决书。法院认为将回收的旧苹果手机修复并更换带有假冒苹果商标的新外壳进行翻新的行为属于加工、组装行为，其性质属于生产，该行为构成假冒注册商标商品罪。

尚未全部附着（含加贴）假冒注册商标标识的产品”或“有确实、充分证据证明该产品将假冒他人注册商标”的情形，故该部分侵权产品依然被计算在非法经营额内。

另一类和“贴标”有关的争议案件为“涉外定牌加工”案件，涉外定牌加工一般指国内加工方接受境外委托方的委托，按境外委托方指定的商标生产产品，并将产品全部交付境外委托方并由其在境外销售，境外委托方向境内加工方支付加工费的一种贸易方式。此前对于贴牌加工产品是否构成商标侵权，最高院和各地法院在一系列案件中运用了不同的思路，判决的结果也不同。2015 年 11 月最高院“PRETUL”案，该案中最高院认为涉案产品并未在中国境内销售，不能实现识别该商品来源的功能，不能被认定为商标意义上的使用行为，因此不构成商标侵权。2017 年 4 月上海知产法院审理的“PEAK”案中，法院认为，因为委托方通过亚马逊销售其产品，所以即使相关产品全部出口，国内消费者通过亚马逊网站也可以看到被控侵权产品的商标，并可以通过亚马逊网站购买，因此被告行为对原告造成了损害，法院最终认定被告行为构成商标侵权。2017 年 12 月最高院在审理“东风”案中认同了江苏高院在二审中提出的“合理注意义务 + 实质性损害”标准，但否定了二审法院“对于境外委托人委托贴牌的商标本身不具有正当性的，应当对国内加工企业施加更高的注意义务”的观点，最终认定不构成侵权。

第三节　侵害商标权的行政责任

问题：行政执法机关查处商标侵权行为的具体职权有哪些？行政执法相对于民事诉讼有哪些优势和劣势？我国是否应当强化行政执法？

一、商标侵权的行政执法及行政诉讼

《商标法》第 60 条规定，有本法第 57 条所列侵犯注册商标专用权行为之一，引起纠纷的，由当事人协商解决；不愿协商或者协商不成的，商标注册

人或者利害关系人可以向人民法院起诉，也可以请求工商行政管理部门处理。工商行政管理部门处理时，认定侵权行为成立的，责令立即停止侵权行为，没收、销毁侵权商品和主要用于制造侵权商品、伪造注册商标标识的工具，违法经营额五万元以上的，可以处违法经营额五倍以下的罚款，没有违法经营额或者违法经营额不足五万元的，可以处25万元以下的罚款。对五年内实施两次以上商标侵权行为或者有其他严重情节的，应当从重处罚。销售不知道是侵犯注册商标专用权的商品，能证明该商品是自己合法取得并说明提供者的，由工商行政管理部门责令停止销售。对侵犯商标专用权的赔偿数额的争议，当事人可以请求进行处理的工商行政管理部门调解，也可以依照《民事诉讼法》向人民法院起诉。经工商行政管理部门调解，当事人未达成协议或者调解书生效后不履行的，当事人可以依照《民事诉讼法》向人民法院起诉。

《商标法》第61条规定，对侵犯注册商标专用权的行为，工商行政管理部门有权依法查处；涉嫌犯罪的，应当及时移送司法机关依法处理。

《商标法》第62条规定，县级以上工商行政管理部门根据已经取得的违法嫌疑证据或者举报，对涉嫌侵犯他人注册商标专用权的行为进行查处时，可以行使下列职权：（一）询问有关当事人，调查与侵犯他人注册商标专用权有关的情况；（二）查阅、复制当事人与侵权活动有关的合同、发票、账簿以及其他有关资料；（三）对当事人涉嫌从事侵犯他人注册商标专用权活动的场所实施现场检查；（四）检查与侵权活动有关的物品；对有证据证明是侵犯他人注册商标专用权的物品，可以查封或者扣押。工商行政管理部门依法行使前款规定的职权时，当事人应当予以协助、配合，不得拒绝、阻挠。在查处商标侵权案件过程中，对商标权属存在争议或者权利人同时向人民法院提起商标侵权诉讼的，工商行政管理部门可以中止案件的查处。中止原因消除后，应当恢复或者终结案件查处程序。

这里以“汇丽”商标案[①]为例。

---

① 上海市第一中级人民法院（2013）沪一中行终字第255号行政判决书。

（一）基本案情

经上海汇丽集团（注册商标“汇丽”“中远汇丽”“Huili”的权利人）举报，上海市工商行政管理局检查总队于 2012 年 3 月 30 日立案调查发现，晖丽公司委托运来公司、华民公司生产标识有“中远汇丽”“Huili”“香港中远汇丽公司”标志的涂料，上海市工商行政管理局检查总队认定晖丽公司上述行为构成商标侵权，非法经营额共计 242525 元，对其作出立即停止侵权行为，并处罚款人民币 24 万余元的行政处罚。

晖丽公司不服处罚决定，提起复议，复议决定维持了处罚决定。晖丽公司不服复议决定，提起行政诉讼，主张其行为不构成商标侵权且被诉行政处罚决定期限长达一年，程序违法。该案历经一审和二审。

（二）判决内容

二审法院认为，晖丽公司设计“中远汇丽”和“Huili”标识，委托案外人印制彩印膜、生产塑料桶和贴膜，并对外销售标有“中远汇丽”和“Huili”标识的成品桶涂料的行为，容易使相关公众产生商品来源的混淆，构成商标侵权。本案案情复杂，检查总队在延期 30 日后仍不能及时处理，故在集体讨论后，决定继续延期，符合法律规定。故判决驳回上诉。

（三）案件评析

1. 工商行政执法权

相对于司法保护，通过行政途径对商标权进行保护更为便利高效，实践中通过行政保护渠道处理的侵权纠纷占比非常高。工商行政执法机关可以依申请或者依职权对商标侵权行为进行调查处理，能够及时制止侵权行为，避免扩大损失，效率高于民事诉讼。相对于民事诉讼权利人需要自行调查取证，工商行政管理部门可依据职权进行调查取证，可以利用询问、查阅、复制、检查、查封与扣押等手段，行政保护的救济成本更低更简便。而行政机关制止侵权的手段也很多样，包括责令停止侵权行为、收缴、销毁、罚款等。

除了查处《商标法》第 57 条规定的侵权注册商标专用权的行为，工商行政管理部门还担负查处商标不规范使用行为的职责，这些不规范使用商标的行为主要包括：1. 在使用注册商标的过程中，自行改变注册商标、注册人名义、地址或者其他注册事项；2. 在法律、行政法规规定必须使用注册商标的商品上未使用注册商标的；3. 将未注册商标冒充注册商标使用或违反商标法第 10 条，将不得作为商标使用的标志作为商标使用；4. 将“驰名商标”字样用于商品、商品包装或者容器上，或者用于广告宣传、展览以及其他商业活动中。

在我国的商标权保护体系中行政保护的重要地位，可以说是从 1982 年制定我国第一部《商标法》至今一以贯之。1982 年《商标法》第 39 条规定：“有本法第三十八条所列侵犯注册商标专用权行为之一的，被侵权人可以向侵权人所在地的县级以上工商行政管理部门要求处理。有关工商行政管理部门有权责令侵权人立即停止侵权行为，赔偿被侵权人的损失，赔偿额为侵权人在侵权期间因侵权所获得的利润或者被侵权人在被侵权期间因被侵权所受到的损失；对情节严重的，可以并处罚款。当事人不服的，可以在收到通知十五天内，向人民法院起诉；期满不起诉又不履行的，由有关工商行政管理部门申请人民法院强制执行。对侵犯注册商标专用权的，被侵权人也可以直接向人民法院起诉。”该条明确规定工商行政管理部门可以依申请处理侵犯商标专用权的纠纷，从法条规定的顺序来看，行政保护在注册商标专用权保护的体系中占据主要地位。该条规定延续到了 1993 年《商标法》第 39 条，在商标侵权保护的规定中行政保护依然位于司法保护的前面，直到 2001 年为了适应 TRIPS 协议规定重新修订的《商标法》第 53 条才将商标侵权保护的规定中的司法保护列在行政保护之前。但是商标行政保护的重要性并未有所下降，2001 年《商标法》第 54 条新增了工商行政管理部门可以依职权查处商标侵权行为的规定，进一步提升了商标行政保护的地位。

2. 其他机关的行政执法

当前我国商标行政保护主要涉及三个行政执法主体，分别是工商机关、海关和公安机关。地方各级工商机关在国家工商总局和当地政府的领导下，依法负责本辖区内商标监管和行政执法工作。海关主要依据《海关法》及《知识产权海关保护条例》的相关规定，履行对进出口货物检查和知识产权保护的职责。海关可以扣留涉嫌侵权货物，扣留的前提是知识产权权利人提出合格申请并提供担保，权利人未提出申请或未提供担保的海关不得扣留货物。海关实行知识产权备案制度，知识产权权利人可以向海关总署备案相关知识产权，备案不是保护的前提，但是海关发现进出口货物有侵犯备案知识产权嫌疑的，会主动通知权利人，更有利于及时发现和制止侵权。公安机关主要对涉嫌假冒注册商标犯罪的案件进行立案侦查并移送检察机关起诉。

二、商标侵权的行政处罚

这里以伯尔梅特 BERMAD 案[①]为例。

（一）基本案情

当事人上海伯尔梅特公司于 2014 年至 2016 年从正常销售渠道采购价格相对较低带有 BERMAD 商标的红色消防阀与蓝色减压阀，通过刷漆改色的方式将阀体改造为绿色的数控电液阀，并把产品中的垫片取出，换成自行采购的垫片。当事人对外销售自行改装的仿冒绿色数控电液阀 64 台，含税销售额 146.4275 万元，至案发时仓库内剩余尚未销售的电液阀 17 台，违法经营额合计 187.0838 万元。

（二）判决内容

当事人未经伯尔梅特 BERMAD 商标注册人以色列伯尔梅特公司许可，擅自改装冒充高价商品销售的行为，构成商标侵权，上海市闵行区市场监管局依法责令当事人立即停止侵权行为，没收侵权阀门产品 17 台，罚款 561 万元。

---

① 国家知识产权局商标局：《2017 商标侵权十大典型案例》，2018–04–27，http：//www.sipo.gov.cn/mtsd/1123787.htm。

（三）案件评析

此案是近年来上海市工商和市场监管部门在知识产权领域查处的罚款金额最多的一起商标违法案件，被国家知识产权局列为2017年商标侵权十大典型案例之一[①]。

1982年我国首部《商标法》第39条就规定了工商行政管理部门在处理商标侵权纠纷时，除了可以责令侵权人停止侵权，赔偿被侵权人损失之外，对情节严重的可以并处罚款。1982年《商标法》第39条并没有明确罚款金额标准，此后1993年《商标法》及2001年《商标法》均规定了工商行政管理部门可以对侵权注册商标专用权的侵权人处以罚款，但是同样未规定罚款金额标准，直到2013年新修订的《商标法》第60条才规定了罚款标准为“违法经营额五万元以上的，可以处违法经营额五倍以下的罚款，没有违法经营额或者违法经营额不足五万元的，可以处二十五万元以下的罚款。对五年内实施两次以上商标侵权行为或者有其他严重情节的，应当从重处罚”。2019年《商标法》保留了前述规定。

一些地方工商行政管理部门为规范执法，统一执法标准，出台了和商标侵权行政执法相关的行政处罚标准，如上海市工商行政管理局在2015年12月发布的《上海市工商行政管理局关于侵犯注册商标专用权行为行政处罚裁量基准》，北京市工商行政管理局在2015年12月发布的《北京市工商行政管理局行政处罚裁量基准》，贵州省工商行政管理局在2017年11月发布的《贵州省工商行政管理机关行政处罚裁量基准》等，这些地方行政法规进一步明确了商标侵权行政处罚的裁量标准，在《商标法》规定的范围内针对不同情节不同程度的侵犯注册商标专用权具体情形确立不同的罚款标准。

对比商标侵权民事诉讼的侵权损害赔偿金额标准和商标刑事案件中的罚金标准以及商标侵权的行政处罚中的罚款标准，可以发现商标侵权的行政处

---

① 国家知识产权局：《2017商标侵权十大经典案例》，2018-04-27，http://www.sipo.gov.cn/mtsd/1123787.htm。

罚是十分严厉的。在商标侵权民事诉讼中，侵权损害赔偿额的确定原则为填补原则，在适用顺序上首先是被侵权人实际损失，实际损失无法确定的适用侵权获益，侵权获益无法确定的参照商标许可费的倍数，最后适用法定赔偿。之前的《商标法》中并无商标侵权民事诉讼中适用惩罚性赔偿的规定，直到 2013 年《商标法》第 63 条第 1 款才加入了惩罚性赔偿的规定，对恶意侵犯商标专用权，情节严重的，可以在按照上述方法确定数额的一倍以上三倍以下确定赔偿数额，2019 年修订的商标法则将惩罚性赔偿的上限提高到最高可达五倍。而根据《商标法》第 60 条，工商行政管理部门对侵犯商标专用权的行为最高可处以非法经营额五倍的罚款。并且，按照《知识产权刑案解释》第 12 条，违法经营额包括违法生产、销售的已售收入和未售的货值总额。对于违法所得的理解有不同观点，有的观点将其理解为获利，需要扣除成本；有的观点则将其理解为销售收入，但是无论如何，违法所得的数额应低于非法经营额。因此，单从商标侵权人需要承担的经济后果来看，行政处罚是最为严厉的，这样也有利于发挥震慑商标侵权，加强商标保护。

第十章 商标侵权损害赔偿责任

《商标法》第 63 条第 1 款规定，侵犯商标专用权的赔偿数额，按照权利人因被侵权所受到的实际损失确定；实际损失难以确定的，可以按照侵权人因侵权所获得的利益确定；权利人的损失或者侵权人获得的利益难以确定的，参照该商标许可使用费的倍数合理确定。对恶意侵犯商标专用权，情节严重的，可以在按照上述方法确定数额的一倍以上五倍以下确定赔偿数额。赔偿数额应当包括权利人为制止侵权行为所支付的合理开支。本条第 3 款规定，权利人因被侵权所受到的实际损失、侵权人因侵权所获得的利益、注册商标许可使用费难以确定的，由人民法院根据侵权行为的情节判决给予 500 万元以下的赔偿。

上述条款规定了商标侵权损害赔偿的四种方式：实际损失、侵权获利、许可费用的合理倍数、法定赔偿。从本条用语看，这四种方式的先后适用顺序是有讲究的，只有在无法适用前一种赔偿方式时，才能适用后一种赔偿方式。但是，根据《商标民事案件司法解释》第 13 条规定，权利人对赔偿方式有选择权：人民法院依据《商标法》第 56 条第 1 款的规定确定侵权人的赔偿责任时，可以根据权利人选择的计算方法计算赔偿数额。换言之，权利人可以在起诉、证据交换或法庭辩论阶段选择确定侵权损害赔偿的计算方式。《北京高院关于侵害知识产权及不正当竞争案件确定损害赔偿的指导意见及法定赔偿的裁判标准》第 1.2 条第 2 段指出：当事人选择后序赔偿计算方法的，可以推定前序赔偿计算方法难以确定赔偿数额，但有相反证据的除外。

本条还规定了惩罚性赔偿；此外，权利人还有权获赔维权的合理支出。实践中，为了提升侵权损害赔偿的执行可能性，同时威慑有关侵权主体，权利人会考虑将侵权公司及其实际控制人作为共同侵权人，要求两者承担连带赔偿责任。为了减轻权利人的举证责任，司法实践中发展出了酌定赔偿的计算方法，是在实际损失或侵权获利的框架下，裁量被告应当作出的赔偿数额。

第一节　实际损失

问题：如何计算商标侵权行为给权利人造成的实际损失？当无法证明实际损失时，实践中采用“酌定赔偿”的方法，有无正当性？“酌定赔偿”，属于“实际损失”的方法还是“法定赔偿”的方法？

一、基本构成

（一）基本公式及替代公式

在计算商标侵权损害赔偿数额的方式中，实际损失的赔偿方式位列第一顺位，这符合民事侵权损害赔偿的填平原则。民事责任，既着重于损害之填补，则损害纵因行为人之过失所酿成，其严重性与故意引起者并无不同，均应予以填补。[①]权利人应当证明其因商标侵权行为所遭受的损失，通常主要是指因相关公众的混淆所产生的贸易转移的损害，即在侵权行为持续期间，因侵权行为导致权利人商品销售量的减少额乘以这些商品的利润率。这是计算实际损失的基本公式，也是实际损失的基本构成。

在我国的司法实践中，“实际损失”这一赔偿方法的适用比例非常低。主要障碍在于，在现代市场经济中，单纯由权利人垄断市场的情形（市场中只有权利人一个商家，侵权人商品销量增加的数量就是权利人销量减少的数量）

① 曾世雄：《损害赔偿法原理》，中国政法大学出版社2001年版，第15页。

比较罕见，更何况权利人商品销量的变动还受到其他市场因素的影响。因此，权利人的实际损失与侵权行为之间的因果关系往往难以完全对应。权利人商品销售量的减少，可能会源于多种原因，比如市场竞争的加剧、权利人商品的价格策略及营销策略的调整、消费者的偏好转变等，不太可能将所有的商品减少量都归因于侵权行为。因此，在一些案件中，即便权利人提出了侵权行为持续期间所减少的商品销售额，但因为无法锁定因果关系，法院也不会轻易采纳这一赔偿方式。

当权利人无法提供证据证明其因侵权行为导致的商品销量减少额时，我国法院将被告销售侵权商品的量作为基数进行计算。《商标民事案件司法解释》第15条规定，《商标法》第56条第1款规定的因被侵权所受到的损失，可以根据权利人因侵权所造成商品销售减少量或者侵权商品销售量与该注册商标商品的单位利润乘积计算。其实，以赔偿权利人为标准还是以赔偿义务人为标准设计损害赔偿制度，理论上截然不同，我国法院如此处理，类似法国民法，把赔偿义务人预见之损害与赔偿权利人之实际损害，拉得很接近。[①]

权利人的实际损失，除了商品销售额的减少之外，还可能包括其他损失。在损害赔偿法上，尽管法国法、德国法及英国法、美国法所设计之损害赔偿制度，彼此并不一致，但却同样尊奉同一之最高指导原则，即损害赔偿之最高指导原则在于赔偿被害人所受之损害，俾于赔偿之结果，有如损害事故未曾发生者然。[②] 在美国发生的一个商业秘密盗用案件中，地方法院指出原告的实际损失包括流失的销售额(lost sales)和价格侵蚀(price erosion)，后者包括历史价格侵蚀（historical price erosion）和将来价格侵蚀(future price erosion)。流失的销售额是指由于被告以不法行为的方式进入市场所导致原告市场份额的下降；由于被告借这种方式进入市场，被告作出降价的回应，这是历史价格侵蚀；尽管市场中还有其他竞争者以更低的价格销售，但这些竞争者的商品低劣以至于没有必要因为这些竞争者而降价。又由于原告将来需要相当长一

① 曾世雄:《损害赔偿法原理》，中国政法大学出版社2001年版，第20页。

② 曾世雄:《损害赔偿法原理》，中国政法大学出版社2001年版，第16页。

段时间以重新确立其价格和市场空缺，被告还应赔偿这种将来价格侵蚀。[①]

我国也有法院采取这种方式，本节第二部分摘取苏州中院审理的巴洛克商标侵权案判决[②]的部分内容，法院首先阐述了侵权产品与权利人产品之间的高度替代性，实际损失与侵权行为之间具有因果关系。然后分别阐述了销售流失而损失的利润、因价格侵蚀而损失的利润、未来销售利润的损失以及商誉损害。

（二）酌定赔偿

由于精确计算实际损失额的难度较大，实践中出现了减轻权利人证明程度的酌定赔偿方法，但权利人应当围绕实际损失或侵权获利的计算公式提供证据。从最高人民法院的态度看，这种酌定赔偿或裁量性赔偿方式应当属于实际损失或侵权获利的赔偿方法，只是在证明标准的把握上有所松动。最高法院在《关于当前经济形势下知识产权审判服务大局若干问题的意见》第16条规定："……积极引导当事人选用侵权受损或者侵权获利方法赔偿，尽可能避免简单适用法定赔偿方法。对于难以证明侵权受损或侵权获利的具体数额，但有证据证明前述数额明显超过法定赔偿最高限额的，应当综合全案的证据情况，在法定最高限额以上合理确定赔偿额……"

最高人民法院在2013年3月全国知识产权审判工作会议上指出："要正确把握法定赔偿与酌定赔偿的关系，酌定赔偿是法官在一定事实和数据基础上，根据具体案情酌定实际损失或侵权所得的赔偿数额，其不受法定赔偿最高或者最低限额的限制。积极适用以相关数据为基础的酌定赔偿制度，在计算赔偿所需的部分数据确有证据支持的基础上，可以根据案情运用自由裁量权确定计算赔偿所需的其他数据，酌定公平合理的赔偿数额。""在专利侵权案件审理中，尽管法律规定了一万元的最低法定赔偿数额，如果确有证据表明权利人的损失不足一万元，当然可以在一万元以下公平合理地酌定赔偿数

① Roton Barrier, Inc. v. Stanley Works, 79 F.3d 1112, 1120 (1996).

② 苏州中院（2016）苏05民初第41号民事判决书。

额。这种根据实际损失确定赔偿数额的方式是一种运用自由裁量权的酌定赔偿，不是法定赔偿。如果硬要将其纳入法定赔偿范畴，那就会与法律规定相抵触。”[①] 司法政策还指出，“有一定的证据能够证明实际损失或侵权获利超过或者低于法定赔偿数额，但该实际损失或侵权获利又确无证据精确证明时，可以在法定赔偿的最高额以上或者最低额以下适当酌定赔偿数额。上述酌定赔偿不是在适用法定赔偿，仍属于实际损失或侵权获利的确定，不能因法定赔偿中有酌情考虑就将上述酌定赔偿混同于法定赔偿。再如，侵权产品的数量已经确定，但利润难以精确查明时，可以参考同类或类似产品的平均单位利润酌定该侵权产品的单位利润，并计算出侵权获利的数额，上述过程虽有酌定，但仍属于侵权获利数额的确定，而非适用法定赔偿”。[②]

我国越来越多的案件运用这一方法，因无法精确地计算出实际损失或侵权获利数额，但是大概率地可以确定是在法定赔偿最高限额之上的损失，因而在综合案件有关医素基础上给出一个酌定数额，比如广东法院 2018 年一审知识产权案件中就有 38 起在法定赔偿限额以上酌定赔偿。[③] 最经典的表述如 3Q 大战中的一审和二审判决。一审法院：“从优势证据规则出发，虽然无法确定原告所遭遇的经济损失的具体数额，但可以确定该数额已经远远超过 50 万元法定赔偿限额的情形下，酌情确定两被告应连带赔偿两原告经济损失及合理维权费用共计 500 万元”；二审法院：“证据至少足以表明，上诉人发布 QQ 保镖的行为给被上诉人造成的损失已经明显超过了法定赔偿的最高限额，本案依法不适用法定赔偿额的计算方法，而应当综合案件的具体证据情况，在法定赔偿最高限额以上合理确定赔偿额。本案中，一审法院在确定赔偿数额时，全面考虑了以下因素：1. 上诉人实施的侵权行为给被上诉人造成的损失包括业务收入、广告收入、社区增值业务收入和游戏收入，QQ.com 网站的

① 《最高人民法院知识产权审判庭庭长孔祥俊在全国法院知识产权审判工作座谈会上的总结讲话》（2011 年 11 月 29 日）。

② 《最高人民法院知识产权审判庭庭长孔祥俊在全国知识产权审判工作会议的总结讲话》（2013 年 3 月）。

③ 《广东法院知识产权司法保护状况（2018 年度）》。

流量减少，QQ新产品推广渠道受阻，被上诉人品牌和企业声誉因商业诋毁而受损；2. 互联网环境下侵权行为迅速扩大及蔓延；3. 被上诉人商标和公司声誉的市场价值；4. 上诉人具有明显的侵权主观恶意；5. 被上诉人为维权支出的合理费用等。本院认为，一审法院在综合考虑上述因素并根据本案证据确定被上诉人遭受的经济损失数额已经远远超过法定赔偿限额的情形下，将本案赔偿数额确定为500万元并无不当。”

《北京高院关于侵害知识产权及不正当竞争案件确定损害赔偿的指导意见及法定赔偿的裁判标准》第1.8条第1段更明确指出：裁量性赔偿不是法定赔偿，属于对权利人的实际损失或侵权人的获利的概括计算。在一些案件中法院通过实际损失或/和侵权获利得出的赔偿数额高于权利人请求赔偿的数额，最后全额支持权利人的请求，这种方式不是法定赔偿，而属于实际损失或侵权获利。再如有案件指出：“无论是按照权利人因侵权所受实际损失还是按照被控侵权人的侵权获利，所确定的损害赔偿金额均超过了1000万”；①“综合上述两点，应加大对于浙江巴洛克公司的惩罚力度，在本案中确定两倍的赔偿比例，上述确定的实际损失数额的2倍已经远远超过1000万，而鉴于巴洛克木业公司在本案中主张包含合理支出在内总计1000万的损害赔偿金额，因此本院对其主张予以全额支持。”②

二、典型案例

这里以苏州中院审理的巴洛克案为例。

（一）涉案的侵权行为

被告在其生产的地板、宣传册、对外的广告宣传、公司门头、公司网站上单独或组合使用涉案标识；使用与巴洛克木业公司相同或相近似的包装、品名、宣传材料等；以低于巴洛克木业公司的价格，私下向巴洛克木业公

① 苏州中院（2016）苏05民初537号民事判决书。

② 苏州中院（2016）苏05民初第41号民事判决书。

司的经销商发货；将其经销商门店与巴洛克木业公司的门店设于同一商场等。门迪尼商行和世象公司系浙江巴洛克公司的经销商，销售涉案被控侵权地板，并将涉案商标、字号大量用于宣传。其间，浙江巴洛克公司曾因销售被控侵权产品被多地工商行政部门予以行政处罚，亦有消费者因误将浙江巴洛克公司的产品当作巴洛克木业公司的产品购买后向行政部门举报投诉的记录。

（二）实际损害与侵权行为之间的因果关系

巴洛克木业公司遭受了实际损害，且该损害与浙江巴洛克公司的侵权行为之间存在因果关系。根据本案查明的事实，浙江巴洛克公司和巴洛克木业公司经营的是同一种商品，且两公司大部分产品的品名、规格完全相同。2015年8月至2016年间，浙江巴洛克公司在全国各地开设48家店铺，且位置或与巴洛克木业公司的店铺在同一商场，或在其附近区域，各店铺不仅以生活家巴洛克旗下的系列品牌进行宣传，还以低于巴洛克木业公司的价格销售被控侵权产品，导致消费者的混淆和误认，抢占了巴洛克木业公司的市场份额。另根据查明的事实，自2015年2月起，浙江巴洛克公司以低于巴洛克木业公司的价格向其经销商私下发货，订货量为1万平方米左右。巴洛克木业公司整年的销售收入自该月开始下降。这两个时间点具有非巧合般的一致性。2015年，巴洛克木业公司的地板外销收入同比增长了59.4%，而同年内销收入却下降了10.71%。结合浙江巴洛克公司不具备从事出口业务资质的情况，因此其侵权行为不会影响到巴洛克木业公司的外销，只会对其内销产生影响，这就能很好地解释了为何巴洛克木业公司外销收入明显增长内销却明显下降的原因。因此，巴洛克木业公司的销售量与该公司此前销售数据、该公司外销产品数据的对比分析，进一步印证巴洛克木业公司的损失与浙江巴洛克公司的侵权行为之间存在因果关系。

（三）实际损失的构成及计算

巴洛克木业公司的实际损失包括因销售流失而损失的利润、因价格侵蚀而损失的利润、未来销售利润的损失、商誉损害。

1. 因销售流失而损失的利润，是指侵权行为导致巴洛克木业公司未能实现其原本能够实现的销售业务而损失的利润。计算公式为：损失的利润 = 损失的销售额 × 被侵权产品的净利润率。一审法院参照行业地位、业务结构、公司规模均与巴洛克木业公司相似的同行企业同时期利润率，对本案中巴洛克木业公司主张的 10% 的净利润率予以认可。因此，2015 年巴洛克木业公司销售利润实际损失为：2015 年度比 2014 年度地板内销减少的销售收入 ×10% 的净利润率，即 =（4343.54 万元 ×10%）=434.354 万元。2016 年浙江巴洛克公司在全国各地开设的门店数量远远多于 2015 年，侵权时间跨度也大于 2015 年。据此可以相信，2016 年涉案侵权行为给巴洛克木业公司造成的实际损失远大于 2015 年。

2. 因价格侵蚀而损失的利润，是指侵权产品的竞争迫使巴洛克木业公司降低价格或者无法实现较高的价格而导致销售利润的损失。巴洛克木业公司为了应对浙江巴洛克公司的低价销售给其经销商带来的冲击，应各经销商的要求，两次采取降价措施，降价中降幅最小的为 5 元每平方米。巴洛克木业公司的当庭陈述与其经销商到庭陈述的内容相互印证，可以认定巴洛克木业公司 2015 年 10 月至 2016 年上半年，销售总量约 232 万平方米，降价幅度为 20–25 元每平方米。即便仅按照巴洛克木业公司降价通知中所列的降幅最小的 5 元每平方米来计算，其因价格下调而损失的利润 =232 万平方米 × 5 元每平方米 =1160 万元，已超过 1000 万元。

3. 未来销售利润的损失，是指未来销售流失和未来价格侵蚀导致的利润损失。对于权利人而言，主张未来销售利润损失赔偿的关键在于证明，如果没有侵权行为，其可以确定地获取此种利润。这种确定性和损失的利润，通常可以从权利人原有的商业关系中得到证明。本案中，巴洛克木业公司和其湖北孝感、湖南湘潭、江西丰城的经销商保持了长期的供销关系，在与巴洛克木业公司合作的几年中，这三家经销商也没有寻找另一家厂商来代替巴洛克木业公司。但是自浙江巴洛克公司销售被诉侵权产品之后，这几家经销商转而从浙江巴洛克公司处购买价格更低的被诉侵权产品，并中断了与巴洛克木业公司持续几年的良好合作关系。据此可以判定，如果浙江巴洛克公司不生产、销售被诉侵权产品，这三家经销商极有可能会继续保持与巴洛克木业公司的经销合作关系。因此，对于巴洛克木业公司而言，此部分的未来销售利润损失也是确定无疑存在的。

4. 商誉，是指企业拥有的一种利益，源于该企业的名誉与顾客的联系以及使顾客的联系得以保持的条件。商誉的实质在于其所蕴含的消费者对于该企业的信任利益。商誉受损不仅影响企业的获利能力，同时也会在一定程度上改变相关市场的竞争格局。本案中，在江苏连云港、淮安、黑龙江均有消费者因误将浙江巴洛克公司的地板当作巴洛克木业公司的地板进行购买。更为严重的是，有消费者从巴洛克木业公司正品经销门店中购买到了浙江巴洛克公司的地板，购买后不仅发现正品门店混售侵权产品，而且所销售的侵权产品还存在质量问题，向媒体进行曝光后由巴洛克木业公司的经销商赔偿消费者 25000 元。以上的种种投诉与举报，不仅对巴洛克木业公司品牌形象造成重大影响，也对巴洛克木业公司通过长久努力积累起来的商业信誉造成损害，最终也会影响到巴洛克木业公司的市场份额与竞争格局。

第二节　侵权获利

问题：“侵权获利”的赔偿方法，是否比“实际损失”更容易证明？在实务中，权利人如何综合运用行政执法等手段取证？怎么考量商标侵权行为与权利人损失之间的因果关系？

一、基本构成

（一）侵权人的销售额与商品利润

侵权人在侵权期间从每件侵权商品获得的利润，乘以在市场上销售的商品数额，所得之积，为侵权人在侵权期间所得利润，即侵权人在侵权期间因侵权所获得的利益。[①] 一般认为，侵权获利的返还有三种理论依据：第一，如果当事人之间存在竞争关系，则可以用侵权利润粗略地估算原告遭受的损害；第二，避免侵权人获得不当得利；第三，威慑未来的侵权行为。[②]

电子商务平台的发达，使这一赔偿方式在商标侵权诉讼中具有较大的适用空间。权利人可以通过获取法庭调查令，向淘宝公司等第三方平台调取被告的网络销售数据；还可以通过先行请求工商行政管理机关启动行政执法程序，固定现场生产销售的侵权产品数量。结合上述网络销售数据和现场销售数据，可以计算出被告在一定期间内的总体销售数额。由于侵权产品的销量等数据掌握在被告手中，为了降低原告的举证责任，《商标法》第 63 条第 2 款还规定文书提供令，即在权利人已经尽力举证，而与侵权行为相关的账簿、资料主要由侵权人掌握的情况下，可以责令侵权人提供与侵权行为相关的账簿、资料；侵权人不提供或者提供虚假的账簿、资料的，人民法院可以参考权利人的主张和提供的证据判定赔偿数额。

至于侵权产品的利润，应当以侵权产品的销售价格减去其成本进行计算。其中，"侵权产品的销售价格"取证较易，"侵权产品的成本价格"较难取证。一些案件中，法院认可权利人相同商品或类似商品的生产或进货成本价作为计算标准。《商标民事案件司法解释》第 14 条还规定可以按照权利人商品的单位利润进行计算：《商标法》第 56 条第 1 款规定的侵权所获得的利益，可以根据侵权商品销售量与该商品单位利润乘积计算；该商品单位利润无法查明的，按照注册商标商品的单位利润计算。

（二）因果关系

因果关系之功能有二：一者系损害赔偿之构成要件，即行为与损害之间须具因果关系，损害赔偿法方得成立；二者系决定损害赔偿之范围，即须与行为具有因果关系之损害，方为赔偿范围之损害。[③] 在计算侵害商标专用权赔

---

① 郎胜主编：《中华人民共和国商标法释义》，法律出版社 2013 年版，第 122 页。

② J. Thomas McCarthy, McCarthy on Trademarks and Unfair Competition, Fourth Edition, § 30: 64.

③ 曾世雄：《损害赔偿法原理》，中国政法大学出版社 2001 年版，第 96 页。

偿数额时，应当注重侵权人的产品利润总额与侵权行为之间的直接因果关系。我国有多起案件的判决由于未妥善处理因果关系问题被终审法院推翻，但究竟如何精确锁定注册商标对侵权获利所做出的贡献，或者说如何判断维权商标在商品销售中的贡献度，实非易事。未来可能需要更多借鉴专家证言或鉴定的方法以便客观化。

在“卡斯特”案中，一审法院判决卡思黛乐公司向李某之、班提公司赔偿将近 4000 万元。二审法院认为，赔偿额的确定必须依据被诉侵权行为与损害结果或获利之间是否具有直接的因果关系加以确定，销售利润并不等于侵权所得，两者应作严格区分。虽然建发公司曾在向厦门海关提交的多份情况说明中列举了 7 个品种的葡萄酒售价及成本、利润，但并不能据此计算确定赔偿数额。卡思黛乐公司与建发公司销售被诉侵权产品所获利润，并非主要归因于使用了涉案被诉侵权标识“卡斯特”所致，应合理界定侵权行为对卡思黛乐公司和建发公司获利所占原因力比例，对赔偿数额妥善作出认定和处理。本案所涉被诉侵权期间，正是国内红酒消费日益兴盛的时期，也是境外红酒的抢滩期，法国红酒本身的吸引力和对消费者的感召力及卡思黛乐公司自有品牌的知名度等因素，对其获利的贡献应予以重点考量。根据现有证据难以确定卡思黛乐公司、建发公司因侵权行为所获取的非法利润，也不能证明权利人因侵权行为所减少的销售额。在此情况下，综合本案事实，并考虑李某之、班提公司注册及使用商标的情况、双方当事人就涉案权利商标的转让磋商情况、侵权行为的性质、期间、后果等因素，以法定赔偿的上限 50 万元确定本案的赔偿数额为妥。①

在“新百伦”案中，原告周某伦诉被告新百伦公司构成商标侵权。在计算损害赔偿数额时，法院指出，虽然周某伦提供了证据证明其涉案注册商标在全国部分地区有实际使用的事实，但没有提供更为充分的证据证明在被诉侵权行为发生之前其“百伦”“新百伦”注册商标在相关公众中具有较高的知名度……鉴于新百伦公司企业本身的经营规模、市场销售量和较高的

① 浙江高院（2013）浙知终字第 415 号民事判决书。

企业声誉，尤其是被诉侵权产品上使用了新百伦公司具有较高市场商誉的“N”“NB”“NEW BALANCE”商标，故消费者购买新百伦公司商品更多地考虑“N”“NB”“NEW BALANCE”商标较高的声誉及其所蕴含的良好的商品质量，新百伦公司的经营获利并非全部来源于侵害周某伦“百伦”“新百伦”的商标，周某伦无权对新百伦公司因其自身商标商誉或者其商品固有的价值而获取的利润进行索赔，周某伦主张以新百伦公司被诉侵权期间的全部产品利润作为计算损害赔偿数额的依据，理由不成立……原审判决以新百伦公司被诉侵权期间销售获利总额的二分之一作为计算赔偿损失的数额，忽略了被诉侵权行为与侵权人产品总体利润之间的直接的因果关系，本院予以纠正。[①]

二、典型案例

这里以苏州中院审理的“新百伦”商标侵权案为例展现法院计算侵权获利的过程。[②]权利人在本案中获得了行为保全禁令。[③]

（一）侵权事实

新平衡公司系涉案第4207906号“NEW BALANCE”、第G944507号“NB”注册商标权利人，上述商标均在有效期内，其所享有的商标专用权依法应受法律保护。该两商标核定使用商品均为第25类运动鞋等，被控侵权产品亦属运动鞋类，其所标注的“N15”标识与“N15”商标差别很大，而与“NB”商标相似，基于“NB”商标本身的显著性以及极高的知名度，极易使相关公众对商品来源产生误认或认为其与New Balance运动鞋存在特定的联系。故深圳新平衡公司、新钮佰伦鞋厂、搏斯达克公司在其生产、销售的被控侵权产品上使用与“NB”商标近似的商标容易导致混淆的，构成对“NB”商标的侵害，吴江新平衡鞋店销售上述侵犯注册商标专用权商品，亦构成对“NB”商标的侵犯。

---

① 广东省高级人民法院（2015）粤高法民三终字第444号民事判决书。

② 苏州市中级人民法院（2016）苏05民初537号民事判决书。

③ 苏州市中级人民法院（2016）苏05民初537号民事裁定书。

（二）实际损失

1. 关于本案被控侵权行为的起止时间

可以确定被控侵权行为自 2014 年 12 月已经开始，至 2015 年 4 月被控侵权产品已经开始全国性地推广和销售，直至本案诉讼期间被控侵权行为仍在持续。

2. 关于被控侵权产品 2015 年和 2016 年的销售量

有充分理由认定新平衡公司、新钮佰伦鞋厂、搏斯达克公司、郑朝忠在 2015 年、2016 年生产、销售被控侵权产品的量至少在 100 万双。（1）被控侵权人在其官网、微信等网络平台和产品手册上宣传其年生产规模超过 200 万双；（2）工商局已对其中两家门店进行过行政处罚，处于淡季期间单个门店半年的进货量在数百双以上，旺季期间单个门店两个月进货量就达 1000 多双。据此推算，每个店每年的平均进货量在 3000 多双。每个经销门店一年的进货量乘以全国的门店数，计算出被控侵权产品平均一年的销量已远超 100 万双。

3. 关于 New Balance 运动鞋的单位利润问题

新百伦公司自 2013 年至 2015 年三年的平均营业利润率与同行业的安踏、特步、匹克公司接近。对于新百伦公司而言，其主营业务为运动鞋，占到所有产品的 90% 以上，因此运动鞋对其公司整体利润率的贡献最大，又基于运动鞋服行业鞋类产品利润率与公司整体利润率相差不大的行业规律，New Balance 运动鞋的利润率可以参考新百伦公司整体利润率进行确定。

2015 年和 2016 年新百伦公司因侵权所受的损失 = 侵权商品销售量 × 该注册商标商品的单位利润，即侵权商品销售量 × New Balance 运动鞋单价 × 利润率。New Balance 运动鞋大部分的售价在 500 元以上，仅按照其在网上的最低售价 269 元计算，无论是乘以其净利润率还是营业利润率，计算结果均远超 1000 万元。

（三）侵权获利

按照郑朝忠自己陈述的每双鞋获利十几元的标准，销售被控侵权产品的获利超过 1000 万元。而潘瑞红陈述加盟 new boom 品牌省级代理商需缴纳 50 万元加盟费和保证金，市级代理商为 10 万元，江苏、安徽、浙江、江西为市代，河北、云南、贵州为省代，而仅仅根据微信、微博上的开业宣传情况统计，在江苏、安徽、浙江、江西的 26 个城市有门店，共计 260 万元加盟费，河北、云南、贵州三个省代的加盟费为 150 万元，合计 410 万元，尚且不包括其余 8 个省份和 3 个直辖市加盟商所缴纳的加盟费。销售获利和收取的加盟费两者合计远远超过新百伦公司主张的 1000 万元。

需特别提及的是，浙江平阳市场监督管理局在查处 new boom 平阳门店的过程中查明，新平衡公司销售给平阳店被控侵权产品的均价为 375 元。而新百伦公司在福建仓库公证购买到单价最高的被控侵权产品为 148 元。两者价格相减，被控侵权人就侵权产品的单位利润超 200 元，远远高于郑朝忠自认的每双获利十几元。另外，同为福建的同行业企业，安踏、特步、匹克公司的上市财务报告显示，鞋类产品的平均毛利率为 42% 左右。而被控侵权人系以侵权为业，并且多以私人账户结算，企业税收、广告支出、管理费用等各方面的经营成本均远低于上市公司，而产品的零售价却与 New Balance 运动鞋相差不大，由此有充分理由认定被控侵权人的利润率应远高于行业平均利润率和新百伦公司的利润率。仅按照新百伦公司在被控侵权人仓库购买到的最低售价 98 元计算，销售被控侵权产品每双的利润为 41.16 元，也远高于郑朝忠自述的每双十几元。

搏斯达克公司、吴江新平衡鞋店认为新百伦公司关于 New Balance 运动鞋利润率的主张和关于被控侵权产品利润率的主张均不能成立，但是经本院要求仍拒绝提供其持有的销售被控侵权产品利润等方面的证据，而新平衡公司、新钮佰伦鞋厂、郑朝忠经本院合法传唤无正当理由未到庭，未提交任何证据，故本院认为新百伦公司关于利润率的上述主张有相应的证据予以支持，在各被告未提交相应反证予以反驳或推翻的情况下，对新百伦公司的主张依法予以支持。

综上所述，无论是按照权利人因侵权所受实际损失还是按照被控侵权人的侵权获利，所确定的损害赔偿金额均超过了 1000 万元。

<table>
<tr><td rowspan="21">原告的举证</td><td rowspan="12">被控侵权行为的规模</td><td rowspan="3">网络平台的宣传内容</td><td>微信微博等平台宣传门店开业信息的店铺数百家</td></tr>
<tr><td>其微信公众号发布的多篇文章称已在全国各地开设500多家连锁专卖店</td></tr>
<tr><td>在阿里店铺中称其年营业额701万元到1000万元</td></tr>
<tr><td>福建莆田仓库的存货情况</td><td>购买了九双并取得发货单两单，载明了产品给省代的供货价分别为98元、145元、148元</td></tr>
<tr><td rowspan="2">线上线下销售被控侵权产品的店铺情况</td><td>从上海、北京、杭州等购买的产品，每双从199–466元不等</td></tr>
<tr><td>淘宝网显示六七十家店铺在销售</td></tr>
<tr><td rowspan="2">单个经销商的进货情况</td><td>宜昌工商局的执法：购进1032双、已销售269双、销售金额112653元、库存697双、货值金额364124元</td></tr>
<tr><td>平阳工商局的执法：进货价375元、售出均价440元、共购进362双、已销售162双、库存200双</td></tr>
<tr><td rowspan="4">被告运营副总与原告代理人的商谈</td><td>侵权品牌自2015年上市，一年的销售量100万双，2016年预计230万–250万双</td></tr>
<tr><td>2015年开设300多家实体店，2016年5月将近500家，预计2016年底800家</td></tr>
<tr><td>线上销售月均一万多双</td></tr>
<tr><td>零售价300元以上，出厂价120–130元</td></tr>
<tr><td rowspan="5">合理费用</td><td rowspan="5">875162.3元</td><td>律师费80万元</td></tr>
<tr><td>公证费61000元</td></tr>
<tr><td>翻译费340元</td></tr>
<tr><td>购买侵权产品费10854元</td></tr>
<tr><td>差旅费2968.3元</td></tr>
<tr><td rowspan="3">原告主张的计算公式一［实际损失］</td><td rowspan="3">被告销量×最低售价×原告的利润率［超过一亿］</td><td>原告的审计报告：平均营业利润率19.73%、平均净利润率14.47%</td></tr>
<tr><td>同行业其他企业的利润率：安踏、特步、匹克</td></tr>
<tr><td>2015年销售100万双乘以最低售价269元</td></tr>
<tr><td>原告主张的计算公式二［侵权获利］</td><td>被告的销售数量×被告每双鞋的毛利润［超过一亿］</td><td>福建地区的三家上市公司的毛利润均超过40%，侵权产品的出厂价为120–140元；按照被告自认的毛利润每双十几元，获利也超过3000万元</td></tr>
</table>

续表

<table>
<tr><td rowspan="9">法院的分析</td><td>被控侵权行为的起止时间</td><td>2014 年 12 月持续至今</td></tr>
<tr><td>被控侵权产品的销量</td><td>2015 年、2016 年两年至少 100 万双</td></tr>
<tr><td>原告运动鞋的利润率</td><td>鉴于运动鞋对该公司的贡献率超过 90%，故可以该公司的整体利润率进行分析</td></tr>
<tr><td>合理费用</td><td>公证费、翻译费、购买费全额支持；律师费则参考司法局规定的律师收费标准、实际判赔额与请求赔偿额、案件复杂程度、律师付出的智力劳动等因素酌定，本案律师付出了大量精力并撰写了 16 页代理词，法院鼓励并肯定律师对知识产权案件的处理发挥其积极有益作用，对律师费 80 万元全额支持</td></tr>
<tr><td colspan="2">原告因侵权受到的损失 = 侵权产品销量 × 原告运动鞋单价 × 利润率，计算结果超过 1000 万元</td></tr>
<tr><td colspan="2">恶意侵权且情节严重时的惩罚性赔偿：本案被控侵权产品在诉至本院之前已几次因商标侵权和不正当竞争被工商部门行政处罚，本院下达了禁令，但被告拒不履行，继续实施为禁令所禁止的行为，且侵权规模巨大，导致大量消费者的实际混淆，抢占了原告运动鞋的市场份额，对原告商誉的损害极大，故确定一倍的赔偿比例</td></tr>
<tr><td colspan="2">被告的侵权行为受众面广，有大量消费者产生实际混淆，并有多条评论涉及被控侵权产品质量低劣，且不允许退货，这不仅淡化原告运动鞋多年经营取得的商标和“N”字母特有装潢的识别性，还将在一定范围内导致公众对原告运动鞋评价降低，最终导致原告苦心经营获得的商誉受到难以弥补的损害，故对原告关于在全国性报纸上刊登公告消除影响的诉请予以支持</td></tr>
<tr><td colspan="2">关于销毁产品的诉请，由于原告无法明确被告库存产品目前的具体存放地点及数量，且判令立即停止侵权已经足以制止侵权，故对该项诉请不予支持</td></tr>
</table>

第三节 许可费用的合理倍数

问题：当事人提交的商标许可使用合同，在何种情况下可以被采信？在确定许可使用费之后，法院如何考量“合理倍数”？

一、适用条件

商标许可使用费的合理倍数是第三种赔偿方式，在司法实践中的运用较为少见。这一赔偿方式的适用，应当满足如下条件：第一，实际损失和侵权获利的赔偿方式均不能适用；第二，商标许可使用费具有合理性和可参照性；第三，综合案件因素确定许可费用的合理倍数。从这些适用条件可以看出实践中运用较少的可能的原因在于，在当事人双方之间缺乏许可关系的情况下如何假定谈判条件并得出许可费？即使得出了一个假定的许可费，又如何设定“合理倍数”？

就商标许可使用费的合理性和可参照性，在多数案件中，因权利人未提交实际履行许可合同的证据（使用费发票、纳税凭证等），法院未能适用该赔偿方法。法院通常还要审查许可合同当事人之间有无特定关联关系，如有特定关联关系，则不予适用该赔偿方法；许可合同是否已经提交国家商标局备案，也是一个考量因素。此外，法院在这些案件中还会进一步审查许可合同签订的时间和地点，以确定其是否具有可参照性。比如有法院认为权利人提交的商标许可合同的实施地与案件发生地不同，并考虑了商标在不同地域的不同知名度以及商标许可的不同类型，因此对商标许可合同不予采信。[①] 如果权利人提交的商标许可合同涉及多个商标，则该许可合同的使用费不能等同于某个商标的许可使用费，法院也不予采信。[②]

就商标许可使用费的“合理倍数”，最高法院曾经在司法政策中指出：注意参照许可费计算赔偿时的可比性，充分考虑正常许可与侵权实施在实施方式、时间和规模等方面的区别，并体现侵权赔偿金适当高于正常许可费的精神。[③] 除此之外，最高法院指出了在专利侵权案件中关于使用费“合理倍数”的参考因素，在商标侵权案件中应该具有一定参考意义。《最高人民法院关于

① 可参见“开心人”商标侵权案，宁波市中级人民法院（2015）浙甬知终字第55号民事判决书。

② 可参见“同仁堂”商标侵权案，广州市越秀区人民法院(2016)粤0104民初1506号民事判决书。

③《最高人民法院关于当前经济形势下知识产权审判服务大局若干问题的意见》（2009年4月21日）。

审理专利纠纷案件适用法律问题的若干规定》第21条规定，被侵权人的损失或者侵权人获得的利益难以确定，有专利许可使用费可以参照的，人民法院可以根据专利权的类别、侵权人侵权行为的性质和情节、专利许可使用费的数额、该专利许可的性质、范围、时间等因素，参照该专利许可使用费的1倍至3倍合理确定赔偿数额。

二、典型案例

（一）我国案例

这里以“开心人”商标侵权案为例，两审法院均考量了商标许可合同的实施地、种类和具体义务、涉案商标在不同地域的知名度、互联网因素等，认为原告的许可合同不具有参考性。

一审法院认为，江西开心人公司未举证证明其因城市之光开心人公司侵权造成的实际损失以及城市之光开心人公司因侵权获利的金额。对于江西开心人公司主张以“开心人大药房”商标品牌特许经营在江西省内县级市场加盟费及管理费12万元作为赔偿依据，江西开心人公司至今未进入宁波市场进行经营，“开心人大药房”注册商标在宁波地区内尚无较高知名度，该注册商标的品牌效应以及该商标在江西地区及宁波以外其他地区已经形成的市场信誉与其在宁波区域范围内并不相同；且江西开心人公司提供的特许经营合同系许可他人在江西省九江县内的涉案商标独家许可，除许可使用商标外，江西开心人公司收取的费用中还包括协助被特许人申报药店经营许可证、提供员工培训和资料、对被特许人经营活动进行辅导和督促等内容，故江西开心人公司提供的特许经营合同不具有可比性，不宜以江西开心人公司对第三人的特许经营加盟费及管理费作为标准确定赔偿数额。

二审法院认为，权利人因侵权受到的损失和侵权人的获利均难以确定。江西开心人公司上诉主张应按商标许可使用费的合理倍数来确定本案赔偿数额。本院认为，江西开心人公司未在宁波开设实体药店系事实，且根据上诉人提供的证据不足以证明江西开心人公司在城市之光开心人公司被诉侵权时间段通过互联网进入宁波市场经营。退一步讲，即使在被诉侵权时间段江西开心人公司通过互联网对宁波市场有所涉及，但“开心人大药房”注册商标在宁波地区的知名度和市场信誉与江西及其他地区仍不相同。江西开心人公司提供的特许经营合同系许可他人在江西省九江县内的涉案商标独家许可，且从特许经营协议的内容看，江西开心人公司对加盟商负有较多管理协助义务，而本案并未涉及，故特许经营协议与本案不具有可比性和关联性，原审未予采信并无不当。另外，特许经营协议往往存在地区性的差价，江西开心人公司提供的证据也难以证明在宁波地区市场条件下可适用该商标许可使用价格。故江西开心人公司要求按照特许经营协议确定赔偿数额的上诉理由不能成立，本院不予支持。

（二）美国案例

美国法上称为“合理的许可费率”，基于此乘以被告商品销售额得出赔偿数额。美国案例法上设定了一些参考因素，双方当事人的财务专家也围绕这些因素给出给予认可的许可费率，之后法院根据这些参考因素来调整或评价双方给出的许可费率，最终得出一个合理值。这里先以“维多利亚的秘密”案为例[①]了解法院一般的思考过程，然后再以“AL 实验室”案[②]为例来了解佣金费率与许可费率之间的差异。

1. 维多利亚的秘密案

法院认为，在本案中，许可费的合理倍数是最为适合和准确的赔偿方法。由于本巡回区鲜有指导案例，本院主要参考第七巡回法院的 Sands 案。[③] 该案的双方当事人之间没有许可关系，原告未能提供实际损失的任何证据，而在权益分摊原则下裁定被告利润的比例也不适合。本案也是这种情形。本案中包括财务专家的证言等证据，可以使法院确定一个合理许可费……在计

① A & H Sportswear Co., Inc. v. Victoria's Secret Stores, Inc., 967 F.Supp. 1457, 1479–1481(1997). 对判决书的翻译有删节。

② A & L Laboratories, Inc. v. Bou–Matic, LLC, 2004 WL 1745865, 5–6 (2004).

③ *Sands, Taylor & Wood v. Quaker Oats Co.*, 34 F.3d 1340 (7th Cir.1994).

算合理许可费时，地方法院还可以考虑如下因素：（1）许可人在此前的许可协议中所接受的费率；（2）被许可人已经支付的费率；（3）许可人的许可策略；（4）侵权使用行为的性质及范围；（5）涉案商标对侵权人的特殊价值；（6）侵权人使用行为的获利性；（7）备选方案的缺失；（8）专家证人的意见；（9）在自愿协商环境下许可人和被许可人可能同意的金额。这一赔偿方式的不确定性要求法院对赔偿不足的问题予以特别考虑，并且确保应当由行为人而不是受害者承担计算过程不确定的风险。但是法院在做出基本许可费的数据时不应重复计算"强化"时（enhancement）已经考虑的因素。

我们认为被告销售额的4%是一个合理的许可费率。原告没有提交此前接受的许可费率，也没有提交被告已经支付的许可费率。但是我们注意到被告VS Catalogue总裁承认涉案商标the Miracle Bra对其泳衣的成功至关重要。我们也不能忽略，品牌名称似乎对被告的商业策略非常关键；事实上，被告母公司也拥有诸多亲密的（intimate）品牌……一份许可协议对被告具有特殊价值，因为这允许被告以已经具有市场知名度的商标从事交易而不构成侵权……原告的专家计算出6%的合理许可费率，其已经考虑了如上大多数因素。被告的专家基于6%乘以?（涉案商标泳衣在涉案商标所有商品中的比例），给出了1.7%的许可费率。其逻辑是，涉案商标在泳衣上的许可费率应当被分摊，因为被告已经拥有在其他商品上使用该商标的权利。本院不认可，因为原告合理的许可费率只是涉案泳衣销售额的比例，而不是涉案商标所有商品销售额的比例。由于被告专家没有对6%的费率提出有效攻击，我们关注一个原告专家并未足够重视的一个因素：侵权行为的性质和范围。由于被告的行为是间接侵权且侵权范围限定于混淆的可能性（a possibility of confusion），合理许可费率应当降低到6%以下。综合考虑侵权行为的性质和范围及其他因素之后，我们认为4%是合理的。

2.AL 实验室案

有法院在一个专利案件中①提出了考量许可费率的14个因素：（1）许可

① *Georgia Pacific v. U.S. Plywood Corp.*, 318 F.Supp. 1116 (S.D.N.Y.1970).

人在此前的许可协议中所接受的费率；（2）被许可人已经支付的费率；（3）许可的性质和范围，如独占还是非独占；（4）许可人的许可策略；（5）许可人与被许可人之间的商业关系，如竞争还是伙伴关系；（6）涉案商标对侵权人的特殊价值；（7）商标的有效期及许可期限；（8）侵权人使用行为的获利性；（9）涉案商标相对于在先商标的优势；（10）使用涉案商标的好处；（11）侵权人使用涉案商标的程度；（12）行业中的合理许可费率；（13）专家证人的意见；（14）在自愿协商环境下许可人和被许可人可能同意的金额。

被告提出的 8.5% 的佣金费率（commission rate）是不合适的。这个佣金费率是合作伙伴之间的，不是竞争者之间的。被告认为赔偿鉴定专家的证言可信，这个专家提出本案的合理费率是 7.3%。尽管这位专家审查了原告提交的每份材料，但是专家报告未能考虑所有相关因素。而且，这份专家报告是基于双方之间 8.5% 的佣金费率。我们认为不可采信。而两次关于佣金费率的差异（8.5% 和 3%）能够反映涉案商标的品牌价值。

第四节　法定赔偿

问题：为什么法定赔偿的适用比例居高不下？法定赔偿数额，可否被二审法院改正？如何提升法定赔偿方法的客观化？

一、考虑因素

（一）考虑因素的列举

在我国四种赔偿方式中，法定赔偿的适用比例最高。这一赔偿方式的适用，并不意味着权利人无需举证，也并不意味着法院可以任意做出裁量。司法政策指出：除法律另有规定外，在适用法定赔偿时，合理的维权成本应另行计赔。适用法定赔偿时要尽可能细化和具体说明各种实际考虑的酌定因素，使最终得出的赔偿结果合理可信。[①]又指出：进一步完善法定赔偿方法的适用，防止法定赔偿的泛化、简单化和随意化。只有在缺乏基本的可靠数据支持，确实难以合理确定权利人损失和侵权人获利，也没有合理的许可使用费可以参照计算时，才应考虑适用法定赔偿。[②]

就酌定的因素，《商标法》第63条第3款规定的标准是“侵权行为的情节”，包括侵权人的主观过错程度、使用的侵权手段和方式、侵权行为持续的时间、给权利人造成损害的程度等。[③]《商标民事案件司法解释》第16条第2款规定：“人民法院在确定赔偿数额时，应当考虑侵权行为的性质、期间、后果，商标的声誉，商标使用许可费的数额，商标使用许可的种类、时间、范围及制止侵权行为的合理开支等因素综合确定。”关于权利的价值，《上海市高级人民法院关于知识产权侵权纠纷中适用法定赔偿方法确定赔偿数额的若干问题的意见（试行）》第7条规定，商标侵权诉讼中，可根据以下因素衡量商标权权利价值：（1）商标知名度、商标显著性；（2）商标的商业声誉；（3）商标估值、设计成本、广告投入、价值培育投入、市场开拓成本；（4）商标实际使用状况与收益；（5）侵权行为发生时的合理转让价格、合理许可费用；（6）商标使用许可的种类、时间、范围；（7）其他可以衡量商标权权利价值的因素。

（二）可推翻的法定赔偿计算

法定赔偿计算过程中考量因素的不充分，可能被二审法院改正。如：一审法院综合考虑北京汇源公司两注册商标的较高知名度、菏泽汇源公司具有明显主观恶意、菏泽汇源公司生产销售范围以及相关公众造成实际混淆的后果等因素，酌定菏泽汇源公司赔偿北京汇源公司经济损失300万元。但是一

---

① 《最高人民法院关于当前经济形势下知识产权审判服务大局若干问题的意见》（2009年4月21日印发　法发〔2009〕23号）第16条。

② 奚晓明：《能动司法，服务大局，努力实现知识产权审判工作新发展——在全国法院知识产权审判工作座谈会上的讲话》（2010年4月28日）。

③ 郎胜主编：《中华人民共和国商标法释义》，法律出版社2013年版，第123页。

审法院酌定赔偿额仅考虑了水果罐头的生产和销售量，而没有考虑冰糖山药罐头和八宝粥两种侵权产品，同时考虑到菏泽汇源公司主观恶意明显，为让北京汇源公司利益得到补偿，让被诉侵权人菏泽汇源公司无利可图，根据北京汇源公司所提交的菏泽汇源公司销售额以及获利情况的证据，酌定菏泽汇源公司赔偿北京汇源公司经济损失 1000 万元。①

二、典型案例

这里以浙江高院审理的西门子商标侵权案为例，② 浙江高院在此案提出"司法层次分析法"，以规范法定赔偿方式的适用。"司法层次分析法"，是指在对权利信息和侵权信息进行综合评估分析的基础上，对评估要素进行全面整合，设置相应权重指标系数，设定层级目标（如高、较高、适中、较低、低），最终通过规范行使自由裁量权，来确定法定赔偿额度。其中，权利信息的层次分析因素是指权利主体和权利客体因素，包括主体信息、产业经营信息、权利类型、权利稳定情况、权利的使用情况、市场价值、剩余保护期限等。侵权信息的层次分析因素是指侵权主体和侵权行为因素，包括主观过错、行为情节、侵权类型、地域范围与时间、诉讼行为等。③

（一）侵权事实

西门子公司的企业名称知名度高，其"SIEMENS""西门子"商标曾被认定为驰名商标，其诉称新昌县西门子公司、吴某均等未经其许可使用"西门子""SIEMIVES"标识，"新昌县西门子公司"企业名称、域名等，构成商标侵权及不正当竞争，请求判令停止侵权，并共同赔偿经济损失 200 万元。

① 最高人民法院（2015）民三终字第 7 号民事判决书。

② 浙江省高级人民法院 (2016) 浙民终 699 号民事判决书。

③ 应向健、王磊：《西门子公司与新昌县西门子公司、邦代公司、吴某均侵害商标权及不正当竞争纠纷——适用"司法层次分析法"确定知识产权法定赔偿数额的首次司法实践》，浙江法院新闻网·知之汇。

（二）总体思路

知识产权损害赔偿数额的确定要充分考虑知识产权市场价值的客观性和不确定性特点，既要以知识产权的市场价值为指引，力求准确反映被侵害知识产权的市场价值，又要充分顾及市场环境下侵权主体及侵权行为的各类对应因素。因此，在确定赔偿数额时，可以根据法律规定和立法精神，合理设定相应的考量因素和层级区间，在全方位、多层次地评估分析权利信息（包括权利主体、权利客体考量因素）和侵权信息（包括侵权主体、侵权行为考量因素）的基础上，对权利信息和侵权信息的层级进行综合评判、相互修正，最终通过规范行使自由裁量权，合理确定赔偿额度，以增强法定赔偿数额认定的正当性、规范性和可预期性，维护统一透明、有序规范、公平竞争、充满活力的市场环境。

（三）具体考量

1. 涉案商标和企业名称的显著性及知名度较强

“西门子”属于臆造词，“SIEMENS”也并非外文固有词汇，均具有较突出的显著特征。西门子公司的第 G637074 号注册商标“SIEMENS”曾在第 11 类柜式和箱式冷冻机商品上被认定为驰名商标，第 G637074 号注册商标“SIEMENS”和第 G683480 号注册商标“西门子”曾在第 9 类控制器商品上被认定为驰名商标；西门子公司在 1872 年进入中国市场，自晚清、民国至今，特别是新中国成立以来，中国大陆的报纸 1 期刊对于“西门子”品牌进行了持续而广泛的宣传报道，《申报》《人民日报》的相关新闻报道数量分别达 6900 余篇、500 余篇即可以佐证；西门子公司于 1989 年在中国开始设立合资企业，后又设立了以“西门子”为字号的全资子公司及多家以“西门子”为字号的企业，并取得了一系列社会荣誉，使得西门子公司的商标和企业名称都已具有极高的社会知名度。商标和企业名称保护的强度与标识的显著性、知名度相适应，损害赔偿数额的确定要以商标和企业名称的市场价值为指引，显然涉案权利主体和权利客体的考量因素属于很高的层级。

2. 影响赔偿数额认定的侵权主体、侵权行为考量因素

（1）涉案侵权行为是共同故意侵权。吴某均以新昌县西门子公司为工具，实施攀附西门子公司注册商标及企业名称的被诉侵权行为，吴某均与新昌县西门子公司具有实施侵权行为的共同故意。

（2）涉案侵权行为包括侵害西门子公司注册商标专用权的行为和擅自使用西门子公司企业名称的不正当竞争行为，从被诉企业名称，到被诉标识、域名，实现了对西门子公司企业名称和驰名商标的全面攀附。

（3）三被上诉人系侵权产品的制造商，属于源头侵权，“www.siemives.com”网页显示被诉侵权产品的种类、型号众多，且结合吴某均还成立了新昌县创维电器公司的情节，可以认定新昌县西门子公司是以生产、销售被诉侵权产品为主业。

（4）侵权地域范围广。被诉侵权产品的销售地域范围已经不限于浙江省内，而是在全国发展了相应的经销商，销售地域范围延伸至江苏省、山西省等地。

（5）侵权持续时间较长。由于三被上诉人并未提供相应的财务账簿等证据证明侵权行为的开始和终止时间，本院认定本案侵权行为自新昌县西门子公司成立之日即 2014 年 4 月 14 日开始，并持续至今。

（6）各方当事人均未提供相应的证据证明被诉侵权产品的生产、销售数量，嵊州市市场监督管理局到邦代公司厂房检查时，查封煤气灶成品 30 只，外包装箱 85 只；新昌县西门子公司的无锡市经销商张某于 2015 年 7 月 7 日至 9 月 26 日向吴某均支付的货款即达人民币 5 万余元。

（7）被诉侵权产品的售价较低。西门子公司相关产品的销售价格较高，比如油烟机价格为每台人民币 2600 元至 8000 元，而被诉侵权油烟机的价格是每台人民币 1400 元，较大的价格差距使得被诉侵权产品更容易抢占西门子公司的市场份额。

（8）结合西门子商标和企业名称的知名度，及相关消费者混淆的事实，可以认定被诉侵权标识在被诉侵权产品获利中的贡献较大。

（9）新昌县西门子公司的注册资本是人民币 58 万元，邦代公司的注册资

本是人民币 50 万元。

（10）邦代公司缺席一、二审审理，新昌县西门子公司缺席二审审理。缺席审理既意味着对抗辩权的放弃，也使得法院难以对于侵权行为信息进行更为翔实的查明，可以适当降低相应的证明标准，在没有直接证据时，对间接证据的认定标准不宜过于苛刻。

第五节　惩罚性赔偿

问题：适用惩罚性赔偿的条件是什么？是不是一定要先确定惩罚性赔偿的基数，再确定惩罚的倍数，还是笼统给出惩罚性赔偿的总额？什么是“恶意”？

一、基本构成

惩罚性赔偿制度，是为了实现对特定侵权行为的惩戒功能，防止特定侵权行为将来再次发生。惩罚性赔偿不是一项独立的请求权，依附于补偿性损害赔偿，必须以当事人提出明确申请为必要，这是各国通例；在当事人没有提出明确申请的情况下，法院可主动释明适用惩罚性赔偿的条件、范围和程序要求。①

《商标法》第 63 条规定惩罚性赔偿的适用条件是：恶意侵权且情节严重。其适用条件如下。

第一，主观状态，以“恶意”为条件。《北京高院关于侵害知识产权及不正当竞争案件确定损害赔偿的指导意见及法定赔偿的裁判标准》第 1.13 条第 3 段指出：恶意一般为直接故意。该裁判标准还列举了一些典型的“恶意”情形，如在生效判决作出、经多次警告或行政处罚后，重复或变相重复实施相同侵权行为或不正当竞争行为；再如伪造或毁灭证据、拒不履行行为保全裁

① 朱丹：《知识产权惩罚性赔偿制度研究》，法律出版社 2016 年版，第 220 页。

定等；假冒注册商标、攀附驰名商标声誉等。

在美国一个案件中，地方法院认为被告的行为是故意和恶意的（willful and malicious），因而应当适用惩罚性赔偿。上诉法院认为，惩罚性赔偿在性质上具有刑罚特征（in penal），其目的是遏制被告及其他人在将来从事相同的侵犯行为；这种损害赔偿方式应当谨慎适用并限定在狭窄的范围（narrow limits）。伊利诺伊法院一直区分恶意的动机（motivation by malice）和竞争的动机（motivation by competition），且只是在前者情形下支持惩罚性赔偿。其他法院也认为竞争行为在性质上是“无情的（ruthless）、中立的（unprincipled）、毫无慈悲心的（uncharitable）、不原谅人的（unforgiving）——因而是全社会的福利”。本案被告是基于同其最大对手竞争的动机，而不是对 Hager 或 Roton 怀有恶意，我们认为地方法院的惩罚性赔偿滥用了裁量权。①

第二，客观上要求“情节严重”，是指行为的性质或者侵权后果的严重，可以通过“原告受到的损害程度”来衡量。常见的情形有：侵权时间长、侵权地域广、侵权次数多、社会影响大（涉及食品药品医疗卫生环境等影响公共安全的产业或行业）。比如上海浦东法院的一个判决在适用惩罚性赔偿时考虑了如下客观上的因素：（1）被告使用的侵权标识与原告的权利商标标识完全相同，且二者使用于相同产品上，产品的款式、颜色、商标的标识位置等几乎完全相同；（2）被告在 2016 年的销售总额已达 800 余万元，被告通过微信商城、微信朋友圈、工厂、展览会等线上、线下多种渠道进行侵权产品的推广和销售，产品被售往厦门等省市，可见被告的生产经营规模较大、产品销售渠道多、涉及地域范围广，侵权行为影响较大；（3）被告的侵权行为不仅造成市场混淆，而且侵权产品还存在脱胶的质量问题，使得消费者误购并误认为原告的产品存在质量问题，给原告通过长久努力积累起来的商业信誉带来负面评价，侵权后果较为严重。

第三，“按照上述方法确定数额”，即惩罚性赔偿的适用以确定实际损失、侵权获利、许可费合理倍数为前提条件。我国有法院认为，如果这一前提条

① Roton Barrier, Inc. v. Stanley Works, 79 F.3d 1112, 1121–1122 (1996).

件不能查明……商标侵权损害赔偿中也没有适用惩罚性赔偿方式的制度空间。[①]《北京高院关于侵害知识产权及不正当竞争案件确定损害赔偿的指导意见及法定赔偿的裁判标准》第1.18条第2句指出：原告维权支出的合理开支，一般不纳入计算基数。

二、典型案例

（一）小米商标侵权案[②]

1. 原告主张

关于赔偿损失及合理开支的数额，原告要求按照被告因侵权所获得的利益计算，并考虑驰名商标的显著性和知名度以及侵权时间、范围等因素，对被告奔腾公司、独领风骚公司、麦某亮的恶意侵权行为适用惩罚性赔偿。

2. 法院判决

从销售情况看，京东网、淘宝网、苏宁易购、1号店、拼多多等电商平台的23家店铺均销售被告奔腾公司、独领风骚公司制造的被控侵权产品，其中既有两被告的自营店铺，也有两被告自认为其经销商的店铺，另有其他店铺。被告奔腾公司还在线下实体经营场所直接销售被控侵权产品……销售两被告生产的被控侵权产品的店铺数量众多，销售范围广、数量多，产品种类多样，销售额巨大。根据原告以店铺中商品评论数量作为销售量进行的统计，以上店铺销售被控侵权产品的销售总额达76153888.8元。而向电商平台调取的数据显示，被告奔腾公司在京东网开设的索菲亚生活电器旗舰店（原名小米生活官方旗舰店）的销售总额为13836546.66元；被告独领风骚公司在淘宝网开设的Beves奔腾电器官方店（原名小米生活官方店）的销售总额为6499201.67元。将原告根据评论数量计算的结果与调取的数据对比可见，以评论数量计算的销售量及销售额并不准确，远低于实际的销售量及销售额，原因是部分

---

① 广东省高级人民法院（2017）粤73民终1528号民事判决书。

② 江苏省南京市中级人民法院(2018)苏01民初3207号民事判决书。

消费者在交易后未发表评论，故该部分交易在店铺的评论中未能体现。由此可以推断，以上店铺实际销售被控侵权产品的总额超过 76153888.8 元，即使是只加上该两店铺的销售数据差额，销售总额也达 83157636 元。国内两大电器上市公司的年度报告显示，小家电行业的毛利率为 29.69%–37.01%。被告奔腾公司、独领风骚公司也为生产、销售小家电的企业，其规模虽小于上市公司，但其综合成本也应小于上市公司，其利润率应大于上市公司。以该两上市公司小家电毛利率的中间数 33.35% 作为两被告制造、销售被控侵权产品的利润率较为公平合理，据此计算，其利润为 27733071.6 元。

从被告的侵权行为看，被告奔腾公司侵权的意图明显，其从原告注册、使用“小米”商标后即模仿该商标，申请注册“小米生活”商标，其后又申请注册原告已注册的“MI”“米家”等商标，使用与原告宣传语近似或基本相同的宣传语，使用与原告配色相同的配色，申请与原告商标近似的域名，从 2017 年 2 月起即制造、销售被控侵权产品；被告独领风骚公司虽注册成立的时间较晚，但其与被告奔腾公司间存在股东、法定代表人和业务上的关联关系，其使用与原告的“米家”商标相同的字号，使用被告奔腾公司注册的侵犯原告商标权的域名，两被告全面模仿原告及其商标、产品，企图使相关公众误认为其与原告间存在某种特定的联系或商标许可使用关系，并且实际已使用造成混淆。两被告的侵权行为具有极为明显的恶意，情节极为恶劣，所造成的后果亦十分严重，应当适用惩罚性赔偿。按两被告侵权获利数额的二倍计算，数额为 55466143.2 元；根据原告提供的证据，按两被告商标许可使用的许可使用费及合作生产、销售产品的销售额计算，仅作为商标许可方的利润即超 1000 万元，尚未考虑被控侵权产品销售所获利润，该部分应不低于商标许可方的利润，两者相加应与网店销售获利相当，同样按二倍计算，也超过原告要求赔偿经济损失的数额，故对原告要求两被告赔偿经济损失 5000 万元的诉讼请求予以全额支持。原告为制止被告的侵权行为，支出律师费、公证费、财产保全保险费及文献检索费等费用共 414198 元，有发票为证，且与其诉讼行为及提交的证据相对应，亦未超过相应标准，应予支持。

（二）巴洛克商标侵权案[①]

本案属恶意侵权且情节严重者应适用加倍赔偿。根据《商标法》第63条的规定，对于恶意侵权情节严重者，可以适用惩罚性赔偿。本案中，浙江巴洛克公司和巴洛克木业公司有过多年的OEM代工合同关系，在双方合作期间内以及合同解除后，浙江巴洛克公司从事针对涉案商标的侵权行为，其主观上系基于对涉案商标的了解，恶意从事侵权行为谋取该商标所蕴含的商业利益。其在巴洛克木业公司已向其发出侵权警告后仍继续实施侵权行为，并且在全国各地的多家经销商因商标侵权和不正当竞争被当地的市场监督管理局予以了行政处罚，其依旧不停止侵权行为。在法院下达禁令之后，浙江巴洛克公司拒不履行已经发生法律效力的裁定，继续实施被控侵权行为。由此可见，浙江巴洛克公司不顾权利人的侵权警告，无视行政部门的行政处罚，拒不履行法院的生效裁定，侵权恶意极其严重。浙江巴洛克公司在全国各地开设门店进行销售，销售网络遍布全国15个省，侵权规模巨大。浙江巴洛克公司与经销商之间的业务往来不通过公司账户进行结算，而是直接通过私人账号进行结算，这使得公司成为个人获得非法利益的工具。因此，应加大对浙江巴洛克公司的惩罚力度，在本案中确定两倍的赔偿比例。上述所确定的实际损失数额的2倍已经远远超过1000万元，鉴于巴洛克木业公司在本案中主张包含合理支出在内总计1000万元的损害赔偿金额，法院予以全额支持。

第六节　合理开支

问题：怎样的律师收费才是合理的？律师收费通常考虑哪些因素？计时收费是合理的收费模式吗？如果是，怎么判断计时收费的标准？

① 苏州市中级人民法院（2016）苏05民初第41号民事判决书。

一、基本构成

《商标法》第 63 条第 1 款最后一句规定，赔偿数额应当包括权利人为制止侵权行为所支付的合理开支。这些合理开支通常包含律师费用和差旅费用。《上海市高级人民法院关于知识产权侵权纠纷中适用法定赔偿方法确定赔偿数额的若干问题的意见（试行）》第 13 条，合理开支包括：（1）公证费、认证费；（2）符合司法行政部门规定的律师费；（3）调查、取证费；（4）翻译费；（5）其他为制止侵权、消除影响而支付的合理费用。

从表述上看，“合理开支”是一项单独的赔偿项目。最高法院的司法政策也持这种观点。《最高人民法院关于审理专利纠纷案件适用法律问题的若干规定》第 22 条规定，权利人主张其为制止侵权行为所支付的合理开支的，人民法院可以在《专利法》第 65 条确定的赔偿数额之外另行计算。最高法院宋晓明庭长《最高人民法院在全国法院知识产权审判工作座谈会上的总结讲话中》（2016 年 7 月 8 日）指出：“实践中，对于合理开支的计算方法和标准存在不同认识。在适用法定赔偿或酌定赔偿时，将合理开支纳入法定赔偿或者酌定赔偿数额范围进行一并考虑的做法较为常见。考虑到损害赔偿与合理开支的不同法律属性，为进一步加大对合理开支的支持力度，修改后的 2001 年专利司法解释明确规定，权利人主张其为制止侵权行为所支付合理开支的，人民法院可以在《专利法》第 65 条确定的赔偿数额之外对合理开支进行单独计算的原则，该原则在涉及侵犯专利权以外的其他知识产权时同样适用。虽无直接证明合理开支的相应票据，但权利人委托代理或者调查取证必然需要支出的合理费用，应当予以支持。”

一些地方法院对合理开支的计算尝试提出更明确的指引，如《上海市高级人民法院关于知识产权侵权纠纷中适用法定赔偿方法确定赔偿数额的若干问题的意见（试行）》第 12 条规定，适用法定赔偿时，应分别计算损失赔偿数额与权利人为维权而支付的合理开支数额，法院应当审查维权开支的真实性、关联性和合理性。第 15 条规定，权利人主张律师费用的，可以参考司法行政部门规定的律师收费标准，实际判赔额与请求赔偿额、案件的复杂程度等因素合理酌定。第23条规定，注册商标已构成商标法规定的连续三年停止使用情形的，可以仅判决赔偿权利人为制止侵权而支出的合理费用，不支持权利人要求损害赔偿的请求。《北京高院关于侵害知识产权及不正当竞争案件确定损害赔偿的指导意见及法定赔偿的裁判标准》第1.23条：对于案情简单，诉讼标的不大，权利义务权利义务清楚的案件，原告主张较高数额律师费的，不宜全额支持；对于专业性强、案情复杂、工作量大的案件，原告以计时收费方式主张律师费的，可以予以支持。

二、典型案例

司法实践中通常提及的一个标准是“司法部门规定的律师收费标准”，但司法部门的规定通常比较弹性。如《上海市律师服务收费管理实施办法》第8条：律师事务所提供其他法律服务的收费实行市场调节价。实行市场调节价的律师服务收费由律师事务所与委托人协商确定。律师事务所与委托人协商律师服务收费应当考虑以下主要因素：（一）耗费的工作时间；（二）法律事务的难易程度；（三）委托人的承受能力；（四）律师事务所、律师可能承担的风险和责任；（五）律师事务所、律师的社会信誉和工作水平等。第9条：律师服务收费可以根据不同的服务内容，采取计件收费、按标的额比例收费和计时收费等方式。具体收费方式，由律师事务所和委托人依照本办法协商确定。

（一）苏州中院的“新百伦”案

新百伦公司提供了律师费、公证费、翻译费、购买侵权物品费用等支付凭证，共计875162.3元。本院认为公证费、翻译费、购买侵权物品费用属于调查取证必然支出的费用，应予全额支持。差旅费在合理范围内予以支持。对于律师费的支出本院在参考司法行政部门规定的律师费收费标准、实际判赔额与请求赔偿额、案件的复杂程度、律师在案件中付出的智力劳动等因素酌情确定。需特别强调的是，本案历经管辖权异议一审、二审、禁令程序的进行及两次庭审，新百伦公司委托的诉讼代理人为本案诉讼投入了很大的精力，付出了诸多智力劳动，并详细撰写了 16 页的代理词，为本案的处理提供有益的智力支持，法院鼓励并肯定律师对于知识产权案件的处理发挥其积极、有益的推动作用，因此对于律师费的确定充分考虑这一因素，本院对新百伦公司主张的 80 万元律师费予以全额支持。[①]

（二）握奇诉恒宝专利侵权纠纷案[②]

这里再举一个专利侵权案件中关于合理开支的裁判，以展现双方当事人针对该焦点问题的证据、主张及法院的观点。

1. 主要证据

本案中，原告握奇公司要求被告恒宝公司赔偿其诉讼合理支出 100 万元，并就此提交如下证据：

证据 28《诉讼（仲裁）委托代理协议》，协议内容为：握奇公司委托北京市天元律师事务所处理其与恒宝公司之间的侵权诉讼，包括调查取证、提供诉讼方案或策略、起草文书、出席庭审等；北京市天元律师事务所指派律师完成委托事项；收费标准为，律师团队按小时收费，每名律师及助理每小时收费标准从 3500 元到 1200 元不等，以此证明本案按照该标准收取了代理费。

证据 29《律师费发票》，时间为 2015 年 12 月 28 日，金额为 93.194 万元，证明从签约至上述时间，原告握奇公司已向北京市天元律师事务所支付的代理费。

证据 30《2015 年律师费付款凭证》，时间为 2016 年 1 月 11 日，证明从签约至上述时间，原告握奇公司已向北京市天元律师事务所支付代理费（含其他案件）金额为 130 万元，其中，为本案诉讼支出的代理费是 93.194 万元。

---

① 苏州中院（2016）苏 05 民初 537 号民事判决书。

② 北京知识产权法院（2015）京知民初字第 441 号民事判决书。因涉案专利被宣告无效，一审判决被二审裁定撤销，见北京市高级人民法院（2017）京民终 399 号民事裁定书。但是一审判决关于合理支出的认定说理，仍然值得关注。

证据31《2016年1月至4月的日志统计表》，证明原告握奇公司在本案中的委托代理人黄菁菁、王齐等律师团队列出的从2016年1月至4月为本案工作的时间计算表，共计58.8小时，折合费用为10.916万元。因本案尚未结束，故握奇公司尚未支付该笔费用。

证据32《部分公证费发票》三张，共计2300元。

证据33《握奇专利诉讼律师工作小时明细表》，内容是原告握奇公司的委托代理人黄菁菁、王齐等律师团队列出的从2014年11月1日至2015年12月18日为本案工作的时间计算表，共计409小时，折合费用为93.194万元。

证据29、证据31、证据33还共同证明握奇公司为本案应向北京市天元律师事务所支付代理费104.11万元。

被告恒宝公司对上述证据的质证意见是：律师费收取标准过高；协议书没有显示时间，对真实性均不予认可；律师费明细单没有原告的签字盖章认可，也没有《委托代理合同》，无从得知收费标准是否双方合意的结果，另外虽然司法解释规定了权利人可以请求赔偿诉讼合理费用，但是没有规定律师费的承担主体，现原告的主张明显高于律师收费指导价标准，故不同意支付；三张公证费发票不能确认是否为本案产品公证取证，缺乏关联性。

2. 法院观点

关于律师费合理支出，原告提供了五份证据，即证据28–32予以证明。虽然证据28《诉讼（仲裁）委托代理协议》未署时间，但是，协议上有握奇公司和北京市天元律师事务所的签字盖章，协议内容明确指出是针对与恒宝公司之间的侵权诉讼，且诉讼确已发生，该律师事务所亦指派律师参与了诉讼，故对该证据的真实性应予确认。证据29《律师费发票》、证据30《2015年律师费付款凭证》、证据32《部分公证费发票》均是财务凭证，根据交易习惯，在财务凭证上一般均不写明较为具体的服务事项；从时间上看，均是在本案诉讼期间发生的，故对上述证据的真实性予以认定。证据31《2016年1月至4月的日志统计表》、证据33《握奇专利诉讼律师工作小时明细表》记载了本案委托代理人的工作时间统计，并有证据28《诉讼（仲裁）委托代理协议》进行印证，统计数据与代理协议中约定的计时收费标准相一致，故对其真实性予以认定。

原告握奇公司为本案支出的律师费是其代理人所在的律师事务所以计时收费的标准收取的，即双方在《诉讼（仲裁）委托代理协议》中约定的计费标准为××元/小时×小时。根据本院审判委员会决议，计时收费方式可以作为诉讼合理支出部分律师费的计算标准。在此基础上，本院需要从案件代理的必要性、案件难易程度，以及代理律师为本案的实际付出等方面进行考量律师费的支出是否合理。

首先，本案系发明专利侵权案件，专业性要求较高，代理人不仅要了解案件基本情况，更要具备知识产权诉讼业务知识和相应的法律能力，需要律师甚至是知识产权专业律师参与诉讼，故原告握奇公司委托律师事务所指派相关律师作为其诉讼代理人具备合理性和必要性。其次，本案涉及计算机和通信领域，技术性较强，同时，还需要代理人将其所掌握的该领域技术知识与专利法律有机结合，并作出侵权判断，尤其是原告握奇公司主张被诉侵权技术方案既落入了方法权利要求的保护范围，同时还落入了产品权利要求的保护范围，需要根据方法特征和产品特征的不同保护对象分别进行特征比对，代理工作难度较大。不仅如此，原告握奇公司还针对被告提出了高额赔偿，需要较为缜密、更有说服力的证据组织形式，增加了案件的难度。最后，关于原告律师为本案实际付出的情况。原告握奇公司的律师参与了四次对被诉侵权产品的公证保全取证、向本院提出了多次证据保全申请并为此提供了相关证据线索、提交了数百页书面证据和书面代理意见；本院传唤原告握奇公司律师谈话四次，开庭五次，每次开庭时间均在三个小时以上；根据该公司律师提供的书面申请和证据线索，采取财产保全一次、证据保全及向案外人调查取证三次；此外，鉴于涉案专利技术较为复杂，涉及两项独立权利要求，技术特征较多，均需要律师在深入理解、掌握该领域技术，并详细分析、理解被诉侵权产品的方法特征和产品特征后提出侵权对比意见，该律师在庭后还多次口头修正、解答法庭提出的技术比对问题；对于原告握奇公司提出的赔偿请求，其律师提供了包括案外人相同产品盈利证据在内的多份关联性、说服力较强的证据及翔实的计算依据。上述工作的完成需要律师及其工作团队花费较多的时间和精力，本院在此予以认定。另外，需要说明的是，目前，我国民事诉讼法规定当事人只能委托一名至二名委托代理人，但是，鉴于本案的复杂程度，原告委托的律师事务所安排多于二人的律师团队从事案件辅助性工作实属正常。本院还根据案件审理流程审查了原告握奇公司律师提交的《2016 年 1 月至 4 月的日志统计表》和《握奇专利诉讼律师工作小时明细表》，确认其中与案件审理有关联的工作安排以及事前准备工作所花费的时间数据是真实的，且目前无证据证明统计表中记载的时间数据存在虚报、伪造等情形，故本院对原告握奇公司在本案中提供的律师工作时间予以认可。该律师事务所根据该时间数量应收取的律师费总额也并不违反法律规定。而且，原告握奇公司已向其委托的律师事务所实际支付了部分律师费，实际损失已经发生，其余部分未支付系因本案尚未审结，但应属客观的、必然要发生的费用，对于原告握奇公司而言，应归于实际损失之列。

本院综合考虑上述情况认为，原告握奇公司在本案中主张的律师费数额合理，对该项请求予以支持。原告握奇公司支出的公证费 2300 元亦客观、真实，现原告握奇公司请求将该笔公证费与律师费合并计算，共主张诉讼合理支出 100 万元，理由充分，应予以全额支持。

第七节 公司股东、法定代表人、实际控制人的连带责任

问题：追究股东、法定代表人、实际控制人的连带责任，在理论上的实现路径有哪些？各自的适用条件是什么？如何控制其适用条件以避免滥用？

一、基本构成

在不少案件中，法定代表人或实际控制人利用公司的有限责任机制，为实施侵权行为而成立公司；有些公司则以侵权为主业。为了更有效地震

慑侵权人、制止商标侵权行为，通过追究法定代表人或实际控制人的连带责任，成为一种非常重要的诉讼策略，近年来这方面的案件越来越多。要追究实际控制人或法定代表人与公司的连带责任，原告通常可基于两个规则提出主张，第一个是主张两者构成共同侵权，第二个是主张刺破公司面纱。这两种规则的条件和标准不同。或许是因为《公司法》对公司人格否认的适用规定了较高的条件，实践中通过共同侵权规则以实现上述目的的案件居多。比如后文的“樱花”案，一审法院认为《公司法》第 20 条在本案中无法适用，因而不支持原告的请求，但二审法院通过《侵权责任法》第 8 条支持了原告的请求。

在此类案件中，主张共同侵权的法律依据是《侵权责任法》第 8 条，即共同加害行为，是具有意思联络的共同侵权，以行为人之间具有侵权的意思联络和客观上的协同为条件。如本节列举的两个典型案件，实际控制人或法定代表人承担连带责任毕竟突破了公司的有限责任，在要件把握上是否需要更严格？尤其是如何把握共同侵权的主观要件，比如“樱花”案指出“行为人对其行为构成商标侵权及不正当竞争应当是明知的”，这里的“明知”是否等同于“意思联络”？如何把握“明知”的内容？接到侵权警告函之后仍然“不为所动”，就构成明知，还是曾经被判定构成侵权仍然继续从事相同侵权行为？

2019 年 10 月 16 日，国家知识产权局发布《专利领域严重失信联合惩戒对象名单管理办法（试行）》，其中第 4 条规定，联合惩戒对象为专利领域严重失信行为的主体实施者。该主体实施者为法人的，联合惩戒对象为该法人及其法定代表人、主要负责人、直接责任人员和实际控制人；该主体实施者为非法人组织的，联合惩戒对象为非法人组织及其负责人；该主体实施者为自然人的，联合惩戒对象为本人。这一条规定将法人或非法人组织实施的严重失信行为（该办法第 5 条规定重复侵权行为即为一种严重失信行为）的法律后果延伸到法定代表人、主要负责人、直接责任人员和实际控制人等，在效果上似乎突破了公司的有限责任原则，是否合适？该《办法》第 7 条在决定“重复侵权行为”时规定，“省内各级知识产权管理部门作出的认定专利侵权成立的行政裁决决定发生法律效力后，侵权方再次侵犯同一专利权，并被该省内各级知识产权管理部门再次裁定侵权成立且相关决定发生法律效力的，即为侵权方存在重复专利侵权行为”。这种界定对认定共同侵权行为中的“明知”状态，有何借鉴意义吗？

二、典型案例

（一）阿鲁克商标侵权案[①]

法院认为，浙江阿鲁克公司是依照中华人民共和国法律注册成立的公司，具有独立的法人人格，对外独立承担法律责任。夏某作为公司股东及法定代表人，如果在公司经营过程中所从事的是代表公司而不是个人行为的话，自然无需其个人承担责任；但是，如果有证据证明夏某个人实施了相关共同侵权行为，则依法应由其承担相应的法律责任。根据《侵权责任法》第 8 条之规定，二人以上共同实施侵权行为，造成他人损害的，应当承担连带责任。就其立法本意及价值取向而言，该条规定的共同侵权行为，限于意思关联共同的主观共同侵权，应以行为人之间存在共同故意或者过失为必要要件。本案中，夏某与浙江阿鲁克公司共同实施了侵权行为，具有侵权的共同故意。

首先，根据夏某多年与阿鲁克中国公司产品相关的从业经历，可以认定其熟知原告的“阿鲁克”字号及其 ALUK 产品质量、销售渠道等。继外斯公司销售假冒“ALUK”产品获利之后，夏某与其妻又收购了嘉善博大公司，并将公司名称变更为浙江阿鲁克公司、经营范围变更为铝合金门窗的生产、销售、安装，建筑幕墙的设计、施工等，其更名成立浙江阿鲁克公司的目的在于生产、销售侵权产品是显而易见的。结合夏某任浙江阿鲁克公司法定代表人的事实，可以认定，浙江阿鲁克公司是夏某实施侵权行为的工具与外壳。

① 浙江省嘉兴市中级人民法院（2015）浙嘉知初字第 269 号民事判决书。

其次，本案中夏某不仅通过浙江阿鲁克公司实施不正当竞争行为，还在外斯公司注销后，假借外斯公司名义，与浙江阿鲁克公司共同实施不正当竞争等侵权行为。1.2015 年 7 月公证保全时取得夏某名片一张，该名片正面内容为夏某系“意大利阿鲁克幕墙门窗系统”销售经理、技术工程师；名片反面载明，外斯公司为“阿鲁克”“ALUK”“阿鲁卡”商标持有人，浙江阿鲁克公司系其控股授权品牌运营商之一。2. 公证保全时取得的企业宣传册同样印证了夏某以外斯公司名义和浙江阿鲁克公司共同侵权的事实。在浙江阿鲁克公司内取得的宣传册，内容就是外斯公司的产品介绍，并宣传称外斯公司拥有“ALUK”“阿鲁克”商标。3.2015 年 4 月，夏某以外斯公司名义，与金碧公司签订技术支持合作协议，授权金碧公司生产、销售“ALUK”幕墙、门窗产品。

因此，夏某和浙江阿鲁克公司对涉案侵权行为主观上具有共同侵权的意思联络，客观上具有通力合作的行为协作性，结果上具有导致损害后果发生的同一性，其各自行为已经结合构成了一个具有内在联系的共同侵权行为，夏某应就被控侵权行为与浙江阿鲁克公司承担连带责任。

（二）樱花商标侵权案[①]

该案的裁判指出，自然人进行重复侵权，陆续成立公司实施侵权行为，公司成为其实施侵权行为的工具和载体。据此，原告主张自然人与公司构成共同侵权，自然人应对公司的侵权行为承担连带责任的，人民法院应予支持。

1. 一审法院的观点

鉴于苏州樱花公司、中山樱花集成厨卫公司及中山樱花卫厨公司均系具备独立法人资格的有限责任公司，樱花卫厨公司现有证据并未能证明各被告之间有共同侵权的故意或共同实施侵权行为，故其主张被告苏州樱花公司、中山樱花集成厨卫公司及中山樱花卫厨公司构成共同侵权的诉请无事实和法

---

① 江苏省高级人民法院 (2009) 苏民三终字第 0038 号民事判决书。

律依据，不能成立；樱花卫厨公司又指控屠某灵、余某成分别作为苏州樱花公司、中山樱花卫厨公司以及中山樱花集成厨卫公司的法定代表人，滥用有限公司法人独立地位，应对上述三个公司的侵权行为承担连带责任，但其现有举证并不能证明屠某灵、余某成存在如《公司法》第20条规定的滥用各自公司法人独立地位和股东有限责任进而损害公司债权人利益的情形，本案苏州樱花公司、中山樱花卫厨公司以及中山樱花集成厨卫公司仅为屠某灵、余某成实施涉案侵权行为载体的事实依据不足，故樱花卫厨公司该诉请亦无法支持。

2. 二审法院的观点

我国《侵权责任法》第8条规定，二人以上共同实施侵权行为，造成他人损害的，应当承担连带责任。本案中，首先，苏州樱花公司、苏州樱花公司中山分公司、中山樱花集成厨卫公司、中山樱花卫厨公司具有共同的侵权故意。樱花卫厨公司曾经起诉苏州樱花公司（屠某灵系该公司法定代表人）侵犯商标权及不正当竞争，后来屠某灵又相继成立了本案的苏州樱花公司、苏州樱花公司中山分公司、中山樱花卫厨公司。余某成曾与屠某灵共同投资设立中山樱花山水公司，该公司住所地位于广东省中山市黄圃镇大岑工业区益沛路。2011年由余某成担任法定代表人的中山樱花集成厨卫公司成立，其公司住所地亦位于广东省中山市黄圃镇大岑工业区益沛路。2012年10月19日，中山樱花山水公司经工商核准注销；2012年11月28日，中山樱花山水公司拥有的第7139306号“SA1KLIRA及图”商标、第4388900号图形商标、第4346843号“SA1KLIRA”商标转让给中山樱花集成厨卫公司。另外，中山樱花集成厨卫公司与苏州樱花公司中山分公司的住所地均位于广东省中山市黄圃镇大岑工业区，距离较近。综合上述事实，本院有理由相信，苏州樱花公司、苏州樱花公司中山分公司、中山樱花集成厨卫公司、中山樱花卫厨公司对其行为构成商标侵权及不正当竞争应当是明知的，有着共同的意思联络。

其次，苏州樱花公司、苏州樱花公司中山分公司、中山樱花集成厨卫公司、中山樱花卫厨公司实施了共同的侵权行为。苏州樱花公司与中山樱花卫厨公司网站的网页形式近似，共用销售平台即淘宝网上的“樱花卫厨商贸城”“樱花卫厨官方旗舰店”销售其产品。苏州樱花公司、苏州樱花公司中山分公司与中山樱花集成厨卫公司共用销售平台即淘宝网上的“苏州樱花科技电器专卖店”销售其产品；苏州樱花公司、中山樱花集成厨卫公司曾经共同与长艺公司签订广告发布合同。苏州樱花公司、苏州樱花公司中山分公司的广告宣传语为“我们为您做得更好”，中山樱花集成厨卫公司的广告宣传语为“我们为你做得更多”，中山樱花卫厨公司的广告宣传语为“我们为您服务得更好”，均在其商标的旁边以斜划线的形式标出，上述公司广告宣传语的内容及组合形式高度趋同。综上所述，苏州樱花公司、苏州樱花公司中山分公司、中山樱花集成厨卫公司、中山樱花卫厨公司经营的产品种类和范围相近，侵权方式、手段相同，构成共同侵权，依法应当承担连带责任。

另外，关于屠某灵、余某成是否应对本案被控侵权行为承担连带责任。本院认为，从主观故意来看，屠某灵作为苏州樱花公司的法定代表人，曾经有过侵犯樱花卫厨公司知识产权的历史，理应知晓樱花卫厨公司的“樱花”系列注册商标及“樱花”字号的有关情况；在本院判决苏州樱花公司构成侵权的情况下，屠某灵又相继成立了苏州樱花公司、苏州樱花公司中山分公司、中山樱花卫厨公司，其主观恶意明显。鉴于樱花卫厨公司针对中山樱花集成厨卫公司的第 4388900 号、第 4346843 号、第 7139306 号三个商标，曾经向国家工商行政管理总局商标评审委员会提出异议申请，最终第 4388900 号、第 4346843 号商标仅在灯类商品上予以维持，第 7139306 号商标被撤销，这说明余某成作为中山樱花集成厨卫公司法定代表人亦明知樱花卫厨公司的“樱花”系列注册商标及与其自身商标的区别。

从经营职权看，苏州樱花公司、中山樱花集成厨卫公司、中山樱花卫厨公司股东构成较为简单，苏州樱花公司股东系屠某灵与黄某华，中山樱花卫厨公司股东系屠某灵与郑某军，其中屠某灵均占股 90%，且系苏州樱花公司、中山樱花卫厨公司的法定代表人；中山樱花集成厨卫公司股东系余某成与韦某波，其中余某成占股 90%，系中山樱花集成厨卫公司的法定代表人。苏州樱花公司、苏州樱花公司中山分公司、中山樱花集成厨卫公司、中山樱花卫厨公司受屠某灵及余某成影响的程度较高。从侵权行为看，苏州樱花公司、苏州樱花公司中山分公司、中山樱花集成厨卫公司、中山樱花卫厨公司登记注册时故意使用与樱花卫厨公司相同的字号，在实际经营中不规范使用其商标，并使用与樱花卫厨公司相似的广告宣传语，经营与樱花卫厨公司相类似的产品。可以说，苏州樱花公司、苏州樱花公司中山分公司、中山樱花集成厨卫公司、中山樱花卫厨公司成立至今系以侵权经营为主业，屠某灵与余某成应对此承担相应责任。综合上述分析，足以认定屠某灵与余某成在明知樱花卫厨公司"樱花"系列注册商标及商誉的情况下，通过控制苏州樱花公司、苏州樱花公司中山分公司、中山樱花集成厨卫公司、中山樱花卫厨公司实施侵权行为，其个人对全案侵权行为起到了重要作用，故与苏州樱花公司、苏州樱花公司中山分公司、中山樱花集成厨卫公司、中山樱花卫厨公司构成共同侵权，应对上述公司所实施的涉案侵权行为所产生的损害结果承担连带责任。

第八节　证据责任

问题：我国是否应当引入美国的证据发现制度？责令不负有举证责任的当事人提交证据，是否有违举证责任规则？

我国商标侵权损害赔偿案件中，法定赔偿的比例居高不下，跟证据责任的分配及运用也有很大关系。按照传统的证据分配规则，原告必须证明其实际损失、侵权获利或许可费的合理倍数。一些关于侵权商品的销售数量、商品在行业中的利润等证据掌握在被告及第三方手中，原告无权要求被告或第三人提交其持有的证据，导致实践中较少运用上述三种计算方式。

诉讼的公益性和公共产品性质导致了现代证据法理念和证据制度设计的调整，现代证明责任的中心在于促使两造在诉讼中提交尽可能多的信息以发现案件真实。为解决证据分布不均衡及绝对当事人主义造成妨碍案件事实的发现，"美国民事诉讼中旨在尽量使当事人之间的证据分布在正式开庭审理前就达到均衡的证据开示制度提供了一种解决方法。基于解决类似问题的考虑，德国民事诉讼制度中的判例和学说提出了所谓'武器对等原则'，并将此原则提高到了作为基本法提供的程序保障之一这样的高度"。[①]

一、美国证据开示规则

美国证据开示制度最早于1938年《联邦民事诉讼规则》设立，属于审前程序，一般是指，一方通过采取民事诉讼规则上的开示方法，[②]可以从对方及其他第三方获取证据的一种制度。美国当前的证据开示制度包括证据披露和证据发现[③]，规定在目前《联邦民事诉讼规则》第26条至第37条中。证据开示制度塑造了美国独特的取证和诉讼程序，在证据获取和事实发现方面具有强大的程序优势。《联邦民事诉讼规则》明确了多种证据发现工具，如录取证词（deposition）、诘问（interrogatory）、请求提交文件、电子存储信息以及有形物品（producing documents，electronically stored information and tangible）、进入土地进行调查或其他目的、身体及精神检查、请求承认（requests for admission）。

迫于证据开示制度，被告不能以其不负担举证责任而拒绝提交或披露有关证据。这一规则的独特性吸引了大量的知识产权权利人在美国提起诉讼。权利人通过证据开示制度获得被诉侵权人关于知识产权侵权和损害赔偿的证据之后，转而将这些证据用于在其他国家或地区的诉讼中，从而推进一些全球性知识产权诉讼纠纷的解决。实证研究表明，这一规则促成了较大比例的侵权案件在庭前和解。由于证据开示是审前程序的一部分，通过充分的信息

---

① 王亚新：《对抗与判定——日本民事诉讼的基本结构》（第二版），清华大学出版社2010年版，第177页。

② 这些证据发现的方式有：身体或精神检查报告（第35条 mental or physical examination）、书面回答询问（第33条 interrogatories）、文件或物品的提供（第34条 production request rule）、请求表态（第36条 requests for admission）、笔录证词（第27条 deposition）。

③ 此处的"证据发现"仍然是指 discovery，但为区分总括意义上的"证据开示"而译为"证据发现"，实为一物。

交换可以促成当事人和解。“通过证据开示程序交换信息的本意在于促成更多且更早达成和解、产生一个准备更为充分及合理的审判。”① 证据开示的和解功能还可从律师在整个诉讼中的时间分配看出，“超过 98% 的联邦民事案件在审前解决，这一事实对处理案件的律师具有非常重要的启发。有研究显示，律师花在顾客会议上的时间为 16%，花在证据开示上的时间为 16.7%，花在和解磋商上的时间为 15.1%，他们仅仅花 9.5% 的时间在庭审、听证、上诉以及判决执行”。②

二、大陆法系国家或地区文书提出制度

在损害赔偿法上，缓和赔偿权利人举证责任乃大势所趋。“举证责任对于赔偿权利人而言是一种重荷，赔偿权利人常有因举证困难而致无法获得赔偿。法律为使赔偿权利人获得满足，势有减轻其负担，缓和举证责任原则之必要。”③“学者们一般认为，这里所采取的基本逻辑是把损害程度及赔偿数额作为具有非诉性质的事项而允许法官酌情分配利益或不利益，对于有关其前提的权利义务关系存在与否的问题则不能依裁量决定。”④ 欧盟、日本和我国台湾地区引入了所谓的“文书提出制度”。

根据日本的文书提出制度，“在一定条件下对于某些种类的文书，当事人可以申请裁判所发出命令，要求作为持有者的对方当事人或第三者向裁判所提出。如果持有者没有正当理由却拒绝提出或者出于妨碍当事人收集证据的动机而使文书无法使用的话，对于对方当事人，裁判所可以采取认定申请提出命令的当事人所主张的该项文书记载内容为真实的方法来进行制裁（《日本民事诉讼法》第 224 条）；对于第三者则可以处以 20 万日元以下的罚款（《日

① R. Lawrence Dessem, Pretrial Litigation, Thomson West (Fifth Edition 2012), P. 127.

② R. Lawrence Dessem, P 7.

③ 曾世雄：《损害赔偿法原理》，中国政法大学出版社 2001 年版，第 284 页。

④ 王亚新：《对抗与判定——日本民事诉讼的基本结构》（第二版），清华大学出版社 2010 年版，第 169 页。

本民事诉讼法》第225条)"。①

我国台湾地区在2009年修改"民事诉讼法"引入了文书提出制度，第342条第1项："声明书证，系使用他造所执之文书者，应声请法院命他造提出。"第343条："法院认应证之事实重要，且举证人之声请正当者，应以裁定命他造提出文书。"第346条："声明书证系使用第三人所执之文书者，应声请法院命第三人提出，或定由举证人提出之期间。第三百四十二条第二项及第三项之规定，于前项声请准用之。"第346条第3项："文书为第三人所执之事由及第三人有提出义务之原因，应释明之。"第347条："法院认应证之事实重要且举证人之声请正当者，应以裁定命第三人提出文书或定由举证人提出文书之期间。法院为前项裁定者，应使第三人有陈述意见之机会。"

2004年《欧盟知识产权执法指令》第6条第1款规定："应一方之申请，只要其已经提交合理现有之证据支持其主张，且已经详细指出处于对方控制之中的证据以证实其主张，则成员国应确保，主管司法当局可责令对方提交上述证据，但应保护保密信息。基于本款之目的，成员国应规定，主管司法当局应认定足够数量的作品或任何其他保护客体之副本构成合理证据。"

三、我国商标法的举证妨碍规则及其发展

（一）举证妨碍规则及实践中的问题

我国《商标法》第63条第2款规定了举证妨碍规则：人民法院为确定赔偿数额，在权利人已经尽力举证，而与侵权行为相关的账簿、资料主要由侵权人掌握的情况下，可以责令侵权人提供与侵权行为相关的账簿、资料；侵权人不提供或者提供虚假的账簿、资料的，人民法院可以参考权利人的主张和提供的证据判定赔偿数额。以上规则中包含了当事人的"文书提出义务"，即只要满足该款规定的条件，一方当事人不得以其不负有举证责任为由拒绝

① 王亚新：《对抗与判定——日本民事诉讼的基本结构》(第二版)，清华大学出版社2010年版，第139页。

提交有关文书。但大陆法系其他国家或地区的文书提出义务的适用面更广，可针对特定第三人；且可由当事人或法院发动。在我国实践中，由于多数被告没有建立健全的财务制度，要求其提交有关文书存在客观上的难度；即便提交了相关文书，此类证据应该如何审查；如果提交审计的话，后续的审计流程冗长，审限无法控制等这些因素综合起来，导致法官运用该项规则的态度并不积极。

举证妨碍规则并不免除权利人的举证责任，而要求权利人提交关于侵权规模的初步证据；换言之，一旦权利人提交了关于侵权规模的初步证据，被诉侵权人即应当进一步提交反映被诉侵权产品生产、销售、盈利情况的完整的财务账簿。最高法院知识产权法庭在一个专利侵权案件中认为，敦骏公司主张依照侵权人因侵权获利计算赔偿额，并在原审中提交了腾达公司分别在京东和天猫电商平台的官方旗舰店销售被诉侵权产品数量、售价的证据，鉴于该销售数量和价格均来源于腾达公司自己在正规电商平台的官方旗舰店，数据较为可信，腾达公司虽指出将累计评价作为销量存在重复计算和虚报的可能性，但并未提交确切证据，且考虑到敦骏公司就此项事实的举证能力，应当认定敦骏公司已就侵权规模的基础事实完成了初步举证责任。[①]

2019 年最高人民法院发布《最高人民法院关于修改〈关于民事诉讼证据的若干规定〉的决定》，第 45–48 条全面规定了书证提出义务制度，塑造了我国的证据开示规则，这将对知识产权侵权损害赔偿及知识产权诉讼产生重要影响。根据该制度，当事人可以申请法院责令控制书证的当事人提交书证，当事人申请提交的书证不明确、书证对于待证事实的证明无必要、待证事实对于裁判结果无实质性影响、书证未在对方当事人控制之下或者不符合本规定第四十七条情形的，人民法院不予准许。第 47 条：下列情形，控制书证的当事人应当提交书证：（一）控制书证的当事人在诉讼中曾经引用过的书证；（二）为对方当事人的利益制作的书证；（三）对方当事人依照法律规定有权查阅、获取的书证；（四）账簿、记账原始凭证；（五）人民法院认为应当提交

① 最高人民法院（2019）最高法知民终 147 号民事判决书。

书证的其他情形。前款所列书证，涉及国家秘密、商业秘密、当事人或第三人的隐私，或者存在法律规定应当保密的情形的，提交后不得公开质证。

此外，权利人还可在满足特定条件的情形下向法院申请赔偿保全，获取与赔偿数额相关的证据，法院在保全中需要平衡被保全人可能存在的商业秘密利益。

（二）典型案例

下面以上海知产法院二审审理的“梦幻恋舞”案为例进行介绍。

一审法院认为，侵犯商标专用权的赔偿数额，可以按照权利人因被侵权所受到的实际损失，或者按照侵权人因侵权所获得的利益确定。鉴于本案中，点点乐公司并未提供充分证据证明自己因侵权而遭受的损失，亦未提供充分证据证明侵权人获得的利益，一审法院将综合考虑点点乐公司注册商标的使用情况、商标知名度、点点乐公司的营收及宣传推广力度，犀牛公司、畅梦公司经营规模及侵权情节、持续时间、后果、主观方面等因素对赔偿数额予以酌定。一审法院判决犀牛公司、畅梦公司赔偿点点乐公司经济损失 20 万元及合理费用 5 万元。

上海知产法院在二审中认为，关于本案损害赔偿数额的确定，点点乐公司已经尽力举证，而与侵权行为相关的证据由犀牛公司、畅梦公司掌握，本院以证据出示令的方式责令犀牛公司、畅梦公司提交有关被控游戏营业收入的证据，畅梦公司拒不提交任何证据，犀牛公司所提交的证据不能真实反映被控游戏的营业收入情况。本院认为，畅梦公司作为被控游戏的运营方，理应掌握相关游戏的收入数据，但其拒不提供，存在刻意隐瞒游戏收入的主观故意。因此，本院将参考点点乐公司的主张和提供证据的情况，确定本案赔偿数额。本院认为，首先，“恋舞 OL”商标的知名度较高，《恋舞 OL》游戏 2014 年游戏收入 5300 余万元、2015 年达 1.1 亿余元，截止到 2018 年 3 月 28 日该游戏下载量共计 4363 万余次。其次，《梦幻恋舞》游戏的下载量较高，各方当事人均确认截止到一审判决前《梦幻恋舞》游戏的下载量达 300 余万次。再次，本案中虽未有明确证据显示《梦幻恋舞》游戏实际的营业收入情况，但根据点点乐公司运营《恋舞 OL》游戏的营业收入情况，游戏行业利润率相对较高的商业经验，被控游戏的营业收入亦应较高。最后，在“恋舞 OL”商标知名度较高的情况下，犀牛公司、畅梦公司作为游戏行业的从业者对此理应知晓，但其在运营游戏名称的选择上不仅未予避让，反而使用与“恋舞 OL”商标相近似的标识，其主观攀附点点乐公司商誉，误导相关消费者的意图明显，具有侵权故意。综上，在畅梦公司拒不提交任何营业收入证据，以及犀牛公司未提交完整营业收入证据的情况下，本院综合上述因素确定犀牛公司、畅梦公司赔偿点点乐公司经济损失 300 万元。①

① 上海知识产权法院（2019）沪 73 民终 130 号民事判决书。

后　记

在念本科时，我经常阅读案例以帮助对相应规则的理解。念民法方向的硕士研究生时，经常接触到一些“假想”案例，主要目的是训练民法思维。硕士研究生毕业后进入法院工作，尽管时间不长，但毕竟需要处理鲜活的案件，对法律思维和法律解释的方法有了更为真实的感受。攻读法学博士学位期间，我开始对知识产权案件中的法律解释、价值衡量和政策判断有了更深刻的体会。可以说，案例的研读是增进理解法律规则、感悟法律思辨、掌握法律方法的重要途径。而一本体系简明、规则清晰、原理正统的教科书对刚进入知识产权领域的本科生或研究生而言，较为重要。

2018 年，交大凯原法学院开始组织编写案例教材，我参与到商标法部分内容的撰写，当时邀请了北京高院的陶钧法官、上海知产法院的范静波法官一起合作撰写。完稿后萌发了继续撰写、扩展至整部商标法的想法。2019 年 8 月我赴美访学，在加州伯克利大学法学院旁听了 Paul M. Schwartz 教授的《信息隐私法》课程，很有感触。《信息隐私法》教科书很厚，三个学分的课，每周安排三天上课，每天上课一小时，为了准备这一小时的课程，学生需要提前做大量的案例阅读。在整理一些案例之后，作者通常会提出或整理学术见解、相反判决意见以及富有启发性的问题。美国法学院的学生主要通过阅读、思考和课上交流的过程中掌握有关法律规则或判决意见。

大概是在 2009 年之后，中国知识产权司法案件数量迅速增加，很多案件在法律争点上极具争辩性和启发性，高质量的判决越来越多，这些案件的判决对推动中国知识产权法律和理论的发展都起到了非常重要的作用。商标法的案例也不例外，而且往往更容易引起社会的广泛关注。作为一名关注司法实践的教师，我感到很有必要将这些已经发生或正在发生的本土案件进行整理并讲授。当我把这种想法与另外两位作者交换时，得到了他们的大力支持。我们尝试避免只是做案例汇编的工作，而尽量使本书具有体系性和一定的理论性。为了兼顾了商标法的理论和实务，我们尽量尊重了现行《商标法》的制度框架，同时又根据理论上的理解和实务上的发展将全书分为十章，陶钧法官独立完成了第三章，范静波法官独立完成第四章和第九章，经两位作者同意，本人对其中个别案件的评论做了校对和补充，其余章节由本人完成。具体撰写过程中，我们主要围绕《商标法》的具体条文展开，尽量选择了最新或最具有说明性的案例，在多数情况下没有完整地再现所选取案例的事实和法院意见，而只是摘录判决中相关的、重要的意见，以增强可读性，读者若有兴趣则可进一步检索阅读，此外在每一节开头提示了一些有代表性的问题，希望对读者有代入感。2012 年冬天我在乔治华盛顿大学访学期间，系统阅读过美国商标法的一些判决，此次利用在加州伯克利法学院访学的机会重新整理当年的读书笔记，同时吸收了这些年美国和欧盟发生的最新判决，并将有关的判决摘录到本书相应的部分以作对照和比较。希望本书对中国商标法的教学、研究和实务工作有所裨益。

商标法的原理中具有较强政策性色彩，商标法规则的适用过程中充满不确定性，层出不穷的商标法疑难热点案件常常呈现出观点不同的结论，一些案件的判决尽管在程序上解决了争议，但仍然在程序和实体规则方面留下了重重迷雾，商标法原理的探讨还需要进一步凝聚共识。学习研究商标法过程中，我的授业恩师孔祥俊教授、王莲峰教授给予了诸多指导；导师孔祥俊先生一直给予指点、帮助和宽容，无以言谢。非常感谢陶钧法官、范静波法官愿意成为本书的合作者，彼此相互催促使得本书得以面世。本书出版过程中，得到中国法制出版社李小草、谢雯编辑的帮助，特此致谢。一如既往，没有家人对学术活动的理解和支持，本书不可能完成。2020 年 3 美国新冠病毒疫情暴发，家人一起在加州伯克利居家避难数月，这段特殊的经历在访学期间留下了难以磨灭的记忆。最后需要说明的是，尽管试图尽可能涵盖并解释商标法理论和实务中的基本制度及重要问题，但限于时间、精力和水平，本人对不少问题仍然感到困惑难解。本书自然也有诸多不尽人意之处，期待在将来的教学和研究过程中做出进一步完善。读者若有任何建议和意见，可通过邮箱联系：lawliuwei@sjtu.edu.cn

刘维

美国加州伯克利大学法学院

2020 年 5 月 1 日

图书在版编目（CIP）数据

商标法：原理与案例 / 刘维，陶钧，范静波著 . —北京：中国法制出版社，2020. 9

ISBN 978 – 7 – 5216 – 1255 – 4

Ⅰ. ①商…　Ⅱ. ①刘…②陶…③范…　Ⅲ. ①商标法 – 中国 – 教材　Ⅳ. ①D923. 43

中国版本图书馆 CIP 数据核字（2020）第 163667 号

策划编辑：李小草　谢雯

责任编辑：谢雯　王紫晶　　　封面设计：杨鑫宇

商标法：原理与案例

SHANGBIAOFA：YUANLI YU ANLI

著者/刘维，陶钧，范静波

经销/新华书店

印刷/三河市国英印务有限公司

开本/730 毫米 × 1030 毫米　16 开　　　印张/ 29　字数/ 329 千

版次/2020 年 9 月第 1 版　　　2020 年 9 月第 1 次印刷

中国法制出版社出版

书号 ISBN 978 – 7 – 5216 – 1255 – 4　　　定价：96. 00 元

北京西单横二条 2 号

邮政编码 100031　　　传真：010 – 66031119

网址：http：//www. zgfzs. com　　　编辑部电话：010 – 66066620

市场营销部电话：010 – 66033393　　　邮购部电话：010 – 66033288

（如有印装质量问题，请与本社印务部联系调换。电话：010 – 66032926）